나는 생명의
떡이니

나는 생명의 떡이니
요한복음 강해 1

초판 1쇄 발행 2025년 9월 5일

지은이 박건일
펴낸이 장길수
펴낸곳 지식과감성⁶
출판등록 제2012-000081호

교정 김지원
디자인 강샛별
편집 윤혜성
검수 정은솔, 정윤솔
마케팅 김윤길

주소 서울시 금천구 벚꽃로298 대륭포스트타워6차 1212호
전화 070-4651-3730~4
팩스 070-4325-7006
이메일 ksbookup@naver.com
홈페이지 www.knsbookup.com

ISBN 979-11-392-2774-1(04230)
    979-11-392-2773-4(세트)

값 20,000원

- 이 책의 판권은 지은이에게 있습니다.
- 이 책 내용의 전부 또는 일부를 재사용하려면 반드시 지은이의 서면 동의를 받아야 합니다.
- 잘못된 책은 구입하신 곳에서 바꾸어 드립니다.

※ 여기에 사용한 '성경전서 개역개정판'의 저작권은 (재)대한성서공회에 있습니다.

지식과감성⁶
홈페이지 바로가기

요한복음 강해 1

나는 생명의 떡이니

박건일 목사 지음

예수께서 이르시되 나는 생명의 떡이니 내게 오는 자는 결코 주리지 아니할 터이요 나를 믿는 자는 영원히 목마르지 아니하리라

요한복음 6:35

예수님은 누구십니까? '길이요 진리요 생명 되신' 분으로 우리에게 구원의 '문'을 열어 주시는 분입니다. 예수님은 우리에게 구원으로 인도할 '빛'이 되어 주시는 분이시며, '선한 목자'가 되어 주셔서 우리에게 '생명의 떡'을 주실 뿐 아니라, 우리를 위해서 목숨을 바치신 분입니다.

머리말

　요한복음은 예수님의 직접적인 증언과 그가 행하신 사역을 통해서 당신이 하나님의 아들로서 세상에 오셨음을 증언하고(1장~12장), 고난과 부활을 통해서 자신이 그리스도로 세상에 오셨음을 증명하는 구조로 기록되어 있습니다(13장~21장). 이 원리는 요한복음을 기록한 사도 요한이 이 복음서를 읽고 듣는 모든 사람에게 **"예수께서 하나님의 아들 그리스도이심을 믿게 하려"** 하고, **"그 이름을 힘입어 생명을 얻게 하려"** 하는 목적으로 기록했음을 밝힌 것을 통해서 확인할 수 있습니다(요 20:30-31).

　예수님이 오셨을 당시의 대제사장과 바리새인들, 그리고 그들의 영향력 아래서 살던 유대인들은 '그리스도로 세상에 오신 예수'를 믿으려 하지 않았습니다. 예수님께서 행하신 일을 모두 기록하려고 하면 **"이 세상이라도 이 기록된 책을 두기에 부족할"**(요 21:25) 만큼 많은 기적을 행하시면서, **"그를 믿는 자마다 멸망하지 않고 영생을 얻게"**(요 3:16) 하려고 오신 그리스도이심을 보여 주셨지만, 사람들은 오히려 끊임없이 의심하고 시험했습니다. 그 이유는 **"한 사람이 백성을 위하여 죽어서 온 민족이 망하지 않게 되는 것"**(요 11:50)이 당시 종교적, 사회적으로 기득권을 가진 그들에게 유익했기 때문입니다.

그들은 하나님의 택함을 받은 백성이요 아브라함의 자손이라는 종교적, 혈통적 자부심이 있었습니다. 하지만 하나님의 아들인 예수께서 그리스도로 세상에 오시자, 그들은 '예수를 믿어 생명을 얻는' 내세적 믿음의 길을 택하기보다는, 그들이 손에 쥔 '현실의 이익'을 보호하기 위해서 하나님의 아들을 십자가에 못을 박아서 죽이는 죄를 범했습니다. 여기까지는 2천 년 전에 있었던 일이고, 우리가 성경과 역사를 통해서 알고 있는 사실입니다.

그런데 오늘날 우리 현실에서 그와 비슷한 일이 벌어지자, 똑같은 반응이 터져 나왔습니다. 바로 2020년에 전 세계를 공포로 몰아넣은 '코로나바이러스'입니다. 전염력과 치사율이 치명적이라고 알려진 '코로나바이러스'는 세계 대부분 나라가 '집합 금지 명령'을 내리고, 학교나 직장을 일시 폐쇄할 만큼 무서운 전염병이었습니다. 하지만 수개월 만에 백신과 치료제가 개발되었고, 사람들은 조심스럽게 일상으로 돌아올 수 있었습니다.

'코로나바이러스'로 인한 공포가 시작되자 정부는 종교 시설을 포함한 다중 모임 시설에 '집합 금지'를 요청했고, 대형교회를 시작으로 'Live 온라인 예배'를 드리는 것이 '새로운 일상'(New Normal)으로 여겨지기 시작했습니다. 심지어 이제는 교회가 "예배당이라는 제한된 공간이 아니라 온 세계인이 함께 예배할 수 있는 '온라인 예배'를 드리는 것이 하나님의 뜻"이라고 주장하는 신학자들과 목사님들이 생겨나기 시작했습니다. 어떤 목사님은 코로나 기간에 교회에 모여서 예배드리는 성도들을 향해 "손님에게 시비 거는 장사꾼 같다"라고 비난하기까지 했습니다.

기독교 역사를 보면 박해가 없던 시기가 거의 없으며, 믿음을 지키다가 순교한 수많은 성도들이 우리 앞에 있었지만, '집합 예배 금지'가 하나님의 뜻이라고 확신한 목사와 신학교 교수들은 수많은 언론 매체들을 통해서 성경의 가르침대로 예배하는 교회와 성도들을 비판했고, 그들의 주장에 동의하는 성도들은 명분 있게 교회를 떠났습니다. 그리고 그때 교회를 떠난 성도들 상당수는 '코로나바이러스'의 공포가 사라진 현재까지도 돌아오지 않고 있습니다.

이번에 출간하는 설교집은 그 혼란했던 '코로나바이러스' 시기를 정확하게 관통하면서, 우리가 지켜야 할 신앙의 근본이 무엇이며, 어떻게 하나님의 뜻에 순종해야 하는지 함께 고민하고 기도했던 내용이 포함되어 있습니다. 주일마다 모여서 예배하고 찬양하며 기도하는 것을 당연한 것으로 여겼던 신앙생활이, 어느 날부터 할 수 없는 또는 하면 안 되는 상황이 되었을 때 우리는 하나님의 뜻을 구해야 했고, 성경을 통해서 그 답을 찾고 순종했습니다. 그리고 그때로부터 5년여가 지난 지금, 그때 우리가 지키려고 했던 믿음의 삶이 틀리지 않았음을 확인하고 감사드립니다.

'요한복음 강해 설교집'은 2018년 2월 2일부터 2020년 8월 2일까지, 하와이한빛장로교회에서 주일예배 때 했던 총 80편의 설교입니다. 목회를 시작하면서 지금까지 저는 성경을 읽고, 주석을 참고하고, 관련 자료와 근거를 찾아서 설교 원고를 준비하는 '기본'을 지키기 위해서 최선을 다했습니다. 종교개혁 이후 500년이 넘는 교회 역사에서 우리 신앙의 선조들이 가르쳐주신 교리 신조와 성경 해석의 기본에서 벗어나지 않도록 점검하고 또 확인하면서 설교 원고를 작성했고, 작성한 원고를 주보에 실어서 성도들과 함께 읽으면서 설교했습니다.

제가 이렇게 원고 중심의 설교를 하는 이유는, 분위기에 고무되거나 강조하려는 내용을 더욱 극적으로 설명하기 위해서 준비되지 않은 말을 설교함으로 인해서 성경에서 전하고자 하는 바와 다른 방향으로 설교하게 되는 잘못을 범하지 않기 위해서입니다. 또한, 설교를 듣는 성도들에게 제가 준비한 원고를 제공함으로써 설교자가 감정에 휩싸여서 설교한다거나 논리적 정당성이 담보되지 않은 지극히 주관적인 설교를 피하고자 하는 일종의 자기 검열을 하는 것입니다.

다행인 것은, 우리 교회 성도님들이 주보에 실린 원고와 인용한 성경 구절을 함께 읽으면서 성경 저자들을 통해서 오늘날 우리에게 전하고자 하시는 하나님의 뜻을 찾아가는 저의 설교 방식에 동의하고 따라와 주신다는 것입니다. 그리고 이와 같은 예배 모습은 우리 교회의 고유함을 보여 줍니다. 감사한 것은, 우리 교회 성도님들이 부족한 목회자의 설교를 귀하게 여겨 주셔서, 주일날 설교 한 번 듣는 것으로 지나쳐 버리지 않고 이렇게 설교집으로 출간할 수 있도록 지원해 주셨다는 것입니다.

한국의 대형교회 목사님들이나 이름이 알려진 유명한 설교자가 아닌 하와이의 작은 한인교회에서 목회하는 목사의 설교를, 그것도 3권이나 되는 설교집으로 출간할 수 있도록 지원해 주시는 성도님들과 함께 목회할 수 있다는 것은 설교자로서, 그리고 목사로서 더 바랄 것이 없을 만큼 큰 복을 받았다고 생각합니다. 그래서 한시도 설교 준비에 소홀히 할 수 없습니다. 이는 은혜받은 사람이 해야 할 마땅한 도리이자 책임이기 때문입니다.

  이 설교집을 출간할 수 있도록 모든 지원을 아끼지 않은 우리 하와이한빛장로교회의 모든 성도님께 다시 한번 감사드립니다. 그리고 목회자로서 세상을 살아갈 수 있도록 양육하고 가르쳐 주신 제 부모님 박상돈 목사님과 민연순 사모님께 감사드립니다. 마지막으로 깊은 방에서 설교를 준비하며 기도할 수 있도록 기다려 주고 배려해 준 사랑하는 조숙경 사모와 세 자녀 주영, 주원, 주이에게 감사드립니다.

2025년 5월 25일
박건일 목사

추천사

　박건일 목사님께서 쓰신 이 강해서는 요한복음을 쉽게 이해하고자 하는 성도들과 목회자들에게 큰 도움이 되리라 생각합니다. 사실 요한복음은 가장 어려운 복음서 중의 하나입니다. 지나친 영해가 되기 쉽고, 지나치게 학문적이거나 논쟁적으로 되기 쉽습니다. 그래서 이것들을 피하면서 강해서를 쓴다는 것은 참으로 어렵습니다. 하지만 이 책은 어려운 책을 쉽게, 그러면서도 논쟁적인 부분을 특유의 목회적 경험으로 부드럽게 설명하고 지나갑니다. 그래서 이 책은 가볍지 않으면서도 어렵지 않고, 학문적이면서도 목회적 간략성을 보여 주고 있습니다. 같은 목회자로서도 이 책을 읽으면서, 아! 저렇게 설명하고 지나가면 좋았을 것을, 나는 왜 그러지 못했지, 하고 깨달았습니다.

　이 책의 첫 번째 장점은 핵심을 깊이 다루되, 산만하지 않다는 것입니다. 핵심을 깊이 다루면 논점을 잃는 수가 있는데, 이 책은 그렇지 않습니다. 그렇다고 핵심과 논점을 그냥 지나치는 것도 아닙니다. 이것은 자신이 가진 깊은 통찰을 성도들에게 쉽게 전달시키는 능력이 박건일 목사님의 능력이 아닌가 싶습니다. 따라서 다른 강해서에서 보는 가벼움을 전혀 느낄 수 없었고, 도리어 무릎을 칠 만한 시원함을 느낄 수 있었습니다.

이 책의 두 번째 장점은 설교에 필요하지 않은 논쟁적인 부분을 건드리지 않았다는 것입니다. 말씀의 기록 목적인 "예수가 하나님의 아들"이라는 주제를 살리는 데 방해가 되지 않는 한, 사소한 것들로 인해 핵심을 놓치지 않게 했다는 것입니다. 따라서 정보의 다양성이라는 차원에서는 아쉬울 수 있으나, 믿음을 갖게 하고, 이해하고, 즉각 실천하는 데 유익을 줍니다.

이 책의 세 번째 장점은 말씀을 말씀으로 풀었다는 것입니다. 억지로 연결하지 않으면서도 꼭 필요한 경우가 아니면 말씀을 말씀의 한계 내에서도 정교하게 풀었다는 것입니다. 목회자들이 설교를 준비하면서 범할 수 있는 실수를 막아 주는 좋은 방법이라 생각합니다.

끝으로 저는 이 책을 읽으면서 강해에 대한 생각을 다시 하게 되는 기회가 되었습니다. 숲 때문에 산을 놓치는 경우가 많았었기 때문입니다. 학문적이라는 이름으로 신구약 성경을 두루 관통하는 말씀의 깊이를 놓칠 때가 많았습니다. 저는 이 강해서를 읽는 분들이 "예수가 하나님의 아들"이라는 믿음을 굳게 세우게 된다고 믿습니다. 그리고 목회자들도 강해를 쉽게 하면서도 깊이 하는 방법을 배울 수 있다고 생각합니다.

2025년 2월 7일
위례광명교회 **심명석** 목사

목차

머리말	5
추천사	10

오직 이것을 기록함은 (요한복음 20:30~31)	14
하나님께로부터 난 자들 (요한복음 1:1~13)	33
아버지의 독생자의 영광이요 (요한복음 1:14~18)	51
부르심, 그리고 제자 됨 (요한복음 1:35~42)	63
처음 표적 (요한복음 2:1~11)	79
예수님의 성전 정화 (요한복음 2:13~22)	96
표적이 아니라 거듭나야 합니다 (요한복음 3:1~15)	112
어떻게 구원받은 것입니까? (요한복음 3:10~15)	128
약속의 증거 (요한복음 3:16~21)	146
주는 흥하고, 나는 쇠하고 (요한복음 3:22~30)	165
물을 좀 달라 하시니 (요한복음 4:1~9)	183
양식보다 귀한 것 (요한복음 4:31~42)	198
두 번째 표적 (요한복음 4:43~54)	216
38년 된 병자를 고치심 (요한복음 5:1~9)	235
아버지께서 이제까지 일하시니 (요한복음 5:10~18)	252
보리떡 다섯 개와 물고기 두 마리 (요한복음 6:1~13)	270

바다 위를 걸으심 (요한복음 6:16~21)   288
나는 생명의 떡이니 (요한복음 6:22~35)   305
예수께서 주시는 떡 (요한복음 6:60~63)   322
내 때는 아직 이르지 아니하였거니와 (요한복음 7:1~9)   339
초막절의 의미 (요한복음 7:1~9)   357
율법을 지키는 자가 없도다 (요한복음 7:14~24)   376
나도 너를 정죄하지 아니하노니 (요한복음 8:1~11)   394
너를 고발하던 그들이 어디 있느냐 (요한복음 8:1~11)   413
나는 세상의 빛이니 (요한복음 8:12~15)   432
진리가 너희를 자유롭게 하리라 (요한복음 8:31~32)   449
하나님께 속한 자 (요한복음 8:47)   467

요한복음 20:30~31

오직 이것을 기록함은

"30. 예수께서 제자들 앞에서 이 책에 기록되지 아니한 다른 표적도 많이 행하셨으나 31. 오직 이것을 기록함은 너희로 예수께서 하나님의 아들 그리스도이심을 믿게 하려 함이요 또 너희로 믿고 그 이름을 힘입어 생명을 얻게 하려 함이니라"

오늘부터 요한복음 강해를 시작합니다. 오늘은 요한복음 전체의 개론적인 말씀을 드리겠습니다. 요한복음을 기록한 사람은 예수님의 제자 중 한 사람이었던 세베대의 아들 요한으로, 그의 형제였던 야고보와 함께 예수님으로부터 우레의 아들이라고 불릴 만큼 불같은 성격을 가졌던 사람이었습니다. 하지만 사도 요한은 요한복음에서 자신에 관해서 설명할 때 자주 표현했던 것처럼, 그는 예수님의 사랑을 많이 받았던 제자였고 예수님께서 십자가에 못 박히셨을 때 자신의 어머니를 부탁했을 만큼 특별했던 제자였습니다.

요한복음 19:26-27, "예수께서 자기의 어머니와 사랑하시는 제자가 곁에 서 있는 것을 보시고 자기 어머니께 말씀하시되 여자여 보소서 아들이니이다 하시고 27. 또 그 제자에게 이르시되 보라 네 어머니라 하신 대 그 때부터 그 제자가 자기 집에 모시니라"

성경학자들은 요한복음이 기록된 시기를 예수님과 동시대를 살았던 1세대 목격자들이 사라져 가고, 2세대 그리스도인들이 교회의 새로운 중심으로 부상하던 시기에 기록된 것으로 보고 있습니다. 같은 이유로 해서 마태복음, 마가복음, 누가복음은 공관복음이라는 이름으로, 예루살렘과 팔레스타인 지역에서 행하신 예수님의 사역을 중심으로 기록되었습니다. 시간 개념도 유대인 기준으로 기록되었지요. 반면에 요한복음은 예수님께서 자기 자신에 관해 설명하신 내용과 기도를 중심으로 기록되었고, 헬라의 시간 개념을 기준으로 삼고 있습니다. 또한, 공관복음서는 그리스도의 생애와 죽음을 보다 상세하게 기록하고 있는 데 비하여, 요한복음은 그리스도의 직분과 그리스도의 죽음과 부활의 능력에 대한 교리적인 설명을 더 강조하고 있습니다.

요한복음의 기록 목적은 사람들로 하여금 예수님께서 하나님의 아들 그리스도이심을 믿게 하기 위함입니다. 또한, 우리가 예수의 이름을 힘입어 구원과 영생을 얻게 되는 것을 목적으로 기록했다고 말씀합니다.

요한복음 20:30-31, "예수께서 제자들 앞에서 이 책에 기록되지 아니한 다른 표적도 많이 행하셨으나 31. 오직 이것을 기록함은 너희로 예수께서 하나님의 아들 그리스도이심을 믿게 하려 함이요 또 너희로 믿고 그 이름을 힘입어 생명을 얻게 하려 함이니라"

이 말씀으로 말미암아 요한복음 전체가 가르쳐 주려고 하는 내용이 무엇인지 알 수 있습니다. 첫째, **"예수께서 하나님의 아들 그리스도이심"**을 가르쳐 주려는 것입니다.

둘째, 요한복음은 '이것을 기록한' 것이 우리가 예수를 믿어야 하는 이유를 설명한 것임을 말해 줍니다. 그리고 이 말씀을 기록한 이유들에 대해서 요한복음 강해를 통해 하나씩 배워 갈 것입니다.

셋째, 요한복음은 우리가 예수를 믿은 결과에 대해서도 가르쳐 줍니다. 그것은 **"너희로 믿고 그 이름을 힘입어 생명을 얻게 하려 함이니라"**라는 것입니다. 요한복음은 예수가 바로 '그리스도'이시라고 분명히 선언합니다. 그리스도는 헬라어로 '메시아'입니다.

공관복음서와 마찬가지로 요한복음은 예수님이 구약에 예언되었던 약속의 성취로 오신 분이심을 설명하는데, 그 형식이 모세를 찾아오신 하나님께서 자신을 설명하셨던 것과 같습니다.

출애굽기 3:14, "하나님이 모세에게 이르시되 나는 스스로 있는 자이니라 또 이르시되 너는 이스라엘 자손에게 이같이 이르기를 스스로 있는 자가 나를 너희에게 보내셨다 하라"

예수님은 모두 일곱 차례에 걸쳐서 "나는 ~이다"라는 형식으로 자신에 관해서 설명해 주셨습니다.

첫 번째, 요한복음 6장의 말씀에서, 본인을 '생명의 떡, 산 떡, 하늘로서 내려온 떡'으로 말씀하셨습니다.

요한복음 6:35, "예수께서 이르시되 나는 생명의 떡이니 내게 오는 자는 결코 주리지 아니할 터이요 나를 믿는 자는 영원히 목마르지 아니하리라"
요한복음 6:48, "내가 곧 생명의 떡이니라"
요한복음 6:51, "나는 하늘에서 내려온 살아 있는 떡이니 사람이 이 떡을 먹으면 영생하리라 내가 줄 떡은 곧 세상의 생명을 위한 내 살이니라 하시니라"

두 번째, 8~9장에서는 예수님이 '세상의 빛'으로 오셨다고 말씀합니다.

요한복음 8:12, "예수께서 또 말씀하여 이르시되 나는 세상의 빛이니 나를 따르는 자는 어둠에 다니지 아니하고 생명의 빛을 얻으리라"
요한복음 9:5, "내가 세상에 있는 동안에는 세상의 빛이로라"

세 번째, 10장에서는 '내가 문'이라고 말씀하면서 그 문을 통해서 아버지께로 갈 수 있다고 하셨습니다.

요한복음 10:7, "그러므로 예수께서 다시 이르시되 내가 진실로 진실로 너희에게 말하노니 나는 양의 문이라"
요한복음 10:9, "내가 문이니 누구든지 나로 말미암아 들어가면 구원을 받고 또는 들어가며 나오며 꼴을 얻으리라"

네 번째, 또한 10장에서 '나는 선한 목자'라고 말씀하십니다.

요한복음 10:11, "나는 선한 목자라 선한 목자는 양들을 위하여 목숨을 버리거니와"
요한복음 10:14, "나는 선한 목자라 나는 내 양을 알고 양도 나를 아는 것이"

다섯 번째 11장에서는 '나는 부활이요 생명'이라고 말씀하십니다.

요한복음 11:25, "예수께서 이르시되 나는 부활이요 생명이니 나를 믿는 자는 죽어도 살겠고"

여섯 번째, 14장에서는 '내가 곧 길이요 진리요 생명'이라고 말씀하셨습니다.

요한복음 14:6, "예수께서 이르시되 내가 곧 길이요 진리요 생명이니 나로 말미암지 않고는 아버지께로 올 자가 없느니라"

일곱 번째, 15장에서 '내가 참포도나무'라고 말씀하셨습니다.

요한복음 15:1, "나는 참포도나무요 내 아버지는 농부라"
요한복음 15:5, "나는 포도나무요 너희는 가지라 그가 내 안에, 내가 그 안에 거하면 사람이 열매를 많이 맺나니 나를 떠나서는 너희가 아무 것도 할 수 없음이라"

예수님께서 이와 같은 다양한 표현을 통해 우리에게 자신을 설명해 주신 것은, 하나님께서 예수님을 통해 우리를 어떤 관계로 부르고 계시는지 말씀해 주시는 것입니다. 우리가 호세아 강해를 통해서 살펴봤던 것처럼, 하나님께서는 우리를 특별한 관계로 부르고 계십니다.

예수님은 누구십니까? '길이요 진리요 생명 되신' 분으로 우리에게 구원의 '문'을 열어 주시는 분입니다. 예수님은 우리에게 구원으로 인도할 '빛'이 되어 주시는 분이시며, '선한 목자'가 되어 주셔서 우리에게 '생명의 떡'을 주실 뿐 아니라, 우리를 위해서 목숨을 바치신 분입니다. 예수님은 친히 '포도나무'가 되어 주셔서, '가지'와 같은 우리와 연합된 존재, 떼어 낼 수 없는 관계라고 말씀하시면서 '부활이요 생명'이신 예수님께서 믿는 자들을 아버지께로 인도하신다고 말씀하십니다.

이처럼 신구약 성경은 그 말씀 전체가 우리와 함께하기 원하시는 하나님께서 당신의 백성들을 부르시는 내용으로 가득 차 있습니다. 저와 여러분이 이와 같은 특별한 관계로 부르심을 받고 있다는 사실 자체가 은혜이고 영광입니다.

우리에게 어떤 예쁜 구석이 있어서 부르심을 받는 것이 아니고 우리가 뭘 잘해서 구원받은 것이 아닙니다. 복음서에 보면, 예수님께서 찾아다니셨던 사람들이 왕족이나 귀족, 성전에서 일하는 제사장이나 율법대로 잘 산다고 자부했던 바리새인들을 찾아다니신 것이 아니었습니다. 예수님은 죄인들을 찾아다니셨고, 문둥병자나 혈루병자, 나면서부터 소경이 되거나 앉은뱅이 된 자들처럼, 당시 사람들의 생각에 부모나 자신의 죄로 인해서 천벌을 받았다고 여겨지는 사람들을 찾아다니셨습니다.

요한복음 9:1-2, "예수께서 길을 가실 때에 날 때부터 맹인 된 사람을 보신지라 2. 제자들이 물어 이르되 랍비여 이 사람이 맹인으로 난 것이 누구의 죄로 인함이니이까 자기니이까 그의 부모니이까"

예수님의 제자들조차도 그런 사람들을 봤을 때, 죄로 인해서 천벌을 받은 거로 생각했던 것입니다. 그러면 예수님께서는 왜 죄인들이나 천벌을 받았다고 여겨지는 사람들을 일부러 찾아다니셨을까요? 그 사람들은 예수님께서 일부러 찾아가지 않으시면, 스스로의 능력이나 힘으로는 구원받을 수 없다고 여겨지는 부류의 사람들이었기 때문입니다. 예수님께서 기적을 행하시고 말씀을 전하실 때, 유대인의 지도자 중에도 예수님을 믿는 사람들이 있었지만, 혹시나 바리새인들이 자기들의 모임에서 쫓아낼까 두려워서 드러내 놓고 말하지 못할 정도였습니다.

요한복음 12:42-43, "그러나 관리 중에도 그를 믿는 자가 많되 바리새인들 때문에 드러나게 말하지 못하니 이는 출교를 당할까 두려워함이라 43. 그들은 사람의 영광을 하나님의 영광보다 더 사랑하였더라"

바리새인들은 하루 세 번 기도하고, 일주일에 두 번씩 금식하고, 소득의 십일조를 드리며, 율법에 기록된 대로 지켜야 할 것을 잘 지키고, 죄짓지 않고 사는 것을 구원의 명분으로 삼았던 사람들입니다. 당연히 자기들을 그렇게 살지 못하는 사람들과 비교하면서 끊임없이 사람들을 판단하고 정죄했습니다.

누가복음 18:11-13, "바리새인은 서서 따로 기도하여 이르되 하나님이여 나는 다른 사람들 곧 토색, 불의, 간음을 하는 자들과 같지 아니하고 이 세리와도 같지 아니함을 감사하나이다 12. 나는 이레에 두 번씩 금식하고 또 소득의 십일조를 드리나이다 하고 13. 세리는 멀리 서서 감히 눈을 들어 하늘을 쳐다보지도 못하고 다만 가슴을 치며 이르되 하나님이여 불쌍히 여기소서 나는 죄인이로소이다 하였느니라"

이처럼 종교적 기득권을 가진 사람들은 당연히 구원받을 만한 사람으로 여겨졌지만, 그렇게 살지 못하는 사람들, 또는 문둥병자나 혈루병자와 같이 사람들로부터 격리되어 사는 사람들은 구원받을 길이 없었습니다. 그런데 예수님께서 그런 사람들을 찾아다니면서 그들을 고치시고 복음을 전하셨습니다. 예수님께서 이렇게 소외되고 버림받았다 여겨진 사람들을 찾아다니며 복음을 전하신 것은, 어떤 부류에 속해 있는 사람이라 할지라도 한 영혼도 잃어버리지 않고 다 살리는 것이 하나님의 뜻이었기 때문입니다.

요한복음 6:38-40, "내가 하늘에서 내려온 것은 내 뜻을 행하려 함이 아니요 나를 보내신 이의 뜻을 행하려 함이니라 39. 나를 보내신 이의 뜻은 내게 주신 자 중에 내가 하나도 잃어버리지 아니하고 마지막 날에 다시 살리는 이것이니라 40. 내 아버지의 뜻은 아들을 보고 믿는 자마다 영생을 얻는 이것이니 마지막 날에 내가 이를 다시 살리리라 하시니라"

다른 복음서들이 예수님의 탄생과 이 땅에서 행하신 기적들, 그리고 예수님의 십자가 죽음과 그 이후의 내용에 많은 중심을 두고 기록되었다면, 요한복음은 예수님이 오신 직접적인 이유에 관해서 설명해 줍니다. 그 이유가 무엇입니까? '아들을 보고 믿는 자마다 하나도 잃어버리지 않는 것'입니다.

그 믿는 자의 부류에는 왕족이나 귀족만 있는 것이 아니고, 제사장이나 바리새인들처럼 종교인이거나 종교적 열심을 가진 자들만 있는 것이 아닙니다. 또한, 돈 많은 부자처럼 헌금함에 많은 돈을 넣으면서 본인의 믿음을 과시하는 그런 사람도 아닙니다.

마가복음 12:41-44, "예수께서 헌금함을 대하여 앉으사 무리가 어떻게 헌금함에 돈 넣는가를 보실새 여러 부자는 많이 넣는데 42. 한 가난한 과부는 와서 두 렙돈 곧 한 고드란트를 넣는지라 43. 예수께서 제자들을 불러다가 이르시되 내가 진실로 너희에게 이르노니 이 가난한 과부는 헌금함에 넣는 모든 사람보다 많이 넣었도다 44. 그들은 다 그 풍족한 중에서 넣었거니와 이 과부는 그 가난한 중에서 자기의 모든 소유 곧 생활비 전부를 넣었느니라 하시니라"

이 말씀은 가난한 과부처럼 생활비 전부를 헌금해야 헌금을 잘한 것이라는 말씀이 아닙니다. 부자가 이 여인처럼 칭찬을 받으려면 그가 가진 모든 재산을 다 헌금해야 한다는 말도 아닙니다. 예수님께서 하신 말씀의 핵심은 그의 마음, 그의 믿음이 어디에 있느냐, 누구를 향하고 있느냐를 말씀하는 것입니다.

질문을 드립니다. 하나님을 대적할 수 있는 존재가 있다면 무엇일까요? 공중권세 잡은 마귀일까요? 성경에 보면 예수님께서 하나님을 대신 섬길 수 있는 존재에 대해서 말씀하셨습니다. 바로 '재물', '돈'입니다.

누가복음 16:13, "집 하인이 두 주인을 섬길 수 없나니 혹 이를 미워하고 저를 사랑하거나 혹 이를 중히 여기고 저를 경히 여길 것임이라 너희는 하나님과 재물을 겸하여 섬길 수 없느니라"

'재물'이나 '돈'이 주인인 사람은 그것을 통해서 자신의 능력을 과시하고 자랑하며 힘으로 삼는 것은 잘하지만, 그것을 포기하고 내려놓는 것으로 하나님이 자신의 주인 됨을 인정하는 것은 쉽지 않습니다. 같은 이유로 예수님께서 이와 같은 말씀을 하셨을 때, 바리새인들은 예수님의 말씀을 듣고 비웃었습니다.

누가복음 16:14, "바리새인들은 돈을 좋아하는 자들이라 이 모든 것을 듣고 비웃거늘"

바리새인들이 왜 예수님의 말씀을 듣고 비웃었다고요? 그들이 돈을 좋아했기 때문이라고 말씀합니다. 그리고 그런 바리새인들을 향해서 예수님께서는, '너희가 돈이 많은 것을 힘과 자랑으로 삼고 사람들 중에 높임을 받는 그것이 하나님 앞에서 미움을 받게 되는 것'이라고 말씀하셨습니다.

누가복음 16:15, "예수께서 이르시되 너희는 사람 앞에서 스스로 옳다 하는 자들이나 너희 마음을 하나님께서 아시나니 사람 중에 높임을 받는 그것은 하나님 앞에 미움을 받는 것이니라"

보십시오. 세상에서 인정받고, 높임 받고, 옳다 여김을 받는 사람들은 돈 많은 사람, 성공한 사람입니다. 거기에 신앙까지 좋아서 헌금도 많이 하면 사람들로부터 더 많이 인정받고, 더 존경받을 것입니다. 그런데 그렇게 헌금을 많이 했던 부자인데, 그 마음의 중심이 온전히 하나님께 있었던 것이 아니었습니다. 헌금을 자신의 신앙을 증명하는 한 도구로 사용하기는 했지만, 그것은 자기를 자랑하고 뽐내는 수단으로 사용된 것이었지 생활비 전부를 드렸던 가난한 과부처럼 그 믿음 전체를 하나님께 드린 것은 아니었습니다.

이와 비슷한 예는 예수님을 찾아왔던 한 부자 청년을 통해서 볼 수 있습니다. 예수님께서 길을 가실 때 한 청년이 예수님 앞에 무릎을 꿇고 어떻게 하면 영생을 얻게 되는지 물었습니다. 예수님께서 율법에 기록된 대로 행하라고 말씀하시자, 이 청년은 어렸을 때부터 다 지켰노라고 답했습니다. 그러자 예수님께서 사랑하는 마음으로 그 청년을 바라보시면서 이렇게 말씀하셨습니다.

마가복음 10:21-22, "예수께서 그를 보시고 사랑하사 이르시되 네게 아직도 한 가지 부족한 것이 있으니 가서 네게 있는 것을 다 팔아 가난한 자들에게 주라 그리하면 하늘에서 보화가 네게 있으리라 그리고 와서 나를 따르라 하시니 22. 그 사람은 재물이 많은 고로 이 말씀으로 인하여 슬픈 기색을 띠고 근심하며 가니라"

예수님께서 이 청년에게 "네 재산을 다 팔아서 가난한 사람들에게 나눠 주고 너는 나를 따르라"라고 말씀하신 것은, 이 청년의 진짜 주인이 누구냐는 것을 말씀하신 것입니다. 같은 맥락에서 예수님께서 제자들을 부르셨을 때, 제자들은 모든 것을 버려두고 예수님을 쫓았습니다. 예수님께서 이 청년을 사랑스러운 마음으로 바라보셨다는 것은, 이 청년도 예수님의 부름을 듣고 쫓았던 다른 제자들처럼 될 수도 있었다는 것입니다. 하지만 이 청년은 재물이 많은 고로 근심하며 돌아갔습니다.

그런데 이 대화에서 진짜 중요한 내용은 이 부자 청년이 근심하면서 돌아갔다는 것이 아닙니다. 청년이 돌아간 후 예수님께서 제자들에게 부자가 천국에 들어가기 어렵다고 말씀할 때 보였던 제자들의 반응입니다.

마가복음 10:23-26, "예수께서 둘러 보시고 제자들에게 이르시되 재물이 있는 자는 하나님의 나라에 들어가기가 심히 어렵도다 하시니 24. 제자들이 그 말씀에 놀라는지라 예수께서 다시 대답하여 이르시되 얘들아 하나님의 나라에 들어가기가 얼마나 어려운지 25. 낙타가 바늘귀로 나가는 것이 부자가 하나님의 나라에 들어가는 것보다 쉬우니라 하시니

26. 제자들이 매우 놀라 서로 말하되 그런즉 누가 구원을 얻을 수 있는 가 하니"

예수님께서 낙타가 바늘귀로 나가는 것이 부자가 하나님 나라에 들어가는 것보다 쉽다고 말씀했을 때 제자들은, **"그런즉 누가 구원을 얻을 수 있는가"** 라고 하면서 매우 놀랐습니다.

왜 그랬을까요? 당시의 종교적 배경을 살펴보면, 어려서부터 율법을 잘 지켜서 부자가 된 사람은 하나님께서 복을 주신 사람이므로 당연히 구원받는 사람이라고 생각했기 때문입니다. 그런데 부자도 하나님 나라에 갈 수 없다면, 도대체 일반 사람들은 그런 부자보다 얼마나 더 잘해야 구원을 받을 수 있겠는가? 하며 놀랄 수밖에 없었던 것이지요. 그렇게 놀라 자빠진 제자들에게 예수님께서 이렇게 말씀하셨습니다.

마가복음 10:27, "예수께서 그들을 보시며 이르시되 사람으로는 할 수 없으되 하나님으로는 그렇지 아니하니 하나님으로서는 다 하실 수 있느 니라"

사람들이 생각하는 구원의 방법과 하나님께서 열어 주신 구원의 방법이 다르다는 것입니다. 사람들은 종교적인 열심과 기득권, 그들이 하나님으로부터 받았다고 과시하고 자랑하는 재물과 같은 것을 보면서 부자와 바리새인들이 당연히 구원을 받았다고 생각했지만, 하나님은 그것이 아니라는 것입니다. 세상에서 얻은 성과, 성취, 성공, 이런 것이 구원을 주는 것이 아니라 하나님께서 주신 방법을 따라야 구원을 받게 됩니다. 그리고 그 구원의 방법은 하나님께서 보내주신 예수님을 믿고 따르는 것입니다. 그래서 예수님의 이 말씀의 뜻을 알아들은 베드로가 이렇게 말했습니다.

> 마가복음 10:28, "베드로가 여짜와 이르되 보소서 우리가 모든 것을 버리고 주를 따랐나이다"

예수님께서 헌금함에 동전 두 개, 자신의 하루 생활비 전부를 드린 이 과부를 보시면서 이 여인이 가장 많은 헌금을 드렸다고 말씀하신 이유를 아시겠습니까?^(막 12장) 예수님의 말씀은 헌금의 액수를 떠나서, 그 여인의 마음과 중심이 어디에 있는지를 가르쳐 주신 것입니다. 예수님의 말씀은 "네 주인이 누구냐? 돈이냐, 하나님이냐? 재물이냐, 예수님을 따르는 것이냐?"입니다. 그런데 이 핵심을 놓치면, "당신들도 가난한 여인처럼 전 재산을 헌금해라"라고 잘못 이해할 수 있습니다.

부자 청년이 예수님을 찾아와서 영생의 방법을 묻지 않았습니까? 예수님께서 이 청년에게 주신 대답이 무엇입니까? 하나님이 계신 나라, 영생의 나라에서는 그 주인이 세상의 많은 재물이 아니라 하나님이라는 것입니다. 그리고 그 하나님 나라에 들어가는 방법은 누구를 따르라는 것이지요? 예수님을 따르라는 것입니다. 그래서 베드로의 대답이 무엇이었습니까? "우리가 모든 것을 버리고 예수님을 따랐습니다"였습니다.

호세아서에서, 하나님께서 당신의 백성들에게 원하시는 것이 무엇이라고 했습니까? 하나님과 함께하는 것이었습니다. 이스라엘 백성들이 우상숭배를 하고, 이방 신을 섬기며 이방의 문화를 따르고 죄를 범할 때, 하나님께서 그런 것들을 미워해서 심판하고 멸망시킨 것이 아니라 그들을 고쳐서 당신의 백성으로 삼으셨습니다. 그리고 이렇게 하나님께서 당신의 백성들을 구원하시는 방법을 누가 스스로 깨달아 알 수 있겠느냐고 하시면서, 하나님께서 주신 이 길을 다닐 수 있는 자와 그 길에 걸려 넘어질 자가 있음을 말씀했습니다.

호세아 14:9, "누가 지혜가 있어 이런 일을 깨달으며 누가 총명이 있어 이런 일을 알겠느냐 여호와의 도는 정직하니 의인은 그 길로 다니거니와 그러나 죄인은 그 길에 걸려 넘어지리라"

여기 의인은 세상 사람들이 생각하는 착한 사람, 남을 돕는 사람, 좋은 일 많이 하는 사람이 아닙니다. 예수 그리스도의 십자가 보혈로 사죄받고 칭의를 얻은 사람입니다.

요한복음 1:9-13, "참 빛 곧 세상에 와서 각 사람에게 비추는 빛이 있었나니 10. 그가 세상에 계셨으며 세상은 그로 말미암아 지은 바 되었으되 세상이 그를 알지 못하였고 11. 자기 땅에 오매 자기 백성이 영접하지 아니하였으나 12. 영접하는 자 곧 그 이름을 믿는 자들에게는 하나님의 자녀가 되는 권세를 주셨으니 13. 이는 혈통으로나 육정으로나 사람의 뜻으로 나지 아니하고 오직 하나님께로부터 난 자들이니라"

하나님께서 열어 주신 구원의 길을 비춰 주시는 '빛'으로 오신 분이 바로 예수님입니다. 세상은 그 빛이신 예수님으로 말미암아 지음을 받았지만, 정작 세상은 예수님을 영접하지 않았습니다. 예수님을 영접하는 자, 그 이름을 믿는 자들에게 하나님의 자녀가 되는 권세를 주셨음에도 그 이름을 도무지 믿지 않는 자들은 오히려 예수 이름 때문에 넘어지게 될 것입니다. 기준이 없을 때는 눈치껏 잘 살면 됩니다. 하지만 기준이 생기면 반드시 그 기준을 지켜야만 합니다.

아프리카 대륙 옆에 '마다가스카르'라고 하는 섬나라가 있습니다. 섬이라고는 하지만 국토의 면적으로만 계산하면 세계에서 46번째로 큰 나라이며, 섬나라로만 한정하면 인도네시아에 이어 두 번째로 큰 나라입니다.

저희가 남아공에 있을 때 '마다가스카르'에서 사역하시는 어떤 선교사님을 만났는데 재미있는 이야기를 해 주셨습니다. 나라가 그렇게 큰데 신호등은 나라 전체에 두 개밖에 없다는 것이었습니다. 그마저도 하나는 고장 나서 사용하지 않는다고 했습니다. 그래서 제가 마다가스카르에는 자동차가 별로 없느냐 물었더니, 차가 아주 많답니다. 차가 많은데 신호등이 없으면 어떻게 하느냐고 했더니, 그래도 사고 안 나고 눈치껏 잘 다닌답니다. 그러면서 오히려 신호등이 있어서 기다리고 서 있는 것을 불편해한다고 했습니다.

보십시오. 신호등이 없어도 알아서 사고 나지 않고 잘 다닐 수만 있으면 좋을 것입니다. 하지만 신호등이 있는데도 지키지 않으면 어떻게 될까요? 신호등이 있기 때문에 불법이 되고 걸립니다.

예수님께서 이 땅에 오시기 전까지는, 예수님을 대신해서 그림자와 예표로 주신 율법을 잘 지키고, 제사와 절기만 잘 드리면 됐습니다. 그런데 실체이신 예수님께서 오셨습니다. 분명한 신호등이 딱 생긴 것입니다. 이제는 눈치껏 신앙생활하고, 자기 나름대로 신앙생활 잘하면 되는 것이 아니라, 하나님께서 만들어 주신 방법을 따라 신앙생활을 해야 합니다. 그 방법이 무엇입니까? 빛으로 오신 예수님을 믿는 것입니다. '문'이신 예수님을 통과해서 들어가는 것입니다. 하지만 구약 이스라엘 백성들은 자기들이 익숙하고 편한 방법으로 하나님을 섬기려고 했습니다.

미가 6:6-7, "내가 무엇을 가지고 여호와 앞에 나아가며 높으신 하나님께 경배할까 내가 번제물로 일 년 된 송아지를 가지고 그 앞에 나아갈까 7. 여호와께서 천천의 숫양이나 만만의 강물 같은 기름을 기뻐하실까 내 허물을 위하여 내 맏아들을, 내 영혼의 죄로 말미암아 내 몸의 열매를 드릴까"

미가 선지자 당시의 사람들이 하나님에 대해 가진 생각들이 이랬습니다. "불에 태워 바칠 송아지 번제물, 수천 마리 숫양이나 강물처럼 많은 올리브 기름, 그리고 자기 허물과 죄를 용서받기 위해서 맏아들을 제물로 드리면 기뻐하실까?"라며 생각한 것입니다. 지금 이런 것들은 하나님께서 이스라엘 백성들에게 요구하신 것들이 아니었습니다. 그것들은 이스라엘 백성들이 우상들에게 바치던 것들이었습니다. 그래서 하나님께서 그런 이스라엘을 향해 이렇게 말씀하셨습니다.

미가 6:2-3, "너희 산들과 땅의 견고한 지대들아 너희는 여호와의 변론을 들으라 여호와께서 자기 백성과 변론하시며 이스라엘과 변론하실 것이라 3. 이르시기를 내 백성아 내가 무엇을 네게 행하였으며 무슨 일로 너를 괴롭게 하였느냐 너는 내게 증언하라"

내가 언제 너희를 괴롭게 한 적이 있느냐, 한번 증언해 봐라. 그러면서 뭐라고 하셨습니까?

미가 6:8, "사람아 주께서 선한 것이 무엇임을 네게 보이셨나니 여호와께서 네게 구하시는 것은 오직 정의를 행하며 인자를 사랑하며 겸손하게 네 하나님과 함께 행하는 것이 아니냐"

하나님께서 원하시는 것이 무엇이라고요? 인자를 사랑하며 겸손하게 하나님과 함께 행하는 것입니다. 그런데 인간들은 하나님과 함께 행하는 대신에 무엇으로 바꿔 보려고 한다고요? 돈으로 때우려고 했습니다. 하나님은 인간과 함께하시기 위해서 아들을 주셨는데, 인간은 하나님과 함께하는 것이 아니라 제물로 뭘 바치는 정도로 끝내려고 합니다. 그렇게 바친 뒤에 자기가 하고 싶은 것을 마음껏 하겠다는 것입니다.

요한복음 20:31, "또 너희로 믿고 그 이름을 힘입어 생명을 얻게 하려 함이니라"

예수님을 믿고, 그 이름을 힘입어 생명을 주시려는 이유가 무엇입니까? 영원히 함께하기 위함입니다. 우리가 예수님을 믿는 이유가 무엇입니까? 영원히 하나님과 함께하기 위함입니다. 우리가 신앙생활을 하면서 예수님을 닮아 가는 성화의 삶을 살아야 할 이유가 무엇입니까? 영원히 하나님과 함께해야 하기 때문입니다. 다른 종교에는 없고 오직 기독교 안에만 있는 가장 확실한 은혜, 유일한 은혜가 무엇입니까? 영원히 하나님과 함께하는 것입니다. 이것만이 진짜입니다. 어느 것과도 바꿀 수 없는 것입니다.

그래서 돈이 아니라 하나님을 전부로 삼고 자신의 모든 생활비를 헌금한 가난한 과부를 보면서, 예수님께서는 '가장 많이 한 것'이라고 말씀하신 것입니다. 돈을 좋아했던 바리새인들은, 스스로 율법의 모든 것을 어려서부터 다 지켜 행했노라고 자부했지만, 그들의 진짜 주인이 하나님이 아니라 돈이었기 때문에 버림을 받았던 것입니다. 같은 이유로 돈을 포기하지 못했던 부자 청년 역시 예수님을 따를 좋은 기회를 포기하고 근심하며 돌아갔던 것입니다. 하지만 베드로와 제자들은 모든 것을 버려두고 예수님을 따랐습니다.

오늘날 신앙생활을 하는 우리가 조심해야 할 것도 바로 이런 것입니다. 예배 참석의 의무, 십일조와 헌금, 이런 것만 잘하면 어떻게 살아도 괜찮은 것이 아닙니다. 하나님께서 오늘 저와 여러분을 함께하자고 부르셨습니다. 교회나 가정, 직장, 학교, 그곳이 어디든 저와 여러분이 있는 곳이 하나님이 함께하시는 곳입니다. 지난 시간에 우리 확인했죠? "하나님 있음, 나 있음." "하나님 없음, 나 없음."

내 삶의 영역 모든 장소에서 하나님을 주인으로 삼고, 예수 그리스도를 머리로 삼아 성도다운 삶, 변화된 삶, 성화의 삶을 살아가는 저와 여러분이 되길 주님의 이름으로 축원합니다.

`요한복음 1:1~13`

하나님께로부터 난 자들

"1. 태초에 말씀이 계시니라 이 말씀이 하나님과 함께 계셨으니 이 말씀은 곧 하나님이시니라 2. 그가 태초에 하나님과 함께 계셨고 3. 만물이 그로 말미암아 지은 바 되었으니 지은 것이 하나도 그가 없이는 된 것이 없느니라 4. 그 안에 생명이 있었으니 이 생명은 사람들의 빛이라 5. 빛이 어둠에 비치되 어둠이 깨닫지 못하더라 6. 하나님께로부터 보내심을 받은 사람이 있으니 그의 이름은 요한이라 7. 그가 증언하러 왔으니 곧 빛에 대하여 증언하고 모든 사람이 자기로 말미암아 믿게 하려 함이라 8. 그는 이 빛이 아니요 이 빛에 대하여 증언하러 온 자라 9. 참 빛 곧 세상에 와서 각 사람에게 비추는 빛이 있었나니 10. 그가 세상에 계셨으며 세상은 그로 말미암아 지은 바 되었으되 세상이 그를 알지 못하였고 11. 자기 땅에 오매 자기 백성이 영접하지 아니하였으나 12. 영접하는 자 곧 그 이름을 믿는 자들에게는 하나님의 자녀가 되는 권세를 주셨으니 13. 이는 혈통으로나 육정으로나 사람의 뜻으로 나지 아니하고 오직 하나님께로부터 난 자들이니라"

다른 복음서들이 예수 그리스도께서 행하신 사건들을 중심으로 기록하고 있다면, 요한복음은 그 사건들의 내용과 의미를 설명함과 동시에, 예수님의 하나님 되심에 초점을 맞추고 있습니다.

요한복음 1:1-3, "태초에 말씀이 계시니라 이 말씀이 하나님과 함께 계셨으니 이 말씀은 곧 하나님이시니라 2. 그가 태초에 하나님과 함께 계셨고 3. 만물이 그로 말미암아 지은 바 되었으니 지은 것이 하나도 그가 없이는 된 것이 없느니라"

여기 '말씀'이라고 번역된 헬라어 '로고스'는 말씀이라는 뜻 외에도, 당시의 사람들이 이해하던 철학적 개념으로서 '만물을 지배·구성하는 질서나 원리' 또는 '존재, 기원'이라는 뜻이 있습니다. 그래서 "태초에 말씀이 계시니라"라는 번역 대신에 그냥 원어 그대로 "태초에 로고스가 계시니라" 이렇게 '로고스'를 원문 그대로 사용하는 것이 요한복음 1장을 전반적으로 이해하는 데 훨씬 도움이 될 것입니다.

"태초에 하나님과 함께 만물을 지배하고 구성하는 로고스가 계셨는데, 그 로고스 역시 하나님이셨다. 그 로고스가 태초에 하나님과 함께 계셨고, 세상이 그로 말미암아 지은 바 되었으니 그가 없이 지어진 것은 하나도 없다." 이렇게 번역하는 것이 훨씬 자연스럽게 느껴집니다. 그러면 그 로고스는 도대체 무엇입니까?

요한복음 1:14, "말씀이(로고스가) 육신이 되어 우리 가운데 거하시매 우리가 그의 영광을 보니 아버지의 독생자의 영광이요 은혜와 진리가 충만하더라"

여기에 말씀한 로고스가 바로 예수 그리스도이십니다. 그러면 로고스로 계신 예수님께서 왜 육신의 몸을 입고 이 땅에 오셔야만 했습니까?

요한복음 1:18, "본래 하나님을 본 사람이 없으되 아버지 품 속에 있는 독생하신 하나님이 나타내셨느니라"

'아무도 하나님을 본 사람이 없다'는 말은 우리 중에 하나님을 충분히 이해시킬 수 있을 만큼 설명할 수 있는 사람이 없다는 말입니다. '로고스'이신 예수님을 가리켜서 '말씀'이라고 표현한 이유가 바로 여기에 있습니다. 세상에는 하나님을 본 사람도 없고 하나님에 대해서 말로 설명할 수 있는 사람이 아무도 없습니다. 하지만 예수님은 하나님에 대해서 가르쳐 주실 수 있는 유일하신 분입니다. 왜냐하면, 예수님은 태초부터 하나님과 함께 계셨던 분으로 하나님과 본질이 같은 분이었기 때문입니다.

빌립보서 2:6-8, "그는 근본 하나님의 본체시나 하나님과 동등됨을 취할 것으로 여기지 아니하시고 7. 오히려 자기를 비워 종의 형체를 가지사 사람들과 같이 되셨고 8. 사람의 모양으로 나타나사 자기를 낮추시고 죽기까지 복종하셨으니 곧 십자가에 죽으심이라"

하나님과 동등하신 분이지만 사람의 모양으로 이 땅에 오신 하나님, 그분이 바로 예수님입니다. 예수님의 말씀과 그분께서 행하신 모든 일이 하나님의 말씀이셨고 하나님이 하시는 일이었습니다. 그래서 예수님께서는 자신을 아는 사람은 하나님도 안 것이라고 말씀하신 것입니다.

> 요한복음 14:6-7, "예수께서 이르시되 내가 곧 길이요 진리요 생명이니 나로 말미암지 않고는 아버지께로 올 자가 없느니라 7. 너희가 나를 알았더라면 내 아버지도 알았으리로다 이제부터는 너희가 그를 알았고 또 보았느니라"

예수님의 말씀을 이해하지 못한 빌립이 아버지 하나님을 보여 달라고 했을 때 다시 이렇게 말씀하셨습니다.

> 요한복음 14:10-11, "내가 아버지 안에 거하고 아버지는 내 안에 계신 것을 네가 믿지 아니하느냐 내가 너희에게 이르는 말은 스스로 하는 것이 아니라 아버지께서 내 안에 계셔서 그의 일을 하시는 것이라 11. 내가 아버지 안에 거하고 아버지께서 내 안에 계심을 믿으라 그렇지 못하겠거든 행하는 그 일로 말미암아 나를 믿으라"

성부 하나님께서 당신의 아들 예수님을 보내셔서 우리에게 자신을 설명해 주셨습니다. 아들만큼 자기 아버지에 관해서 설명을 잘할 수 있는 사람이 누가 있을까요? 예수님께서 하시는 말씀이 모두 아버지 하나님께서 하시는 말씀이었고, 예수님께서 하시는 일 역시 하나님께서 하신 일이었습니다. 그래서 예수님께서는 자기가 하는 말을 믿지 못하겠거든, 자기가 행하는 일을 보면 알 것 아니냐고 말씀하신 것입니다.

열왕기와 호세아 강해를 하면서 여러 번 말씀드렸던 것처럼, 하나님께서 다른 모양이나 형상으로 자신을 계시하신 것이 아니라 오직 말씀으로만 자신을 나타내 보이셨음을 기억하시기 바랍니다. 하나님께서 모세를 통해 주셨던 말씀들을 율법에 기록하여 그 말씀들로 구약 이스라엘을 다스리셨습니다.

예수님께서 이 땅에 오신 후에도 오직 말씀으로만 가르치셨고 어떤 흔적도 남기지 않으셨습니다. 심지어 그분의 초상화나 그분의 형상, 직접 쓰신 글을 어디에도 남기지 않으셨습니다. 이것은 예수님과 비슷한 시대를 살았던, 그리고 미술을 공부하는 사람이라면 누구라도 한 번쯤 그려 봤을 아그립바의 얼굴과 형상이 남아 있는 것과는 너무나 대조되는 일입니다. 물론 이 아그립바는 헤롯왕은 아닙니다.
그뿐만 아니라 예수님보다 400년도 훨씬 이전에 살았던 소크라테스나 플라톤의 초상화도 남아 있습니다. 하지만 하나님은 이 땅에 어떤 모양이나 흔적을 남기는 것으로 자신을 계시하지 않으시고, 오직 말씀으로 오신 예수님을 통해서 자신을 계시하셨고, 또한 지금도 오직 말씀을 통해 믿는 자들을 구원하고 계십니다.

요한복음 17장에서 십자가 죽음을 앞두신 예수님께서 제자들을 위해 이렇게 기도하셨습니다.

요한복음 17:17-21, "그들을 진리로 거룩하게 하옵소서 아버지의 말씀은 진리니이다 18. 아버지께서 나를 세상에 보내신 것 같이 나도 그들을 세상에 보내었고 19. 또 그들을 위하여 내가 나를 거룩하게 하오니 이는 그들도 진리로 거룩함을 얻게 하려 함이니이다 20. 내가 비옵는 것은 이 사람들만 위함이 아니요 또 그들의 말로 말미암아 나를 믿는 사람들도 위함이니 21. 아버지여, 아버지께서 내 안에, 내가 아버지 안에 있는 것 같이 그들도 다 하나가 되어 우리 안에 있게 하사 세상으로 아버지께서 나를 보내신 것을 믿게 하옵소서"

여기 17절에서도 예수님께서 **"그들을 진리로 거룩하게 하옵소서"** 라고 말씀했습니다. 왜요? '아버지의 말씀은 진리이기 때문'입니다. 또한, 20절에서도 보시는 것처럼 **"또 그들의 말로 말미암아 나를 믿는 사람들도 위함이니"**라고 말씀하면서 당신의 제자들에게도 오직 그들이 하는 말로서 예수님을 전하여 믿는 사람들을 부르게 하셨습니다. 그리고 그렇게 사도들로부터 전해 들은 말씀을 믿는 자들이 하나님 안에서 하나가 되게 하셨습니다. 기독교 복음 전파의 도구가 형상이나 어떤 예배 의식과 같은 도구가 아니라 말씀으로 전해지고 있다는 것을 주목하시기 바랍니다.

요한복음 14장 11절에서 예수님께서는 본인이 전하는 말을 믿지 못하겠거든 내가 행하는 일을 보고 나를 믿으라고 말씀하셨습니다. 이 말씀은 예수님이 전하는 말씀이 못 믿을 만한 내용이어서가 아니라 앞서 말씀드렸던 것처럼 아무도 하나님을 본 사람이 없었기 때문에 전해 들은 말만으로는 이해하지 못할 수 있는 부분이 있기 때문입니다. 그래서 예수님은 단지 말씀뿐만 아니라 본인이 행하신 일을 보고 믿으라고 말씀하신 것입니다. 그리고 동일한 원리가 오늘날 신앙생활을 하는 저와 여러분에게도 적용이 될 것입니다.

예수님께서는 '사람이 등불을 켜서 말 아래에 두지 아니하고 등경 위에 둔다, 너희는 산 위의 동네다'(마 5:14-15)라고 했습니다. 그 이유는 모든 사람에게 그 빛을 보게 하기 위함이고, 그 빛은 숨길 수 없기 때문입니다. 예수님의 생애 중에서 하신 어떤 행동이나 사역 하나라도 진리가 아니고 말씀이 아닌 게 없었습니다. 그리고 그 말씀의 역할을 예수님의 제자들에게 맡기셨고, 또한 저와 여러분에게 맡기셨습니다. 따라서 저와 여러분은 모든 장소, 모든 사람으로부터 하나님의 말씀으로 우리의 가치를 인정받아야 합니다.

우리의 신앙은 교회에서 예배하고 기도할 때만 증명되고 인정받는 것이 아닙니다. 우리의 가정과 일터와 생활의 모든 영역에서 하나님의 말씀을 드러내 보일 수 있어야 좋은 믿음입니다. 예수님께서 빌립과 제자들에게 말씀하셨던 것처럼 우리가 전하는 말이 부족하거든 우리가 하는 일을 보고 예수님을 믿으라고 말할 수 있어야 합니다. 그것이 참된 복음 전도입니다. 그런데 이 복음을 전함에 있어서 우리가 놓치지 말아야 할 것이 있습니다.

요한복음 1:9-11, "참 빛 곧 세상에 와서 각 사람에게 비추는 빛이 있었나니 10. 그가 세상에 계셨으며 세상은 그로 말미암아 지은 바 되었으되 세상이 그를 알지 못하였고 11. 자기 땅에 오매 자기 백성이 영접하지 아니하였으나"

참빛이신 예수님께서 세상에 계셨지만, 세상은 예수님을 알아보지 못했고 또한 영접하지 않았습니다. 그런데 오늘 저와 여러분은 예수님이 참빛이신 것도 알고 당연히 예수님을 믿고 영접했습니다. 그래서 우리는 너무나 쉽게 "나는 믿었는데, 왜 사람들은 안 믿을까?"라고 생각하면서 답답해할 수 있을 것입니다.

요한복음 1:12, "영접하는 자 곧 그 이름을 믿는 자들에게는 하나님의 자녀가 되는 권세를 주셨으니"

그러면서 이 말씀을 근거로 해서, 예수님을 영접하지 않고 고집을 부리는 자들을 이해하지 못하는 것입니다. 그런데 요한복음 1장의 핵심은 12절 말씀이 아니라 13절 말씀입니다.

요한복음 1:13, "이는 혈통으로나 육정으로나 사람의 뜻으로 나지 아니하고 오직 하나님께로부터 난 자들이니라"

12절 말씀처럼 단지 영접만 하면 하나님의 자녀가 될 수 있는데 영접하지 않는 것, 그것이 바로 사람의 본래 모습입니다. 이것은 예수님을 영접하는 것이 인간의 힘으로는 도저히 불가능하다는 것을 말씀하는 것입니다. 다시 9~11절 말씀으로 가면, 참빛 곧 각 사람에게 비추는 빛으로 예수님께서 세상에 오셨지만 세상은 그를 알지 못했고 영접하지 않았다고 했습니다. 이 말씀이 이해가 되십니까? 빛은 드러날 수밖에 없고, 빛은 당연히 보이는 것입니다. 그런데 사람들은 그 빛으로 오신 예수님을 알지 못했습니다. 왜 그랬을까요? 18절 말씀처럼 아무도 본 사람이 없었기 때문입니다.

이렇게 설명해 보겠습니다. 모두 눈을 감으시기 바랍니다. 여러분은 태어나서 지금까지 한 번도 본 적이 없는 시각장애인입니다. 여러분 옆 사람도 여러분과 똑같습니다. 이제 옆 사람에게 여러분이 표현할 수 있는 모든 말로 빨간색을 설명하고 파란색을 설명해 보시기 바랍니다. 그것이 가능하겠습니까? 우리가 상대방에게 빨간색을 설명하고 파란색을 설명해서 이해시킬 수 있다면 그것은 우리가 그 색들을 보고 알았기 때문이고, 듣는 사람도 그 색을 봤기 때문에 설명을 들으면 유추해 낼 수 있는 것입니다. 서로 한 번도 색깔을 본 적이 없다면, 그것을 설명하는 것도 불가능하고 그 말을 듣고 이해하는 것도 불가능합니다.

12절 말씀처럼 우리가 예수님을 영접하고 하나님의 자녀가 된 것은 정말 놀라운 기적이고 축복입니다. 우리가 언제 하나님을 본 적이 있습니까? 우리 중에 누군가 천국 여행을 다녀와서 사진도 찍어 오고 천국에서 판매하는 기념품이나 특산물도 구매해 와서 보여 준 사람이 있습니까? 아무도 없습니다. 마치 나면서부터 소경이 되어서 색은 물론이고 빛조차도 제대로 본 적이 없는 사람에게 파란색과 시퍼런 색을 설명하고, 하늘색과 물 빠진 청바지의 푸릇푸릇한 색을 설명해야 하는 것과 같습니다. 이것을 정확하게 설명할 수 있을까요? 만약 나면서부터 소경이 된 사람에게 그것을 설명할 수 있는 사람이 있다면 정말 대단한 사람일 것입니다. 하지만 아무도 그 색의 차이를 설명하지 못할 것입니다.

오늘날 성도들이 자신이 예수님을 믿게 된 것이 얼마나 큰 축복이고 기적인지 잘 알지 못합니다. 누구나 영접하겠다고 고백만 하면 예수를 믿을 수 있을 거라고 생각합니다. 하지만 그렇지 않습니다. 성경은 오히려 반대라고 말씀합니다. 아무리 전하고 가르쳐 줘도 예수님을 믿지 않는 것이 당연하다고 말씀합니다. 빛을 비춰 줘도 보지 못하고, 자기를 만드신 창조주가 와도 모르고, 구원해 줄 구세주가 와도 영접할 줄 모르는 자들이 바로 사람들입니다. 그리고 그 사람들 속에는 저와 여러분도 포함되어 있었습니다. 그런데 우리가 세상 사람과 다른 점이 무엇입니까? 그것은 우리가 하나님에게서 난 자들이라는 것입니다. 기독교가 참된 은혜요 유일한 축복인 이유가 바로 여기에 있습니다.

여러분은 여러분의 신앙을 무엇을 통해서 확인하고 있습니까? 기독교 신앙의 본질을 모르는 사람들은 자기 확신을 통해서 자신의 신앙을 확인하려고 합니다. 과거에는 그것이 기복신앙이었고, 최근에는 성령 체험이나 명상, 환상과 같은 것이 되었습니다. 성경을 여러 번 읽고 깊은 묵상 가운데로 들어가면 자신이 성경 말씀이 기록된 현장으로 들어가게 되어서 그곳에서 말씀하시는 예수님의 말씀을 듣게 되고 에스겔이 보았던 마른 뼈가 살아나는 모습을 본답니다. 그렇게 깊은 묵상 속에서 예수님의 말씀을 듣고, 성경에 기록된 사건들의 환상을 보고 나면 자신도 그 시절의 제자들이나 선지자들과 같은 마음이 들고, 사람들에 대한 긍휼한 마음이 든다고 합니다. 이것은 개인의 노력과 경험을 통해서 얼마든지 체험할 수 있지만, 그 체험이라는 것은 수련하는 사람마다 다르기 때문에 될 때까지 꾸준히 열심히 해야 한다고 가르칩니다.

기독교가 어느새 수양의 종교가 되었고, 열심히 도를 닦아야 체험할 수 있는 종교가 되었습니다. 왜 그렇게 됐을까요? 기독교 신앙이 무엇인지, 하나님께서 우리에게 주신 것이 무엇인지 제대로 알지 못한 채, 자꾸 자기편에서 신앙의 확신을 얻으려고 하기 때문에 생기는 현상입니다. 성경은 우리가 예수 그리스도를 믿게 되었다는 그 자체가 하나님으로부터 난 자인 증거이며, 하나님께 속한 자라고 말씀합니다. 그리고 그것은 우리 쪽에서 확인하는 것이 아니라 하나님께서 확인해 주신 것입니다. 예수를 믿는다고 하는 것은 아무나 할 수 있는 것이 아닙니다. 정말 불가능한 일 중에서도 불가능한 일입니다. 인간으로서는 그 누구도 할 수 없는 일입니다. 그런데도 우리가 예수님을 믿고 있습니다. 어떻게 이런 일이 가능할 수 있을까요?

로마서 8:29-31, "하나님이 미리 아신 자들을 또한 그 아들의 형상을 본받게 하기 위하여 미리 정하셨으니 이는 그로 많은 형제 중에서 맏아들이 되게 하려 하심이니라 30. 또 미리 정하신 그들을 또한 부르시고 부르신 그들을 또한 의롭다 하시고 의롭다 하신 그들을 또한 영화롭게 하셨느니라 31. 그런즉 이 일에 대하여 우리가 무슨 말 하리요 만일 하나님이 우리를 위하시면 누가 우리를 대적하리요"

하나님께서 우리들을 그 아들의 형상, 곧 예수님을 본받게 하시려고 미리 정하셨다고 했습니다. 그렇게 미리 정한 우리를 하나님의 적당한 때에 우리를 부르시고, 부르신 우리를 의롭다고 여겨 주시고, 그리고 영화로운 존재로 만들어 주셨습니다. 여기에 우리가 한 것이 어떤 것이라도 있습니까? 아무것도 없습니다. 우리가 성경을 많이 읽고 깊이 묵상했더니 하나님이 기특하게 여기고 불러 주신 것입니까? 아닙니다. 우리는 하나님께서 우리를 당신의 백성으로 정하셨는지도 알지 못했습니다.

우리는 어떤 존재였습니까? 빛이 왔지만, 그전에 빛을 본 적이 없기 때문에 그 빛이 무엇인지 알지 못했던 자들입니다. 그런 우리들을 하나님께서 택하셔서 죄를 사해 주시고, 의롭다고 여겨 주시고, 영화롭게 하셨습니다. 그뿐 아니라 하나님께서 우리를 위하시는데 누가 우리를 대적할 수 있겠느냐면서 걱정하지 말라고 하십니다. 그런데 하나님의 약속과 하나님께서 주시는 확신은, 단지 걱정하지 말라는 정도가 아니라 거기서 더 나갑니다.

로마서 8:32-34, "자기 아들을 아끼지 아니하시고 우리 모든 사람을 위하여 내주신 이가 어찌 그 아들과 함께 모든 것을 우리에게 주시지 아니하겠느냐 33. 누가 능히 하나님께서 택하신 자들을 고발하리요 의롭다 하신 이는 하나님이시니 34. 누가 정죄하리요 죽으실 뿐 아니라 다시 살아나신 이는 그리스도 예수시니 그는 하나님 우편에 계신 자요 우리를 위하여 간구하시는 자시니라"

당신이 택하신 자들을 위해서 아들까지 내주신 하나님이신데 어느 누가 하나님께서 위하신 백성들을 고발할 수 있으며, 하나님께서 의롭다고 정해 주셨는데 누가 아니라고 정죄할 수 있겠습니까? 그 죄의 문제를 해결하기 위해서 예수님께서 십자가 위에서 죽으셨고, 다시 살아나셔서 하나님 우편에서 우리를 위해 친히 간구하고 계시는

데 누가 아니라고 말할 수 있겠습니까? 그래서 계속해서 이렇게 말씀하셨습니다.

로마서 8:35-39, "누가 우리를 그리스도의 사랑에서 끊으리요 환난이나 곤고나 박해나 기근이나 적신이나 위험이나 칼이랴 36. 기록된 바 우리가 종일 주를 위하여 죽임을 당하게 되며 도살 당할 양 같이 여김을 받았나이다 함과 같으니라 37. 그러나 이 모든 일에 우리를 사랑하시는 이로 말미암아 우리가 넉넉히 이기느니라 38. 내가 확신하노니 사망이나 생명이나 천사들이나 권세자들이나 현재 일이나 장래 일이나 능력이나 39. 높음이나 깊음이나 다른 어떤 피조물이라도 우리를 우리 주 그리스도 예수 안에 있는 하나님의 사랑에서 끊을 수 없으리라"

기독교 신앙을 가진 사람들의 가장 큰 비극이 무엇인지 아십니까? 자기가 얼마나 큰 은혜를 받았는지 모를 뿐 아니라, 자기가 구원받았다는 확신도 별로 없는 것입니다. 이런 현상이 생기는 이유는, 자신의 현재 신앙의 상태에 따라 구원의 은혜를 받은 확신의 정도가 달라지기 때문입니다. 신앙생활을 잘하고 있다고 생각될 때는 자신이 있지만, 그 반대의 경우에는 자신이 없어집니다. 이렇게 자기가 느끼는 신앙생활 정도에 따라서 구원의 확신도 흔들리는 이유가 무엇일까요?

은혜로 받은 구원과 구원 얻은 이후에 어떻게 살아야 하는가 하는 신자로서의 책임을, 구원을 확인하는 지점과 혼합해 버렸기 때문에 생긴 오해입니다. 구원받은 성도는 하나님께서 기뻐하시는 일, 즉 하나님을 사랑하고 이웃을 사랑하는 것과 같은 책임 있는 생활을 해야 하는 것이 마땅합니다. 하지만 그것은 구원 얻은 자가 당연히 해야 할 책임에 속한 것이지 그렇게 해야 구원받는다는 조건은 아닙니다. 만약 우리가 "구원을 받았다면 적어도 예수님처럼 하나님의 뜻을 구하고 행하며 살아야 하지 않겠나?"라는 것으로 구원의 확신을 확인하려고 한다면, 우리는 평생 만족스러운 구원의 확신을 할 수 없을 것입니다. 왜냐하면, 그런 문제는 우리의 인생이 끝나는 순간까지 계속해야 하는 신앙의 싸움이기 때문입니다.

구원의 확인을 위해 내 안에 어떤 조건이 있는지 살피면 살필수록, 그 속에는 하나님을 만족시킬 수 있는 의로움은 전혀 없고, 여전히 죄에 속한 것으로 가득 찬 자신만 발견하게 될 것입니다. 앞서 읽었던 9~11절에서 참빛이신 예수님께서 세상에 오셨지만, 세상은 그분을 알아보지 못했고 예수님을 영접하지 않았다고 말씀드렸습니다. 왜냐하면, 마치 나면서부터 소경 된 자와 같이 아무도 빛을 본 사람이 없었기 때문입니다.

여러분의 이해를 돕기 위해서 이렇게 설명하겠습니다. 날 때부터 보지 못했던 사람이 있었습니다. 의학적으로 가능한 일인지 모르겠지만, 어느 날 안구 기증자가 나타나서 이 사람이 이식수술을 통해 볼 수 있게 됐다고 가정해 보겠습니다. 수술 전에는 보지 못했던 사람이 이젠 보게 된 것입니다. 그러면 이 사람이 눈으로 볼 수 있다는 것을 어떻게 확인할 수 있을까요?

"전에는 누군가가 차려 주는 밥을 먹기만 했는데, 이제는 내가 음식을 만들어서 줄 수 있는 것을 보니까 나는 볼 수 있는 사람이 된 것 같아." 맞습니까? "전에 보지 못했을 때는 누군가 나를 불렀을 때 방향만 짐작했지 내가 그 사람에게 갈 수는 없었는데, 이제는 그 사람이 부르지 않아도 내가 찾아갈 수 있는 걸 보니까 나는 볼 수 있는 것이 확실해." 이렇게 말하는 것은 맞나요? 그와 같은 것들은 눈으로 보고 난 뒤에 할 수 있는 일들이지, 그런 것들을 했기 때문에 보는 것은 아닙니다.

눈으로 본다는 증거는 무엇입니까? 감각이 생긴 것입니다. 우리의 구원은 우리 자신의 성숙한 신앙생활에 달린 것이 아니라 하나님에 대해서 마치 죽은 자와 같이 무감각했던 내가 이제는 하나님에 대한 감각을 갖게 되었다는 데서 확인할 수 있는 것입니다. 내가 죄인이라고 생각하지도 않았고 당연히 죄에 관한 가책을 느낄 수도 없었는데, 이제는 죄에 관한 감각이 생겼다는 사실이 우리의 구원을 확인해 주는 것입니다.

그래서 구원받은 사람과 구원받지 못한 사람의 가장 큰 차이가 무엇인지 아십니까? 하나님에 대한 감각이 있는 사람과 전혀 없는 사람의 차이입니다. 구원의 확신을 자기가 행한 어떤 일에서 찾으려고 하면 하나님을 믿지 않고도 착한 사람이나 자기의 것을 아끼지 않고 헌신적으로 남을 돕는 사람, 심지어 다른 사람을 위해서 기꺼이 자기 목숨을 희생한 사람 앞에서 할 말이 없습니다. 믿음이 없는 사람들 가운데도 얼마든지 남을 위해서 희생하고 좋은 일을 하는 사람들은 많기 때문입니다.

하지만 그렇게 착하고, 정의롭고, 남을 위해 희생한 그것이 하나님을 감각할 수 있게 하는 것이 아니라 하나님께서 택하시고, 부르시고, 죄 용서하시고, 의롭다 하신 그 사람이 하나님을 감각할 수 있는 것입니다. 그래서 하나님에 대해 감각이 없는 사람은 그 사람이 아무리 착한 사람이라 할지라도 복음을 전할 때 선뜻 예수님을 영접하겠다고 말하지 않습니다. 여러 가지 이유를 말하고, 기독교에 대한 부정적인 생각을 말하면서 끝내 예수님을 믿는 것을 거부합니다. 그러면서 예수를 믿지 않아도 자기가 행하는 착하고 정의로운 일을 자랑하면서 스스로를 높이려 합니다.

또 다른 부류의 사람은 구원이나 천국에 관한 이야기를 하고, 예수님을 믿을 것을 전할 때 오히려 그 반대편으로 향하는 사람들이 있습니다. 이분들은 차라리 자기들은 지옥에 가겠다고 합니다. 왜냐하면, 모든 사람이 천국에 가려고 하기 때문에 상대적으로 지옥이 넓고 쾌적할 거랍니다. 이런 사람들은 하나님을 모욕하기 위해서 이런 말을 한다기보다는 하나님을 전혀 모르기 때문에 그런 말을 하는 것입니다.

이에 반해서 성도들은 때때로 하나님의 말씀대로 살지 못할 때도 늘 하나님에 대해 의식합니다. 도망하더라도 급하면 언제든지 들어가서 기도할 수 있는 교회 십자가가 보이는 근처로 갑니다. 믿지 않는 사람들이 착하고 정의롭게 살면서도 하나님을 의식하지 않는 것과는 정반대의 현상입니다. 그리고 그와 같이 하나님에 대한 감각이나 반응이 있다는 표시가 바로 회개입니다.

하나님에 대한 감각이 전혀 없는 사람들은 죽었다가 깨나도 이해할 수 없는 것이 성도들의 회개입니다. 도대체 무슨 죽을죄를 지었기에 매일 저렇게 울며 기도하는지, 하나님에 대한 감각이 없는 사람들은 도무지 이해할 수 없는 행동입니다. 하지만 하나님에 대한 감각이 있는 사람은 회개할 때뿐만 아니라, 시도 때도 없이 눈물을 흘립니다. 저는 성도들의 그런 현상을 '눈물을 흘리는 포인트가 다르다'라는 표현으로 설명합니다.

영접하는 자, 그 이름을 믿어 하나님의 자녀가 된 사람들은 모두 하나님께로부터 난 사람들입니다. 구원받은 사람들은 하나님에 대한 감각이 생겨납니다. 그것은 내가 노력하고 연구하고 수고한 만큼 생기는 것이 아니라, 영이 살아났기 때문에 저절로 생기는 것입니다. 마치 나면서부터 소경 된 사람이 안구 기증을 받아 이식수술을 통해 볼 수 있게 된 것과 같습니다. 뭘 해서 보는 것이 아니라, 보이기 때문에 이제 무엇이든 할 수 있는 것입니다. 우리의 구원이 그와 같습니다. 사람들이 빛으로 오신 예수님을 알지 못하고 영접하지 않는 것은 그들이 한 번도 빛을 본 적이 없기 때문이고, 설명해 줘도 알지 못하기 때문입니다. 하지만 하나님께서 정하신 사람, 하나님께서 부르시고 의롭다 한 사람, 하나님께로부터 난 사람들은 누구라도 예수님을 믿게 될 것입니다.

여러분 마음속에 그리스도 예수가 있습니까? 하나님을 의식하는 감각이 생겼습니까? 어느 때이든 여러분의 죄를 회개할 때, 하나님의 은혜에 감사할 때, 또는 광대한 하나님의 창조물 앞에 섰을 때 여러분도 모르게 흐르는 눈물이 느껴지십니까?

그것이 바로 여러분들이 구원받았다는 표시입니다. 즉 세상 사람들과 다른 눈물의 포인트가 생긴 것입니다. 이것이 가장 중요합니다. 여러분들이 구원받은 하나님의 백성이 되고, 자녀가 되었다는 것이 가장 중요합니다. 누구나 자기가 원하면 믿을 수 있고, 구원받을 수 있는 것이 아닙니다. 하나님의 택하심을 받은 사람, 하나님의 계획과 뜻 안에 포함된 사람들만 믿을 수 있습니다. 그리고 하나님께서 택하신 그 구원의 계획 가운데 저와 여러분이 있음을 믿으시기 바랍니다. 이것을 귀하게 여기시고, 여러분이 받으신 구원에 대해서 확신하시며 더욱 감사하기를 축원합니다.

요한복음 1:14~18

아버지의 독생자의 영광이요

"14. 말씀이 육신이 되어 우리 가운데 거하시매 우리가 그의 영광을 보니 아버지의 독생자의 영광이요 은혜와 진리가 충만하더라 15. 요한이 그에 대하여 증언하여 외쳐 이르되 내가 전에 말하기를 내 뒤에 오시는 이가 나보다 앞선 것은 나보다 먼저 계심이라 한 것이 이 사람을 가리킴이라 하니라 16. 우리가 다 그의 충만한 데서 받으니 은혜 위에 은혜러라 17. 율법은 모세로 말미암아 주어진 것이요 은혜와 진리는 예수 그리스도로 말미암아 온 것이라 18. 본래 하나님을 본 사람이 없으되 아버지 품 속에 있는 독생하신 하나님이 나타내셨느니라"

우리는 우리가 받은 구원이 하나님의 은혜로 된 것임을 믿습니다. 그런데 믿지 않는 누군가에게 또는 구원의 확신이 없는 성도에게 구원 얻는 믿음에 관해서 설명할 때, 어떻게 말을 해야 하는지 혼란스러워하는 분들이 의외로 많습니다. 우리가 믿어야 구원받는다고 할 때 믿는 행위의 주체는 인간입니다. 당연히 무게중심이 인간에게 있습니다.

그런데 성경은 우리가 받은 구원은 하나님의 선물이고 은혜라고 합니다. 무게중심이 하나님께 있습니다. 이처럼 예수를 믿으면 구원을 얻는다는 것과 우리가 전적인 하나님의 은혜로 구원을 받았다는 것을 분명하게 설명하는 것을 어려워한 나머지, "그냥 믿어" 이렇게 아주 단순하게 말해 줍니다. 그래서 "구원을 어떻게 받게 되는 것이냐?"라고 할 때, "누가 믿어서 받든, 선물이든 그게 중요해? 천국 가는 게 중요하지. 그러니까 그냥 믿어. 천국에 가 보면 다 알게 돼!" 하며 단순하게 믿으라고 말합니다.

또는 "어떻게 구원을 받게 되는지 모르지만, 일단 교회에 잘 다니고 열심히 믿음으로 잘 살면 구원을 받게 되지 않을까?"라고 하면서, 그러니 이 땅에 살면서 그분의 뜻을 따라 열심히 살자고 말합니다. 그러면서 구원이라고 하는 신의 영역에 대해 인간의 언어로 확신을 갖는 것은 외람된 것 아니냐고 합니다.

세상의 다른 종교들과 확연히 구별되는 기독교 신앙만이 가진 핵심은 무엇입니까? 구원입니다. 우리 주변에서 만나는 대부분의 종교들은 구원에 대해서 말하기보다는 이 땅에서의 선행과 평화와 의를 이루기 위한 자기 노력에 대해서 강조합니다. 그리고 자기가 행한 의로운 행위들이 자신이 이 땅에 살면서 범한 실수나 죄를 덮을 수 있을 만큼 클 때, 다시 인간으로 환생을 한다든지 극락에 가게 된다든지 하면서, 구원은 죽은 뒤에야 알 수 있다고 합니다. 하지만 성경은 우리가 받은 구원이 죽기 전까지는 받게 되는 건지, 아니면 못 받게 되는 건지 가늠할 수 없는 불확실의 영역 속에 가둬 두는 것이 아니라 우리가 받는 구원은 확실하고 분명하다고 가르쳐 줍니다.

로마서 1:16, "내가 복음을 부끄러워하지 아니하노니 이 복음은 모든 믿는 자에게 구원을 주시는 하나님의 능력이 됨이라"

모든 믿는 자에게 구원을 주시는 하나님의 능력, 이것이 무엇입니까? 복음입니다. 그러니까 같은 기독교 신앙을 가진 사람이라 할지라도, 구원 얻는 복음을 가진 자들은 확실한 믿음 가운데서 은혜와 감사의 신앙생활을 하게 되는 것이고 그렇지 못한 사람들은 불안해하면서 신앙생활을 합니다. 그러면 왜 이런 결과가 생기는 것일까요?

요한복음 1:14, "말씀이 육신이 되어 우리 가운데 거하시매 우리가 그의 영광을 보니 아버지의 독생자의 영광이요 은혜와 진리가 충만하더라"

이 말씀에서 중요한 단어는, **"우리가 그의 영광을 보니"**의 '본다'는 단어입니다. 아담과 하와의 범죄 이후에 태어난 모든 사람들은 영이 죽은 자들이었고, 볼 수 없는 자들이었습니다. 그런데 구원받은 자들, 영이 되살아난 사람들은 이제 볼 수 있는 사람들이 되었습니다.

어떤 사고로 인해서 중상을 입어서 그 사람이 죽었는지, 살았는지 잘 모를 때 산 자와 죽은 자를 분별하는 대표적인 방법 가운데 하나가, 눈에 강한 빛을 비추는 것입니다. 살아 있는 사람은 그 빛에 의해서 반응을 하지만, 죽은 사람은 아무리 강한 빛을 비춰도 반응하지 않습니다.

구원받은 자의 빛에 대한 영적 반응의 대표적 현상이 무엇입니까? 하나님을 의식하고 감각하는 것입니다. 그리고 성경은 우리가 이렇게 볼 수 있게 되고, 하나님을 의식하고 감각하게 된 것이 우리의 선택이나 노력으로 이루어진 결과가 아니라 하나님께로부터 난 자들이기 때문에 가능한 것이라고 말씀합니다.

요한복음 1:13, "이는 혈통으로나 육정으로나 사람의 뜻으로 나지 아니하고 오직 하나님께로부터 난 자들이니라"

요한복음 1장은 세상에는 하나님의 영광을 보는 자와 보지 못하는 자가 존재하고 있음을 가르쳐 줍니다. 여기서 하나님의 영광을 보는 자는 구원받은 자들이고, 보지 못하는 자는 구원받지 못한 자들입니다. 그리고 14절 말씀과 더불어서 함께 봐야 하는 말씀이 17절입니다.

요한복음 1:17, "율법은 모세로 말미암아 주어진 것이요 은혜와 진리는 예수 그리스도로 말미암아 온 것이라"

앞서 14절과 여기 17절 두 구절에서 구원과 관련하여 나오는 공통 단어는 '은혜와 진리'입니다. 17절에서는 '예수 그리스도로 말미암아 온 은혜와 진리'를 설명하기 위해 율법을 함께 말하고 있습니다. 은혜와 진리로 구원받은 자와 대비해서 등장시키는 인간의 대표로 율법을 받은 사람을 등장시키는 것입니다. 잘 보십시오. 구원받은 자와 비교해서 구원받지 못하는 사람들을 예로 들 때, 누가 봐도 구원받지 못할 것 같은 나쁜 사람들, 악한 사람들, 천벌을 받아도 마땅할 것 같은 사람들을 예로 들지 않았습니다.

하나님이 특별히 선택해서 애굽에서 빼 주시고, 율법도 주시고 거주할 땅도 주셨던 사람들을 예로 듭니다. 모세시대 이후 이스라엘의 역사 속에서 율법과 함께 하나님의 함께하심을 늘 보여 줬던 사람들을 예로 들면서, 구원받는 것은 율법이 아니라 예수 그리스도로 말미암아 온 것이라고 말씀하고 있습니다. 율법이란 인간이 행한 조건으로 구원을 얻는다는 것이고, 은혜란 아무 조건 없이 구원받는 것입니다.

율법과 복음의 차이는 무엇입니까? 율법은 구원을 위한 방법으로 제시된 것이고, 복음은 방법으로 제시된 것이 아니라 구원 그 자체입니다. 그런데 성경에서는 구원의 방법으로 제시되었던 율법이, 한 번도 그 용도대로 사용되지 못했습니다. 왜냐하면 인간에게는 율법을 지킬 능력이 전혀 없었기 때문입니다. 군대에 가면 받게 되는 여러 훈련들 가운데 하나가 '독도법'으로, 지도를 보는 방법을 배우는 것입니다. 한 번도 가 보지 않은 작전지역에 나침반과 지도만 가지고 들어가서 목적지까지 시간 내에 도착해야 합니다. 지도와 나침반을 받았다는 것은 그것을 이용해서 목적지까지 잘 도착해야 한다는 의무를 받은 것입니다. 그리고 '훈련 시작' 명령이 떨어지면 모든 부대원들이 신속하게 목적지를 향해 출발합니다.

율법이 무엇입니까? 지도와 나침반을 받은 것입니다. 그리고 지도와 나침반인 율법의 지시대로 잘 따라오면 하나님을 찾을 수 있었습니다. 하지만 유대인들은 자기들이 받은 율법이 지도와 나침반이라고 생각하지 않고, 율법을 받았으니 당연히 구원을 받았다고 여겼습니다. 유대인들이 다른 이방 사람들은 받지 못했던 율법, 곧 지도와 나침반을 받은 것은 분명한 특권이고 축복입니다. 하지만 유대인들은 그 지도와 나침반을 받아 들고서 이방인들 앞에 뽐내고 자랑할 줄만 알았지 그것을 이용해서 하나님께로 나올 생각을 하지 않았습니다.

우리가 역사서 강해를 통해 계속 살펴봤지만, 율법을 받아 가진 이스라엘 백성들이 율법을 받지 않았던 이방 나라 사람들과 달랐던 어떤 특별한 점이 있었습니까? 없었습니다. 이방 나라들이 섬기는 우상을 섬기고, 그들의 문화와 풍습을 따르고, 하나님 앞에 범죄한 것이 똑같았습니다.

그들이 지도와 나침반과 같은 율법을 받았다는 것이 그들에게 전혀 유익한 용도로 사용되지 못한 것입니다. 마치 '독도법' 교육을 받는 시간에 딴짓하고 배우지 않았다가 훈련이 시작되자 산속에서 길을 잃은 군인들과 같은 것입니다. 그런 군인들이 있을까요, 없을까요? 꼭 있습니다. 그래서 훈련 마치는 시간이 지나도 오지 않으면 어떻게 할까요? 훈련장인 산속을 잘 아는 교관과 조교들이 찾으러 들어가서 데리고 옵니다. 그다음은 어떻게 될까요? 군대를 다녀오신 분들은 그다음을 아실 겁니다.

지난 시간에 살펴봤던 것처럼, 모두가 소경이 되었기 때문에 빛이 왔어도 알아보지 못했습니다. 그 좋은 율법을 가지고 하나님께 잘 나와야 하는데 하나님께로 나오지 않았을 뿐 아니라 그들을 구하러 온 예수님마저도 알아보지 못했습니다. 영접하지 않았고 오히려 그 예수님을 십자가에 못 박아 죽였습니다. 이처럼 앞을 보지 못하는 사람에게는 지도와 나침반이 전혀 도움이 되지 않기 때문에, 죄인을 반드시 구원하시려는 하나님께서 이제는 지도와 나침반인 율법이 아니라 그들을 인도할 안내자와 구원의 주로 그리스도를 보내 주시면서 그를 붙잡으라고 하셨습니다. 이것이 바로 복음입니다. 그리스도 예수만 붙잡으면 목적지까지 갑니다. 안전하게 가고 정확하게 갑니다.

그런데 예수를 붙잡으라고 했을 때, 그 '붙잡는 것'을 마치 우리가 붙잡고 있는 것처럼 생각할 수 있습니다. 하지만 정확하게 말씀드리면, 우리가 아니라 예수께서 붙잡고 있는 것입니다. 나이 어린 자녀와 함께 사람들이 많은 놀이공원이나 쇼핑몰 또는 차들이 복잡하게 많이 다니는 도로를 건너게 될 때 부모님이 어린 자녀에게 뭐라고 합니까? "아빠 손 꼭 잡아, 엄마 손 꼭 잡아!"라고 합니다. 그리고 아이는 엄마, 아빠 손을 꼭 잡고 길을 갑니다. 그 손은 누가 붙잡고 있는 것입니까? 물론 정황상, 그리고 붙잡은 손의 모습만 본다면 둘이 함께 붙잡고 있는 것처럼 보입니다.

그러면 정말 그 붙잡은 두 손은 정확히 50:50 힘의 균형을 유지하면서 붙잡고 있는 것입니까? 아닙니다. 자녀의 힘이 20이고 10이어도 혹은 그도 아니어도 엄마 아빠가 붙잡은 손은 풀어지지 않습니다. 자녀가 전혀 성의 없이 잡은 둥 마는 둥 하면 어떻습니까? 그냥 놔 버립니까? 그래도 놓치지 않습니다. 왜 그렇지요? 자녀의 안전을 위해서 부모가 붙잡고 있는 자녀의 손을 놓지 않기 때문입니다. 자녀에게는 주변에 관심을 끄는 뭔가가 있다 할지라도 부모를 의식하고 함께해야 한다는 뜻으로 엄마, 아빠 손 꼭 잡으라고 말하는 것이지 네가 손을 놓으면 엄마 아빠도 손을 놔 버리겠다는 것이 아닙니다.

은혜와 진리로 오신 예수님은 왜 오신 것입니까? 우리가 하는 거 봐 가면서 골라서 구원하러 오셨습니까? 아닙니다. 하나님께서는 인간에게 구원을 얻기 위한 조건이나 방법을 제시하지 않으시고, 스스로 인간에게 구원을 주기 위한 조건과 방법이 되셔서 인간의 몸을 입고 찾아오셨습니다. 그래서 예수님의 또 다른 이름의 뜻이 '임마누엘'인데 그 뜻은 '하나님이 우리와 함께 계신다'는 것입니다. 하나님께서 임마누엘의 예수님을 보내 주신 것은 우리가 하나님께 함께해 달라고 요청한 결과 응답으로 주신 것이 아닙니다. 우리가 하나님과 함께할 수 있는 방법을 연구하고 찾아낸 결과로 얻은 것도 아닙니다. 우리는 소경과 같이 빛을 본 적도 없는 자들이었고, 빛이 왔어도 알아보지 못했던 자들이었습니다. 하지만 하나님께서 임마누엘이 되셔서 우리에게 친히 찾아오심으로, 우리가 구원을 얻은 것입니다.

요한복음 17장은, 제자들과 최후의 만찬을 마친 뒤에 제자들과 성도들을 위해 기도하신 내용입니다. 예수님께서는 **"영생은 곧 유일하신 참 하나님과 그가 보내신 자 예수 그리스도를 아는 것이니이다"**(요 17:3)라고 기도하셨습니다. 하나님과 예수 그리스도를 아는 것이 영생이라고 말씀합니다. 여기서 '안다'는 말씀은 지식과 정보를 안다는 말이 아닙니다. 몇 번 만나 본 적 있다는 그런 말도 아닙니다.

이 '안다'는 말은 마치 부부 관계와 같이 매우 친밀한 관계를 맺은 사람들만이 알 수 있는 것들을 뜻하는 말입니다. 창세기 3장에 보면 선악과를 따 먹은 아담과 하와가 동산을 거니시는 하나님의 소리를 듣고 숨었습니다. 하나님께서 아담을 부르며 어디 있느냐고 물으실 때, 아담이 내가 벗었으므로 두려워서 숨었다고 말합니다. 그러자 하나님께서 아담에게 "내가 너에게 먹지 말라고 한 나무의 실과를 먹었느냐?" 하고 물으셨습니다.

창세기 3:8-11, "그들이 그 날 바람이 불 때 동산에 거니시는 여호와 하나님의 소리를 듣고 아담과 그의 아내가 여호와 하나님의 낯을 피하여 동산 나무 사이에 숨은지라 9. 여호와 하나님이 아담을 부르시며 그에게 이르시되 네가 어디 있느냐 10. 이르되 내가 동산에서 하나님의 소리를 듣고 내가 벗었으므로 두려워하여 숨었나이다 11. 이르시되 누가 너의 벗었음을 네게 알렸느냐 내가 네게 먹지 말라 명한 그 나무 열매를 네가 먹었느냐"

지금 이러한 상황은 자녀를 키워 보신 부모님들은 몇 번씩, 혹은 그 이상으로 많이 경험하신 내용입니다. 자녀가 부모 몰래 뭔가 하지 말아야 할 것을 하고서 부모를 속일 수 있을 거라고 생각하지만, 대부분은 성공하지 못하고 들켜서 혼이 납니다. 왜 그럴까요? 부모가 자식을 너무 잘 알기 때문입니다. 보십시오. 자녀는 부모를 안다고 생각했을까요, 모른다고 생각했을까요? 안다고 생각했을 것입니다. 그래서 자기들 나름대로 완전범죄를 꿈꾸면서 뭔가를 합니다. 그럼에도 불구하고 결국은 들통이 납니다. 왜요? 자녀는 그 아는 것에 있어서, 부모가 자녀를 아는 것만큼 부모를 알지 못하기 때문입니다.

인간이 구원과 영생에 대해서 얼마나 알 수 있을까요? 자기 수준 정도까지입니다. 그래서 40년 이상 존경받는 목사로 설교를 하고서도 구원의 확신에 대해서는 '모른다'가 정답이라고 합니다. 왜 그런 현상이 생길까요? 그 아는 것을 자기 손에 붙잡고서 알려고 하기 때문입니다. 그것이 내 지식이나 내 경험이나 내 감정에 따라서 구원받았다는 확신이 들면 생기기도 하고, 의심이 들면 없어지기도 하는 그런 것으로 생각하기 때문에 "어쨌든 실패하지 않으려면 열심히 신앙생활해라" 이렇게 갑니다. 하나님께서 어떻게 우리를 붙잡고 계시는지, 어떻게 포기하지 않으시고 끝까지 우리를 붙잡고 가시는지, 하나님에 대해서 전혀 알지 못하기 때문에 상황이 바뀌고 감정이 변할 때마다 의심이 생기고 불안해집니다.

"여러분, 영생은 무엇입니까? 곧 유일하신 참 하나님과 그가 보내신 자 예수 그리스도를 아는 것입니다."

마태복음 1:21, "아들을 낳으리니 이름을 예수라 하라 이는 그가 자기 백성을 그들의 죄에서 구원할 자이심이라 하니라"

이 말을 누가 한 것입니까? 하나님께서 동정녀 마리아에게 천사를 보내서 하신 말입니다. 이것이 마리아가 자기 몸에서 예수가 탄생할 수 있도록 해 달라고 기도해서 받은 응답의 말씀입니까? 아니요. 마리아는 기대하지도 않았을 뿐 아니라, 상상도 하지 않았던 기절초풍할 말입니다. 왜요? 아직 결혼하지 않은, 성경의 표현대로 남자를 알지 못하는 여자였기 때문입니다. 사람들은 매 성탄절마다 빠지지 않고 읽고 듣는 이런 말씀을 접하면서도 이게 무슨 뜻인지 도무지 알지 못합니다.

자기 백성들을 그들의 죄에서 구원할 예수를 누가 보내 주셨습니까? 하나님이 보내셨습니다. 자기 백성들을 구원하겠다고 시작하신 분이 누굽니까? 천지를 창조하고 인간을 만드신 성부 하나님입니다. 자기 백성들을 죄에서 구원하기 위해서 십자가 위에서 죽으시고, 장사되고, 부활·승천하시면서 우리들에게도 자신과 같이 부활과 영생의 약속을 주신 분은 누구입니까? 육신의 몸을 입고 오신 성자 하나님입니다.

이 예수님을 직접 만나서 경험하고 아는 사람이 제한되어 있고 그들마저도 인생의 연수에 따라 세상에서 사라질 것이기 때문에 보증으로 보내 주셔서 영원히 증인이 되신 분이 누구입니까? 성령 하나님입니다. 그래서 영생은 무엇입니까? 그 하나님을 아는 것입니다. 의식하는 것입니다. 감각하는 것입니다.

누군가 묻습니다. 구원의 확신이 있습니까? 네, 있습니다. 어떻게 당신은 감히 구원을 확신할 수 있습니까? 왜냐하면 내가 하나님을 의식합니다. 하나님의 존재 앞에 두려워 떨며, 그분의 말씀 앞에 순종합니다. 비록 육신의 연약함 때문에 죄를 범할 때도 있고 실수도 연발하지만, 그러나 나는 자기 백성을 그의 죄에서 구원하기 위해 오신 예수님을 믿습니다. 그러니 나는 확실히 구원받습니다. 나는 말썽꾸러기 자녀처럼 부모님의 속을 썩이는 못난 자식일 수는 있지만 자기의 아들까지도 아낌없이 주신 그 하나님께서 나를 포기하지 않으실 것을 확실히 알기 때문에 나는 구원받습니다. 이것이 바로 성탄의 약속이고, 의미입니다.

요한복음 1:18, "본래 하나님을 본 사람이 없으되 아버지 품속에 있는 독생하신 하나님이 나타내셨느니라"

우리 중 누구도 하나님을 본 사람이 없습니다. 그러니 인간의 능력과 방법으로 구원의 길을 찾지 못합니다. 하지만 임마누엘로 오신 예수님, 자기 백성을 그들의 죄에서 구원하기 위해 오신 예수님, 그리고 이런 못난 우리들과 영원히 함께하기 위해 예수님을 우리에게 보내 주신 하나님을 아는 사람은 구원과 영생을 얻게 됩니다.

구약 이스라엘 백성들보다 우리가 더 나은 것, 더 좋은 것, 더 복 받은 것이 무엇입니까? 그들은 지도와 나침반인 율법을 받았지만, 우리는 구원 자체, 복음 자체인 아들을 받았습니다. 그들은 지도와 나침반을 보면서 스스로 찾아가야 했지만, 우리는 그분의 손만 붙잡고 있으면 됩니다. 그리스도 예수께서 저와 여러분의 손을 꼭 붙잡고서 당신께서 예비해 두신 영원한 처소로 우리를 데리고 가실 것입니다. 혹시 우리가 그분의 손을 놓칠지라도 우리를 붙잡고 계신 그리스도께서 그 붙잡은 손을 놓지 않을 것이기에 우리는 확실하게 구원을 받게 되는 것입니다.

저와 여러분은 이미 빛을 본 사람들입니다. 우리가 신앙생활을 하게 된 것도 보게 되었기 때문에 시작한 것입니다. 그리고 이렇게 확신 가운데 시작된 구원의 삶은, 내 감정이나 의지의 상태에 따라 흔들리지 않습니다. 확실한 구원의 은혜 가운데 거하시는 저와 여러분, 그 감사와 감동 가운데 보내는 2018년 성탄절이 되길 축원합니다.

요한복음 1:35~42

부르심, 그리고 제자 됨

"35. 또 이튿날 요한이 자기 제자 중 두 사람과 함께 섰다가 36. 예수께서 거니심을 보고 말하되 보라 하나님의 어린 양이로다 37. 두 제자가 그의 말을 듣고 예수를 따르거늘 38. 예수께서 돌이켜 그 따르는 것을 보시고 물어 이르시되 무엇을 구하느냐 이르되 랍비여 어디 계시오니이까 하니 (랍비는 번역하면 선생이라) 39. 예수께서 이르시되 와서 보라 그러므로 그들이 가서 계신 데를 보고 그 날 함께 거하니 때가 열 시쯤 되었더라 40. 요한의 말을 듣고 예수를 따르는 두 사람 중의 하나는 시몬 베드로의 형제 안드레라 41. 그가 먼저 자기의 형제 시몬을 찾아 말하되 우리가 메시야를 만났다 하고 (메시야는 번역하면 그리스도라) 42. 데리고 예수께로 오니 예수께서 보시고 이르시되 네가 요한의 아들 시몬이니 장차 게바라 하리라 하시니라 (게바는 번역하면 베드로라)"

첫째. 외치는 자의 소리(19~34절)

오늘 우리가 살펴보려고 하는 말씀은 19~51절까지 이르는 긴 내용입니다. 먼저 19~34절까지는 세례 요한이 예수님에 대해서 소개하는 내용이 기록되어 있습니다. 세례 요한은 예수님보다 6개월 먼저 태어나서 당시 유대 사회에 큰 영향력을 끼쳤던 인물이었습니다. 유대인들의 세례 요한에 대한 관심이 어느 정도였는가 하면, 성전에서 일하는 제사장들과 레위인들을 요한에게 보내서 "네가 누구냐?" 하고 물을 만큼 그의 영향력은 대단했습니다.

요한복음 1:19, "유대인들이 예루살렘에서 제사장들과 레위인들을 요한에게 보내어 네가 누구냐 물을 때에 요한의 증언이 이러하니라"

그들이 요한에게 "네가 누구냐?" 물은 내용이 무엇이었을까요? 20~21절까지에 기록된 세례 요한의 대답을 보면, 유대인들이 세례 요한에게 물었던 내용을 알 수 있습니다. 세례 요한은 나는 이런 사람이라고 말하는 대신, 나는 이런 사람이 아니라고 하면서 세 사람을 말합니다. 세례 요한은 "나는 그리스도가 아니다, 나는 엘리야가 아니다, 나는 선지자가 아니다."라고 대답했습니다. 세례 요한을 찾아온 바리새인들이 "그러면 너는 도대체 누구냐?" 하고 묻자, 세례 요한이 이렇게 대답합니다.

요한복음 1:23, "이르되 나는 선지자 이사야의 말과 같이 주의 길을 곧게 하라고 광야에서 외치는 자의 소리로라 하니라"

세례 요한의 이와 같은 대답은 신약 시대에는 더 이상 선지자가 없다, 필요치 않다는 말과 같습니다. 먼저 세례 요한은 자신이 그리스도가 아니라고 분명히 선을 긋고, 자기는 주의 길을 곧게 하라고 외치는 소리에 불과하다고 공개적으로 대답함으로써, 자신은 구약에 예언된 그리스도가 아님을 확실히 했습니다. 또한, 자신은 말라기 4장(5절)에서 예언된 엘리야나 신명기 18장(15절)에 모세가 예언했던 '선지자'가 아니라는 것도 분명하게 말했습니다.

그러면 유대인을 대표하는 바리새인들은 왜 세례 요한에게 이런 질문을 했을까요? 당시 유대 사회는 메시아를 기다리는 열망이 대단했던 시기였고, 거기에 더해 마태복음 2장 4~6절에 보면, 헤롯왕 때 동방에서 온 박사들로 인해서 그리스도가 탄생했다는 것을 알고 있는 사람들이 있었습니다. 세례 요한은 예수님보다 6개월 먼저 태어났기 때문에, 시기적으로 봤을 때 제사장이나 바리새인들과 같은 종교 지도자에 속한 사람들은 혹시 세례 요한이 메시아가 아닌지 의식할 수밖에 없었던 것입니다.

그뿐만 아니라 많은 유대인들이 세례 요한에게 세례를 받으려고 일부러 광야까지 찾아가는 일들이 있었기 때문에, 바리새인과 같은 종교 지도자들이 사람을 보내서 세례 요한의 정체를 알고자 했던 것입니다. 이때 세례 요한의 대답이 무엇이었습니까? 나는 그리스도도, 엘리야도, 선지자도 아니라는 것입니다.

이 말씀이 중요한 이유는, 오늘날 목회자들 가운데 자신을 선지자 중 한 사람으로 또는 사도 중 한 사람으로 자처하는 사람들이 있기 때문입니다. 그런데 지금은 선지자의 시대도 아니고, 사도의 시대도 아닙니다. 먼저 선지자의 시대가 아니라고 말씀드릴 수 있는 이유는, 예수님께서 선지자들보다 더 나은 자(마 11:9; 눅 7:26)라고 말씀하셨던 세례 요한조차도 자신은 선지자가 아니라고 말했기 때문입니다.

그런데 그것보다 더 큰 이유는 제사장, 선지자, 왕의 직분을 뜻하는 그리스도로 오신 예수님께서 십자가의 죽음과 부활을 통해서 이미 그 세 가지 모든 직분의 완성을 이루셨기 때문입니다. 세례 요한이 자기가 선지자가 아니라고 말했던 가장 대표적인 이유도 선지자의 직분을 완성하실 그리스도가 이미 오셨기 때문에 더 이상 선지자는 필요하지 않기 때문입니다. 구약의 선지자가 한 일은 하나님께서 약속해 주신 그리스도께서 오실 것을 예언하는 일이었습니다. 그런데 예수님께서 이미 오셨습니다. 우리가 누군가와 한 약속을 이행했다면, 이전에 한 약속은 더는 의미가 없습니다. 그렇지 않습니까?

기업을 운영하는 사람들은 다른 기업과 물품을 거래하면서 약속어음을 받을 때가 있습니다. 보통 1~6개월 정도의 기간 뒤에 약속한 금액을 지급하겠다는 수표를 대금으로 지급하는 것입니다. 보통 기업이 어려움을 당하는 이유가, 물건을 납품하고 약속어음을 받았는데 약정된 기간이 돌아오기 전에 납품했던 기업에 문제가 생겨서 대금을 돌려받지 못했을 때 낭패를 봅니다. 그런데 다행히도 신용이 좋고 재정이 튼튼한 거래처여서 약속한 날짜에 돈을 모두 되돌려 받았습니다. 그러면 은행에서 돈을 모두 찾은 뒤에 받은 영수증은 약속으로서의 의미가 있습니까, 없습니까? 없습니다. 이미 약속된 날짜에 돌려받을 모든 돈을 받았기 때문에 그 약속은 이미 끝난 것입니다.

구약의 선지자들이 하나님의 약속으로 예언했던 예수 그리스도께서 오셔서 선지자의 직분을 완성하셨습니다. 구약에 약속된 예수님의 오심으로 이미 완성되었고 끝났다는 것입니다. 그러니 선지자는 필요 없습니다. 사도들 역시 마찬가지입니다. 교회가 없던 시절에 예수님의 제자들이나 바울과 같은 사도들이 교회와 성경의 틀을 완성했고 교회의 조직을 위해 일곱 집사와 장로와 교사와 목사들을 세웠습니다. 그리고 초대교회 이후 교회사의 역사 속에서 더 이상 사도라는 직분은 사용하지 않았습니다. 그러니 지금은 사도들의 시대도 아닙니다. 이미 성경이 완성되었고 교회가 세워졌기 때문입니다.

그런 의미에서 세례 요한의 자기 고백은, 오늘날 말씀을 전하는 목회자들에게 분명한 정체성을 가르쳐 줍니다. **"주의 길을 곧게 하라고 광야에서 외치는 자의 소리로라 하니라"**라는 것입니다. 목회자는 누구입니까? 외치는 자의 소리입니다. 소리는 귀를 기울여 듣는 자에게는 소식도 되고, 정보도 되고, 지식도 됩니다. 하지만 듣지 않는 자에게는 그저 잠시 들리다가 사라지는 소음이고, 무의미한 소리입니다. 목회자가 말씀을 준비해서 설교할 때, 말씀을 듣는 성도들에게 은혜를 끼칠 수 있었으면 하는 바람도 있고, 뭔가 도전이 되고 변화를 줄 수 있는 도움이 되고 싶은 욕심도 있을 것입니다. 하지만 그 욕심이 지나쳐서 '내가 선지자다, 사도다' 이렇게 말하는 것은 잘못된 성경 해석이고 교만입니다. 우리 주변에 많은 이단의 괴수들이 그런 과정을 통해 생겨났습니다.

오늘 본문에 나오는 세례 요한만 '자신은 외치는 자의 소리'라고 말을 한 것이 아닙니다. 복음서 기록에 따르면 예수님께서도 말씀을 전하신 뒤에는 "들을 귀 있는 자는 들을지어다"(막 4장; 눅 8장)라고 자주 말씀하셨습니다. 이 말씀의 뜻이 무엇입니까? 들을 귀 있는 자들에게는 그 말씀이 예전의 잘못된 생각을 뒤바꿀 수 있는 도전이고, 새로운 변화를 이끌어 낼 수 있는 원동력이 될 것입니다. 하지만 들을 귀 없는 자들에게는 예수님의 말씀도 그냥 소리에 불과하다는 것입니다. 다시 말씀드려서 말씀을 듣고 변화가 되고, 안 되고는 전하는 자에게 달려 있는 것이 아니라 듣는 자에게 달려 있다는 말씀입니다. 그러니 아무리 설교를 공들여 준비했다 하더라도, 그것을 증명해 보이기 위해서 또는 자신의 영향력을 극대화하기 위해서 성경이 말하지 않은 선지자나 사도의 역할을 하려고 하는 것은 잘못된 것입니다.

세례 요한이 자신에 대해 소리라고 말했다면, 말씀을 전하는 자 역시 "외치는 자의 소리"면 충분합니다. 또한, 말씀을 들으시는 성도들도 목회자에 대한 지나친 환상을 접으셔야 합니다. 목사의 말은 무조건 순종해야 하고, 목사가 기도해 주면 안 되던 사업도 잘되고 하는 것은 없습니다. 그런 말 잘하는 사람은 점집 가면 많이 있고, 푸닥거리하는 무당들은 신의 뜻을 빙자해서 너무나 쉽게 장담합니다. 하지만 목사는 그런 사람이 아닙니다. 목사는 말씀을 주신 하나님의 뜻을 연구해서 잘 가르치는 사람입니다. 세례 요한도 나는 그런 사람이 아니라고 말하지 않습니까? 외치는 자의 소리라고 하지 않습니까? 딱 거기까지만 생각하고 들으면 됩니다. 뭐든지 지나치면 탈이 나고 병이 나게 되어 있습니다.

둘째. 부르심, 그리고 제자가 됨(35~51절)

35~42절까지의 말씀을 보면, 세례 요한의 두 제자였던 사도 요한

과 안드레가 먼저 예수님의 제자가 되었고, 그중의 한 명인 안드레가 그의 형 베드로를 불러와서 예수님의 제자가 되는 것을 알 수 있습니다. 43~51절까지는 안드레, 베드로와 한동네에 살던 빌립이 예수님의 부르심을 받아 제자가 된 후에, 바디메오로 알려진 나다나엘을 불러서 그도 예수님의 제자가 되는 모습이 기록되어 있습니다. 요한복음 1장에 예수님의 제자가 된 다섯 명의 모습이 나오는데, 제자가 되는 과정이 조금씩 다릅니다. 사도 요한과 안드레는 원래 세례 요한의 제자였지만, 세례 요한이 예수님에 대해서 말하는 것을 듣고 예수님의 제자가 된 사람입니다. 빌립의 경우는 예수님께서 직접 불러서 제자가 되었고, 베드로와 나다나엘은 동생과 친구의 전도를 받고서 제자가 되었습니다.

지금 이 말씀을 드리는 것은, 누가 언제 어떻게 제자가 되었는지를 설명하려는 것이 아닙니다. 우리가 신앙생활을 하다 보면 누군가의 현재 교회 생활을 보면서, 그 사람이 예수를 믿게 된 동기가 그 사람의 현재 신앙생활의 원인이 되는 것 같다면서 쉽게 일반화하는 것을 종종 보게 됩니다.

예를 들면 이런 말들인데, 심지어는 목사님들조차도 이런 말씀을 하시는 분이 있습니다. "모태신앙은 못 해 신앙이다, 또는 못된 신앙이다." 이런 말입니다. 아마도 모태신앙을 가진 사람들은 중간에 예수님을 믿은 사람들에 비해서 언제 구원의 확신을 갖게 되었는지, 자신의 인생에서 예수님을 믿게 된 어떤 전환점이 있었는지 쉽게 설명하지 못하기 때문일 것입니다. 또는 모태신앙을 가진 사람들은 마치 몸에 밴 습관처럼 교회에 다니는 것을 빼먹지는 않지만, 그렇다고 뜨겁고 열정적으로 신앙생활하는 사람들이 많이 보이지 않는다는 현실적인 이유도 있을 것입니다.

그에 비해서 중간에 예수님을 믿은 사람들, 특히 인생의 많은 굴곡을 겪으신 뒤에 예수님을 만나신 분들 같은 경우에는 남다른 뜨거움과 구원의 확신이 있고, 그 결과 누구보다 열정적인 신앙생활을 합니다. 그리고 자기가 예수님을 믿게 된 확실한 동기와 이유에 대해서 분명하게 설명할 수도 있습니다. 상대적으로 나중에 예수님을 믿게 되신 분들이 구원의 확신도 분명하고, 믿지 않는 사람들을 전도하는 일 등에 있어서 좋은 결과물들을 만들어 내는 경우도 많이 있습니다. 그렇다 보니 "모태신앙은 못 해 신앙이다, 또는 못된 신앙이다." 이런 말을 쉽게 하는 것입니다.

하지만 이런 식의 자기 경험에 근거한 신앙 증명은 잘못하면 자신이 받은 구원에 대해서 하나님의 은혜도 있지만, 자기에게도 뭔가 구원받을 만한 이유가 있지 않았을까 하는 기대를 품게 됩니다. 그리고 간증 집회를 하는 분들 가운데 자신이 구원받은 이야기를 자랑삼아서 하시는 분들이 의외로 많습니다. 예수를 믿고 구원받은 감격과 경험을 간증하는 가운데, "자신이 다른 사람들과 어떻게 달랐는지, 그런 인생의 위기 속에서도 자신이 얼마나 탁월한 선택을 했는지"를 드라마틱하게 설명하는 것입니다.

그런데 중요한 것은 내가 예수를 믿게 되었다고 할 때 언제 어떻게 믿게 되었고, 어떤 감격과 어떤 기가 막힌 드라마가 있었느냐 하는 것은 현재 내가 구원받은 것과 관계해서 사실 아무 상관이 없습니다.

지금 말씀드리는 것은 은혜로 구원을 받았다고 하면서도 '은혜를 아무나 받나? 뭔가 좀 다른 사람이 은혜를 받는 거 아닌가?' 생각하고, 그 다른 부류의 사람에 자신이 속해 있음을 강조하는 것은 대단히 위험하다는 것입니다. 내가 얼마나 구원받을 만한 조건을 갖춘 사람인가를 증명하는 데 집중하고, 자기가 구원 얻은 날, 그때의 감격, 그때 남과 다른 점에 집중하려는 것만큼 신자들을 비극으로 몰고 가는 것도 없습니다. 예수 믿기 전의 드라마들은 구원받은 이후에 모두 잊으셔야 합니다. 자랑으로 남겨 둬서는 안 됩니다.

아마도 드라마틱하게 예수를 만나 변화된 이야기를 하자면 사도 바울 같은 사람보다 더 극적인 경험을 한 사람도 많지 않을 것입니다. 그가 사울이었던 시절에, 그는 정말 온 마음과 뜻을 다해 예수님 믿는 사람들을 핍박했던 사람이었습니다. 심지어 예수 믿는 사람을 체포하기 위해서 대제사장으로부터 공문까지 받아 들고(행 9:1-2) 예루살렘에서 다메섹으로 원정까지 갔던 사람입니다. 그랬던 사울이 강한 빛과 큰 음성 속에서 예수님을 만난 뒤에 한동안 앞을 보지 못하는 사람이 되었고, 예수님의 제자 가운데 한 사람이었던 아나니아를 만나서 눈을 뜨게 된 후 그에게 세례도 받았습니다. 그 후 이 청년은 이름을 바울로 바꾼 뒤에 우리가 아는 것처럼 가장 유력한 사도가 됩니다.

그런데 바울이 자신이 받은 구원이나 복음에 관해서 설명할 때, 사람들에게 자신이 회심하게 된 드라마를 설명하지 않았습니다. 자기가 얼마나 잘나가는 사람이었고, 얼마나 구원받기에 합당한 사람이었는지 말하지 않습니다. 예전에 자기가 자랑으로 삼았던 모든 것들은 다 배설물과 같은 것들이었고, 자기는 만물의 찌꺼기와 같은 자였고 지은 죄로 따지면 죄인 중 괴수와 같은 자와 같았다고 하면서 자기에게 원인이 없다고 합니다. 그러면서 복음이 무엇이라고 설명했습니까? 하나님의 은혜요 선물이라고 했습니다.

우리는 예수를 믿고 난 이후, 오늘을 사는 싸움을 해야 하고, 성도가 되어 살아가는 연습을 해야 합니다. 우리 성도들은 사도 바울처럼 구원받은 이후의 것들을 끄집어낼 수 있어야 합니다. 내가 은혜로 말미암아 그리스도 안에서 부름을 받아 바뀌어 간 모습들을 내놓을 수 있어야 합니다. 출생을 확인하는 것이 문제가 아니라 출생하였으므로 성장하고 바뀌어 가는 것이 신자들의 싸움이어야 합니다. 구원의 문제가 그토록 하나님의 은혜와 하나님의 크신 선물이라고 강조됨에도 불구하고, 끊임없이 자기 자신에게서 구원받기에 합당한 이유를 찾으려고 하는 사람들에게 주신 말씀이 요한복음 1장 13절입니다.

요한복음 1:13, "이는 혈통으로나 육정으로나 사람의 뜻으로 나지 아니하고 오직 하나님께로서 난 자들이니라"

그리고 이 말씀은 본문에서 예수님께서 제자들을 부르시는 사건에서도 그대로 적용되는 부분입니다.

요한복음 1:35-36, "또 이튿날 요한이 자기 제자 중 두 사람과 함께 섰다가 36. 예수께서 거니심을 보고 말하되 보라 하나님의 어린 양이로다"

이 말씀에서 가장 중요한 단어는 '섰다가'라는 말씀입니다. 이해를 돕기 위해 출애굽기 말씀을 보겠습니다.

출애굽기 14:10-14, "바로가 가까이 올 때에 이스라엘 자손이 눈을 들어 본즉 애굽 사람들이 자기들 뒤에 이른지라 이스라엘 자손이 심히 두려워하여 여호와께 부르짖고 11. 그들이 또 모세에게 이르되 애굽에 매장지가 없어서 당신이 우리를 이끌어 내어 이 광야에서 죽게 하느냐 어찌하여 당신이 우리를 애굽에서 이끌어 내어 우리에게 이같이 하느냐 12. 우리가 애굽에서 당신에게 이른 말이 이것이 아니냐 이르기를 우리를 내버려 두라 우리가 애굽 사람을 섬길 것이라 하지 아니하더냐 애굽 사람을 섬기는 것이 광야에서 죽는 것보다 낫겠노라 13. 모세가 백성에게 이르되 너희는 두려워하지 말고 가만히 서서 여호와께서 오늘 너희를 위하여 행하시는 구원을 보라 너희가 오늘 본 애굽 사람을 영원히 다시 보지 아니하리라 14. 여호와께서 너희를 위하여 싸우시리니 너희는 가만히 있을지니라"

이 말씀은 출애굽한 이스라엘 백성들이 홍해 앞까지 왔을 때, 병거와 마병들을 이끌고 추격하는 애굽의 군사를 보면서 두려워 떨고 있을 때, 그들을 향해 모세가 했던 말입니다. 이 상황은 더 이상 피할 길이 없는, 어디로 가더라도 죽음 외에는 선택의 여지가 없는 상황입니다.

그때 모세가 이스라엘 백성들에게 뭐라고 말합니까? "너희는 두려워하지 말고 가만히 서서 여호와께서 오늘 너희를 위하여 행하시는 구원을 보라." 너무나 감동스럽지 않습니까? 생사의 갈림길 정도가 아니라 죽는 것 외에는 길이 없어 보이는데 아무것도 하지 말고 가 만히 서서 여호와께서 너희를 위해서 하시는 일을 지켜보기만 하라 는 것입니다.

지금 모세가 이스라엘 백성들에게 했던 말과 세례 요한이 자신과 함께 서 있는 제자들에게 하는 말이 똑같습니다. "예수의 다니심을 보고 말하되 보라 하나님의 어린 양이로다." 전혀 감동이 안 오시는 것 같은데, 홍해 사건과 예수님이 오신 사건 가운데 어떤 것이 비중이 더 큽니까? 출애굽 때 홍해 앞에서 벌어진 사건도 굉장한 일이지만, 예수님이 오신 것과 비교할 수 없습니다.

지금이야 나라 간에 전쟁하는 형태가 다르지만, 과거의 전쟁은 부대를 이끄는 대장군이 누구냐에 따라 군사들의 사기가 달랐습니다. 적의 대장이 강한 사람이면 전쟁도 하기 전에 절반은 이미 지고 시작합니다. 가장 대표적인 장수를 예로 들자면 임진왜란 때 조선의 수군을 통제하던 이순신 장군이었습니다. 일본의 해군이 압도적인 숫자의 배를 끌고 쳐들어왔지만 한 번도 이순신의 해군을 이기지 못했습니다. "보라, 하나님께서 죄의 사슬에 묶인 너희를 구원하기 위하여 천사 정도가 아니라 친히 아들을 보내 주셨다. 그러니 너희는 가만히 서서 그리스도께서 너희를 위해 행하시는 것을 보라." 이것이 세례 요한의 증언입니다.

그래서 오늘 우리가 읽은 본문 중에서 가장 중요한 핵심 단어가 '섰다가'라는 단어입니다. 우리가 받은 구원에 있어서 우리의 역할은 어떤 것입니까? 서서 구경하는 것입니다. "이래 봬도 내가 괜찮은 사람이니 한번 구원해서 써 보시면 만족하실" 거라고 이력서를 내고 합격해서 받은 것이 아닙니다. 구원에 있어서 우리의 위치는 세례 요한의 제자들처럼 서서 바라봤던 사람, 초대받은 사람과 같습니다. 그런데 사람들은 자꾸 자기가 뭔가 쓸 만한 사람, 괜찮은 사람이기에 구원받았을 거라고 생각합니다. 또는 자기가 초대에 응해 줬기 때문에, 자기가 탁월한 선택을 했기 때문에 구원받은 거라고 생각합니다.

그러나 성경은 그렇게 말하지 않습니다. 그리스도는 스스로 오셨고, 우리는 오신 예수님을 본 것입니다. 홍해 앞에서 모세가 한 말과 같이 하나님께서 우리를 위해 일을 하셨고, 우리는 그저 입 벌리고 바라본 것입니다.

우리 중에 어느 누구도 다른 사람보다 나아서 부름받고 구원받은 사람은 없습니다. 그러면 우리의 시선이 어디로 모아져야 마땅합니까? 구원받은 이후로 모아져야 합니다. 요한복음 1장에서 부름받은 제자들이 처음부터 완성된 베드로와 안드레, 빌립이 아니었습니다. 부름받은 시점에서 베드로가 완성된 사람이 아니었고, 부름받은 시점에서 나다나엘이나 빌립이 완성된 제자가 아니었습니다. 무슨 말씀입니까? 출발점은 모두가 똑같다는 것입니다. 모태신앙으로 출발하나 나중에 예수님을 믿고 구원받게 되나 출발선은 같습니다.

누구든지 하나님의 은혜와 선물로 부르심을 받았고, 가만히 서서 보기만 했는데 구원받았습니다. 하지만 문제는 부름받은 인생이 끝나게 되는 날, 어떤 이는 사도 바울이나 베드로처럼 그리스도의 장성한 분량까지 자란 사람이 있을 것이고, 어떤 사람은 한편 강도처럼 구원만 받은 사람이 있을 것입니다.

 우리의 신앙은 우리가 어떤 모습으로 주 앞에 서게 될지에 대한 싸움을 해야 하는 것이지, 내가 예수 믿기 전의 상태가 어땠으며 어떤 드라마로 인해 예수를 믿게 되었는지를 자랑하는 것이 돼서는 안 됩니다. 중요한 것은 구원받은 내가 오늘을 어떻게 사느냐 하는 문제입니다. 그 구원의 문을 통과하고 나서 나는 얼마나 많이 변했으며 얼마나 다른 사람이 되었는가? 과거가 아니라 오늘 현재를 놓고서 비교를 해야 하는 것이며, 바울의 고백처럼 아직 잡은 것으로 여기지 않고 주님 앞에 서게 되는 날까지, 푯대를 향하여 믿음의 경주를 계속하는 신앙생활이어야 합니다.

 믿음의 경주라고 하니까 우리 몸이 기억하는 것처럼 경쟁, 성과, 공로 이런 것을 생각하기 쉬운데요, 그런 것이 아니라 구원받은 자가 마땅히 이루어야 할 성화의 과정을 만들어 가야 한다는 것입니다. 마치 생명이 부모로 인해 출생하는 것처럼 우리가 받은 구원은 은혜와 선물로 받은 것이라면, 성화는 출생한 생명이 자라 가면서 인격과 실력을 갖추며 저마다의 모습으로 만들어져 가는 것과 같습니다. 생명의 탄생이 부모에 의해 만들어지는 것은 똑같지만, 태어난 생명이 어떤 사람으로 만들어져 가느냐 하는 것은 사람마다 다른 것처럼, 구원받는 것과 구원받은 사람의 격이 만들어지는 것은 다른 것입니다.

 예수님께서 직접 불러서 제자가 된 사람, 세례 요한의 제자였다가 예수님의 제자가 된 사람, 또는 형제나 친구로부터 전도를 받고 제자가 된 사람 등 부름받게 되는 모습은 다를 수 있습니다. 하지만 똑같이 부름받아도 가룟 유다처럼 배신하고 떠난 사람도 있고, 초대교회 성도들로부터 존경받고 인정받은 일곱 집사 중에 한 사람이었던 니골라처럼 이단으로 빠진 사람들도 있습니다. 고린도교회 성도들처럼 하나님을 아는 지식이 대단하다고 스스로 자부하고, 성령의 각종 은사를 받아서 많은 역사가 일어났음에도 불구하고 바울의 심한 책망을 받을 만큼 문제투성이 교회가 되기도 합니다.

여러분은 어떤 성도가 되시렵니까? 힘을 다하여 여러분 자신의 성화 구원을 이루어 가십시오. 성화 구원은 영원한 하늘나라에서 하나님의 자녀와 상속자의 자격과 실력을 이 땅에서 갖춰 나가는 것입니다. 그리고 성경에서 우리에게 만들어져 가라, 다듬어져 가라고 말씀하는 자격과 실력은 성품에 관한 면이고, 인격과 소양과 내면에 관한 내용들을 말씀하고 있습니다.

예수님께서는 그 실력에 대해서 마태복음 5장에서 심령이 가난한 자, 애통하는 자, 마음이 청결한 자, 긍휼히 여기는 자 등과 같은 사람을 가리키면서 '팔 복'이라고 말씀했습니다. 또한 사도 바울은 갈라디아서 5장에서 사랑, 희락, 화평, 오래 참음 등과 같은 성령의 9가지 열매를 말씀하면서 그리스도 예수의 사람들에게서 볼 수 있는 현상들을 가르쳐 주었습니다.

열매는 스스로 만들어 내는 것이 아니라, 그가 속한 나무의 종류에 따라 그렇게 만들어지는 것입니다. 여러분이 그리스도 예수에게 속해 있습니까? 그러면 그리스도 예수에게서 나오는 열매가 보일 것입니다. 여러분에게서 발견되는 열매들의 정체가 맞는 것 같기도 하고 아닌 것 같기도 하고, 무엇인지 자꾸 혼동되십니까? 그러면 성도의 정체성을 찾는 연습을 계속 더 하십시오. 그게 성화의 과정입니다.

베드로는 처음부터 완성된 베드로가 아니었고, 바울도 처음부터 완성된 바울이 아니었습니다. 자신만만하고 혈기 왕성했던 젊은 시절을 지나, 많은 환란과 넘어짐을 통해 완성형 제자가 된 것입니다. 오늘 저와 여러분도 완성된 제자가 아닙니다. 아직 과정 중에 있습니다. 다만 자기 정체성을 계속 확인하면서 점검하고 가는 사람과, 자신이 누구인지도 모른 채 교회는 다니니까 제자일 거라고 생각하고 사는 사람의 신앙의 모습은 많이 다를 것입니다.

자기 정체성을 확인하고 점검하는 사람들은 자신에게서 어떤 열매가 맺어지고 있는지, 아직 열매가 보이지 않는다면 무엇 때문인지 스스로를 점검하고 고쳐 나갈 것입니다. 하지만 자기 정체성이 무엇인지 알지도 못하고 관심도 없는 사람들은, 세상 사람과 똑같이 세상에 대한 관심과 소원을 갖고 살면서도 단지 교회에 나오는 것만으로 만족하고 살 것입니다. 그렇게 살면 교회에 다니는 모습은 다른 성도들과 별 차이가 없어 보일지 몰라도, 주님 앞에 섰을 때 결과가 다릅니다. 부르심은 같지만 자녀와 상속자의 실력을 갖춘 사람과 그렇지 못한 사람의 차이가 있는 것입니다. 저와 여러분, 우리 하와이한빛장로교회가 부르심에 합당한 제자가 되고 자녀가 되고, 그 자격에 합당한 실력과 격을 만들어 갈 수 있게 되기를 주님의 이름으로 축원합니다.

요한복음 2:1~11

처음 표적

"1. 사흘째 되던 날 갈릴리 가나에 혼례가 있어 예수의 어머니도 거기 계시고 2. 예수와 그 제자들도 혼례에 청함을 받았더니 3. 포도주가 떨어진지라 예수의 어머니가 예수에게 이르되 저들에게 포도주가 없다 하니 4. 예수께서 이르시되 여자여 나와 무슨 상관이 있나이까 내 때가 아직 이르지 아니하였나이다 5. 그의 어머니가 하인들에게 이르되 너희에게 무슨 말씀을 하시든지 그대로 하라 하니라 6. 거기에 유대인의 정결 예식을 따라 두세 통 드는 돌항아리 여섯이 놓였는지라 7. 예수께서 그들에게 이르시되 항아리에 물을 채우라 하신즉 아귀까지 채우니 8. 이제는 떠서 연회장에게 갖다 주라 하시매 갖다 주었더니 9. 연회장은 물로 된 포도주를 맛보고도 어디서 났는지 알지 못하되 물 떠온 하인들은 알더라 연회장이 신랑을 불러 10. 말하되 사람마다 먼저 좋은 포도주를 내고 취한 후에 낮은 것을 내거늘 그대는 지금까지 좋은 포도주를 두었도다 하니라 11. 예수께서 이 첫 표적을 갈릴리 가나에서 행하여 그의 영광을 나타내시매 제자들이 그를 믿으니라"

오늘 본문은 예수님께서 본격적으로 사역을 시작하면서 행하신 첫 번째 표적을 소개하고 있습니다. 우리가 알고 있는 것처럼 예수님은 그분의 사역 기간 내내 수많은 기적을 행하셨습니다. 그 기적들 가운데는 38년 된 중풍병자를 고친 기적이라든지, 나면서부터 소경 된 자나 앉은뱅이 된 자처럼 선천적 불구자를 고친 기적도 있었고, 심지어는 죽은 사람도 세 명이나 살리셨습니다. 귀신 들린 자들을 고치기도 하셨고, 바다 위를 걷거나 풍랑을 잠잠케 하는 등의 영적, 자연적 현상도 예수님의 말씀 한마디에 통제되었습니다. 이처럼 예수님은 여러 기적을 일으킬 수 있는 능력을 가지고 계셨으며, 그렇게 하실 수 있는 분이었습니다. 그런데 예수님께서 행하신 첫 번째 기적은, 특별히 한국의 목회자와 성도들에게 상당한 당황스러움을 안겨 줍니다. 왜냐하면 그 기적이라는 것이 하필이면 물로 포도주, 즉 술을 만드신 일이기 때문입니다.

한국 교회 성도들은 제사를 드리지 않는 것과 함께 술, 담배를 하지 않는 것을 우리들이 가진 신앙의 대표 상표처럼 여기면서 오랫동안 지켜 왔고, 심지어는 구원과도 연관 지어 생각하던 때도 있었습니다. 당연히 술, 담배를 끊지 못한, 또는 계속하는 성도들 중에는 정말로 예수님을 믿는 사람들은 술, 담배를 하면 안 되는지 성경을 찾아보기 시작했고, 오늘 본문은 그분들에게 큰 위로가 되는 말씀이 되었습니다. 그래서 그들은 당당하게 외쳤습니다. "봐라, 예수님도 첫 기적을 포도주를 만드는 것으로 시작했다!" 하지만 결론부터 말씀드리면, 금연과 금주는 신자로서 절제와 덕을 요구하는 것이지 그 문제가 구원 문제와 직결되는 것은 아닙니다. 그렇다고 해서 술, 담배를 마음 놓고 해도 괜찮다는 뜻은 아닙니다. 그리고 오늘 본문에서 강조하는 내용이 "술을 마셔도 되느냐, 안 되느냐?" 그것을 말하려는 것도 아닙니다.

오늘 살펴보려는 내용은, 왜 예수님께서는 처음 기적을 하필이면 '물로 포도주를 만드는 것으로 선택하셨는지'입니다. 성경에 보면 여러 방면으로 그리고 아주 많이, 술에 취해서 좋지 않은 면들을 경고하고 있습니다. 하지만 그럼에도 불구하고 성경에 술에 대한 내용이 자주 등장하는 것은, 먼저는 마실 물이 흔하지 않던 당시의 상황에서 포도주를 음료수와 같이 사용했던 그들의 생활양식 때문입니다. 또한, 성경에서도 '나실인'이라고 해서(예를 들면, 삼손 같은 사람처럼) 하나님께 구별된 특별한 사람의 경우 '술'을 마시지 말라고 말씀하셨지만, 그 외 일반인에 대하여는 술 마시는 것을 금지하지 않았습니다.

같은 맥락에서 솔로몬의 잠언에 '술'에 대한 내용이 많이 나오는 이유도, 그만큼 '술'이 당시의 사회와 문화적 배경이나 생활양식에서 보편적이고 일반적이었다고 보입니다. 그뿐만 아니라 예수님께서도 제자들과 마지막 최후의 만찬 자리에서 떡과 함께 포도주를 나눠 주면서 그것을 먹고 마실 때마다 예수님의 몸과 피가 그것을 기념하는 자들의 몸과 피와 연합됨을 말씀하셨습니다.

그리고 오늘 본문에 나오는 가나 혼인 잔치의 경우에서 보는 것과 같이 유대인들에게 있어서 잔치하는 날에 필수적으로 있어야 하는, 잔치가 끝날 때까지 떨어지지 말아야 할 것이 포도주였습니다. 왜냐하면, 유대인들에게 있어서 '술'은 기쁨과 희락의 상징으로 여겨졌기 때문입니다. 그래서 예수님께서 사역의 첫 시작으로 포도주를 만드신 것은 '진정한 기쁨'에 관한 의미를 주는 것입니다.

제한된 인생의 연수를 살아가고 있는 인간들이 누릴 수 있는 기쁨은 한계가 있을 수밖에 없습니다. 모든 사람은 태어나서 인생을 즐기다가 죽게 됩니다. 그 기쁨이 언제까지냐는 기간의 차이가 있을 뿐입니다. 하나님을 떠난, 또는 하나님을 모르는 죄인들이 누릴 수 있는 기쁨은 더 제한적일 수밖에 없습니다. 왜냐하면, 오늘 본문에 기록된 말씀처럼 인생이라고 하는 기쁨의 '술'은 죽음이라는 끝을 향하기 때문입니다.

예수님의 모친 마리아가 예수님을 찾아와서 "저들에게 포도주가 없다"라고 말한 것은, 세상이라고 하는 잔치를 더 즐기며 기뻐할 수 있는 포도주가 더 이상 남지 않았다는 말과 같은 것입니다. 하나님을 떠난 죄인들이 필연적으로 마주하게 되는 현실은 더 이상 잔치를 계속할 수 없다는 것입니다. 기쁨을 기대할 수 있는 미래와 영원에 대한 소망이 없는 상태가 곧 하나님이 없는 인생의 실상입니다. 이처럼 우리 인간 스스로는 더 이상 잔치를 계속할 수 없는데 예수님께서 찾아오셔서 그 기쁨의 잔치가 계속될 수 있도록 물로 포도주를 만드신 것입니다.

그런데 본문 말씀을 보면 선뜻 이해되지 않는 구절들이 있습니다. 먼저는 마리아가 예수님에게 와서 저희에게 포도주가 없다고 말했을 때 예수님께서 보인 반응입니다.

요한복음 2:3-4, "포도주가 떨어진지라 예수의 어머니가 예수에게 이르되 저들에게 포도주가 없다 하니 4. 예수께서 이르시되 여자여 나와 무슨 상관이 있나이까 내 때가 아직 이르지 아니하였나이다"

아마도 마리아는 저들에게 포도주가 떨어진 문제를 예수님께서 능히 해결해 줄 능력이 있다는 것을 알았던 것 같습니다. 그런데 마리아의 부탁을 들은 예수님은 너무나 당황스러운 대답을 하십니다. 먼저는 **"여자여 나와 무슨 상관이 있나이까"**라는 것이었고, 둘째는, **"내 때가 아직 이르지 아니하였나이다"**라는 대답이었습니다. 예수님의 말씀을 그대로 받아들이면, "나와 상관없는 일에 관여하고 싶지 않습니다. 그런 일은 할 수 없습니다" 이렇게 말씀하신 것으로 이해됩니다.

그런데 실제로는 예수님께서 하인들을 시켜서 문 바깥에 있는 손 씻는 항아리 여섯 개에 물을 가득 담아서 연회를 주관한 사람에게 가져다주니, 가져다준 그 물이 아주 좋은 극상품 포도주로 변하는 기적이 벌어집니다. 그래서 예수님께서 행하신 첫 번째 표적은 그 내용을 이해하기가 쉽지 않습니다. 예수님께서 마리아에게 '어머니'라고 하지 않고, '여자여'라고 말씀하신 부분도 쉽게 이해가 되지 않고, "나와 상관이 없다, 내 때가 이르지 않았다"라고 말씀하시고는 곧바로 표적을 행하신 것도 뭔가 싶습니다.

가나 혼인 잔칫집에서 예수님께서 행하신 첫 번째 표적은, 예수님의 두 가지 말씀을 이해해야 풀립니다. 먼저 **"여자여 나와 무슨 상관이 있나이까"**라고 하신 말씀이 무슨 뜻인지 알아야 합니다. 이 말을 당시의 상황에 비춰 보면 "그 집에 포도주가 떨어진 일이 나와 무슨 상관이 있습니까?" 이렇게 이해되지만, 원문을 보면 "당신이 나와 무슨 상관이 있기에 이래라저래라 하느냐?"라는 말씀입니다. 점점 더 어려워지죠?

그런데 이 말씀에 이어 하신 말씀이, **"내 때가 아직 이르지 아니하였나이다"**라는 말씀이었습니다. 즉, 예수님께서 어머니 마리아를 가리켜 '여자여'라고 말씀하시고, '내 때가 아직 이르지 않았다'고 말씀하신 것은, 예수님의 신적 능력을 행함에 있어서 '때'가 매우 중요함을 말씀하는 것입니다. 요한복음 강해를 시작하면서 첫 시간에 요한복음에 기록된 '때'에 대한 말씀들을 살펴봤습니다. 모두 일곱 번 기록되어 있다고 말씀드렸습니다. 그러면 예수님께서 말씀하신 '때'는 어느 '때'를 말씀하는 것일까요? 그것은 예수님께서 고난받으시고, 십자가를 지시는 그 마지막 때를 말하는 것입니다.

예수님께서 오셔서 전하셨던 모든 말씀과 행하신 모든 이적들은 예수님께서 인류를 대신할 대속자와 메시아로 오신 것을 증명하기 위한 목적으로 하신 것들입니다. 예수님께서 병자들을 고치시고, 귀신을 쫓아내시고, 자연 현상을 통제하시고, 죽은 자도 살려 내셨던 모든 기적들이나, 자신에 대해서 말씀하신 모든 것들이 예수님이 메시아로 오셨음을 확인해 주는 것이었습니다.

그러면 오늘 본문에서 예수님께서 물로 포도주를 만드신 표적과 예수님의 '때'는 어떻게 연결될까요? 이렇게 바꿔 생각할 수 있을 것입니다. 예수님께서 물로 포도주를 만드는 기적을 통하여 결과적으로 예수님이 얻게 되는 것이 무엇이겠습니까? 본문을 보면 아시겠지만, 포도주를 맛본 연회장은 그 포도주가 어디서 나왔는지 알지 못했습니다. 더 이상한 것은 그 잔치의 주인공인 신랑과 신부, 그들의 부모와 가족도 몰랐고 오직 물을 떠 온 하인만 알았습니다. 기적은 예수님께서 행하셨는데 누구도 예수님을 주목하거나 알아주지 않았다는 것입니다.

우리가 복음서에 기록된 예수님의 기적들을 전반적으로 살펴보면, 예수님께서 행하셨던 그 모든 기적들을 통해서 예수님 자신의 영광을 드러내신 적이 없다는 것을 발견하게 됩니다. 물론 십자가의 죽으심을 앞둔 생애의 마지막에 이르러서 예수님 자신이 하나님의 아들이신 것을 증명하는 방법으로 기적이 사용되기도 했습니다. 하지만 그와 같은 자기 증명 역시 예수님께서 이 땅에서 섬김을 받거나 높임을 받기 위한 수단으로 사용된 것이 아니라 우리 죄를 위하여 대신 죽기 위한 대속주로 오신 것을 증명하기 위해 사용하셨을 뿐입니다.

그런 맥락에서 가나 혼인 잔칫집에서 예수님께서 물로 포도주를 만드신 것은, 예수 그리스도가 누구신지 자신을 드러내는 첫 시간인 것이고, 그 '때'는 영광과 환호의 때가 아니라 십자가를 지시는 첫걸음입니다. 다시 말씀드려서 예수님께서 행하신 첫 번째 표적은, 고난과 죽음의 길을 시작하는 출발 신호였습니다. 마리아가 예수님을 찾아와서 "잔칫집에 포도주가 떨어졌다"라고 말한 것은 어쩌면 예수님의 능력을 기대한 마리아의 믿음일 수도 있고, 즉흥적인 부탁일 수도 있을 것입니다. 그때 예수님께서 대답하신, **"여자여 나와 무슨 상관이 있나이까"**라는 말씀은, "나는 나를 증명하고, 내 영광을 드러내려고 세상에 온 것이 아니라, 십자가를 지러 왔습니다" 이런 뜻입니다.

"여자여, 당신이 지금 나에게 요구하는 것은 당장 급한 하나의 문제를 때우고 해결해 달라는 것밖에 안 됩니다. 나는 포도주가 떨어져서 곤란해하는 잔칫집에 포도주나 만들어 주려고 온 것이 아닙니다. 따라서 당신이 나에게 하는 요구는 잘못되었습니다. 나는 그런 일을 위하여 온 것이 아닙니다. 당신이 나와 무슨 상관이 있기에 이런 요구를 하십니까?" "내가 온 것은 병든 사람이나 고치고, 귀신 들린 것을 쫓아 주고, 죽은 자를 살려 주고 하는, 모든 인생들이 저마다 가지고 있는 개개의 문제들에 대해 도움을 주려고 온 것이 아닙니다." "나는 하나님께 진노의 자식이 되어 죽어 마땅한 인생들을 하나님과 화해시키기 위해 왔습니다. 그러니 나에게 요구를 하려면 그런 차원에서 요구를 하십시오." 이런 말씀을 하시는 것입니다.

그런데 이렇게 예수님의 말씀을 이해하면 또 다른 문제가 발목을 붙잡습니다. "여자여, 나와 무슨 상관이 있습니까?"라고 말씀하시면서 마치 포도주가 떨어진 문제를 해결해 주지 않을 것처럼 말씀하신 예수님께서, 곧바로 그 집의 하인들을 불러서 포도주를 만들어 주신 것입니다. 결국, 예수님께서 그렇게 물로 포도주를 만드는 기적을 하실 것이었다면, 처음부터 "걱정하지 마세요. 내가 해결하겠습니다" 이렇게 말씀하시고 해 주셨다면 얼마나 모양새가 좋았을까 하는 아쉬움이 드는 것입니다. 마리아의 부탁에 '알겠다'고 대답하고 포도주를 만들어 준 것이나, 안 해 줄 것처럼 대답하시고는 끝내 만들어 준 것이나 어차피 결과는 똑같은 것 아니냐는 것입니다.

그런데 여기에는 기독교 신앙이 가진 아주 중요한 차이가 있습니다. 그리고 이것은 근본적인 차이입니다. 기적이라는 결과를 바라보는 시각이 마리아의 관점에서 보는가, 예수님의 관점에서 보는가 하는 것입니다. 마리아의 관점에서 기적을 바라보면 어쨌든 만들어진 결과가 포도주가 떨어진 혼인 잔칫집에 극상품 포도주가 넘칠 만큼 넉넉하게 채워졌으니 잘된 일입니다. 하지만 예수님의 관점에서 물로 포도주를 만드신 것은, 그 혼인 잔칫집에 포도주가 떨어졌고, 남았고 하는 것이 관심이 아니라 그 사건을 통해 예수님께서 진짜 그곳에 주기 원하시는 것을 알게 하는 것입니다.

앞서 말씀드렸던 것처럼, 예수님께서 육신의 몸을 입고 이 땅에 오신 것은 자기 영광을 취해서 오신 것이 아니라 하나님의 영광을 위하여 오셨고, 이 땅에 오신 순간부터 예수님은 십자가의 죽음을 향하셨습니다. 가나 혼인 잔칫집에서 예수님께서 행하신 기적은 자신의 존재감을 드러내고 많은 사람들의 주목을 받으며 뽐내기 위해서 하신 기적이 아니라 예수님께서 걸어가실 고난의 길이 시작되는 출발 신호였던 것입니다.

그런데 인간의 문제는 무엇이죠? 당장 자기가 힘든 것만 생각하지 하나님께서 어떤 마음으로 그 모습을 바라보고 계시는지, 하나님께서 어떻게 그 문제를 풀어 주실 것인지는 생각하지 않습니다. 무슨 말씀입니까? 마리아가 예수님께 잔칫집에 포도주가 떨어졌다는 말을 전하면서 예수님이라면 그 문제를 해결해 줄 수 있을 거라는 믿음은 가지고 있었지만, 예수님이 그곳에 계신 목적과 때는 묻지 않았습니다. 이 말씀을 들으니 뭔가 머리를 스쳐 가는 것들이 있지 않습니까?

오늘날 우리가 기도라고 하고 있는 것들이, 마리아가 예수님을 찾아와서 부탁하는 것과 비슷합니다. "건강 문제 해결해 주세요, 사업 문제 해결해 주세요, 자식 대학 좋은 곳 가게 해 주세요, 이런 문제, 저런 문제 해결해 주세요. 이게 나 혼자 좋자고 하는 것이 아니라 열심히 기도한 내가 잘되면 결국 하나님이 영광을 받는 겁니다." 아쉬운 소리 하는 사람이 오히려 더 당당하고, 그걸 들어줘야 하나님의 하나님 되심이 증명되는 거라고 협박까지 합니다. 아이러니하고 어처구니없는 기도라고 생각되지 않습니까? 이런 기도를 할 때 기도한 것이 될 것을 믿고 합니까, 믿어지지는 않지만 어쨌든 해 보는 것입니까? 믿고 합니다. 믿는 척하는 것입니까, 진심으로 믿고 기도하는 것입니까? 성경에 기록된 대로 받은 줄로 믿고 기도합니다.

그런데 이와 같은 현상은 3년이 넘도록 예수님을 따라다녔던 제자들도 똑같이 가졌던 문제였습니다. 마가복음 4장에 보면, 저녁때가 되어 예수님께서 제자들과 함께 배를 타고 바다를 건너는 도중에 풍랑을 만나는 모습이 기록되어 있습니다. 예수님의 제자들 중에는 베드로를 비롯해서, 어부로서 바다의 경험이 많은 제자들이 많이 있었습니다. 그런데 그날 저녁에 바다 위에 갑자기 불어닥친 풍랑으로 인해 죽기 직전의 상황까지 내몰리게 됩니다. 바다의 경험이 많은 제자들이 그 위기를 헤쳐 나가기 위해 고군분투하던 시기에 예수님은 자고 있었습니다. 그리고 끝내 참지 못한 제자들이 예수님을 깨우면서 이렇게 말합니다.

마가복음 4:38, "예수께서는 고물에서 베개를 베고 주무시더니 제자들이 깨우며 이르되 선생님이여 우리가 죽게 된 것을 돌보지 아니하시나이까 하니"

혼인 잔칫집에 포도주가 떨어진 상황은 잔치를 연 사람에게 있어서 아주 곤란한 일입니다. 거센 바람과 파도가 일어나는 바다 한복판에 떠 있는 나룻배, 그리고 그 안에 있는 예수님과 제자들은 "그래서 결국 모두 죽었다"라고 말해도 전혀 이상하지 않은 상황입니다. 그러니 예수님께 자기들을 구해 달라며 도움을 청하는 것은 너무나 당연해 보이지 않습니까?

혼인 잔칫집의 마리아와 풍랑이 이는 바다 위에서 고군분투하며 노를 젓고 있는 제자들의 공통점은, 난처한 상황을 해결해 보기 위해 자기들이 할 수 있는 최선의 방법을 다 해 봤다는 것입니다. 그리고 예수님을 찾아와서 진심으로 믿고 도움을 요청하는 것도 똑같았습니다. 그런데 그들이 미처 생각하지 못했던 것이 있습니다. 그것은 예수님이 누구신지 잘 몰랐습니다. 제자들의 다급한 도움 요청을 듣고 일어나신 예수님께서 풍랑과 파도를 잠잠케 하신 뒤에 말씀하십니다.

마가복음 4:40, "이에 제자들에게 이르시되 어찌하여 이렇게 무서워하느냐 너희가 어찌 믿음이 없느냐 하시니"

"예수님이 세상에 오신 목적과 예수님의 때" 이것이 완성되지 않는 한, 예수님이 도중에 죽게 되거나 탈락하거나, 포기하게 되는 일은 없을 것입니다. 바꿔 말하면, 예수님이 뜻하셨던 목적이 다 이루어지기 전까지는 어떤 일이 있어도 중간에 목숨을 잃게 되거나 뜻하신 일을 하지 못하게 중단되는 일은 없을 것이라는 뜻입니다. 그런데 제자들은 예수님이 누구신지에 대한 믿음을 가진 것이 아니라 예수님께서 행하실 수 있는 능력에 대한 믿음만 가지고 예수님께 자기들을 구해 달라고 요청한 것입니다.

한 가지 예를 더 들겠습니다. 누가복음 12장에 보면 어떤 한 사람이 예수님을 찾아와서 욕심 많은 자기 형이 아버지의 유산을 다 가로채고서 나눠 주지 않으니, 예수님께서 중재해 달라고 부탁을 했습니다. 그때 예수님께서 그 사람에게 이렇게 말씀하셨습니다.

> 누가복음 12:13-14, "무리 중에 한 사람이 이르되 선생님 내 형을 명하여 유산을 나와 나누게 하소서 하니 14. 이르시되 이 사람아 누가 나를 너희의 재판장이나 물건 나누는 자로 세웠느냐 하시고"

예수님 계실 당시의 사람들이 예수님을 대하는 모습이 이랬다는 것을 보여 주는 대표적인 사건입니다. 예수님께서 오신 것은 우리의 죄를 대신해서 십자가 위에서 죽으심으로 하나님과 영원히 단절될 수밖에 없었던 죄의 문제를 해결하고 하늘나라의 백성과 자녀가 될 수 있도록 의롭게 해 주기 위함이었습니다. 앞서 말씀드렸던 것처럼 제한된 인생이 누릴 수 있는 기쁨이 아니라 영원한 기쁨을 주기 위해 오셨습니다. 그런데 예수님을 대하는 인간의 반응은 지금 당장 세상에서 아쉽고 답답한 것만 해결해 달라는 것입니다.

"예수님, 아버지가 남겨 주신 유산을 내 형이 모두 독차지하고 있으니 욕심 좀 그만 부리고 동생에게도 나눠 주라고 말씀 좀 해 주십시오. 그게 정의이고, 공평과 공정 아닙니까?" 이런 요구를 하고 있습니다. '혼인 잔칫집의 마리아', '풍랑 이는 바다 위의 제자들', '유산 상속 문제를 해결해 달라는 사람.' 이 모든 사람의 공통점은 자기가 아쉬운 문제를 가지고 예수님께 나왔다는 것입니다. 그리고 또 다른 공통점은 자기들의 아쉬운 문제는 가지고 왔지만 정작 예수님이 누구신지, 그분이 왜 오셨는지, 어떤 일을 하실지에 관해서는 전혀 알지 못했다는 점입니다.

그러면 오늘 저와 여러분은 어떨까요? 우리는 앞서 말씀드린 부류의 사람들과 다른 사람들입니까? 우리들 역시 '영생, 구원, 진리, 복음에 합당한 삶'처럼 하나님께서 관심을 갖고 목적을 두신 것에 관심을 두기보다는 당장 눈앞에 아쉬운 내 문제들만 가지고 예수님을 찾고 있지는 않습니까? 오늘날 기독교 신앙의 가장 큰 문제는 기적이 없다, 기적이 일어나지 않는다는 것입니다.

인생의 여러 우여곡절과 풍파를 통해 완고했던 어떤 사람이 하나님께로 돌아오는 기적들은 있습니다. 이런 경험을 했고, 이런 드라마를 통해 예수님을 믿게 되었다는 기적 같은 스토리들은 넘치게 많습니다. 그런데 그렇게 예수님을 믿고 하나님께로 돌아온 사람이 그래서 이전에 하나님을 몰랐던 내가 이제는 이렇게 변했다고 하는, 신분과 자격이 근본적으로 변한 자로서 갖춰야 하는 실제적인 삶이 변화된 기적은 별로 없습니다.

예수 믿기 전에도 세상에서 돈 많이 버는 것이 목적이었고, 자기가 가진 것을 치장하고 자랑하면서 자신의 정체성을 확인했는데, 예수 믿은 이후에도 돈 많이 벌게 해 달라고 기도하고 금식하는 것이 똑같습니다. 세상적이고 미신적으로 소원을 비느냐, 교회식으로 소원을 비느냐의 차이만 있을 뿐이지 그 속에 담긴 내용은 똑같더라는 것입니다.

앞서 예수님께서 행하신 모든 기적들 중에서 예수님 본인의 능력을 자랑하고, 본인의 영광을 위해서 행하신 것들이 없다는 것을 말씀드렸습니다. 예수님께서 행하신 모든 기적은 인류 구원을 위하시는 하나님 아버지의 때를 위한 것이었고 예수님의 모든 생애는 오직 하나님의 뜻을 온전히 이루어 나가시는 것에 맞춰져 있었습니다. 그리고 그와 같은 예수님의 생애에 대해서 잘 알았던 사도 바울은 로마서 14장에서 이렇게 말합니다.

로마서 14:7-8, "우리 중에 누구든지 자기를 위하여 사는 자가 없고 자기를 위하여 죽는 자도 없도다 8. 우리가 살아도 주를 위하여 살고 죽어도 주를 위하여 죽나니 그러므로 사나 죽으나 우리가 주의 것이로다"

예수님께서 자신의 영광을 위하여 사신 적이 없었듯이 우리의 삶도 그러해야 하며, 예수님께서 "나를 따라오려거든 자기를 부인하고 자기 십자가를 지고 쫓으라"라고 말씀하신 것처럼 그렇게 살아야 합니다. 성도는 어떤 사람입니까? 하나님의 부르심을 깨닫고, 입으로 주를 그리스도로 고백하며, 믿음의 길을 걸어가는 순간부터 이제는 자신의 소원을 이루기 위한 삶이 아닌 하나님의 뜻과 때를 따르며 사는 사람입니다. 하나님의 자녀가 되었기 때문에 자신을 죽이고 십자가를 지고 복종하면서 다른 사람을 섬기고 하나님의 영광을 위하여 자신의 명예와 자존심을 묻어 버리는 기적이 일어나는 삶을 사는 사람, 그가 바로 성도입니다.

오늘날 기독교 신앙을 가진 성도들의 관심을 끄는 것은 모두 세상에서 들어온 기적들입니다. "물이 포도주로 바뀌었대, 의사도 못 고치는 병이 나았대, 헌금 많이 하고 기도했더니 대박이 났다 하더라고." 이런 기적들은 너무나 솔깃하고, 관심이 가고, 그래서 나도 그 복권 한번 긁어 볼까 싶습니다. 그런데 정작 구원주로 오신 예수님, 구속주로 희생되신 예수님에 대해서는 별로 관심이 없습니다. 예수님께서 오신 것은 그런 세상의 아쉬운 문제들을 해결해 주려고 오신 것이 아닌데, 마리아나 제자들이나 떡 먹고 배부르기 위해서 예수님을 따랐던 사람들처럼 오늘날의 성도들도 그것만 들고 찾아옵니다.

예수님의 제자들은 오순절 성령 강림이 있기 전까지는 예수님이 누구신지에 대해서 정확히 몰랐습니다. 그러니 예수님께서 부활하신 것을 알고도 슬퍼하면서 엠마오로 내려가고, 고기 잡으러 갔던 것입니다. 하지만 우리는 성경을 통해 예수님이 누구신지, 그때 어떤 일들이 있었는지 다 알고 있습니다. 예수님이 누구신지 정확하게 몰랐던 사람들은 그럴 수 있습니다. 눈앞에 보이는 것만 구할 수 있습니다. 하지만 우리는 예수님이 누구신지 다 알고 있지 않습니까? 그분이 사람이 되어 오신 이유도 알지 않습니까? 그러면 제대로 믿어야 하지 않겠습니까? 예수님이 누군지 몰랐던 사람들처럼 그렇게 해서야 되겠습니까? **"여자여 나와 무슨 상관이 있나이까"** 당신이 지금 나에게 구하고 있는 것이 나와 무슨 상관이 있느냐? "이 사람아 누가 나를 너희의 재판장이나 물건 나누는 자로 세웠느냐?" 이것이 예수님의 말씀입니다. 이런 말씀들을 가슴에 새겨야 우리가 예수님을 어떻게 믿어야 하는지 길이 보입니다.

자주 드리는 말씀이지만, 예수님을 존재로 받아들이지 않고 기능으로만 이용하려는 사람들이 있습니다. "내가 아플 때 치료해 주는 기능, 돈 아쉬울 때 돈 생기게 해 줄 기능, 자녀들 고3이 되면 대학 보내 줄 수 있는 기능, 인생의 여러 갈림길에서 혹시 내가 잘못된 선택을 할지라도 좋게 만들어 주는 기능" 등으로 믿습니다. 또 어떤 부분에서는 그동안 교회에서 "할 수 있거든이 무슨 말이냐? 믿는 자에게는 능치 못할 일이 없다, 기도하고, 구하는 것은 받은 줄로 믿으라. 그러면 너희에게 그대로 되리라" 이렇게 가르쳐 왔습니다. 예수님의 이런 말씀이 인간의 욕심을 부추기고, 세상의 소원을 성취시키는 쪽으로 말씀하신 것이 아님에도 불구하고 그 말씀을 듣고 해석하는 사람들이 그렇게 이해하고 받아들인 것입니다.

놀라운 것은 예수님께서 **"여자여 나와 무슨 상관이 있나이까"** 이렇게 말씀하시고도 실제로는 들어주셨다는 것입니다. 물로 포도주를 만들어서 혼인 잔치의 흥겨움이 끊어지지 않도록 만들어 주셨습니다. 앞서 관점에 대해 말씀드렸습니다. 예수님을 찾아온 마리아의 관점과 그것을 들어준 예수님의 관점입니다. "어쨌든 포도주가 만들어졌으니 됐네!" 이렇게 생각하는 것은 마리아의 관점입니다. 그러나 예수님의 관점은 마리아가 부탁한 대로 포도주를 만들어 주셨다 할지라도 그것을 위해 예수님이 오신 것이 아니라 그들에게 영원한 기쁨과 흥겨움을 주기 위한 구속주로 오셨음을 가르쳐 주는 것입니다.

신앙생활을 하는 우리들이 구해야 할 것은 무엇입니까? 마리아의 관점입니까, 예수님의 관점입니까? 배고픈 사람에게 물고기를 잡아 주는 것은 하수의 방법이고, 물고기 잡는 법을 가르쳐 주는 것은 상수의 방법입니다. 아쉬운 문제를 해결해 주는 것은 하수의 방법이고, 해결할 수 있는 능력을 가르쳐 주는 것이 상수입니다. 예수님이 행하실 수 있는 능력을 기대하도록 만드는 것은 하수의 믿음이고, 예수님의 존재 자체를 믿고 함께할 수 있도록 가르치는 것이 상수의 믿음입니다. 여러분은 어떤 믿음을 갖기 원하십니까? 예수님의 능력이 필요하십니까, 예수님의 존재가 필요하십니까? 예수님이 우리에게 오신 이유와 목적, 그분의 때를 바라고 기대하는 온전한 믿음을 갖게 되길 기원합니다.

요한복음 2:13~22

예수님의 성전 정화

"13. 유대인의 유월절이 가까운지라 예수께서 예루살렘으로 올라가셨더니 14. 성전 안에서 소와 양과 비둘기 파는 사람들과 돈 바꾸는 사람들이 앉아 있는 것을 보시고 15. 노끈으로 채찍을 만드사 양이나 소를 다 성전에서 내쫓으시고 돈 바꾸는 사람들의 돈을 쏟으시며 상을 엎으시고 16. 비둘기 파는 사람들에게 이르시되 이것을 여기서 가져가라 내 아버지의 집으로 장사하는 집을 만들지 말라 하시니 17. 제자들이 성경 말씀에 주의 전을 사모하는 열심이 나를 삼키리라 한 것을 기억하더라 18. 이에 유대인들이 대답하여 예수께 말하기를 네가 이런 일을 행하니 무슨 표적을 우리에게 보이겠느냐 19. 예수께서 대답하여 이르시되 너희가 이 성전을 헐라 내가 사흘 동안에 일으키리라 20. 유대인들이 이르되 이 성전은 사십육 년 동안에 지었거늘 네가 삼 일 동안에 일으키겠느냐 하더라 21. 그러나 예수는 성전된 자기 육체를 가리켜 말씀하신 것이라 22. 죽은 자 가운데서 살아나신 후에야 제자들이 이 말씀하신 것을 기억하고 성경과 예수께서 하신 말씀을 믿었더라"

본문은 예수님께서 성전을 정결케 하신 내용으로, 보통 '예수님의 성전 정화 사건'이라고 부릅니다. 그런데 본문에 기록된 사건과 비슷한 내용이 다른 세 복음서(마 21장; 막 11장; 눅 19장)에도 모두 나옵니다. 하지만 요한복음에서 예수님께서 행하신 성전 정화 사건과 비교했을 때 그 시점이 본문과 다릅니다. 요한복음에서 시점은, 예수님께서 세례와 광야 시험을 받으신 후 갈릴리로 가셔서 제자들을 택하시고, 가나 혼인 잔칫집에서 첫 기적을 행하신 후 처음 유월절을 맞이하여 예루살렘에 가셨을 때 발생한 사건입니다. 반면에 다른 복음서(공관복음서)에서는 예수님이 십자가를 지기 위해 예루살렘 입성하신 후 마지막 주간 중에 행하신 '성전 정화 사건'이 기록되어 있습니다. 이러한 시기의 차이가 있는 것은, 성전 정화 사건이 예수님 공생애 초반부와 십자가의 죽음을 앞두신 마지막 주간에 두 번 일어났는데, 복음서 저자들이 기록의 목적을 따라 시기를 달리 선택했기 때문입니다.

공관복음에서는 예수님께서 행하신 성전 정화 사건이 산헤드린 공회가 예수를 죽이려고 결심하게 된 결정적인 동기가 되었다는 것을 강조하기 위해서 마지막 주간에 일어난 사건을 기록한 것입니다. 반면 요한복음은 예수님께서 '아직 때가 이르지 못하였다'라고 하신 말씀과 연관하여 예수님의 공생애 활동이 성전을 다시 세우는 사건에서 시작되었다는 것을 강조하기 위해 전반부 사건을 기록한 것입니다.

예수님의 '성전 정화 사건'을 사복음서 모두 공통으로 기록했다는 것은 복음서 저자들이 예수님께서 행하셨던 모든 사역들 가운데 가장 핵심적이고 중요한 일로 '성전 정화 사건'을 꼽았다는 것입니다. 하지만 중요한 것은 예수님께서 성전을 정화하시면서 사역을 시작하셨던 초기의 성전 모습이나 십자가의 죽음을 앞두신 시점에서의 성전의 모습이 전혀 달라지지 않았다는 것입니다. 예수님께서 친히 성전 정화를 하셨는데, 그것도 성전 정화가 무엇보다 중요하기 때문에 사역을 시작할 때와 마지막 마무리를 하면서 두 번이나 했음에도 불구하고 성전의 모습은 전혀 변화가 없었습니다.

성전에서는 여전히 소나 양을 파는 사람들이 있었고, 성전에서만 사용할 수 있는 돈을 바꿔 주는 사람이 있었습니다. 성전에서 그런 장사를 할 수 있도록 허락해 주고 돈을 받는 제사장과 바리새인들도 여전히 있었고, 합법을 가장해서 시중보다 많은 이득을 취하는 장사꾼들도 그대로 있었습니다. 그리고 그러한 불법적인 일들이 성전을 위하고, 하나님을 위한다는 이름 아래서 벌어지고 있었습니다.

오늘 본문에서는 **"내 아버지의 집으로 장사하는 집을 만들지 말라"** 정도로 말씀하셨지만, 마태복음에서는 "하나님의 집을 너희가 강도의 소굴로 만들었다"라고 하면서 책망하셨습니다.

마태복음 21:12-13, "예수께서 성전에 들어가사 성전 안에서 매매하는 모든 사람들을 내쫓으시며 돈 바꾸는 사람들의 상과 비둘기 파는 사람들의 의자를 둘러 엎으시고 13. 그들에게 이르시되 기록된 바 내 집은 기도하는 집이라 일컬음을 받으리라 하였거늘 너희는 강도의 소굴을 만드는도다 하시니라"

오늘 본문에서 우리가 주목해야 할 말씀은 **"제자들이 성경 말씀에 주의 전을 사모하는 열심이 나를 삼키리라 한 것을 기억하더라"**라는 말씀입니다. 앞서 말씀드렸던 것처럼, 제사장과 바리새인들과 같은 당시 유대 사회의 종교 지도자들이 주의 전을 사모하는 열심을 가지고 뭔가 일을 열심히 했지만, 정작 그들이 했던 일은 하나님의 뜻을 거스르는 것이었습니다. 하나님께서는 이스라엘 백성들이 성전을 기도하는 장소로 사용하길 원하셨는데, 하나님을 위한다는 당시 종교 지도자들은 그곳을 장사하는 곳과 강도의 소굴로 만들어 버린 것입니다.

그런데 이런 일이 예수님 당시에만 있었느냐 하면 그게 아닙니다. 그전에도 그런 일이 있었습니다. 마태복음 21장 13절에서 예수님께서 **"내 집은 기도하는 집이라"**라고 말씀했는데, 그 앞에 "기록된바"라고 말씀하신 것은, 과거에 성전과 관련된 어떤 사건이 있었고 그 일이 기록으로 남겨진 것을 인용하신 것입니다. 그래서 이 말씀을 이해하기 위해서 예수님께서 인용하신 과거의 사건이 어떤 것인지 알아야 합니다.

이 말씀을 인용하신 배경은, 역대하 34~35장에 기록된 요시야의 종교개혁 당시에 있었던 일입니다. 요시야왕은 남쪽 유다 말기의 왕입니다. 요시야왕 이후에 몇 왕조를 지나지 않아 유다 나라가 망합니다. 요시야왕은 불과 8살이라는 어린 나이에 왕이 됐지만, 성전을 정화하고 개혁하여 이스라엘을 종교적으로 회개케 하는 아주 큰 업적을 남겼던, 다윗 왕 이후에 가장 좋은 왕이라고 할 수 있습니다.

역대하 34:1-5, "요시야가 왕위에 오를 때에 나이가 팔 세라 예루살렘에서 삼십일 년 동안 다스리며 2. 여호와 보시기에 정직하게 행하여 그의 조상 다윗의 길로 걸으며 좌우로 치우치지 아니하고 3. 아직도 어렸을 때 곧 왕위에 있은 지 팔 년에 그의 조상 다윗의 하나님을 비로소 찾고 제십이년에 유다와 예루살렘을 비로소 정결하게 하여 그 산당들과 아세라 목상들과 아로새긴 우상들과 부어 만든 우상들을 제거하여 버리매 4. 무리가 왕 앞에서 바알의 제단들을 헐었으며 왕이 또 그 제단 위에 높이 달린 태양상들을 찍고 또 아세라 목상들과 아로새긴 우상들과 부어 만든 우상들을 빻아 가루를 만들어 제사하던 자들의 무덤에 뿌리고 5. 제사장들의 뼈를 제단 위에서 불살라 유다와 예루살렘을 정결하게 하였으며"

요시야왕은 유다와 예루살렘 곳곳에 세워져 있는 산당들과 우상들을 제거하고, 바알의 제단을 헐고, 각종 우상들을 빻아 가루로 만들고, 우상을 섬기던 제사장들을 죽여서 유다 나라를 정결케 했습니다. 그뿐만 아니라 8절 이후에 보면, 선대 왕 시절부터 방치되었던 성전을 수리하도록 했는데 성전을 수리하다가 헌금함 속에서 잃어버렸던 여호와의 율법책을 발견하게 됩니다. 율법책을 읽은 요시야왕은 마음을 찢는 회개와 함께 온 유다 나라 백성들과 더불어 여호와의 유월절을 지키게 하는 모습이 역대하 35장에 기록되어 있습니다.

요시야왕은 성전을 수리하고, 종교개혁을 단행하고, 유다 백성들로 하여금 하나님 앞에 나와 무릎을 꿇게 했습니다. 역대하 34장 12절 이하를 보면, 성전을 수리할 때 사람들은 진심으로 그 일을 했다고 했습니다. 또한, 유다 백성들은 진실된 마음으로 그동안 우상을 섬기며 죄지었던 생활을 청산하고 하나님 앞에 모여 율법의 말씀을 듣고 여호와의 절기를 지키기 위해 진심 어린 마음으로 성전으로 모이고 있었습니다. 당시 유다 백성들이 어떻게 유월절을 지켰는지에 대해서 역대하 35장에서는 이렇게 말씀하고 있습니다.

역대하 35:10, "이와 같이 섬길 일이 구비되매 왕의 명령을 따라 제사장들은 그들의 처소에 서고 레위 사람들은 그들의 반열대로 서고"

자기 처소에 가서 섰다는 말은 자기가 맡은 일을 제대로 했다는 말이고, 정돈되고 잘 맞았다는 뜻입니다.

역대하 35:15, "아삽의 자손 노래하는 자들은 다윗과 아삽과 헤만과 왕의 선견자 여두둔이 명령한 대로 자기 처소에 있고 문지기들은 각 문에 있고 그 직무에서 떠날 것이 없었으니 이는 그의 형제 레위 사람들이 그들을 위하여 준비하였음이더라"

이 말씀을 오늘날 교회로 바꾸면 성가대는 가운을 입고 성가대석에 앉고, 안내하는 분들은 안내하는 자리에 제대로 서 있다는 말입니다. 이 모든 일들을 책임진 담당 목사가 있어서 완벽하게 준비를 했습니다. 그전까지는 하나님께 예배하는 일에 대해서 올바로 하지 않고 있다가 이제야 비로소 모든 순서와 담당자들이 제대로 세워져서 예배가 제대로 드려지고 있는 것입니다. 정말 칭찬할 만한 일 아닙니까?

그런데 종교개혁이 잘되어 예루살렘과 유다에 있는 모든 우상들이 파괴되고, 성전은 깨끗하게 정화되었으며, 유월절과 예배가 회복되고 있는 순간에 하나님께서 예레미야 선지자를 통해 이런 경고를 합니다.

예레미야 7:1-4, "여호와께로부터 예레미야에게 말씀이 임하니라 이르시되 2. 너는 여호와의 집 문에 서서 이 말을 선포하여 이르기를 여호와께 예배하러 이 문으로 들어가는 유다 사람들아 여호와의 말씀을 들으라 3. 만군의 여호와 이스라엘의 하나님께서 이와 같이 말씀하시되 너희 길과 행위를 바르게 하라 그리하면 내가 너희로 이 곳에 살게 하리라 4. 너희는 이것이 여호와의 성전이라, 여호와의 성전이라, 여호와의 성전이라 하는 거짓말을 믿지 말라"

지금 하나님께서 예레미야를 통해 이런 경고를 하시던 시점은, 선지자 사무엘 이후에 지금같이 유월절을 제대로 지켰던 때가 없었을 만큼, 정말 절기와 제사를 제대로 지키고 있던 때였습니다.

역대하 35:18, "선지자 사무엘 이후로 이스라엘 가운데서 유월절을 이같이 지키지 못하였고 이스라엘 모든 왕들도 요시야가 제사장들과 레위 사람들과 모인 온 유다와 이스라엘 무리와 예루살렘 주민과 함께 지킨 것처럼은 유월절을 지키지 못하였더라"

너무나 당황스럽지 않습니까? 그동안 우상만 섬기고 있었을 때는 이런 말씀을 하지 않으셨습니다. 그런데 모든 것이 회복되어 제대로 가고 있는 이 시점에, 어떻게 보면 유월절 제사라고 하는 종교개혁의 가장 핵심이라고 말할 수 있는 시점에 예레미야 선지자를 문 앞에 세워 두고 분위기를 깨 버리는 것입니다.
예레미야 7장 말씀과 역대하 34~35장 말씀이 따로 떨어져서 기록되어 있기 때문에 잘 모르고 지나갈 수 있는데, 이러한 역사 기록과 하나님의 경고의 말씀이 동시에 내려졌다는 것이 쉽게 이해가 되지 않습니다. 그리고 예수님께서 마태복음 21장에서 성전에서 장사하는 사람들의 상을 뒤집어엎으시면서 말씀하셨던, "너희가 기도하는 하나님의 집을 강도의 소굴로 만들었다"라고 인용하신 말씀이 뒤이어 나옵니다.

예레미야 7:8-11, "보라 너희가 무익한 거짓말을 의존하는도다 9. 너희가 도둑질하며 살인하며 간음하며 거짓 맹세하며 바알에게 분향하며 너희가 알지 못하는 다른 신들을 따르면서 10. 내 이름으로 일컬음을 받는 이 집에 들어와서 내 앞에 서서 말하기를 우리가 구원을 얻었나이다 하느냐 이는 이 모든 가증한 일을 행하려 함이로다 11. 내 이름으로 일컬음을 받는 이 집이 너희 눈에는 도둑의 소굴로 보이느냐 보라 나 곧 내가 그것을 보았노라 여호와의 말씀이니라"

그러면 하나님께서는 왜 하필이면 여호와의 전을 깨끗이 수리하고, 예배를 위하여 성심껏 모여드는 유다 백성들을 향하여 "너희가 내 집을 도둑의 소굴로 만들었다"라고 말씀하셨을까요? 이 말씀을 하시기 전에 전제로 먼저 말씀하신 내용이 있습니다.

예레미야 7:5-7, "너희가 만일 길과 행위를 참으로 바르게 하여 이웃들 사이에 정의를 행하며 6. 이방인과 고아와 과부를 압제하지 아니하며 무죄한 자의 피를 이 곳(성전이 있는 유대 땅)에서 흘리지 아니하며 다른 신들 뒤를 따라 화를 자초하지 아니하면 7. 내가 너희를 이 곳(하나님께서 주신 땅)에 살게 하리니 곧 너희 조상에게 영원무궁토록 준 땅에니라"

너희가 성전을 깨끗하게 정화하고 무너지고 부서진 곳을 잘 보수하며, 온 백성이 함께 모여서 절기와 제사를 드리는 일은 잘한 일이지만, 그러나 단지 예배뿐 아니라 실제 사는 걸 바르게 살아야 한다는 것입니다. 너희가 실제로 살아가는 삶 속에서 생활 방식과 행위를 바르게 하고, 이웃들 사이에서 정의를 행하고, 억울한 피해자들을 만들지 말고, 실생활에 깊숙이 들어온 우상의 문화, 세속문화를 따라가지 말라는 것입니다. 그렇게 하나님께서 주신 말씀을 따라 잘 살면, 하나님께서 너희 조상 때부터 주셨던 땅에서 영원토록 잘 살게 해주겠다는 약속을 주고 계시는 것입니다. 그런데 실제 유다 백성들의 삶은 어땠습니까?

예레미야 7:8-10, "보라 너희가 무익한 거짓말을 의존하는도다 9. 너희가 도둑질하며 살인하며 간음하며 거짓 맹세하며 바알에게 분향하며 너희가 알지 못하는 다른 신들을 따르면서 10. 내 이름으로 일컬음을 받는 이 집에 들어와서 내 앞에 서서 말하기를 우리가 구원을 얻었나이다 하느냐 이는 이 모든 가증한 일을 행하려 함이로다"

실제로는 다른 신들을 따르고, 도둑질하고 살인하고 간음하고 거짓 맹세를 하고 있으면서, 단지 성전에 들어와서 예배하면서 우리가 구원 받았다고 말하기만 하면 정말 그렇게 되는 것이냐? 아니라는 것입니다.

예레미야 7:11, "내 이름으로 일컬음을 받는 이 집이 너희 눈에는 도둑의 소굴로 보이느냐 보라 나 곧 내가 그것을 보았노라 여호와의 말씀이니라"

이러한 행동을 하는 것은 도둑의 소굴로 만드는 것인데 너희가 하는 죄들은 가만히 놔두고서 이것이 여호와의 성전이라고 힘줘서 외치기만 하느냐, 그건 모두 거짓말이니 믿지 말라고 말씀하시는 겁니다.

예레미야 7:4, "너희는 이것이 여호와의 성전이라, 여호와의 성전이라, 여호와의 성전이라 하는 거짓말을 믿지 말라"

하나님께서는 21절 이하에서 더 분명한 말씀을 주셨습니다.

예레미야 7:21-24, "만군의 여호와 이스라엘의 하나님께서 이와 같이 말씀하시되 너희 희생제물과 번제물의 고기를 아울러 먹으라 22. 사실은 내가 너희 조상들을 애굽 땅에서 인도하여 낸 날에 번제나 희생에 대하여 말하지 아니하며 명령하지 아니하고 23. 오직 내가 이것을 그들에게 명령하여 이르기를 너희는 내 목소리를 들으라 그리하면 나는 너희 하나님이 되겠고 너희는 내 백성이 되리라 너희는 내가 명령한 모든 길로 걸어가라 그리하면 복을 받으리라 하였으나 24. 그들이 순종하지 아니하며 귀를 기울이지도 아니하고 자신들의 악한 마음의 꾀와 완악한 대로 행하여 그 등을 내게로 돌리고 그 얼굴을 향하지 아니하였으며"

21절 말씀에서 너희가 나에게 드린다고 바쳤던 희생제물과 번제물의 고기를 너희가 먹으라고 하십니다. "기껏해야 고깃덩어리 조금 바쳐 놓고서 너희들이 할 짓, 못 할 짓 마음대로 하며 살 바에야 차라리 그 고기는 너희들이 다 먹고 제발 내가 너희에게 하는 말 좀 잘 들어라." 이렇게 말씀하시는 것입니다. 하나님께서는 유다 백성에게 당신이 명령하신 모든 길로 걸어가라고 말씀하셨지만 유다 백성은 듣지도 않고, 순종하지도 않았습니다. 오히려 자기들의 고집과 악한 생각을 따라 자기들 멋대로 행하면서 하나님께 등을 돌렸습니다.

우리가 절대로 잊지 말아야 할 것이 있습니다. 그것은 우리가 하나님 앞에서 살아가고 있다는 것입니다. 하나님께서 이스라엘 백성들에게 너희가 내 말을 잘 듣고 순종하면 너희 조상들에게 약속했던 땅에서 영구히 잘 살게 해 주겠다고 거듭거듭 말씀하셨습니다. 하나님의 이런 말씀이 하나님 자신을 위해서 하신 말씀입니까? 그들이 하나님께 순종했을 때 하나님께 이득이 될 일이 있습니까? 없습니다. 하나님께서 저들에게 귀 기울여 말씀을 들으라 하고 순종을 요구하는 것은 그들에게 복 주시기 위한 것이지, 그들이 하나님의 말씀을 들었을 때 하나님께 어떤 혜택이 돌아오기 때문에 요구한 것이 아닙니다. 그래서 혹시라도 유다 백성들이 '자기들은 하나님께 제물을 드렸다', '하나님도 제물을 받아 먹지 않았느냐'고 할까 봐 "그 고기 너나 많이 먹어라, 난 그런 것 필요 없으니 제발 말 좀 들어라" 이런 말씀을 하십니다.

그런데 예수님은 거기서 한 걸음 더 나가십니다. "너희들이 하나님께 드린다고 지었다는 성전, 그거 필요 없다. 그거 다 허물어 버려라. 내가 사흘 만에 새롭게 일으켜 세우겠다."

요한복음 2:19, "예수께서 대답하여 이르시되 너희가 이 성전을 헐라 내가 사흘 동안에 일으키리라"

여러분, 하나님을 제대로 아시기 바랍니다. 저와 여러분이 뭘 하니까 하나님이 영광을 받으시고, 여러분이 뭘 바쳤기 때문에 하나님께서 일을 하시는 것입니까? 그게 아닙니다. "그 고기 너나 먹어라, 그 헌금은 네 살림살이에 보태라. 네가 나를 위해 지었다고 한 그 교회, 내가 언제 그거 지어 달라고 했냐? 다 부숴 버려라. 그리고 너는 제발 내 말 좀 잘 들어라." 이것이 하나님 말씀입니다.

세상에서 어떻게 살든지, 어떤 가치관과 생각을 가지고 살고 있든지 어쨌든 주일날 교회만 나오면 내 의무는 끝났다고 생각하는 오늘날 성도들에게, 하나님께서 신앙의 핵심은 그게 아니라고 말씀하고 계십니다. "예배 순서를 맡은 모든 사람이 각자 자기의 위치를 잘 지키고, 성가대 연습도 잘돼서 시립합창단 수준의 찬송을 부르고, 목사의 설교는 사람들에게 깊은 감동과 깨달음을 줬다!" 훌륭한 예배라 할 수 있습니다. 그런데 우리가 열심히 잘 준비해서 드린 예배가 하나님께 어떤 도움을 줄 수 있습니까? 우리가 그런 예배를 드리면 하나님이 진짜 영광을 받으시는 것입니까? 어쩌면 그것은 우리가 좋아하는 것일 수도 있습니다. 예배를 드리는 형식, 그 예배를 통해서 받은 감동, 은혜, 이런 것은 모두 참석한 성도를 위해 좋은 것입니다.

하나님의 관심은 무엇입니까? 그래서 은혜받은 네가, 말씀을 듣고 깨달았다는 네가 이제 예배가 끝났으니 어떻게 살래? 그때 은혜받은 말씀이 너의 생활에서 어떻게 적용되고 있니? 그걸 물으시는 것입니다. 은혜는 귀로만 받고 실제 현실에서의 삶은 내가 생각하는 대로, 내가 하고 싶은 대로 살면, 그렇게 드린 예배가 무슨 소용이 있으며,

은혜받았다고 하는 것이 무슨 소용이 있느냐는 것입니다. "그럴 바에야 그 성전 부숴 버려라, 그 제물 너나 잘 먹고 잘 살아라. 난 속지 않는다." 이 말입니다.

앞서 예레미야 7장 4절에서 살펴봤지요? **"너희는 이것이 여호와의 성전이라, 여호와의 성전이라, 여호와의 성전이라 하는 거짓말을 믿지 말라"**라고 말씀하십니다. 좋은 옷을 입고 와서 성가대 찬양을 듣고, 설교 말씀을 들으며 '옳으신 말씀이다, 참 감동적이네' 하고 돌아가는 것이 신앙이 아닙니다. 좋은 신앙은 "이제 예배가 끝났으니 어떻게 살아야 할까?"로 증명됩니다. 그래서 예수님은 그 외식과 형식의 성전을 헐기 위해 오시는 것입니다. 나는 성가대원을 하기 때문에, 나는 집사이기 때문에, 나는 예배 참석 잘하고 십일조도 잘 내기 때문에, 이런 식으로 자신의 신앙은 괜찮을 거라고 스스로 위안하지 마십시오. 주님께서 받으시는 제사와 예배는 단 하나의 기준만 있을 뿐입니다.

"하나님은 영이시니 예배하는 자가 영과 진리로 예배할지니라" (요 4:24) 하나님께서는 이런 사람을 찾고 계십니다. 그 영과 진리는 어디에서 증명됩니까? 잘 갖춰진 예배의 형식과 신령한 분위기에서 증명됩니까? 목사의 설교를 들으면서 "그렇지, 아, 그런 뜻이 있었구나!" 하며 새로운 깨달음을 얻으면 증명됩니까? 예레미야 선지자가 유월절 제사를 위해서 성전으로 몰려오는 사람들을 향하여 뭐라고 경고하고 있습니까? 선지자 사무엘 이후로 이와 같이 완벽한 유월절 제사를 드린 적이 없을 만큼 정말 잘 준비되고 정돈된 제사를 드리려고 하는 사람들 앞에 서서 에스겔이 외치는 것이 무엇입니까?

"너희가 무익한 거짓말을 의존하고 있다, 너희는 살인하고 도둑질했으며, 간음하고, 거짓 맹세하면서 나는 구원받았다고 잘도 떠드는구나. 그 제물 너나 먹어라. 내가 그 성전 헐어 버리겠다." "제사만 잘 드린다고 그게 신령과 진정의 제사냐? 내가 하는 말을 듣고, 잘 순종하는 것이 진정한 제사다. 너희 중에 돌봄을 받지 못하는 고아와 과부가 있고, 억울함을 호소하는 사람이 있는데, 그런 사람들은 하나도 돌아보지 않고 성전에 와서 제물만 바치면 끝이냐? 그거 너나 먹어라, 난 안 받겠다."

오늘날 교회에 에스겔 선지자의 이런 외침이 들리지 않습니까? 구약시대에는 성전 문 앞에 선 선지자가 이런 외침을 했다면, 오늘날은 각종 언론 매체들이 교회를 꾸짖고 있습니다. "예배만 잘 드리면, 그 교회에 사람만 많이 오면 교회냐? 제발 교회답게 해라, 성도답게 살아라." "교회만 잘 다니면 성도가 되냐? 교회에 다니나, 안 다니나 실제로 사는 걸 보니까 다르지 않더라. 다 똑같더라. 너희가 교회에 다녀서 다니지 않는 사람들과 다른 점이 뭐냐? 제발 성도답게 살아라." 예수님께서 하신 "내 아버지의 집은 기도하는 집인데 너희가 도둑의 소굴을 만들고 있구나"라는 말은 무슨 말씀입니까? 기도라고 하는 것은, 하나님의 뜻을 묻는 것입니다.

마치 출근해서 업무일지를 확인하는 것과 같습니다. 오늘 내가 할 업무가 재고를 파악하고, 거래처 두 곳에 주문한 물건 가져다주는 거라면 그걸 하면 됩니다. 그런데 자기가 해야 할 업무일지는 확인하지 않고 열심히 창고 정리하면서 청소하고, 작업 분량이 많은 동료를 잘 도와줬다고 하면, 그 사람은 일을 잘한 것입니까, 잘못한 것입니까? 잘못한 것입니다. 왜요? 본인이 해야 할 일은 하지 않고 엉뚱한 일을 했기 때문입니다. 그런데 그 사람이 그날 하루만 그런 게 아니라, 매일 자기가 하고 싶은 일만 한다면 어떻게 해야 할까요? 계속 고용해서 쓰겠습니까, 일 잘할 사람으로 다시 뽑겠습니까? 다시 뽑지요. 그게 정상 아닙니까?

예수님께서 "내 집은 기도하는 집이다"라고 하신 것은, "너희가 해야 할 일을 하나님께 기도하고 물어봐라. 그리고 들었으면 그대로 살아라"라는 말씀입니다. 그리고 어떻게 살아야 하는지는 이미 구약의 선지자들을 통해, 예수님의 가르침을 통해, 신약의 제자들과 사도들이 가르쳐 준 성경을 통해 우리가 다 확인할 수 있으니 업무일지를 확인했으면 가서 그거 하면 됩니다. 성도답게 살아야 합니다. 하나님 앞에 나와서 예배하고 은혜받는 것이 중요합니다. 그런데 그것만으로는 안 됩니다. 내 마음이 뜨거워지고, 새로운 깨달음을 얻은 것만으로 해결되지 않습니다. 저와 여러분의 삶의 영역에서 그 말씀이 실제로 작동해야 합니다. 말씀대로 살아야 합니다.

공부하는 자녀에게 모든 과목을 늘 100점 맞아 오라고 요구하는 부모는 없습니다. 하지만 그 자녀에게 "학생 신분으로 네가 할 수 있는 최선의 노력을 하라" 이렇게는 요구합니다. 우리가 어떻게 하나님의 기준을 100% 만족시킬 수 있겠습니까? 그렇게 할 수 없지요. 하지만 우리 마음에 하나님의 말씀이 살아 있고, 하나님을 의식하며 살고 있는지는 하나님께서 보십니다.

요한복음 2:17, "제자들이 성경 말씀에 주의 전을 사모하는 열심이 나를 삼키리라 한 것을 기억하더라"

주의 전만 사모하면 그 열심이 하나님의 뜻을 삼켜 버립니다. 대표적인 사람이 청년 사울 아닙니까? 주의 전을 사모하는 열심을 가지고 예수님을 죽였고, 스데반을 죽였고, 예수 믿는 자를 핍박했습니다. 오늘날 교회마다 주의 전이라고 말하는 교회를 사모합니다. 그런데 교회만 사모합니다. 그 안에 계신 하나님, 교회의 머리 되신 예수님은 오간 데 없습니다. 결국 교회와 그 교회를 구성하는 성도들이 하나님의 이름을 더럽히고, 목사가 예수 복음을 막습니다.

예수님의 이 말씀, 에스겔 선지자를 통해 주셨던 경고의 말씀은 오늘날 저와 여러분에게 주신 말씀입니다. 교회를 교회답게 만들어야 합니다. 하나님께 기도하고 하나님의 뜻을 구하는, 그래서 그분의 뜻을 따라 움직이는 교회가 되어야 합니다. 그런 교회를 만들어 가는 저와 여러분, 우리 하와이한빛장로교회가 되길 기원합니다.

요한복음 3:1-15

표적이 아니라 거듭나야 합니다

"1. 그런데 바리새인 중에 니고데모라 하는 사람이 있으니 유대인의 지도자라 2. 그가 밤에 예수께 와서 이르되 랍비여 우리가 당신은 하나님께로부터 오신 선생인 줄 아나이다 하나님이 함께 하시지 아니하시면 당신이 행하시는 이 표적을 아무도 할 수 없음이니이다 3. 예수께서 대답하여 이르시되 진실로 진실로 네게 이르노니 사람이 거듭나지 아니하면 하나님의 나라를 볼 수 없느니라 4. 니고데모가 이르되 사람이 늙으면 어떻게 날 수 있사옵나이까 두 번째 모태에 들어갔다가 날 수 있사옵나이까 5. 예수께서 대답하시되 진실로 진실로 네게 이르노니 사람이 물과 성령으로 나지 아니하면 하나님의 나라에 들어갈 수 없느니라 6. 육으로 난 것은 육이요 영으로 난 것은 영이니 7. 내가 네게 거듭나야 하겠다 하는 말을 놀랍게 여기지 말라 8. 바람이 임의로 불매 네가 그 소리는 들어도 어디서 와서 어디로 가는지 알지 못하나니 성령으로 난 사람도 다 그러하니라 9. 니고데모가 대답하여 이르되 어찌 그러한 일이 있을 수 있나이까 10. 예수께서 그에게 대답하여 이르시되 너는 이스라엘의 선생으로서 이러한 것들을 알지 못하느냐 11. 진실로 진실로 네게 이르노니 우리는 아는 것을 말하고 본 것을 증언하노라 그러나 너희가 우리의 증언을 받지 아니하는도다 12. 내가 땅의 일을 말하여도 너희가 믿지 아니하거든 하물며 하늘의 일을 말하면 어떻게 믿겠느냐 13. 하늘에서 내려온 자 곧 인자 외에는 하늘에 올라간 자가 없느니라 14. 모세가 광야에서 뱀을 든 것 같이 인자도 들려야 하리니 15. 이는 그를 믿는 자마다 영생을 얻게 하려 하심이니라"

오늘 본문은 바리새인이며 이스라엘의 선생이었던 니고데모와 예수님의 대화의 내용입니다. 본문 1절에서 니고데모를 가리켜서 유대인의 지도자, 즉 당시 유대 사회를 이끌었던 산헤드린 공회의 한 사람이었다고 말합니다. 산헤드린 공회는 대제사장을 의장으로 하여 세 그룹의 사람들이, 71명의 회원으로 구성되어 있었습니다. 먼저는 대제사장과 그를 보좌하는 제사장 그룹으로, 대략 10명 정도로 구성되어 있었습니다. 두 번째 그룹은 각 지파의 원로들 즉 백성의 장로라고 불리는 사람들이 회원이 될 수 있었습니다. 세 번째 그룹은 당시 '랍비', 또는 '선생'이라고 불리던 율법 학자들이 포함되어 있었습니다. 이들은 유대 사회에서 신학자의 역할과 더불어 모세의 율법에 의하여 유대 백성들의 분쟁을 해결하거나 죄목을 정하는 재판관의 역할을 감당했던 사람들이었기 때문에 백성들로부터 가장 존경받던 사람이었습니다. 니고데모는 세 번째 그룹이었던 율법 학자 중의 한 사람이었을 것으로 추정됩니다.

본문 2절에 보면 니고데모가 밤에 예수님을 찾아왔었다고 기록하고 있습니다. 여러 가지 이유가 있을 수 있겠지만, 유대인들로부터 존경받는 율법 학자요 선생이었던 니고데모가 이제 갓 나이 30을 넘은 예수님을 대낮에 공개적으로 찾아와서 무언가를 묻는다는 것이 부끄러웠을 것입니다. 또한 예수님께서 사역을 시작하시자마자 당시 유대인의 주류 사회가 하는 일, 즉 성전의 타락에 대해서 강하게 책망하셨기 때문에 당시 종교 지도자들은 예수님의 행동에 대해서 곱지 않게 보고 있었습니다.

산헤드린의 회원 가운데 한 사람이었던 니고데모가 그러한 정황을 모를 리 없었고, 결국 사람들의 눈을 피해서 밤에 예수님을 찾아왔던 것입니다. 비록 니고데모가 밤중에 예수님을 찾아오기는 했지만, 요한복음 7장에 보면 니고데모는 예수님과의 이 만남을 계기로 해서 산헤드린 공회에서 유일하게 예수님의 편을 들었던 사람으로 보입니다. 또한 요한복음 19장에 보면, 십자가에서 죽으신 예수님의 시체를 유대인의 장례법을 따라 치르기 위해 몰약과 침향, 그리고 세마포를 가지고 와서 직접 쌌던 사람입니다.

요한복음 19:39-40, "일찍이 예수께 밤에 찾아왔던 니고데모도 몰약과 침향 섞은 것을 백 리트라쯤 가지고 온지라 40. 이에 예수의 시체를 가져다가 유대인의 장례 법대로 그 향품과 함께 세마포로 쌌더라"

오늘 우리가 살펴보려고 하는 내용은 니고데모가 누구인지, 또는 그가 얼마나 좋은 사람인지, 그가 어떻게 예수님을 위해 장례를 성심껏 잘 치러 주었는지를 말하려는 것이 아닙니다. 우리가 읽은 본문의 말씀을 따라 니고데모와 예수님이 나눈 대화가 무엇을 말하고 있는지, 그리고 그것이 오늘 우리와 어떤 관계가 있는지를 살펴보려고 합니다.

먼저 요한복음 3장 1~15절까지 이어지는 예수님과 니고데모의 대화를 보면, 시작부터 선뜻 이해가 되지 않습니다. 예수님을 찾아온 니고데모는, 2절에서, "선생님, 우리는 당신이 하나님께서 보내신 분이라고 알고 있습니다. 하나님이 함께하시지 않으면 선생님이 베푸시는 기적을 아무도 행할 수 없습니다"라고 말했습니다. 이렇게 자신을 알아보고 밤중이라도 일부러 찾아와서 하는 인사하는 사람에게 보통 어떻게 대답할까요? "네가 사람 보는 눈이 있구나, 내가 한 기적을 어디서 봤니", 또는 "내가 하나님께로부터 보냄을 받았다는 사실을 아는 걸 보니, 넌 영이 깨어 있는 사람이구나" 이런 대답을 할 것 같습니다.

그런데 예수님은 이런 대답은 하시지 않고, **"사람이 거듭나지 아니하면 하나님의 나라를 볼 수 없느니라"**라고 말씀하시면서 뜬금없는 대답을 하셨습니다. 아마도 요즘 아이들이 예수님의 이런 대답을 들었다면, 이렇게 대답했을 것입니다. '갑자기?' 그러면 예수님은 왜 이런 대답을 하셨을까요? 니고데모의 질문 속에 그 해답이 있습니다.

니고데모가 예수님을 찾아온 것은 예수님이 행하신 표적을 보고서 느낀 것이 있기 때문이었습니다. "아! 인간이 할 수 없는 표적을 행하시는 것을 보니, 저분은 하나님께로부터 오신 분이 틀림없구나." 그리고 예수님이 정말로 하나님께로부터 오신 분인지 확인하고 싶어서 밤중에 예수님을 찾아온 것입니다. 예수님도 니고데모가 자신을 찾아온 목적을 아셨기 때문에, 에둘러서 말하지 않고 **"사람이 거듭나지 아니하면 하나님의 나라를 볼 수 없느니라"**라고 말씀하신 것입니다.

나는 생명의 떡이니 115

이처럼 니고데모가 자기를 찾아온 목적을 이미 알고 계셨던 예수님의 대답은 뭐였을까요? "내가 하나님께로부터 왔는지 확인하는 것보다 더 중요한 것이 있다. 그것은 네가 하나님의 나라를 볼 수 있어야 하고, 그 나라를 갈 수 있어야 하는데 거듭나지 않으면 그곳에 갈 수 없다"라는 것입니다. 니고데모가 밤중에 예수님을 찾아와서 나눈 이 대화는, 예수님의 사역 기간 내내 이스라엘 백성들이 예수님을 찾아왔던 이유와 그들에 대한 예수님의 대답과 가르침이 정확하게 일치하고 있습니다. 가장 대표적인 사건이 벳새다 뜰에서 오병이어의 기적을 일으키신 기적을 경험한 사람들이 다음 날 바다 건너 가버나움까지 따라왔을 때, 그들을 향해 예수님께서 하신 말씀에서 확인할 수 있습니다.

요한복음 6:26, "예수께서 대답하여 이르시되 내가 진실로 진실로 너희에게 이르노니 너희가 나를 찾는 것은 표적을 본 까닭이 아니요 떡을 먹고 배부른 까닭이로다"

사람들이 떡을 먹고 배부른 기적만 경험하고 예수님을 찾아온 것처럼, 니고데모가 예수님을 찾아온 이유도 '기적'을 보고 찾아온 것이었기에 '표적', 곧 그 기적이 의미하는 바를 깨닫지 못하고 있음을 지적하셨습니다. '기적'과 '이적'은 보통 인간이 할 수 없는 일, 자연법칙을 뛰어넘는 초자연적인 현상을 가리킵니다. 영어로는 '미라클'로 번역하는데, 모세가 행한 10가지 재앙, 태양이 멈추거나 뒤로 물러가는 것 등입니다. 그에 비해 '표적'은 그것을 행하신 예수님이 말씀하시는 것을 증명하는 도구로 사용된 '사인'을 뜻합니다.

다시 말씀드려서 예수님께서 하시는 말씀이 곧 하나님께로부터 온 것임을 증명하려고 어떤 기적을 행하셨을 때, 그때 중요한 것은 기적이라는 결과가 아니라 예수님이 하시는 말씀이 중요하다는 것입니다. 왜냐하면 그 기적은 예수님이 하신 말씀을 증명하는 도구에 불과하기 때문입니다. 그리고 때때로 표적은, 전혀 '기적'처럼 보이지 않는 방법으로 우리에게 주어지기도 합니다.

누가복음 2장 12절에서는, **"너희가 가서 강보에 싸여 구유에 뉘어 있는 아기를 보리니 이것이 너희에게 표적이니라 하더니"**라고 했습니다. 임마누엘이신 아기 예수님이 탄생하신 것, 이것이 바로 우리에게 주시는 하나님의 표적이라는 것입니다. 그런데 오늘 예수님을 찾아온 니고데모나, 오병이어의 기적을 경험하고 예수님을 찾아 바다 건너까지 따라온 사람들이 예수님을 찾아온 이유가 무엇이었습니까? 오직 '기적'을 보고 찾아왔습니다. 정말 중요한 것은 '표적'이 뜻하는 것이 무엇인지를 알려고 해야 하는데, '뜻'은 관심이 없고 사인으로 보여 준 '기적'에만 관심이 있는 것입니다. 결국 예수님께서 니고데모에게 하신 말씀이나, 가버나움까지 예수님을 따라왔던 사람들을 향해 하신 말씀이 무엇입니까?

> 요한복음 6:26, "너희가 나를 찾는 것은 표적을 본 까닭이 아니요 떡을 먹고 배부른 까닭이로다"

그 '표적'이 무엇인지를 알고 싶어서 예수님을 찾아온 것이 아니라, "그저 먹고 배부르니 됐고, 물로 포도주를 만들어 주고, 고치기 힘든 병든 자를 고쳐 주는 걸 보니 뭔가 다른 분이다" 싶어 호기심으로 찾아왔습니다. 예수님께서 무엇 때문에 이 땅에 오셨는지, 오셔서 무엇을 말씀하시는지, 그래서 예수님을 통해 자기들이 무엇을 알아야 하는지에는 전혀 관심이 없고, 그저 떡 먹고 배부르고, 신비한 기적만 쫓고 있는 것입니다.

지금 이 이야기가 2천 년 전에 예수님을 찾아온 니고데모에게만 해당되고, 예수님이 행하시는 기적을 보고 신기해하면서 따라다니다가 야단맞은 사람들에게만 해당하는 내용처럼 들리십니까? 오늘날의 성도들도 2천 년 전의 성도들과 별로 다르지 않습니다. 요즘에도 신비한 현상, 각종 기적에 열광하지 않습니까? '신 사도행전'이라고 하면서 지금도 굉장한 기적이 일어나고 있다고 주장하고, 그들을 쫓아다니며 따라 하는 사람들이 있습니다. 예수님께서 행하신 모든 기적은 '기적' 자체에 의미가 있는 것이 아니라, '기적'을 통해 죄로 인해서 영원히 멸망하게 된 사람들에게 가르쳐 주고 싶으신 내용이 있는 것입니다. 그래서 '표적'입니다.

예수님께서 가르쳐 주려고 하시는 것은 무엇입니까? 하나님 나라에 갈 수 있는 거듭남에 대한 것입니다. 그래서 성경을 제대로 가르치기 원했던 종교개혁자들과 그분들의 가르침을 따르는 교회들은, 성경에 기록된 각종 기적이 아니라 그 기적을 통해 주시려고 하는 뜻, 그분께서 전하신 말씀에 집중해 왔습니다. 하지만 사람들의 종교심과 그들의 관심은 언제나 말씀보다는, 눈이 번쩍 뜨이는 기적입니다. 그런데 예수님께서는 각종 기적과 신비하고 놀라운 일을 보게 될 때 믿지 말고 조심하라고 경계하셨습니다.

마태복음 24:23-24, "그 때에 사람이 너희에게 말하되 보라 그리스도가 여기 있다 혹은 저기 있다 하여도 믿지 말라 24. 거짓 그리스도들과 거짓 선지자들이 일어나 큰 표적과 기사를 보여 할 수만 있으면 택하신 자들도 미혹하리라"

거짓 그리스도와 거짓 선지자들이 큰 표적과 기사를 보여 주면서, 하나님이 택하신 자들을 미혹할 것입니다. 그런데 여기에도 '기적'이 나타나고 있습니다. 앞서 말씀드린 것처럼 '표적'은 사인입니다. 그러면 예수 그리스도께서 행한 표적과 거짓 그리스도가 보이는 기적은 어떤 차이가 있을까요? 예수 그리스도께서 보이신 표적은, '하나님 나라'를 가르쳐 주기 위한 '사인'입니다.

요한복음 3:5, "예수께서 대답하시되 진실로 진실로 네게 이르노니 사람이 물과 성령으로 나지 아니하면 하나님의 나라에 들어갈 수 없느니라"

하지만 거짓 그리스도가 행하는 기적이 가리키는 것은 마태복음 24장 23절에 말씀하신 것처럼, **"보라 그리스도가 여기 있다 혹은 저기 있다"**라고 하면서, 그 일을 행한 사람 자체에 집중하도록 합니다. 오늘날 성령 사역이라고 하면서 각종 일들을 행하는 사람들을 보십시오. 물론 말은 성령께서 함께해서 그렇다고 하지만, 결국 내가 안수하면 방언도 받게 되고, 내가 바람을 후 불면 뒤로 넘어지고, 내가 설교하면 금가루도 떨어지고, 금이빨로 바뀌고…. 다 '내가, 내가, 내가'입니다. 예수님이 행하신 기적들을 보십시오. 그 기적이 기적 자체로서 의미를 갖는 것이 아닙니다. 그 기적을 통해서 주기 원하시는 목적이 따로 있었습니다. 그게 무엇입니까? '죄 용서함과 구원'입니다.

본문에 예수님께서 니고데모에게 "네가 물과 성령으로 거듭나야 한다"라고 말씀하셨습니다. 무엇 때문에요? 하나님의 나라를 볼 수 있으려면, 그 나라에 들어갈 수 있으려면 거듭나야만 합니다. 하지만 니고데모는 예수님께서 말씀하신 '거듭나야 한다'는 말의 뜻을 이해하지 못했습니다. 오히려 "내가 지금 나이가 몇인데 어머니 모태로 다시 들어갔다가 또다시 태어나야 한다는 말입니까?" 물었습니다. 그때 예수님께서 니고데모에게 주신 말씀이 무엇이었습니까? "너는 이스라엘의 선생이 된 자로서 이런 것들도 아직 몰랐다는 말이냐?"라고 하셨습니다.

요한복음 3:10, "예수께서 그에게 대답하여 이르시되 너는 이스라엘의 선생으로서 이러한 것들을 알지 못하느냐"

예수님의 이 말씀은 니고데모를 책망하는 말씀이라기보다는, '네가 산헤드린의 회원이 될 만큼 이스라엘의 존경받는 선생이 됐어도 인간의 이해와 지식의 수준으로는 알 수가 없다, 모르는 게 당연하다'는 말씀입니다. 왜냐하면 니고데모는 아직 거듭나지 않은 사람, 육에 속한 사람이기 때문입니다. 사람이 거듭나는 것은 인간의 노력이나, 의지나, 학습의 결과나, 사람들로부터 인정받고 존경받는 것으로 되는 것이 아닙니다. 본문 6절 말씀처럼, **"육으로 난 것은 육이요 영으로 난 것은 영"**입니다. 무슨 말씀입니까? 예수님께서 행하신 '표적'을 보고, 그것이 의미하는 것을 깨달아 알 수 있는 사람은, 영에 속한 사람만이 알 수 있다는 말씀입니다.

예수님께서 행하신 기적들이 기적 자체로 의미를 갖는 것이 아니라, 그것을 통해서 죄 사함과 구원을 주기 원하시는 '표적, 사인'의 뜻이 있다고 말씀드렸습니다. 그리고 영에 속한 사람은 '기적'을 볼 때, '기적' 자체에 열광하는 것이 아니라, 그 기적이 뜻하는 '사인' 곧, 그리스도 예수로 말미암아 우리가 은혜로 받은 죄 사함과 구원, 거듭나게 된 것에 기뻐하고 감사합니다. 이 진리를 깨닫는 것은 이스라엘의 선생쯤 되면 깨닫게 되는 것이 아닙니다. 오히려 이 진리는 날 때부터 소경 되어 아무것도 배우지 못한 사람이라 할지라도, 38년 동안 베데스다 연못 가까이에 자리를 펴 놓고도 스스로의 힘으로는 움직이지 못했던 사람이라도 깨달을 수 있는 진리입니다. 어떻게요? 성령으로 말미암아 거듭나게 된 사람은 누구나 알게 되는 것입니다.

요한복음 3:7-8, "내가 네게 거듭나야 하겠다 하는 말을 놀랍게 여기지 말라 8. 바람이 임의로 불매 네가 그 소리는 들어도 어디서 와서 어디로 가는지 알지 못하나니 성령으로 난 사람도 다 그러하니라"

우리가 거듭났다는 것을 어떻게 알 수 있습니까? 졸업장이나 자격증처럼 보고 확인할 수 있는 게 아닙니다. 바람이 부는 소리를 듣고서 "바람이 부는구나", 또는 바람이 얼굴과 몸을 마주치고 지나갈 때 고개를 숙이고 옷깃을 여미면서 "오늘 바람이 세게 부는구나" 하고 아는 것처럼 알게 된다는 것입니다. 성령으로 난 사람, 거듭난 사람이 자기가 거듭났다는 것을 어떻게 알 수 있습니까? 말씀이 이해되고 그 말씀을 믿게 되는 것입니다. 그 이해되는 것은 기적을 봤기 때문에 이해되는 것이 아니라 성령께서 깨닫게 해 주시니 저절로 알게 되는 것입니다.

여러분, 세상이 하나님의 창조로 만들어졌다는 것이 믿어지십니까? 예수님의 동정녀 탄생이 믿어집니까? 그게 제정신을 가진 사람이 믿을 수 있는 내용일까요? 그런데 우리는 믿습니다. 그게 우리가 남들보다 똑똑해서 믿을 수 있는 겁니까? 배움의 수준이 남달라서 박사학위처럼 받은 겁니까? 아닙니다. 우리 속에 계신 성령께서, 하나님의 말씀을 읽고 들을 때 이해되게 해 주시고, 깨닫게 해 주시기 때문에 우리가 알아지는 것이고, 별것 아닌 말씀에도 감동이 되고 눈물이 나게 되는 것입니다.

여러분 중에 교회 오기 전에, "난 오늘 교회에 가서 설교 들으면서 울어야지!" 각오하고 결심하고 오는 분이 있습니까? 아마도 없을 것입니다.

옛날에 초상집에 갈 때는 가기 전부터 곡할 준비를 단단히 하고 가는 사람들이 있었지만, 교회에 오면서 작정하고 울겠다고 오는 사람은 없습니다. 그런데 남들은 아무도 안 우는데, 그날따라 성령께서 깨닫게 해 주시는 말씀 한마디가 나를 깨우고, 내 속에 숨어 있는 죄와 부족함을 드러내고, 그럼에도 불구하고 날 사랑한다고 하시는 말씀에 울게 됩니다. 그게 내가 결심해서 우는 것입니까, 가만히 있어도 울게 되는 것입니까? 울게 되는 것입니다. 오늘은 내가 은혜를 받아야겠다고 작정하고 오는 것이 아니라, 마치 바람이 지나가듯 혹 오는 것입니다. 어떤 때는 은혜 받겠다고 작정을 하고 와도 못 받는 경우가 많아요. 그렇죠? 다 경험이 있을 겁니다. 이것이 바로 거듭난 사람에게서 발견되는 특징입니다.

니고데모가 예수님을 찾아왔을 때, 예수님께서 자기를 알아봐 준 니고데모를 칭찬하지 않았습니다. 오히려 "너는 유대인의 선생이라고 하면서 내가 행한 '표적'도 보고, 자연 현상인 땅의 일을 예로 들어 설명해 줘도 이해하지 못한다면, '하늘의 일'인 영적인 실체를 어떻게 믿을 수 있겠느냐?"라고 말씀했습니다.

> 요한복음 3:12-15, "내가 땅의 일을 말하여도 너희가 믿지 아니하거든 하물며 하늘의 일을 말하면 어떻게 믿겠느냐 13. 하늘에서 내려온 자 곧 인자 외에는 하늘에 올라간 자가 없느니라 14. 모세가 광야에서 뱀을 든 것 같이 인자도 들려야 하리니 15. 이는 그를 믿는 자마다 영생을 얻게 하려 하심이니라"

예수님의 이 말씀이 뜻하는 것이 무엇입니까? "비록 네가 이스라엘의 선생이라 할지라도 거듭나기 전에는, 예수님의 말씀이나 기적을 보면서 스스로 깨닫고 믿을 수 있는 방법이 전혀 없다"라는 것입니다. 그래서 뒤이어 주신 말씀이 14~15절에, **"모세가 광야에서 뱀을 든 것 같이 인자도 들려야 하리니, 이는 그를 믿는 자마다 영생을 얻게 하려 하심이니라"**라는 것이었습니다. 니고데모가 예수님이 누구신지, 그분이 왜 오셨는지, 예수님께서 행하시는 기적과 말씀하시는 내용이 무엇을 뜻하는지 이해하고 깨달을 수 있으려면, 예수님께서 십자가 위에서 죽는 것밖에 없다는 것입니다.

하지만 오늘 말씀에서 우리가 기억해야 할 가장 중요한 것은, "하나님의 나라를 볼 수 있는 거듭남"이라는 문제를 인생들에게 맡겨 놓지 않으시고, 예수님께서 친히 죽으시는 방법으로 해결하셨다는 것입니다. 모세가 광야에서 뱀을 든 것같이, 내가 너희의 죗값을 대신 지고 저주를 받은 자처럼 되어서, 심판받고 죽어서 대속하는 길 외에는 너희를 거듭나게 할 방법은 없다는 것입니다. 그래서 15절에, **"이는 그를 믿는 자마다 영생을 얻게 하려 하심이니라"**라는 말씀은, 우리에게 예수를 믿을 것인가 말 것인가? 선택지로 주신 것이 아니라, 그를 믿는 것 외에는 다른 방법이 없다는 말씀입니다. 사람들이 자꾸 오해하고 착각하는 것이, "내가 믿었다, 내가 선택했다, 그래서 구원받았다" 이렇게 생각합니다. 그런데 이것은 우리가 받은 구원에 대해서 대단히 오해하는 것입니다.

이렇게 예를 들겠습니다. 음식점에 갔을 때 메뉴판을 보고 내가 먹을 음식을 선택하고 주문을 합니다. 주문서를 받아 든 주방장은, 그때부터 내가 주문한 음식을 만들기 시작하고 조리가 되면 갖다 줍니다. 그런데 한국의 결혼식장에서는, 예식장에 마련된 테이블에 앉으면 신랑 신부가 준비한 음식이 나옵니다. 그때 나온 음식은 내가 주문한 것이 아니고, 하객들은 나오는 음식을 그냥 먹을 뿐입니다. 갈비탕이 나올지, 국수가 나올지, 스테이크가 나올지 모르지만, 어쨌든 음식은 나올 거고 하객들은 그냥 먹으면 됩니다.

우리가 만약 예수님을 믿기로 선택해서 구원을 받는 거라면, 우리가 선택한 이후에 예수님께서 죽으셔야 합니다. 그때부터 구원의 역사가 시작되어야 할 것입니다. 하지만 구원은 우리가 구원이 무엇인지 알지도 못했을 때, 하나님께서 우리를 죄악의 사슬에서 끊으시고 구원하기 위해 2천 년 전에 예수님을 십자가에서 이미 죽게 하심으로 완성해 놓으신 것입니다. 그래서 성경은 내가 선택해서 예수님이 죽으신 것이 아니라, 내가 알지도 못했을 때 그리스도께서 우리를 위해 대신 죽으셨고, 하나님의 선택과 그분의 사랑 안에 우리가 있는 것이라고 말씀합니다.

로마서 5:8, "우리가 아직 죄인 되었을 때에 그리스도께서 우리를 위하여 죽으심으로 하나님께서 우리에 대한 자기의 사랑을 확증하셨느니라"

구원에 대한 이런 지식이 없으면, 우리는 우리의 구원을 언제나 자기 수준에 맞춰 생각할 수밖에 없습니다. 자신의 신앙이 자기 기준과 기대만큼 만족스럽지 못할 때마다, "내가 구원받을 수 있을까?" 불안해합니다. 그래서 그 불안을 떨치기 위해서 종교적으로 더 열심을 내고 정성을 바치는 쪽으로 달려갑니다. 인간이 드리는 열심과 정성을 통해 구원을 받을 수 있다면, 기독교가 아닌 불교나 다른 종교들에도 구원이 있어야 합니다. 하지만 거기에는 구원이 없습니다. 왜 없을까요? 거기에는 그리스도가 없고, 그분이 지신 십자가가 없기 때문입니다.

이게 무슨 의미입니까? 내가 하지 않은 것으로 인해서, 내가 구원을 받았다는 것입니다. 내가 예수님을 선택하니까 예수님께서 십자가를 지신 것이 아니라, 예수님께서 이미 나를 대신해서 십자가의 죽음을 당하셨기 때문에 내가 구원을 받은 것입니다. 그래서 성경은 우리가 받은 구원에 대해서 "그리스도의 십자가 외에는 자랑할 것이 없다"라고 말씀합니다.

갈라디아서 6:14, "그러나 내게는 우리 주 예수 그리스도의 십자가 외에 결코 자랑할 것이 없으니 그리스도로 말미암아 세상이 나를 대하여 십자가에 못 박히고 내가 또한 세상을 대하여 그러하니라"

오늘 '거듭남'에 대해서 말씀드렸습니다. 그리고 그것을 깨닫게 해 주는 도구로서의 '표적'도 말씀드렸습니다. 니고데모는 예수님께서 행하신 '표적'을 보고 신기해하며 예수님을 찾아왔지만, 예수님은 '표적'이 아니라 거듭나야 한다고 가르쳐 주셨습니다. 그리고 거듭남은 인간의 노력이나 수고, 그의 학문적인 수준이나 사회적인 지위로 얻어지는 것이 아니라, 성령으로 말미암아 거듭나게 된다고 말씀하셨습니다.

인간에게 있는 어떤 방법과 조건으로는 거듭날 수 없습니다. 아니, 그 모든 것은 필요하지 않습니다. 그래서 구원은 복음입니다. 그래서 거듭남은 전적인 은혜입니다. 우리의 경험과 인식과 논리로 보면 내가 믿은 것처럼 보이지만, 그것은 하나님이 나를 구원하셨을 때 나타나는 반응일 뿐입니다. 마치 바람이 불 때 머리카락이 휘날리고, 옷자락이 흩날리는 것처럼, 우리가 거듭났고 구원받았기 때문에 비로소 입술을 열어 찬양할 수 있고, 눈물을 흘리며 기도하며, 말씀을 들을 때 이해가 되는 것입니다.

여러분, 얼마나 성경을 많이 읽어야 성경이 이해가 되고, 그 말씀이 하나님의 말씀으로 인정될까요? 한 10번쯤 읽으면 될까요? 100번쯤 읽어야 할까요? 아니요. 한 번도 읽지 않아도 성령으로 거듭난 사람은 그 말씀이 하나님의 말씀으로 인정되고, 그 말씀 앞에 자신을 내려놓고 회개하게 됩니다. 하지만 성경을 연구해서 박사가 되고, 신학교 교수가 되고, 목사가 되었어도 도무지 안 믿어지는 사람도 있습니다. 이 말씀이 이해가 되고, 예배 가운데 성령의 인도하심이 느껴지는 여러분은 참으로 복 받으신 분들입니다. 오직 그리스도의 대속의 피와 성령으로 거듭난 사람만이 느낄 수 있는 영적인 현상이기 때문입니다. 그 거듭난 사람들의 무리 속에 저와 여러분을 불러 주신 하나님의 택하심과 인도하심에 늘 감사하길 기원합니다.

요한복음 3:10~15

어떻게 구원받은 것입니까?

"10. 예수께서 그에게 대답하여 이르시되 너는 이스라엘의 선생으로서 이러한 것들을 알지 못하느냐 11. 진실로 진실로 네게 이르노니 우리는 아는 것을 말하고 본 것을 증언하노라 그러나 너희가 우리의 증언을 받지 아니하는도다 12. 내가 땅의 일을 말하여도 너희가 믿지 아니하거든 하물며 하늘의 일을 말하면 어떻게 믿겠느냐 13. 하늘에서 내려온 자 곧 인자 외에는 하늘에 올라간 자가 없느니라 14. 모세가 광야에서 뱀을 든 것 같이 인자도 들려야 하리니 15. 이는 그를 믿는 자마다 영생을 얻게 하려 하심이니라"

밤중에 예수님을 찾아온 니고데모와 벳새다 뜰에서 오병이어의 기적을 경험하고 바다 건너편 가버나움까지 예수님을 따라온 사람들의 공통점은, 예수님이 행하신 '표적'을 보고서 찾아왔다는 것입니다. 지금까지 경험해 보지 못했던 신비한 '기적', '이적' 이러한 것들이 사람의 관심을 끌었고, 그 결과 밤중이라 할지라도 혹은 바다를 건너서라도 예수님을 찾아오게 되는 큰 동기부여가 되는 것은 사실입니다. 하지만 예수님을 찾아오는 이유와 목적이 단지 '표적'을 본 것에만 머물러서는 안 됩니다.

예수님께서 이 땅에 계실 때 얼마나 많은 기적과 표적들을 행하셨습니까? 그리고 그때마다 구름같이 많은 사람들이 몰려다니면서, 예수님께서 행하시는 일들을 보고 놀랐습니다. 요한복음에서는 예수님께서 행하셨던 이적과 기적들이 성경에 기록된 것 외에도 너무 많아서, 예수님께서 행하신 일들이 모두 기록된다면 이 세상이라도 기록된 책들을 쌓아 두기에 부족할 것이라고 말씀합니다.

> 요한복음 21:25, "예수께서 행하신 일이 이 외에도 많으니 만일 낱낱이 기록된다면, 이 세상이라도 이 기록된 책을 두기에 부족할 줄 아노라"

그런데 예수님께서 그렇게 많은 기적을 행하셨고, 예수님이 행하시는 기적을 목격하거나 경험한 사람들이 그렇게 많았음에도 불구하고, 끝까지 예수님의 편을 들고 그분 곁에 남아 있던 사람은 별로 없었습니다. 오히려 대제사장 가야바의 뜰에서 불의한 재판을 받으실 때나 본디오 빌라도가 흉악한 범죄자 바라바와 예수님 둘 중에 누구를 풀어 주면 좋겠느냐고 했을 때, 예수님께서 행하신 기적을 목격하고 열광했던 사람들은 오히려 예수님을 십자가에 못 박으라는 선동에 동참했습니다. 무슨 말씀입니까? 육에 속한 사람들은 예수님이 행하신 기적을 목격해도 그 기적이 무엇을 의미하고 무엇을 말씀하는지 깨닫지 못하고, 단지 떡 먹고 배부른, 당장의 아쉬운 문제가 해결된 것으로 만족합니다.

기독교 신앙을 가진 우리가 세상에 살면서, 우리가 가진 믿음으로 인해 먹고사는 문제와 아쉬운 문제가 시원하게 해결되는 것만큼 통쾌한 일이 없습니다. 그래서 그러한 기적 같은 일들을 경험한 것에 대한 신앙의 간증이 얼마나 많은지 모릅니다. 완전히 망해서 솟아날 구멍조차 보이지 않았던 사람, 유명한 의사도 포기할 만큼 불치의 병에 걸렸던 사람들이, 죽기 전에 기도라도 열심히 하고 예배도 잘 드리다가 죽자는 심정으로 신앙 회복을 위해 매달렸습니다. 그런데 하나님의 은혜로 완전히 망했던 사람이 성공의 반전을 이루고, 대학병원의 유명한 의사들도 포기했던 불치병 병자가 깨끗하게 치료되어, 기적이라는 말 외에는 설명할 길이 없는 은혜를 받기도 합니다.

그중에 어떤 사람은 비몽사몽한 가운데 천국과 지옥을 다녀왔다는 사람도 있고, 또 어떤 사람은 갑자기 성경 말씀이 외워지면서 몇천 개의 성경 구절을 줄줄 외우게 됐다며 간증하는 사람도 있습니다. 모두 기적이라는 말 외에는 설명할 다른 원인이 없고, 또 그 모든 사람의 공통적인 간증이 '내가 신앙을 회복했더니, 내가 이렇게 기도했더니, 내가 이렇게 회개하고 돌아왔더니' 이렇게 됐다는 것입니다.

그런데 보십시오. 사람들의 이러한 간증이 지금만 있겠습니까? 예수님 당시에는 더 많지 않았겠습니까? 오늘날 우리들은 예수님이 어떻게 생기셨는지, 그분의 목소리 톤이 어떤지 전혀 알지 못합니다. 하지만 예수님 당시의 사람들은 예수님의 모습과 목소리를 직접 보고 들었을 뿐 아니라, 그분께서 직접 고쳐 주시고 문제를 해결해 주셨습니다. 비교해 보십시오. 누구의 간증이 더 확실하겠습니까? 내가 기도해서 고침을 받았다는 사람입니까, 예수님이 직접 고쳐 주고 해결해 주신 사람입니까? 당연히 예수님께서 직접 고쳐 주시고, 먹여 주시고, 심지어는 죽은 자까지도 살려 주시는 것을 직접 목격하고 경험한 사람, 그 사람의 가족들, 이웃들은 정말 확실한 신앙의 경험을 가진 사람들 아니겠습니까?

그런데 그런 신앙의 경험이 단지 '기적을 경험'한 것에 머물렀던 사람들은, 산헤드린 공회로 대표되는 당시의 유대 사회의 지도자들이 예수님을 시기하여 죽이려고 할 때, 그들이 두려워서 그들 편에 섰습니다. 오늘 예수님과 니고데모가 나누는 대화의 핵심이 무엇입니까? "네가 율법에 능통하여 율법을 가르치는 이스라엘의 선생이어도 네 스스로는 이러한 것들을 알 수 없다." "네가 열심히 율법을 공부하고 연구하여 학문적인 성과를 만들어 내고, 그 성과를 인정받아서 이스라엘의 선생이 되었어도 육으로 난 것은 육체에 속한 것이나 알지, 영에 속한 것은 알 방법이 없다." "오직 물과 성령, 곧 그리스도의 대속의 피와 성령으로 거듭난 영에 속한 사람만이, 예수님이 행하신 표적들의 참뜻을 알고 이해할 수 있다." 이런 말씀을 주시는 것입니다.

그래서 육에 속한 사람이 영에 속한 것을 이해할 수 없다고 다시 한번 확인해 주신 내용이 무엇입니까? 바람이 임의로 불 때 소리는 듣고 알고, 몸의 감각으로 느껴서 알 수는 있지만, 그 바람이 어디서 시작되어서 어디까지 가는지 알지 못하는 것처럼, 성령께서 하시는 일도 육에 속한 사람은 알 수 없다는 것입니다. 심지어 예수님께서 직접 땅의 이치를 예로 들어서 설명해 줘도 알지 못하는데, 하늘의 일을 말해 주면 어떻게 이해하고 믿겠느냐고 하시면서 그건 율법학자가 아니라 그 이상 되는 사람이 와도 알지 못한다고 하는 것입니다. 그래서 오늘 우리가 자세히 살펴보려고 하는 말씀이 요한복음 3장 13~15절입니다. 특별히 15절에서 **"믿는 자마다 영생을 얻게 하려"**고 주시는 이 거듭남을 위해서, 니고데모가 해야 하거나 완성해야 할 어떤 요구도 하지 않고 있다는 것을 주목하시기 바랍니다.

하나님께서 우리의 구원을 위해서 당신의 아들 예수 그리스도를 대속의 제물, 희생제물로 내놓으셨습니다. 절대로 오해하지 말아야 할 것이, 하나님 편에서 이런 방법을 내놓으셨으니 이제는 인간인 우리가 그 방법을 받아들일 것인지, 말 것인지 선택만 하면 된다고 생각하는 것입니다. 오늘 본문 말씀이 우리에게 가르쳐 주는 것은, 지혜로운 너희가 '하나님의 아들을 믿는' 것을 선택해서 구원을 받았다고 말씀하지 않고, '아들을 믿는 것' 외에는 다른 방법은 없다고 말씀하고 있습니다. 그 예로 들은 것이 무엇입니까? 14절, **"모세가 광야에서 뱀을 든 것 같이 인자도 들려야 하리니"**입니다.

우리는 그동안 '예수를 믿으면 영생을 얻는다'는 진리를 너무나 단순하게 생각해 왔습니다. 기가 막힌 것이 신학대학 이사장이 되고, 기독교 단체를 대표한다고 하는 목사조차도 예수를 믿는다는 것이나, 자신이 구원받은 것이 무엇을 의미하는지, 또한 하나님께서 우리를 구원하기 위해서 어떤 대가를 치르셨는지 제대로 알지 못한다는 것입니다. 그 목사님이 자기와 가까운 친구를 전도하려고 설득하면서 예수를 믿어야 되는 이유를 네 가지로 설명했다고 합니다.

첫째, 구원받기 위해서, 둘째, 천국 가기 위해서, 셋째, 축복받기 위해서, 넷째, 인간답게 살기 위해서랍니다. 그중에 첫째와 둘째는 너무나 쉽답니다. 예수만 믿으면 구원받을 수 있고 천국 갈 수 있으니 쉽답니다. 그런데 셋째, 축복받는 것과 넷째, 인간답게 사는 것은 너무나 어렵답니다. 축복은 내가 신앙적인 일을 열심히 정말 잘해야 받을 수 있고, 인간답게 만들어지는 것 역시 일평생 신앙생활을 해도 만들어지기 쉽지 않아서, 결국 믿음 생활을 하는 것은 어려운 일이라고 말했다고 합니다.

여러분, 이것이 복음입니까? 정말로 성경에 복 받은 사람들이 뭔가를 열심히 잘해서 복을 받았습니까? 성경에 하나님께 인정받을 만큼 열심히 잘 살아서 축복을 받은 사람이 있기는 합니까? 가장 성공했다고 말하는 솔로몬조차도 그의 인생 말년에 전도서를 쓰면서 헛되다고 말하지 않았습니까? 그러면 성경에 인간답게 잘 살아서 믿음의 사람이 된 사람이 있습니까? 노아가 인간답게 잘 살아서 술 먹고 취해서 자기 아들을 저주했습니까? 아브라함이 인간답게 잘 살아서 자기 부인을 여동생이라고 속여서 두 번이나 다른 남자에게 빼앗길 뻔 했습니까? 모세가 인간답게 잘 살아서 사람을 죽이고 도망갔습니까? 다윗이 인간다워서 남의 여자를 빼앗고, 그 남편을 전쟁터에 홀로 남겨 둬서 죽게 했습니까? 베드로가 인간다워서 예수님을 세 번이나 부인했습니까? 바울은 인간다워서 스데반을 죽였습니까?

그런데 성경의 종교를 이렇게 일반 종교화하면, 자기가 열심히 뭔가를 해야 축복을 받게 되고, 인간다워진다고 하는 말이 그럴듯하게 여겨지고, 그래서 그 축복을 받으려고 종교심으로, 더 종교심으로 갑니다. 그 목사님이 말하는 예수 믿어야 하는 네 가지 이유 중에서 첫째와 둘째를 빼면, 셋째 넷째는 기독교에만 있습니까, 다른 종교에도 있습니까? 다른 종교에도 다 있습니다. 심지어는 더 열심히 종교 생활을 합니다. 성경은 우리가 신앙적으로 남들보다 뭘 더 열심히 해서 복 받는 것이 아니라고 합니다. "공중에 나는 새와 들의 꽃도 먹이시고 입히시는 하나님이신데, 너희들은 그런 것들보다 더 귀하지 않으냐? 그러니 그런 것 가지고 염려하지 말고, 하나님을 제대로 믿으라"라고 말씀합니다.

마태복음 6:26-32, "공중의 새를 보라 심지도 않고 거두지도 않고 창고에 모아들이지도 아니하되 너희 하늘 아버지께서 기르시나니 너희는 이것들보다 귀하지 아니하냐 27. 너희 중에 누가 염려함으로 그 키를 한 자라도 더할 수 있겠느냐 28. 또 너희가 어찌 의복을 위하여 염려하느냐 들의 백합화가 어떻게 자라는가 생각하여 보라 수고도 아니하고 길쌈도 아니하느니라 29. 그러나 내가 너희에게 말하노니 솔로몬의 모든 영광으로도 입은 것이 이 꽃 하나만 같지 못하였느니라 30. 오늘 있다가 내일 아궁이에 던져지는 들풀도 하나님이 이렇게 입히시거든 하물며 너희일까보냐 믿음이 작은 자들아 31. 그러므로 염려하여 이르기를 무엇을 먹을까 무엇을 마실까 무엇을 입을까 하지 말라 32. 이는 다 이방인들이 구하는 것이라 너희 하늘 아버지께서 이 모든 것이 너희에게 있어야 할 줄을 아시느니라"

예수님께서 니고데모에게 하셨던 말씀도 무엇이었습니까?

요한복음 3:12, "내가 땅의 일을 말하여도 너희가 믿지 아니하거든 하물며 하늘의 일을 말하면 어떻게 믿겠느냐"

요한복음 3장에서는 바람을 예로 들어 설명해 주셨고, 마태복음에서는 공중의 새와 들의 백합화를 비유로 가르쳐 주시면서, 땅의 일을 가지고 예를 들어 설명해 주신 것입니다. 세상의 그 어떤 성경 교사가, 그 어떤 능력 있는 설교자가 예수님보다 더 잘 설명해 줄 수 있겠습니까? 그런데 그 예수님께서 가르쳐 주시고 설명해 주셨던 대상이, 말이 통하지 않는 어린아이들에게 설명해 주신 것이 아니라, 이스라엘에서 인정받는 율법 교사였던 니고데모였음에도 그가 잘 이해하지 못했습니다. 그 이유가 무엇이었습니까? 니고데모가 육에 속한 사람, 거듭나지 못한 사람이었기 때문이었습니다.

그래서 성경 교사요 율법학자였던 니고데모가 알아들을 수 있게 하려고 그의 전공인 성경의 예를 들어 가르쳐 주셨습니다. 민수기에 기록된 불뱀 사건을 예로 들면서, 영생을 얻게 되는 믿음을 설명해 주신 것입니다. **"이는 그를 믿는 자마다 영생을 얻게 하려 하심이니라"**라는 말씀이 약속의 말씀이라면, **"모세가 광야에서 뱀을 든 것 같이 인자도 들려야"** 한다는 말씀은 그 약속의 배경이 된 사건의 내용입니다. 그래서 15절의 약속을 제대로 이해하려면, 그 약속의 배경이 되는 사건이 어떤 것이었는지 알아야 합니다.

민수기 21:4-6, "백성이 호르 산에서 출발하여 홍해 길을 따라 에돔 땅을 우회하려 하였다가 길로 말미암아 백성의 마음이 상하니라 5. 백성이 하나님과 모세를 향하여 원망하되 어찌하여 우리를 애굽에서 인도해 내어 이 광야에서 죽게 하는가 이 곳에는 먹을 것도 없고 물도 없도다 우리 마음이 이 하찮은 음식을 싫어하노라 하매 6. 여호와께서 불뱀들을 백성 중에 보내어 백성을 물게 하시므로 이스라엘 백성 중에 죽은 자가 많은지라"

이스라엘 백성들이 하나님을 원망하다가 불뱀에게 물렸습니다. 그리고 불뱀에게 물린 자는 모두 죽었습니다. 이 사건에서 중요한 것은, 불뱀에 물린 사람들이 지금 당장 치료받아서 고침받는 것보다, 언제든지 그리고 누구든지 뱀에게 물릴 가능성이 계속 남아 있다는 것입니다. 그래서 백성들이 모세에게 와서 요청한 것이 무엇이었습니까? 뱀에게 물린 사람들의 치료를 요청하기보다는, 이 뱀들이 자기들에게서 떠나가게 해 달라고 요청했습니다.

민수기 21:7-9, "백성이 모세에게 이르러 말하되 우리가 여호와와 당신을 향하여 원망함으로 범죄하였사오니 여호와께 기도하여 이 뱀들을 우리에게서 떠나게 하소서 모세가 백성을 위하여 기도하매 8. 여호와께서 모세에게 이르시되 불뱀을 만들어 장대 위에 매달아라 물린 자마다 그것을 보면 살리라 9. 모세가 놋뱀을 만들어 장대 위에 다니 뱀에게 물린 자가 놋뱀을 쳐다본즉 모두 살더라"

불뱀이 나타난 이유가 무엇입니까? 그리고 그들이 불뱀에 물려서 죽게 된 이유가 무엇 때문이었습니까? 그들이 하나님을 원망했기 때문입니다. 마음으로부터 하나님을 떠났기 때문입니다. 먹을 것과 마실 물이 없다고 하나님을 원망하고, 하나님께서 주신 식물인, 만나에 대해서 "우리가 이 박한 식물을 싫어한다"라고 하면서 그들의 마음이 하나님께로부터 떠났음을 공공연하게 말했기 때문입니다. 그러면 그들의 원망하는 마음, 마음으로부터 하나님을 떠난 것을 그대로 내버려 둔 채 단지 불뱀만 없애 주면, 그들이 그동안 하나님을 원망했던 것과 하나님으로부터 떠난 마음이 다시 되돌아오겠습니까? 그렇지 않을 겁니다. 오히려 하나님을 더 원망했을 것입니다. "이왕 없애 줄 거라면 더 빨리 없앴어야지! 그 불뱀 때문에 우리 가족, 친구, 이웃이 죽었다"라고 하면서 그 원망의 깊이와 넓이가 더했을 것입니다.

그래서 하나님은 불뱀을 없앤 것이 아니라, 하나님을 원망하는 그들의 죄성을 고치고, 하나님을 떠난 그들의 마음이 하나님의 말씀을 믿고 신뢰하는 쪽으로 방법을 가르쳐 주셨습니다. 그것이 무엇입니까? 불뱀에 물린 자마다 장대에 높이 매달린 놋뱀을 쳐다보는 사람은 살게 된다고 가르쳐 준 것입니다. 이제 누구든지 불뱀에 물린 사람은 이스라엘 진영 곳곳에 높이 매달린 놋뱀을 쳐다보면 살 수 있습니다. 그게 어려운 일이었을까요? 시간과 노력이 많이 필요한 일이었을까요? 단지 쳐다보면 살 수 있는 겁니다.

그런데 그 매달린 게 하필이면 뱀입니다. 성경에서 뱀은 사탄을 상징하는 존재로 등장합니다. 에덴동산에서 아담과 하와를 유혹했던 짐승이 뱀이고, 하나님께서 여자의 후손과 원수가 되게 하신 게 뱀입니다. 요한계시록에서도 이 뱀은 그리스도를 대적하고, 하나님의 택함 받은 백성을 해치려는 존재로 나옵니다. 그런데 하필이면 장대에 높이 매달린 놋뱀이 예수님을 대신하는 존재로 등장하고 있습니다.

게다가 하나님께서 모세에게 주신 율법에 의하면, 나무에 매달린 것은 하나님께 저주받은 것입니다.

> 신명기 21:23, "그 시체를 나무 위에 밤새도록 두지 말고 그 날에 장사하여 네 하나님 여호와께서 네게 기업으로 주시는 땅을 더럽히지 말라 나무에 달린 자는 하나님께 저주를 받았음이니라"

보십시오. 불뱀은 이스라엘 백성들을 죽게 만든 원인이었고, 놋은 심판을 상징하는 도구입니다. 또한 이스라엘 백성들이 알고 있는 것처럼, 나무에 매달린 것은 이미 하나님께 저주를 받은 것과 같습니다. 그런데 그 나무에 매달린 것, 그것도 놋으로 만든 불뱀을 쳐다봐야 살리라고 말씀하십니다. 쳐다보면 살 것 같은 뭔가 근사한 것 같으면 당장에라도 쳐다보겠죠. 그런데 쳐다봐야 할 것이 뭐냐 하면 자기를 문 뱀입니다. 그것도 장대에 매달린 저주받은 모습의 놋뱀입니다.

민수기 21장의 핵심이 바로 여기에 있습니다. 광야에서 모세가 놋뱀을 장대에 매달아 높이 든 것은, 장대에 매달아 놓은 놋뱀 자체가 사람들을 치료할 수 있는 어떤 효력을 주는 물건이거나 가치 있는 존재이기 때문에 보라는 것이 아닙니다. 하나님을 원망하고, 마음으로부터 하나님을 떠난 죄는, 죽는 것 외에는 다른 방법이 없습니다. 하지만 불뱀에 물려 죽음에 이르는 죄의 고통이 극심해져 가는 순간이라 할지라도, 그 죄를 대신해서 매달리신 그리스도를 의미하는 놋뱀을 바라보면 살 수 있게 해 주겠다는 것입니다.

장대에 매달린 놋뱀을 쳐다본 사람의 행위 때문에 낫게 되는 것이 아니라, 그것을 쳐다보는 것 외에 다른 방법으로는 살길이 없다, 그것 외에 살 수 있는 다른 길을 열어 주지 않았다는 것을 말씀하시는 것입니다. 그래서 장대에 매달린 놋뱀을 쳐다볼 때, 그것을 보면서 자신이 하나님을 원망한 죄, 마음으로부터 하나님을 떠난 죄를 생각하라는 것입니다.

십자가에 매달리신 그리스도를 바라볼 때, 저분이 매달려 있는 저 자리에 원래는 내가 있어야 하는 자리고, 내가 서 있는 이 자리에 원래는 주님이 계셔야 하는데 그 위치가 바뀌었다는 것을 깨달으라는 것입니다. 마땅히 죽어야 할 죄인은 십자가 아래 서 있고, 죄가 하나도 없으신 예수님은 나를 대신해서 저주받은 십자가에 못 박혀 죽으신 이 모습을 바라볼 때, 내가 믿어서 구원받았다는 이런 소리는 할 수 없는 것입니다. 내가 쳐다봐서 살게 된 것이 그게 그렇게 대단한 것입니까? 장대에 매달린 놋뱀을 쳐다보지 않고도 다른 살길이 있기는 합니까? 내가 믿어서 구원받았다, 그래서 구원의 근거가 나에게 조금이라도 있다, 이런 말을 하고 싶은 것입니까?

뭔가를 선택한다는 것은, 이것을 선택하든 저것을 선택하든 결과가 같거나 비슷할 때 쓰는 말입니다. 가령 점심에 자장면을 먹을 것인지, 갈비탕을 먹을 것인지 무엇을 선택해도, 먹고 배부른 결과는 같습니다. 그러면 예수 믿는 것을 선택하지 않고 안 믿었으면, 구원을 얻을 다른 방법이 있기는 합니까? 믿지 않으면 지옥 멸망 외에는 다른 방법은 없는데, 이런 우리를 긍휼히 여기고 사랑하셔서 살 수 있는 방법을 주셨으니, 그런 기회를 열어 주신 것에 대해서 감사함으로 믿어야 하지 않겠습니까? 그땐 내가 예수 믿는 것을 선택했다가 아니라, 그 길 외에 다른 길은 없었다고 말하는 것입니다.

그런데 자기 처지가 어떤지, 자기의 상태가 어떤 상태인지 알지 못하는 사람들이 구원받은 것에 대해서는 쉽게 생각하고, 축복받는 건 대단히 어렵다고 말합니다. 이게 인간이 할 소리입니까? 영원한 지옥 멸망으로 끝난 우리를, 자신의 아들을 십자가에 못 박아 죽이면서까지 살려 놓았더니, "야, 이제 그분만 잘 구슬리면 축복받겠네, 돈 벌겠네!" 하고 달려들면, 그게 인간입니까? 그래도 괜찮습니까? 기독교인이라고 말하고, 20년~30년 신앙생활했다고 말하면서도, 교회에 오래 다닌 공로로 마치 훈장처럼 장로가 되고 권사가 되고, 심지어는 목사가 되어서 성도들을 가르치는 사람도 입만 열면 축복 타령입니다. 여러분, 잘 알아야 합니다. 교회만 잘 다니면 좋은 믿음을 갖게 되는 것이 아니라, 잘 알고 믿어야 합니다.

마태복음 12:38-42, "그 때에 서기관과 바리새인 중 몇 사람이 말하되 선생님이여 우리에게 표적 보여주시기를 원하나이다 39. 예수께서 대답하여 이르시되 악하고 음란한 세대가 표적을 구하나 선지자 요나의 표적 밖에는 보일 표적이 없느니라 40. 요나가 밤낮 사흘 동안 큰 물고기 뱃속에 있었던 것 같이 인자도 밤낮 사흘 동안 땅 속에 있으리라 41. 심판 때에 니느웨 사람들이 일어나 이 세대 사람을 정죄하리니 이는 그들이 요나의 전도를 듣고 회개하였음이거니와 요나보다 더 큰 이가 여기 있으며 42. 심판 때에 남방 여왕이 일어나 이 세대 사람을 정죄하리니 이는 그가 솔로몬의 지혜로운 말을 들으려고 땅 끝에서 왔음이거니와 솔로몬보다 더 큰 이가 여기 있느니라"

서기관과 바리새인들이 예수님을 찾아와서 표적을 보여 달라고 요청했습니다. 지난 시간에도 확인했던 것처럼, '표적'은 예수님께서 하시는 말씀과 그분이 행하신 일이 하나님께로부터 온 것임을 증명해 보이기 위한, 일종의 사인이고 도구입니다. 그런데 서기관과 바리새인들은, 예수님의 말씀에는 관심이 없고 그분이 행하시는 기적만 바라고 왔습니다. 그 이유는 예수님이 행하시는 일들 속에서, '사형에 해당할 만한 죄목'을 찾기 위한 것이었습니다. 그에 대한 예수님의 대답은 요나의 표적밖에는 보여 줄 것이 없다는 것이었습니다. 요나는 예수님이 오시기 전에 이미 죽은 사람입니다. 이미 죽은 요나가 무슨 표적을 보여 준단 말입니까?

요나의 표적에는 두 가지의 뜻이 있습니다. 첫째는, 요나가 물고기 뱃속에서 삼 일을 머물렀다가 살았듯이 예수님의 십자가 죽음과 부활을 의미합니다. 둘째는, 요나가 전한 메시지입니다. 니느웨성 사람들은 요나가 전한 말을 듣고 회개했습니다. 그리고 요나의 표적과 더불어 주신 말씀이, 남방 여인이 솔로몬을 찾아와서 그가 하는 하나님의 말씀을 들었다고 말씀했습니다. 다시 말씀드리지만, '표적'은 초자연적인 현상으로 보여 주신 '기적' 자체에 의미가 있는 것이 아니라, 그 '기적'이 전하려는 메시지, 그 뜻에 의미가 있습니다.

요나의 '표적'이 중요한 것은, 예수님의 십자가 죽음과 부활을 상징하는, 요나가 물고기 뱃속에서 삼 일간이나 머물렀지만, 그래도 살아났다는 '기적'에만 의미가 있는 것이 아닙니다. 그 요나가 이스라엘의 적국인 앗수르의 수도 니느웨 사람들에게 하나님의 말씀을 전했을 때, 하나님을 모르는 니느웨 사람들이 이스라엘에서 온 선지자가 형식적으로 전하는 말을 듣고도 회개했다는 것입니다.

그래서 요나와 더불어서 남방 여왕 즉, 솔로몬을 찾아왔던 스바의 여왕을 다시 예로 들어 설명합니다. 스바의 여왕은 솔로몬이 전하는 하나님의 말씀을 듣기 위해서 땅끝에서도 찾아왔는데, 정작 유다 백성들은 인간 솔로몬이 전하는 하나님의 말씀이 아니라, 근본 하나님과 동등이신 예수님의 말씀은 듣지 않았습니다. 그러니 심판 때가 되면 니느웨 사람들과 남방 여왕이 일어나서, 예수님의 말씀을 듣지 않은 사람들을 정죄하리라는 것입니다.

이렇게 바꿔서 설명하겠습니다. 예수님께서 직접 전하는 말씀도 듣지 않고 믿지 않던 사람들인데, 적국이었던 니느웨 사람들은 요나가 형식적으로 전하는 경고의 말을 듣고서 회개를 했다면, 니느웨 사람들은 도대체 어떻게 회개하게 된 것이냐는 것입니다. 요나가 억지로 전했던 선포가, 예수님이 표적을 보여 주면서까지 가르쳐 준 것보다 뛰어났기 때문입니까? 아니지요. 그럴 수는 없지요. 무슨 차이입니까? 하나님께서 니느웨 사람들로 하여금 듣게 하신 것입니다.

요나 4:1-2, "요나가 매우 싫어하고 성내며 2. 여호와께 기도하여 이르되 여호와여 내가 고국에 있을 때에 이러하겠다고 말씀하지 아니하였나이까 그러므로 내가 빨리 다시스로 도망하였사오니 주께서는 은혜로우시며 자비로우시며 노하기를 더디하시며 인애가 크시사 뜻을 돌이켜 재앙을 내리지 아니하시는 하나님이신 줄 내가 알았음이니이다"

요나도 하나님께서 자기에게 니느웨에 가서 하나님의 심판을 선포하라고 말했을 때, 니느웨 사람들이 하나님의 말씀을 듣게 해서, 결국 그들이 회개를 하고 용서를 받게 될 것이라는 사실을 알았습니다. 내가 그럴 줄 알았습니다. 하나님께서 저들의 귀를 열게 하고 마음을 돌이켜 회개하게 해서, 결국 저들에게 재앙을 내리지 않을 것임을 알았기 때문에 내가 도망간 건데, 굳이 나를 불러서 이 꼴을 보게 하십니까? 그래서 요나가 하는 말이 무엇입니까?

요나 4:3, "여호와여 원하건대 이제 내 생명을 거두어 가소서 사는 것보다 죽는 것이 내게 나음이니이다 하니"

요나의 이 말은 자기가 니느웨 사람들이 용서받고 구원받기를 바라서, 최선을 다해 성심성의껏 그 성에 임할 심판을 선포했던 것이 아니라는 것입니다. "제발 듣지 마라" 이런 마음으로 마지못해 대충 한 것입니다. 그래서 니느웨성의 사람들이 자기가 전한 말을 귀담아 듣지 않고 시간이 흘러서, 그 성에 하나님의 심판이 내렸으면 좋겠다는 심정으로 성이 내려다보이는 산 위에 올라가서 지켜보고 있었던 것입니다.

하지만 요나의 기대와 달리 온 성의 사람들은 물론, 성안의 짐승들까지 금식하고 회개해서 용서받으니까 "이제 그만 나를 죽여 주세요, 저 인간들이 용서받은 꼴을 보고 있자니 차라리 죽는 게 낫습니다" 이 말입니다. 니느웨 사람들이 용서를 받은 것은, 하나님을 향한 그들의 믿음이 대단해서 용서받은 것이 아니고, 요나의 설교가 너무나 뛰어나서 그들을 감동시켰기 때문에, 그들의 마음이 돌아서서 회개하게 된 것이 아닙니다. 하나님께서 그들로 하여금 듣게 하시고, 믿게 하시고, 회개하게 하셨기 때문에 된 것입니다.

본문 말씀을 들어 설명하면, 물과 성령으로 거듭난 사람은 하나님의 말씀을 듣게 될 것입니다. 그 사람이 니느웨 사람들처럼 하나님의 백성 반대편에 있던 사람들이었다 할지라도 듣고 믿을 것입니다. 하지만 거듭나지 못한 사람은, 예수님께서 직접 기적을 보이시고, 그 뜻을 가르쳐 주셔도 믿지 않을 것입니다. 그 사람이 니고데모처럼 이스라엘의 선생이라고 인정받는 율법학자라도 이해하지 못하는 것입니다. 그래서 하나님의 말씀을 들을 때, 그 말씀이 이해가 되고 인정이 되며 믿어지는 사람은 이미 성령으로 거듭난 사람입니다.

저와 여러분이 이 거듭난 사람의 모임 안에 들어와 있음을 깨달으시고 감사하시기 바랍니다. 그리고 우리가 거듭났으며, 구원을 받았다는 것이 얼마나 큰 것인지 제대로 알고 믿으시기 바랍니다. 구원받은 은혜를 제대로 알지 못하면, 구원이야 천국에 가서나 감사한 거지, 이 땅에 살면서는 그래도 축복이지, "뭐니 뭐니 해도 money(돈)가 최고지" 하면서 하여간 이 땅의 축복만 따라가는 신앙을 갖게 됩니다. 그 머니는 교회 다니는 기독교인들만 좋아하는 게 아니고, 세상 사람들은 더 좋아합니다. 그리고 세상 사람들은 그거 좋아해서, 그것만 따라가다가 결국 지옥 멸망으로 다 끝나게 될 것입니다.

제발 제대로 알고 신앙생활합시다. 예전에 광고에 "너희들이 게 맛을 알아!" 하는 광고가 있었습니다. 구원을 모르고 신앙생활하는 사람들, 뭐가 중요한지 모르고 교회만 열심히 다니는 사람은 답답합니다. 목사가 되고, 신학대학교 이사장이 되어도 머니가 최고랍니다. 저는 기독교 복음의 핵심인 구원을 가르쳐야 하는 목사가 이런 말을 하면, 그것도 신학대학교 이사장이라는 직함으로 인해서 그가 하는 말이 기독교의 진리를 대변한다는 인상을 줄 수 있는 사람이 이런 말을 하면 속에서 불이 올라옵니다. 잘 믿고, 바르게 믿고, 감사하며 믿고, 우리가 받은 구원을 무엇보다 소중히 여기며 믿으시길 주님의 이름으로 축원합니다.

요한복음 3:16~21

약속의 증거

"16. 하나님이 세상을 이처럼 사랑하사 독생자를 주셨으니 이는 그를 믿는 자마다 멸망하지 않고 영생을 얻게 하려 하심이라 17. 하나님이 그 아들을 세상에 보내신 것은 세상을 심판하려 하심이 아니요 그로 말미암아 세상이 구원을 받게 하려 하심이라 18. 그를 믿는 자는 심판을 받지 아니하는 것이요 믿지 아니하는 자는 하나님의 독생자의 이름을 믿지 아니하므로 벌써 심판을 받은 것이니라 19. 그 정죄는 이것이니 곧 빛이 세상에 왔으되 사람들이 자기 행위가 악하므로 빛보다 어둠을 더 사랑한 것이니라 20. 악을 행하는 자마다 빛을 미워하여 빛으로 오지 아니하나니 이는 그 행위가 드러날까 함이요 21. 진리를 따르는 자는 빛으로 오나니 이는 그 행위가 하나님 안에서 행한 것임을 나타내려 함이라 하시니라"

본문 16절은, 예수님을 믿는 사람이라면 누구든지 잘 알 뿐만 아니라 외울 수도 있는 말씀입니다. 하나님께서 세상을 사랑하셔서 당신의 독생자를 이 땅에 보내 주셨고, 이제는 누구든지 그 예수님을 믿기만 하면 영생을 얻게 된다고 하는, 복음 중의 복음이 바로 요한복음 3장 16절의 말씀입니다.

2014년도에 하와이한빛장로교회의 담임목사로 부임해서 지금까지, 오늘 본문의 말씀을 가지고 세 번의 설교를 했습니다. 그중 한 편은, 첫 번째 설교집인 《나는 그리스도인입니다》에도 소개되어 있습니다. 오늘은 약속에 대하여, 증거에 대하여, 그리고 우리가 받은 구원과 심판에 대하여 생각해 보려고 합니다. 특별히 18절, **"그를 믿는 자는 심판을 받지 아니하는 것이요 믿지 아니하는 자는 하나님의 독생자의 이름을 믿지 아니하므로 벌써 심판을 받은 것이니라"** 라는 말씀을 중심으로 구원의 도를 살펴보려고 합니다.

기독교의 핵심은 '구원'입니다. 그리고 '구원'은 우리가 이 땅의 삶이 끝난 뒤에 받는 것입니다. 당연히 예수님을 믿지 않은 사람들이 받게 될 심판도 이 땅의 삶이 끝난 뒤 '지옥'이라는 결과를 얻게 될 것입니다. 그런데 오늘 18절 말씀은 좀 낯선 표현을 사용하고 있습니다. '심판'이라는 단어 앞에 있는 '벌써'라는 단어를 사용함으로, 믿지 않는 자들에 대한 '심판'이 '벌써' 임했다고 말씀하고 있기 때문입니다.

여러분은 믿지 않는 사람들에 대한 심판이 '벌써' 임한 것으로 보입니까, 아직 임하지 않았다고 생각되십니까? 벌써 심판이 임했다면, 세상에 악한 사람들은 모두 심판을 받았으니 아무도 없어야 하지 않을까요? 그리고 예수 믿지 않는 사람들은 더 이상 세상에 살고 있으면 안 되는 것 아닐까요? 하지만 우리가 살고 있는 세상에는 여전히 악한 사람들이 많이 있고, 예수님을 믿는 사람보다 믿지 않는 사람들이 훨씬 더 많습니다. 더구나 이 말씀은 지금으로부터 2천 년 전에 기록되었습니다.

사도 요한은 2천 년 전에 벌써 심판이 임했다고 했는데, 2천 년이 지난 지금도 심판은 임하지 않았습니다. 그러면 사도 요한을 통해 주셨던, **"벌써 심판을 받은 것"**이라는 이 말씀은 거짓말이었을까요? 우리가 성경을 읽을 때 반드시 기억해야 할 것은, 신구약 성경이 모두 하나님의 약속으로 기록된 책이라는 것입니다. 그리고 성경에 기록된 하나님의 약속은 모두 이루어졌습니다. 그래서 첫째, 약속을 알아야 합니다.

구약성경은 우리를 구원하기 위해서 그리스도, 메시아를 보내 주겠다고 약속하신 예언과 예표들입니다. 신약성경은 하나님께서 구약에 약속하셨던 메시아, 곧 그리스도께서 실제로 오셨다는 것을 알려 주는 책입니다. 또한 마태복음과 마가복음에서는, 그 예수님께서 하늘 구름을 타고 다시 오실 것임을 약속하고 있습니다.

> 마가복음 14:62, "예수께서 이르시되 내가 그니라 인자가 권능자의 우편에 앉은 것과 하늘 구름을 타고 오는 것을 너희가 보리라 하시니"

우리 기독교가 가진 신앙이, 세상의 다른 많은 종교들이 가진 신앙과 근본적으로 다른 것이 무엇일까요? 그것은 우리가 부활과 구원에 대한 신앙을 가졌다는 것이고, 예수님의 재림을 기다리는 신앙을 가졌다는 것입니다. 다시 말씀드려서 성경을 통해 약속하신 예수님의 재림을 기다리는 신앙을 가졌다는 것입니다. 지금 반복해서 말씀드리고 있는 것이 무엇입니까? 성경에 기록된 '약속'에 관한 것입니다. '약속'이 뭐지요? 그 약속을 하는 상호 간에 반드시 그 내용을 지킬 것이라는 전제 아래서 맺는 것입니다. 하지만 약속은 적어도 그 약속을 맺은 두 사람이 살아 있는 동안에 지켜질 때 의미가 있습니다. 만약 어떤 사람이 사랑하는 연인에게 결혼 약속을 하면서, "내가 당신을 너무 사랑해. 그리고 나는 당신과 반드시 결혼할 거야. 언제? 내가 죽은 다음에"라고 한다면 그 약속은 약속이라고 말할 수 있을까요? 없습니다.

그런데 성경에 기록된 하나님의 약속들을 보면, 우리가 보편적으로 가지고 있는 '약속'의 개념과 많이 다르다는 것을 발견하게 됩니다. 일단 에덴동산에서 선악과를 따 먹고 타락한 아담과 하와에게 가죽옷을 만들어 입혀 주시면서 약속하셨던 여인의 후손, 즉 예수 그리스도에 대한 약속은 성경의 역사를 그대로 따라도 4천 년 뒤에 이루어졌습니다. 하나님은 아담에게 주셨던 약속을 더 구체화해서, 아브라함에게는 이런 약속을 주셨습니다.

> 창세기 15:4-5, "여호와의 말씀이 그에게 임하여 이르시되 그 사람이 네 상속자가 아니라 네 몸에서 날 자가 네 상속자가 되리라 하시고 5. 그를 이끌고 밖으로 나가 이르시되 하늘을 우러러 뭇별을 셀 수 있나 보라 또 그에게 이르시되 네 자손이 이와 같으리라"

그리고 이와 같은 약속을 아브라함이 믿었을 때, 하나님께서 그의 믿음을 의로 여기셨습니다.

> 창세기 15:6, "아브람이 여호와를 믿으니 여호와께서 이를 그의 의로 여기시고"

그러면 하나님께서 아브라함에게 주셨던 약속은 언제 이루어졌을까요? 아브라함의 죽음 이후 약 2천 년이 지난 뒤입니다. 그래서 우리가 성경을 읽을 때 반드시 알아야 할 개념이, "하나님의 약속"에 대한 것입니다. 우리가 일반적으로 생각하고 있는 '약속'의 개념과 하나님께서 주신 '약속'의 개념, 좀 더 구체적으로 말씀드리면, 그 '약속'이 이행되기까지의 '시간'에 대한 이해가 다르다는 것을 알아야 합니다. 그리고 그 '약속'이 실제로 이루어지기까지 '시간'의 개념이 다름을 믿는 것, 그것이 바로 아브라함이 가졌던 믿음이고, 성경에 기록된 믿음의 사람들이 가졌던 믿음이기도 합니다.

히브리서 11:1-2, "믿음은 바라는 것들의 실상이요 보이지 않는 것들의 증거니 2. 선진들이 이로써 증거를 얻었느니라"

믿음은 무엇입니까? 바라고 있지만 아직 우리 눈에 보이지 않는 것을, 실물로 가진 것처럼 증거를 가진 것입니다. 히브리서 11장에 기록된 많은 사람들도, 이와 같은 믿음으로 하나님의 인정을 받았습니다.

히브리서 11:3, "믿음으로 모든 세계가 하나님의 말씀으로 지어진 줄을 우리가 아나니 보이는 것은 나타난 것으로 말미암아 된 것이 아니니라"

우리는 이 세상의 모든 것이 하나님의 말씀으로 창조되었다는 것을 믿습니다. 말씀으로 창조되었다는 것은 눈에 보이지 않는 말씀이, 보이는 창조물들을 만들었다는 것입니다. 이와 같은 하나님의 창조를 어떤 사람이 믿습니까? 믿음을 가진 사람들이 믿습니다.

다시 '약속'에 대한 말씀을 드리겠습니다. 우리가 누군가와 약속을 할 때, 우리가 믿는 것은 무엇입니까? '약속'이라는 말을 믿는 것입니까? '약속'을 하는 대상을 믿는 것입니까? 약속의 대상을 믿는 것입니다. 만약 그 약속의 대상을 믿지 못할 때는 어떻게 하죠? 담보를 잡거나 보증인을 세웁니다. 그렇죠? 제가 누군가에게 "20불만 빌려주세요, 제가 수요일에 갚겠습니다" 하고 약속을 합니다. 그러면 그 사람은 20불을 빌려줄까요, 안 빌려줄까요? 만약 그 정도의 돈도 못 빌려주겠다고 하신다면, 제가 20불만큼의 신용도 없는 사람일 것입니다.

그런데 우리가 은행에 가서 20만 불을 빌려 달라고 한다면 어떨까요? 선뜻 빌려주겠습니까? 아마도 20만 불에 합당한 담보물을 잡든지, 아니면 그 돈을 갚을 수 있을 만한 보증인을 데려오라고 할 겁니다. 왜요? 은행에서 그만한 돈을 담보물도 없이 저에게 빌려줄 만한 신용이 저에게는 없다고 보이기 때문입니다. 그런데 빌 게이츠 같은 사람이 20만 불만 빌려 달라고 하면 담보물을 가져오라고 할까요? 아마도 아무 담보물 없이 즉시 내줄 것입니다. 왜요? 빌 게이츠가 지금까지 쌓은 신용을 20만 불 정도의 돈과 바꿀 사람으로 보이지 않기 때문입니다.

우리가 성경을 믿는다고 할 때, 성경의 글자들을 믿는 것일까요, 그 말씀을 주신 하나님을 믿는 것일까요? 우리가 누군가 어떤 대상과 약속을 하고 그 약속을 믿는다고 할 때, 우리가 믿는 것은 무엇입니까? 그 사람과 맺은 약속의 내용이기 전에 나와 약속을 한 대상, 즉 그 사람의 인격과 실력을 믿는 것입니다. 우리가 성경을 믿는다, 성경에 기록된 말씀을 믿는다고 할 때, 믿음의 대상은 누구입니까? 하나님입니다. 그래서 히브리서 11장 2절(현대인의 성경)에서는 **"옛날 사람들도 이 믿음으로 하나님의 인정을 받았습니다."**라고 합니다.

다시 본문으로 돌아오면 18절의 **"그를 믿는 자는 심판을 받지 아니하는 것이요 믿지 아니하는 자는 하나님의 독생자의 이름을 믿지 아니하므로 벌써 심판을 받은 것이니라"**라는 말씀의 뜻이 무엇일까요? 우리가 아직 살아 있고, 하나님의 심판이라고 하는 최후의 종말은 아직 오지 않았는데 무슨 뜻인가요? 이 말씀을 이해하기 위해서는 둘째, 하나님께서 약속의 증거로 제시하시는 것들의 패턴을 알아야 합니다. 이해를 돕기 위해 성경에 기록된 비슷한 상황들을 통해 말씀의 뜻을 살펴보기 원합니다. 여기에 보면, 하나님께서 주신 약속의 말씀들이 우리가 일반적으로 기대하는 약속의 시간과 많이 다름을 알 수 있습니다.

첫 번째로, 출애굽기 3장에 기록된 하나님과 모세의 대화를 살펴보려고 합니다. 출애굽기 3장에서 하나님께서 광야에서 양을 치는 모세를 불러서 이스라엘을 애굽에서 구출해 내도록 하는 사명을 주시는데, 하나님의 부르심에 대한 모세의 반응이 별로 믿음이 있는 사람처럼 보이지 않습니다. 하나님께서는 모세에게 "가라!" 하고 명령하시는데, 모세가 '네'라고 대답하지 않고 '됐거든요'라고 합니다.

출애굽기 3:11-12, "모세가 하나님께 아뢰되 내가 누구이기에 바로에게 가며 이스라엘 자손을 애굽에서 인도하여 내리이까 12. 하나님이 이르시되 내가 반드시 너와 함께 있으리라 네가 그 백성을 애굽에서 인도하여 낸 후에 너희가 이 산에서 하나님을 섬기리니 이것이 내가 너를 보낸 증거니라"

이 말씀을 제대로 이해하기 위해서는, 앞에 2장부터 이어지는 하나님과 모세의 대화 내용을 알아야 합니다.

3장에서 모세가 하나님께 부름을 받기 40년 전에, 즉 출애굽기 2장에 이집트의 왕자 신분이었던 모세가 자기 민족을 학대하는 애굽의 관원을 쳐서 죽인 일이었습니다. 모세는 자기가 이스라엘 민족의 편을 들어 준 이 일로 인해서 이스라엘 백성들의 지지를 받고, 그들을 위해 뭔가 특별한 일을 할 수 있을 것으로 생각했습니다. 하지만 이스라엘 백성들은 모세가 전날 애굽의 관원을 때려서 죽인 일을 폭로했고, 모세는 애굽 왕 바로의 분노를 피해서 미디안으로 도망쳐서 그곳에서 40년의 세월을 더 보내, 이제 백발의 할아버지가 됐습니다.

만약 모세가 젊을 때, 이집트의 왕자라는 신분으로 뭔가 할 수 있는 일이 있을 때 하나님께서 모세의 편을 들어 주셨다면, 모세는 그가 가진 열정과 힘을 가지고 뭐라도 했을 것입니다. 하지만 모세가 뭔가 할 수 있을 것 같았던 그때는 모른 체하셨던 하나님께서 백발의 노인이 되어 광야에서, 그것도 자기 소유도 아닌 장인어른 소유의 양이나 치며 사는 모세를 불러서 자기 백성들을 인도하라고 말씀하시는 것입니다. 심지어 미디안에서 사는 모세가 광야의 호렙산(다른 이름은 시내산)까지 와서 양을 먹여야 할 만큼 쉽지 않은 인생을 살고 있는데, 그 모세를 지금 부르고 계십니다.

모세가 하나님께 하고 싶은 말은 이런 것입니다. "하나님! 제가 열정과 능력을 다해서 하나님의 일을 하려고 했을 때는 함께해 주지 않으시더니, 왜 다 늙은 지금에야 오셔서 나보고 가라고 하십니까? 저는 하나님의 말씀이 별로 신뢰가 가지 않습니다."

그래서 11절에 모세가 **"내가 누구이기에 바로에게 가며 이스라엘 자손을 애굽에서 인도하여 내리이까"** 하는 질문에는, 모세가 하나님께 정말 말하고 싶은 속마음이 숨어 있습니다. "하나님의 명령대로 제가 애굽 왕 바로에게 가서 '내 백성을 내놓아라' 그랬다가 안 되면, 옛날 젊었을 때는 도망칠 힘이라도 있었지만, 지금은 나이가 많아서 옛날처럼 도망갈 수도 없습니다." 이런 뜻입니다.

그랬더니 하나님께서 뭐라고 말씀합니까? **"내가 반드시 너와 함께 있으리라"**라고 하십니다. 하나님께서 반드시 모세와 함께 있으리라고 약속해 주시면서 그 증거라고 주신 말씀이 무엇이었을까요? 하늘의 천군 천사를 모세와 함께 보내 준다거나, 애굽 왕 바로도 꼼짝 못할 만큼, 애굽보다 더 강력한 나라의 왕이 써 준 협조 공문을 모세의 손에 쥐여 준 것이 아닙니다.

출애굽기 3:12, "하나님이 이르시되 내가 반드시 너와 함께 있으리라. 네가 그 백성을 애굽에서 인도하여 낸 후에 너희가 이 산(모세와 이야기하고 있는 호렙산)에서 하나님을 섬기리니 이것이 내가 너를 보낸 증거니라"

하나님께서 반드시 모세 너와 함께하겠다는 증거로 주신 말씀이, "모세가 이스라엘 백성들을 이끌고 호렙산까지 와서 여기서 하나님을 섬기게 될 것이다. 이것이 내가 너에게 주는 증거다"라고 합니다. 지금 하나님의 이 말씀은 증거라기보다는, 모세가 그렇게 했을 때 얻게 되는 결과라고 할 수 있지요. 하지만 하나님은 결과물로 볼 수 있는 것을 가리키면서 증거라고 말씀하고 있습니다. 이상하죠?

두 번째로, 이와 비슷한 말씀이 이사야 37장에도 나옵니다. 유다 왕 히스기야 때에 앗수르 왕 산헤립이 예루살렘을 침략했습니다. 앗수르의 군대 장관이었던 랍사게는 예루살렘을 포위하고 하나님과 히스기야를 조롱했습니다. 앗수르와 싸울 힘이 전혀 없었던 히스기야와 유다 백성들은 두려워 떨 수밖에 없었습니다. 그때 하나님께서 이사야 선지자를 보내서 이렇게 약속의 증거를 말씀해 주셨습니다.

> 이사야 37:30, "왕이여 이것이 왕에게 징조가 되리니 올해는 스스로 난 것을 먹을 것이요 둘째 해에는 또 거기에서 난 것을 먹을 것이요 셋째 해에는 심고 거두며 포도나무를 심고 그 열매를 먹을 것이니이다"

희한한 말씀입니다. 지금 전쟁이 벌어져서 나라의 멸망을 걱정하고 있는데, 하나님께서 선지자 이사야를 보내서 걱정하지 말라며 증거라고 주신 말씀이, 너희가 올해 땅에서 난 것을 먹을 거라고 하십니다. 심지어는 셋째 해에는 심어서 거둘 뿐 아니라 포도나무를 심고, 그 열매도 먹을 거라고 하십니다. 지금 유다 나라에 있는 모든 남자들이 전쟁터에 나와서 싸워도 앗수르의 군대를 이기기 힘들 것입니다. 그래서 히스기야는 앗수르 군대와 어떻게 싸워야 이길 수 있을지를 걱정하고 있는데, 하나님은 어떻게 이기게 해 주겠다는 것이 아니라, 한가하게 추수해서 먹을 거라고 합니다. 이것은 전쟁에서 이긴 뒤에 평화가 찾아올 때만 기대할 수 있는 결과입니다. 그렇지 않습니까?

가장 압권인 것은 세 번째로, 이사야 7장에서 증거로 주신 하나님의 말씀입니다. 이사야 선지자가 활동하던 시기는 이스라엘이 남쪽 유다와 북쪽 이스라엘로 나누어졌을 때입니다. 그리고 남쪽과 북쪽 이스라엘은 같은 민족이었지만 서로 전쟁하는 일이 많았습니다. 특히 북쪽 이스라엘은 주변의 강대국들과 연합해서 유다를 공격하는 일을 자주 했습니다. 이사야 7장은 유다 왕 아하스 때에, 이스라엘 왕 베가가 아람 왕 르신과 연합하여 유다를 침략했습니다. 북쪽 이스라엘은 10지파이고, 남쪽 유다는 2지파에 불과하기 때문에, 일대일로 붙어도 북쪽 이스라엘이 유다보다 훨씬 강합니다. 그런데 북이스라엘이 더 큰 나라인 아람 나라와 연합해서 유다를 침략했으니 걱정이 태산입니다. 그때 하나님께서 유다 왕에게 이사야 선지자를 보내서 주신 말씀이 14절 말씀입니다.

이사야 7:14, "그러므로 주께서 친히 징조를 너희에게 주실 것이라 보라 처녀가 잉태하여 아들을 낳을 것이요 그의 이름을 임마누엘이라 하리라"

어디서 많이 듣던 말씀이죠? 북이스라엘과 아람 나라의 연합군이 유다 나라를 침략해 왔을 때, "전쟁 걱정하지 마라. 너희가 이긴다"

이런 증거로 주신 말씀이 무엇입니까? 그로부터 약 730년 뒤에 태어날 예수님의 탄생에 대한 약속입니다. 지금 유다 나라와 아하스왕은 당장 눈앞에 벌어진 전쟁 때문에 걱정하고 있는데, 하나님은 "걱정 마라. 너희가 전쟁에서 승리하게 될 징조를 주겠다. 730년 뒤에 오실 예수님이다" 이런 약속을 주시는 것입니다.

지난 수요일에 전주 아가페합창단이 우리 교회에 와서 성가 찬양 연주로 함께 예배를 드렸습니다. 합창단 대원과 그분들의 가족들까지 44명이 함께 오셨고, 교회에서는 저녁 식사를 대접했습니다. 리허설 연습을 하고 있을 때, 미리 오신 집사님들이 교회 입구 홀에 테이블을 깔고 식사 준비를 했습니다. 그때 한 집사님께서 저에게 오셔서, 비가 올지 모르니까 천장을 닫아야 할 것 같다고 말씀했습니다. 하지만 천장을 움직이면 위에서 낙엽과 먼지 같은 것들이 떨어져서 미리 세팅해 놓은 테이블이며 준비한 것들이 망쳐질 것 같아서 그냥 두는 것이 나을 것 같다는 생각이 들었습니다. 다행히도 열린 지붕 사이로 보니까 하늘도 맑고 구름도 많이 없어서 비가 올 것 같지 않았습니다. 그래서 "비가 안 올 것 같은데요" 하고 천장을 닫지 않았습니다. 감사하게도 식사가 모두 끝날 때까지는 비가 오지 않았습니다.

그런데 예배가 시작하자마자 억수 같은 비가 쏟아졌습니다. 참 다행이죠. 그 집사님은 비가 올 거라는 것을 어떻게 알았을까요? 일기예보를 보신 것입니다. 일기예보는 비가 올 징조로 무얼 제시하죠? 위성에서 찍은 구름 사진과 통계로 쌓인 결과물들입니다. 그런데 제가 그 집사님께 "집사님, 비가 올 거라는 걸 어떻게 알 수 있습니까?"

물었을 때, 집사님께서 "밥 먹을 때 빗물과 함께 먹게 될 것입니다" 하고 미래에 생길 일을 말씀했다면, 그게 증거라고 할 수 있습니까? 없습니다. 앞으로 일어날 일에 대한 증거를 말할 때는, 그렇게 예상한 근거가 되는 과학적이고 합리적인 결과물들을 같이 제시할 수 있어야 합니다. 그래야 그걸 보고 증거로 믿을지 안 믿을지 결정하지 않겠습니까?

그런데 하나님께서 모세에게 증거로 주시고, 이사야를 통해 증거라고 말씀하신 내용들을 자세히 보십시오. 지금 말씀한 세 번의 증거로 주셨던 말씀을 보면 동일하게 발견되는 특징, 패턴이 있음을 알 수 있습니다. 그것은 하나님께서는 지금 눈앞에 직면한 문제에 대한 해답을 주시는 것이 아니라, 그 싸움을 통과한 이후에 얻게 될 결과들을 가지고 현재의 문제가 해결됐다는 증거로 제시하고 계신다는 사실입니다.

인간의 답답함은 무엇입니까? 지금 당장 애굽 왕 바로를 만나야 한다는 것이고, 앗수르의 대군과 싸워야 하는 것이고, 북이스라엘과 아람 나라 연합군과 싸워야 하는 것입니다. 그 만남과 싸움에서 살아남을 수 있을지, 멸망으로 끝나게 될지 알 수 없는 상황입니다. 사실은 희망보다는 절망에 더 가까운 현실에서 하나님의 도우심을 구하고 있는데, 하나님은 문제에 대한 답변이 아니라 너무나 한가하고 생뚱맞게 느껴지는 답변을, 문제 해결의 증거라고 주고 계신다는 것입니다.

그러면 이런 답변들을 성경을 통해 확인하고 있는 저와 여러분은 어떤 결론을 가져야 하겠습니까? 설교를 시작하면서 처음에 말씀드렸던 것처럼, 약속은 그 내용에 대한 신뢰이기 전에 현재 나와 약속을 맺고 있는 대상에 대한 신뢰가 더 중요하다는 것입니다. 아무리 약속된 내용이 좋고, 보증의 내용이 좋다 해도, 약속을 맺는 대상이 믿음직스럽지 않다면 그래도 그 약속을 믿고 진행해야 합니까, 아쉽더라도 포기해야 합니까?

다시 예를 들어 말씀드리겠습니다. 어떤 은행이 원금을 예금하면 하루에 1,000%의 이자 수익금을 주겠다고 약속을 했습니다. 대단하죠. 그런데 그 은행이 베네수엘라에 있는 은행입니다. 여러분은 그 나라 은행을 믿고 돈을 맡기겠습니까? 아시는 것처럼 베네수엘라는 2018년 한 해 인플레이션이 137만%, 하루 평균 3,750% 물가가 올랐습니다. 아침에 1불 하던 생수 1병이 저녁에 3,750불로 오른 것입니다. 하루 1,000% 이자보다 물가 상승률이 더 높습니다. 이런 나라의 은행에 믿고 돈을 맡길 수 있습니까? 아무리 보장이 좋아도 그런 곳은 믿을 수가 없죠. 하지만 미국에서 제일 큰 뱅크 오브 아메리카에서 하루 0.001% 이자를 주겠다고 하면 어떨까요? 1천% 이자와 0.001% 이자는 백만 배 차이입니다. 하지만 돈을 주겠다는 은행의 신용에 차이가 있죠. 여러분은 어떤 은행을 선택해서 돈을 맡기시겠습니까? 베네수엘라 은행입니까, 뱅크 오브 아메리카입니까?

오늘 본문 말씀으로 돌아오면, 하나님께서는 세상을 사랑하셔서 누구든지 당신의 아들 독생자 예수 그리스도를 믿는 자는 영생을 얻게 해 주시겠다고 말씀했습니다. 약속을 주시는 주체가 누구입니까?

하나님입니다. 하나님이 주신 약속은 우리가 하는 것 봐서 주든지 말든지 하겠다는 조건부 약속입니까, 완료형 약속입니까? 하나님의 약속은 완료형 약속입니다. 모세에게 증거로 주신 약속, 이사야 선지자를 통해 히스기야왕과 아하스왕에게 증거로 주셨던 약속들이 모두 완료형 약속이었습니다. 만약 모세가 애굽 왕 바로의 손에 죽었다면, 이스라엘 백성들을 이끌고 시내산까지 와서 하나님께 예배할 수 없었을 것입니다. 만약 히스기야와 아하스가 앗수르의 침략과 북이스라엘과 아람 나라 연합군의 손에 멸망을 당했더라면, 메시아의 탄생은 없었을 것입니다. 하지만 약속을 주신 이가 누군가의 보증인이나 담보물도 필요 없는 하나님이셨기 때문에, 그분께서 증거라고 하신 말씀 자체가 약속이고, 신뢰이고, 이미 받은 것과 다름없습니다.

다시 앞서 드린 예를 드리겠습니다. 빌 게이츠가 은행에 가서 하루만 20만 불을 빌려 달라고 했습니다. 은행장이 "저희가 그 돈을 어떻게 받을 수 있습니까?" 물었더니, 빌 게이츠가 "내일 제 사무실에 오셔서 저랑 커피 한잔하시고 저와 점심 식사 같이 하시죠" 하면서 자기 명함을 줬습니다. 믿을 만합니까, 아닙니까? 빌려 간 돈을 어떻게 갚아 주겠다는 말이 없어도, 내일 나와 같이 커피 마시고 점심도 먹자는 말 속에는 빌려 간 돈을 갚겠다는 내용이 포함된 것입니다.

하나님께서 현재 직면한 전쟁의 해결 방법이 아닌 미래에 이루어질 일들로 증거를 주셨지만, 그 약속을 주신 분이 하나님이라면 믿거나 말거나의 아무 소리가 아니라, 그 자체가 증거가 될 수 있는 것입니다. 같은 맥락에서 아들을 믿는 자마다 영생을 얻게 된다는 본문 말씀은 약속임과 동시에 증거이기도 합니다. 그렇다면 저와 여러분이 받은 구원은 확실한 증거로 완전히 받은 것입니까, 아직 잘 모르는 것입니까? 확실히 받은 것 믿습니까? 정말 의심하지 않고 확신하십니까?

그러면 그 반대의 경우도 생각해 보겠습니다. 마지막 세 번째로 살펴볼 것이 심판에 관한 내용입니다. 우리에게 구원의 약속과 더불어 주신 말씀이 있습니다.

> 요한복음 3:18, "그를 믿는 자는 심판을 받지 아니하는 것이요 믿지 아니하는 자는 하나님의 독생자의 이름을 믿지 아니하므로 벌써 심판을 받은 것이니라"

이렇게 하나님의 심판에 대해서도 완료형으로 말씀했습니다. 이 말씀을 그냥 쉽게 보시면 안 됩니다. '벌써 심판을 받았다'고 하면 회복의 가능성이 있습니까, 없습니까? 회복의 가능성이 없습니다. 하나님의 아들을 믿지 않는 사람들은, '내가 여러 가지 가능성 중에서 예수님을 믿지 않는 것을 선택했다'고 생각할지 모르겠지만, 그들이 그렇게 생각하는 것 자체가 이미 하나님의 심판을 받은 것입니다.

하나님의 뜻은 무엇입니까? 모든 사람이 예수님을 믿고 구원을 받는 것입니다. 하지만 하나님의 뜻이 세상 모든 사람에 대한 구원이라 할지라도, "나는 구원받는 것에 관심 없다, 하나님의 뜻을 따르지 않겠다"라고 결정하는 사람들까지도 하나님은 억지로 구원의 길로 이끌지는 않으십니다. 만약 하나님께서 구원받기 싫어하고 반대하는 사람들까지 억지로 구원하시는 분이라고 한다면, 그 하나님을 가리켜서 '하나님은 사랑'이시라고 말할 수 없을 것입니다.

누군가 여러분의 자녀를 사랑해서 결혼하겠다고 찾아왔는데, 정작 여러분의 자녀는 절대로 하지 않겠다, 난 정말 싫다고 한다면, 그래도 그 사람이 사랑한다고 하니까 결혼을 시키겠습니까? 그건 사랑이 아니죠. 하나님은 그것이 하나님의 뜻이고, 그 하나님의 뜻이 너무나 인간을 위하는 길이라 할지라도, 인간이 하나님의 뜻을 싫어하고 거절하면 그것을 허락하십니다. 이것을 신학적인 용어로 "죄의 허용"이라고 말합니다. 에덴동산에서 아담과 하와가 선악과를 따 먹는 것을 허용하신 것처럼, 하나님은 인간이 자기가 가진 자유의지를 가지고 하나님의 뜻을 거역하고 죄를 짓는 것뿐만 아니라, 하나님을 반대하는 것도 허용하십니다.

하지만 그렇게 자신의 자유의지를 가지고 하나님의 뜻을 거역한 결과는, 심판이고 사망입니다. 그 심판은 나중에 죽고 나서 받게 되겠지만, 그러나 구원과 마찬가지로 하나님의 아들을 믿지 않는 자들에 대한 심판 역시 이미 결정되어 있는 것이기 때문에, 벌써 심판이 임한 것과 같은 것입니다.

오늘 우리가 성경 여러 곳에 기록된 하나님의 약속들, 특별히 구원에 관하여 증거로 주신 말씀들을 살펴보았습니다. 하나님은 우리 인간들처럼 현재 직면한 문제들을 해결해 주기 위해서 전전긍긍하시는 분이 아니라, 그 문제가 해결된 뒤에 어떤 일들이 벌어지게 되는지, 장래에 이루어질 일들로 증거를 주시는 분입니다. 그래서 믿는 자들이 받게 될 구원과 믿지 않는 자들이 받게 될 심판 모두 완료형입니다.

이렇게 말씀드리면, "믿지 않는 자들을 모두 심판하시는 하나님이 어떻게 사랑이라 할 수 있냐?"라고 합니다. 또는 "믿지 않는 자들이 벌써 심판을 받은 것이라면, 전도할 필요도 없겠네?" 이렇게 말하기도 합니다. 성경이 말씀하는 것은, 세상을 모두 구원하기 원하시는 하나님의 사랑에 대해서 말씀하는 것이고, 하나님께서 열어 주신 구원의 문으로 모든 사람들이 들어오기를 원하신다고 말씀하는 것입니다. 그런데 굳이 구원의 문으로 들어오지 않으면서, 문 안쪽에 있는 사람만 구원하는 게 무슨 사랑이냐고 합니다.

미국은 해마다 블랙프라이데이가 되면, 상점에 일찍 온 사람들부터 물건을 싸게 구매할 기회를 줍니다. 그런데 어떤 사람이 매장 앞까지 와서 안으로 들어오지는 않고, "일찍 와서 매장에 들어온 사람들에게만 싸게 파는 것이 무슨 할인 행사냐? 매장 바깥에 있는 사람에게도 물건을 팔아라"라고 말하는 것과 같습니다. 매장은 약속된 날짜에 자기들이 약속한 대로 할인한 가격에 정한 물건을 팔 것입니다. 그리고 그 물건을 원하는 사람들은 남들보다 일찍 와서 기다리다가, 문이 열리면 들어가서 자기가 원하는 물건을 사면 됩니다. 그렇지 않습니까? 매장 앞까지 왔지만, 안으로 들어오지 않고서 "왜 바깥에 있는 사람에게는 물건을 싸게 팔지 않느냐?"라고 말하는 게 말이 되나요? 아무리 블랙프라이데이라 해도 매장에 들어오지 않은 사람들까지 찾아서 물건을 주겠습니까?

앞서 말씀드린 것처럼 하나님은 사랑이 아니기 때문에 심판하시거나, 심판받을 사람들을 미리 예정했기 때문에 구원하지 않는 것이 아니라, 구원받지 않겠다고 작정한 사람들의 자유의지도 허용하시는 것입니다. 그래서 우리가 전도를 해야 하는 이유는, 그들이 잘못 생각하고 판단한 것을 올바로 잡아 줘서 그들이 하나님께서 주신 자유의지를 잘 사용해서 예수님 믿는 것을 결정하도록 도와줘야 하기 때문입니다. 하나님은 사랑이십니다. 그리고 하나님은 아들을 믿는 모든 사람들을 구원하기 원하십니다. 저와 여러분이 그 복된 구원의 대상 안에 있음을 먼저 감사하시기 바랍니다. 그리고 아직 예수님을 믿지 않는 사람들에게, 구원받을 수 있는 유일한 길인 예수님을 가르쳐 주시기 바랍니다. 믿지 않는 자들은 벌써 심판을 받은 것과 같기 때문입니다.

또한 하나님의 약속이 어떤 방법으로 확실한 증거라고 제시되고 있는지, 성경을 통해 확인하시기 바랍니다. 그래서 현재의 답답한 문제가 풀리지 않는 것 때문에 여러분들이 가진 믿음이 흔들리거나, 하나님의 존재에 대한 의심이 생기거나, 또는 구원의 확신이 흔들리지 않도록 하나님을 아는 지식을 굳게 하십시오. 여러분이 지금까지 경험하고 알게 된 것만 가지고 하나님을 판단하지 마시고, 성경과 성경의 역사 속에서 하나님께서 어떤 약속을 주셨고 그 약속을 지켜 내셨는지 확인하시고, 믿음을 크게 하십시오. 하나님의 약속이 완료형인 것이 좋겠습니까? 우리가 하는 것 봐 가면서 주든지 말든지 하는 조건부이면 좋겠습니까? 당연히 완료형이 좋습니다. 그것이 요한복음 3장 16~21절까지 주신, 아들을 믿는 자에게 영생을 얻게 해 주시겠다는 하나님의 뜻입니다.

요한복음 3:22~30

주는 흥하고, 나는 쇠하고

"22. 그 후에 예수께서 제자들과 유대 땅으로 가서 거기 함께 유하시며 세례를 베푸시더라 23. 요한도 살렘 가까운 애논에서 세례를 베푸니 거기 물이 많음이라 그러므로 사람들이 와서 세례를 받더라 24. 요한이 아직 옥에 갇히지 아니하였더라 25. 이에 요한의 제자 중에서 한 유대인과 더불어 정결예식에 대하여 변론이 되었더니 26. 그들이 요한에게 가서 이르되 랍비여 선생님과 함께 요단 강 저편에 있던 이 곧 선생님이 증언하시던 이가 세례를 베풀매 사람이 다 그에게로 가더이다 27. 요한이 대답하여 이르되 만일 하늘에서 주신 바 아니면 사람이 아무 것도 받을 수 없느니라 28. 내가 말한 바 나는 그리스도가 아니요 그의 앞에 보내심을 받은 자라고 한 것을 증언할 자는 너희니라 29. 신부를 취하는 자는 신랑이나 서서 신랑의 음성을 듣는 친구가 크게 기뻐하나니 나는 이러한 기쁨으로 충만하였노라 30. 그는 흥하여야 하겠고 나는 쇠하여야 하리라 하니라"

오늘 본문은 예수님께서 제자들과 함께 예루살렘에서 갈릴리 방향으로 가시다가, 애논 지역에 머무시면서 그곳에서 사람들에게 세례를 베푸신 내용입니다.

요한복음 3:22, "그 후에 예수께서 제자들과 유대 땅으로 가서 거기 함께 유하시며 세례를 베푸시더라"

그런데 4장에서는 예수님께서 친히 세례를 베푸신 것이 아니라, 그의 제자들이 베풀었다고 말씀합니다.

요한복음 4:2, "(예수께서 친히 세례를 베푸신 것이 아니요 제자들이 베푼 것이라)"

이 말씀은 예수님께서 제자들이 세례를 베풀도록 허용 또는 가르치신 것으로 보입니다. 먼저는, 사도 요한의 경우처럼 원래는 세례 요한의 제자였지만 후에 예수님의 제자가 된 사람들이 있었기 때문에 사람들에게 어떻게 세례를 베푸는지 아는 제자들이 있었습니다.

둘째는, 예수님께서 오신 목적이 사람들에게 물로 씻는 세례를 주기 위해 오신 것이 아니라, 대속의 보혈로 그들의 죄를 완전히 씻어 주는 것을 목적으로 오셨기 때문에, 세례 베푸는 것은 제자들에게 맡긴 것입니다.

셋째는, 예수님의 부활 승천 이후에 제자들이 세상을 다니면서 복음을 전하고 사람들에게 세례를 주어야 하기 때문에, 제자들을 교육하고 훈련하는 의미로 그들에게 세례를 맡긴 것입니다.

넷째는, **"예수께서 제자를 삼고 세례를 베푸시는 것이 요한보다 많**

다 하는 말을 바리새인들이 들은 줄을 주께서 아신지라"(요 4:1) 말씀과 같이, 무의미한 경쟁이나 충돌을 피하기 위함이었습니다. 예수님께서 세상에 오신 것은 예수님이 세례 요한보다 능력이 있다, 인기가 많다는 것을 증명하려고 오신 것이 아닙니다. 하지만 바리새인들과 같이 종교적 기득권을 지키기 원하는 사람들이 보는 것은, "누가 더 영향력이 있나? 누가 더 위협적인가?" 이런 것을 보면서 판단하고 시기하기도 하기 때문에, 제자들에게 맡긴 것입니다.

다섯째는, 세례 요한이 세례를 베풀면서 선포했던 메시지와 예수님께서 사역을 시작하시면서 선포하며 가르치셨던 메시지가 '회개하라'는 것으로 똑같았습니다. 결국 제자들이 예수님을 대신하여 사람들에게 세례를 베풀면서 했던 말도 역시 '회개'였을 것입니다.

그런데 예수님과 제자들이 세례를 베풀고 있던 곳 근처에는 세례 요한과 그의 제자들도 있었습니다.

요한복음 3:23, "요한도 살렘 가까운 애논에서 세례를 베푸니 거기 물이 많음이라 그러므로 사람들이 와서 세례를 받더라"

세례 요한의 제자들 가운데 몇 명이 어떤 유대인과 더불어서 이야기를 하다가, 예수님과 그의 제자들이 세례를 베풀고 있는 모습을 보고는 세례 요한에게 돌아와서 자기들이 본 것을 이야기했습니다.

요한복음 3:26, "그들이 요한에게 가서 이르되 랍비여 선생님과 함께 요단 강 저편에 있던 이 곧 선생님이 증언하시던 이가 세례를 베풀매 사람이 다 그에게로 가더이다"

세례 요한의 제자들이 세례 요한에게 하고 싶은 말은 이런 것이었을 것입니다. "선생님! 선생님에게 세례를 받았던 사람이 가까운 곳에서 사람들에게 세례를 주고 있는데, 사람들이 다 그리로 몰려가고 있습니다. 세례 베푸는 것은 선생님이 원조인데, 저 사람이 하는 행동은 경우가 아닌 것 같습니다." 세례 요한의 제자들은 자기 선생님에게 세례받은 예수님에게 사람들이 더 많이 몰려가는 것을 보는 것이 불편했기 때문에 이런 반응을 보인 것은 당연한 일입니다. 그런데 이런 제자들의 반응에 대한 세례 요한의 대답은 너무나 담담할 뿐 아니라, 일반의 상식을 깼습니다.

요한복음 3:30, "그는 흥하여야 하겠고 나는 쇠하여야 하리라 하니라"

지금 이 말씀이 성경의 말씀이고 세례 요한이 한 말이기 때문에 '그런가 보다', '당연하지', 이렇게 생각되십니까? 바꿔서 예를 드리겠습니다. 여러분이 언제나 손님이 많은 아주 유명한 설렁탕집을 운영하고 있었습니다. 그런데 여러분에게 설렁탕 만드는 비법을 배운 주방장이 일을 그만두더니, 길 건너편에 자신의 설렁탕집을 오픈했습니다. 그리고 어느 순간부터 그 집으로 더 많은 사람들이 몰려가기 시작했습니다. 여러분 같으면 괜찮겠습니까?

그래서 오늘 우리가 살펴보려고 하는 내용이, 30절 말씀에 기록된 세례 요한의 신앙의 자세입니다. 30절에 기록된 앞부분의 말씀은 우리가 충분히 이해하고 공감하는 내용입니다. **"그는 흥하여야 하겠고"**, 당연히 예수님은 흥해야지요. 많은 사람들이 몰려들고, 예수님을 따라야지요. 그런데 그 뒤에, 예수님이 흥하기 위해서 내가 쇠해야 한다는 부분은 선뜻 이해하기가 힘듭니다. 우리에게 익숙한 개념은 뭐죠? 예수님도 잘돼야 하지만, 당연히 나도 잘돼야 하는 것입니다. 우리가 좋아하는 속담이 있잖아요. "꿩 먹고 알 먹고, 누이 좋고 매부 좋고, 마당 쓸고 돈 줍고."

실제로 그동안 우리가 교회에서 배워 왔던 진리는, "믿음이 좋으면 복 받는다, 땅에서 성공한다"였습니다. 그리고 거기에서 그치지 않고, "믿음을 가진 내가 잘돼야, 하나님께서 영광을 받으신다"까지 갔습니다. 학창 시절에 제가 교회 집사님들이나 청년부 형, 누나들에게 제일 많이 들었던 말이, "건일이 네가 좋은 대학에 가야 하나님이 영광을 받으시고, 너희 아버지 목회가 잘된다"라는 말이었습니다. 제가 걱정할 것 없이 공부를 잘했다면 아마도 그런 말들을 안 하셨겠죠. 그런데 그분들 보기에도 제가 좀 답답해 보였던 것 같습니다. 하여간 고3이 돼서는 거의 매주 그 소리를 들었습니다.

그래서 그 시절에 제가 제일 많이 했던 기도가 뭔지 아십니까? "하나님, 제가 뭐라고 제가 대학 가는 것에 하나님의 영광을 다 거십니까? 공부 잘하는 애들도 많은데요. 지금까지 공부 못했는데, 한 해 열심히 공부한다고 좋은 대학에 가겠습니까? 포기하시고 딴 애한테 거세요"였습니다. 그리고 또 "우리 아버지도 제가 대학교에 가는 것에 당신의 목회 성공과 실패를 걸지 말고, 본인 스스로 노력해서 목회 잘하실 수 있도록 정신 좀 차리게 해 주세요" 이렇게 기도했습니다.

여러분께 묻겠습니다. 여러분도 제가 좋은 대학교에 갔어야 하나님이 영광을 받으셨을 거로 생각하시나요? 목사 아들이 좋은 대학교에 가야 아버지 목사님의 목회가 성공하는 것이었을까요? 그건 아닌 것 같습니다. 그런데 이런 식의 기도나 생각을 한 적 있습니까, 없습니까? "하나님, 이게 나 혼자 잘되자고 하는 것이 아닙니다. 내가 잘 돼야 하나님도 영광을 받으시는 거죠." 이런 비슷한 예들이 얼마나 많은지 모릅니다. "내가 잘되고, 내가 잘하고, 내가 흥해야 하나님이 영광을 받으신다"라고 생각하는 것입니다.

하지만 오늘 본문은 그런 식으로 말씀하지 않고, 오히려 내가 쇠해야 그리스도께서 흥하신다고 합니다. 이 말씀의 뜻이 무엇일까요? 이 뜻을 알려면, '그리스도께서 흥하신 것이 무엇인지 알아야' 합니다. 예수님이 오셔서 가장 흥하신 일이 무엇이었습니까? 다시 말씀드려서 예수님이 왜 세상에 오셨습니까? 죽으시러 오셨습니다. 그것도 잘 먹고 잘 살다가 죽는 것이 아니라, 저주의 십자가를 지러 오셨습니다. 그러면 예수님이 세상에 오셔서 가장 흥하신 일이 무엇입니까? 이상하게 들릴지 모르지만 죽으신 일입니다. 이것이 성경이 말씀하는 역설입니다. 우리가 예상하고 기대하는 것과 반대의 가르침이 있는 것입니다.

우리에게 익숙한 개념은 무엇입니까? "내가 예수를 위하고 하나님을 위하는 일을 해서, 그분의 실패와 난처함을 막아 주고 도와주는 것"입니다. "내가 열심히 전도해서 교회를 채우고, 내가 열심히 봉사해서 성도들에게 밥을 먹이고, 내가 노래를 잘 불러서 사람들에게 감동을 주고, 내가 설교를 잘해서 사람들이 감동받고" 그러면 하나님이 영광을 받으실까요? 어쩌면 이런 것들은 하나님께 영광이라기보다는 자기만족, 자기 증명인지도 모릅니다. 세례 요한 식으로 표현으로, '세례 요한이 쇠함으로 인해서 그리스도께서 흥해야 한다'면, 세례 요한이 쇠하고 죽었으니 이제 예수님은 죽지 않으시고 잘되고, 뭔가 성공의 결과물이 나와야 할 것 같지 않습니까? 하지만 예수님의 결과는 무엇이었습니까? 십자가의 죽음이었습니다. 세상의 관점으로 보면 억울한 죽음입니다.

이런 것이 우리가 성경 말씀을 보면서 가장 이해하지 못하는 부분이고, 오해하는 부분입니다. 그리스도가 흥하는 것이 무엇입니까? 아니 예수님께서 오셔서 가장 강조하셨던 내용이 무엇이었습니까? 예수님이 죽으셔야 한다는 것이었습니다. 그래서 예수님께서 제자들에게 마지막까지 알려 주셨던 말씀도, 내가 죽을 것이라는 말씀이었습니다.

마태복음 16:21, "이 때로부터 예수 그리스도께서 자기가 예루살렘에 올라가 장로들과 대제사장들과 서기관들에게 많은 고난을 받고 죽임을 당하고 제삼일에 살아나야 할 것을 제자들에게 비로소 나타내시니"
마태복음 20:18-19, "보라 우리가 예루살렘으로 올라가노니 인자가 대제사장들과 서기관들에게 넘겨지매 그들이 죽이기로 결의하고 19. 이방인들에게 넘겨 주어 그를 조롱하며 채찍질하며 십자가에 못 박게 할 것이나 제삼일에 살아나리라"

보십시오. 예수님께서 그리스도가 되어 하셔야 하는 일, 즉 그리스도께서 흥하기 위해 하셔야 하는 것은, 그분이 죽어야 하는 필요성과 또한 실제로 죽게 될 거라는 사실을 가르쳐 주는 것이었습니다. 그리고 거기에서 한 발자국 더 나가서, "너희들도 자기 십자가를 지고 나를 쫓으라" 말씀하십니다. '십자가'는 무엇입니까? 죽음입니다. 내가 죽고 없어지는 자기부정입니다.

그런데 우리들은 교회에 와서 '십자가'나 '죽음'에 대한 이야기는 잘 듣지 못합니다. 기독교도 세상 사람들이 만들어 놓은 '종교'라고 하는 범주 안에 있다 보니까, 기독교도 다른 종교와 똑같은 연장선에서 기독교식의 축복, 기독교식의 성공이 있다는 이야기를 훨씬 더 많이 듣는 것입니다. 그래서 교회마다, 기도원마다, 무슨 특별 새벽기도회나 철야기도회, 부흥성회, 간증집회마다 차고 넘치는 이야기들이 무엇입니까? 기독교식 성공 이야기, 병 고침 받은 이야기, 돈 번 이야기들입니다. 그런데 그런 이야기들은 사실 기독교가 말하려고 하는 핵심 진리가 아닙니다.

기독교에 대한 또 다른 오해가 있는데, 어떤 면에서 지금 말씀드리는 것은 기복신앙보다 더 큰 문제입니다. 그것은 "우리가 의를 행하고 서로 사랑하며, 희생하고 봉사하는 것이 바로 기독교라고 생각하는 것"입니다. 무슨 말씀인가 싶죠? 잘 들어야 합니다. 우리 성도들은, 이 세상에서 희생하고 손해 보는 소금과 빛으로서의 삶을 살 것을 요구받는 자들이고, 그리스도의 사랑으로 사람들 앞에 서는 사람들이라고 할 수 있습니다. 그래서 우리는 우리가 희생되더라도, 아직 죄와 어둠에 속해 있는 사람들에게 하나님의 뜻을 전하여 어둠에서 빛으로, 사망과 죄의 길에서 생명과 구원의 길로 나오도록 전하는 사명을 가진 사람들입니다. 그런데 우리가 의롭고, 우리가 사랑이 충만하고, 우리가 희생되고 우리가 뭔가를 잘함으로 인해서 그리스도의 십자가가 필요 없는 사람이 된다면, 그것이 바로 그리스도를 방해하고 막는 일이 되는 것입니다.

가장 대표적인 사건이 마태복음 16장에서 예수님께서 베드로에게 하신 말씀입니다.

마태복음 16:21-23, "이 때로부터 예수 그리스도께서 자기가 예루살렘에 올라가 장로들과 대제사장들과 서기관들에게 많은 고난을 받고 죽임을 당하고 제삼일에 살아나야 할 것을 제자들에게 비로소 나타내시니 22. 베드로가 예수를 붙들고 항변하여 이르되 주여 그리 마옵소서. 이 일이 결코 주께 미치지 아니하리이다 23. 예수께서 돌이키시며 베드로에게 이르시되 사탄아 내 뒤로 물러 가라 너는 나를 넘어지게 하는 자로다 네가 하나님의 일을 생각하지 아니하고 도리어 사람의 일을 생각하는도다 하시고"

우리가 알고 있는 것처럼 예수님께서 이 말씀을 하시기 전에 베드로가 했던, "주는 그리스도시요 살아 계신 하나님의 아들이십니다"(마 16:16)라는 신앙고백이 있었습니다. 그리고 예수님은 베드로의 신앙고백을 칭찬하시면서 그의 이름 위에 교회를 세우시겠다고 하셨습니다. 하지만 베드로를 칭찬하셨던 예수님의 입술에 침도 마르기 전에, 베드로는 "사탄아 내 뒤로 물러가라"라는 책망을 동시에 들어야만 했습니다. 왜 그랬을까요? 예수님께서 하셔야 할 일, 예수님이 세상에 오신 유일한 목적, 궁극적으로 예수님이 흥하시는 사건인 십자가의 고난과 죽음에 대해서 말씀하셨을 때, 베드로가 그것을 막았기 때문입니다. 베드로가 예수님께 하고 싶은 말은 이런 것이었겠죠. "예수님이 죽으시다니 무슨 그런 말이 있습니까? 만약 장로들과 제사장들에게 붙잡혀서 죽어야 한다면 내가 대신 죽을 테니, 예수님은 죽는 걱정 하지 마시고 흥하실 것, 잘될 것만 생각하십시오."

베드로의 이런 진심이 여러분에게는 없습니까? 아마도 우리 모두가 이런 진심을 가지고 있을 것입니다. 우리를 구원하신 예수님, 나를 대신해서 십자가의 고난을 받으시고 죽으신 예수님을 위해서 뭐든 하겠다. "내가 없는 시간 쪼개고, 하루 한 끼, 아니 며칠 금식을 해서라도 주님께서 먹이고 싶은 사람이 있다면, 그 사람을 위해서 다 주겠다." 이런 마음 갖고 있지 않습니까? 그래서 얻고 싶은 유익이 무엇입니까? "예수님. 죽지 마세요. 더 좋은 일 하셔야죠." 그런 것입니다. 참 신앙적이지요. 아주 믿음이 있어 보이지 않습니까?

그런데 베드로의 대답에 대한 예수님의 말씀은 무엇이었습니까? "사탄아, 내 뒤로 물러가라"였습니다. 그래서 우리는 "주는 흥하여야 겠고"만 알아서는 안 되고, "나는 쇠하여야 한다"까지 같이 알아야 합니다. 이 개념을 알지 못하면, 어쩌면 우리는 주를 위해 뭔가 열심히 했다고 생각했지만, 결국 주님과는 전혀 상관없는 일을 하게 되고, 주님으로부터 "내가 너를 도무지 알지 못한다"라는 말을 듣게 될 것입니다.

베드로가 예수님을 위하고 사랑하는 마음이 너무나 커서, "예수님. 바리새인과 제사장들에게 붙잡히는 일은 절대 일어나지 않을 것입니다. 우리가 지켜 드릴게요" 이런 말을 할 때, 예수님은 듣지 않았습니다. 그 대신 **"이에 예수께서 제자들에게 이르시되 누구든지 나를 따라오려거든 자기를 부인하고 자기 십자가를 지고 나를 따를 것이니라"**(마 16:24)라고 말씀하셨습니다.

"나는 쇠하여야 한다"라는 말이 무엇입니까? "자기를 부인하고 자기 십자가를 지고 주를 따르는 것"입니다. '십자가' 앞에 '자기'라는 말씀이 먼저 있습니다. '십자가'는 '죽음'을 의미하기 때문에, '자기 십자가'는 '자기 죽음'을 가리켜 말하는 것입니다. 결국 주님을 따르려는 사람은 먼저 자기를 죽이고 나서 따르라는 말씀입니다.

'자기를 죽이라'는 말씀이 무엇일까요? 그리스도를 따르는 데 있어서, '자기'에게 속한 그 어떤 것도 도움이 되는 것이 없다는 말씀입니다. 그래서 사도 바울은 이전에 자기가 자랑으로 삼았던 세상의 모든 것들을 배설물로 여긴다고 한 것입니다. 내가 죽고 없어진 뒤에 그리스도를 따르는 것이 "그리스도가 흥하는 길"인 것을 깨달으시기 바랍니다.

그동안 우리에게 익숙한 개념들은 하나님을 위한다는 명목으로 일하면서 오히려 하나님을 떠나고, 그리스도를 필요 없는 것으로 만드는 것이었음에도 불구하고, 그것이 좋은 믿음의 증명처럼 인식되어

왔습니다. "자녀가 좋은 대학에 가고, 내 사업이 성공하고, 돈 많이 벌고, 불치병에 걸렸다가도 금방 완치되고" 하는 이런 것들이, 내가 얼마나 남들보다 특별한 믿음과 정성을 보였는지에 대한 결과물로 인식된 것입니다. 그래서 믿음이 좋은 사람은 언제나 어떤 사람이었느냐 하면, 세상에서 잘되고 성공한 사람들이었습니다. 심지어는 교회에 처음 나온 사람인데 십일조를 하고, 헌금 많이 하면 당연히 믿음이 좋은 사람이 됐습니다.

교회라고 하는 곳이 사람들이 모여서 공동체를 이루는 곳이기 때문에 돈도 필요하고, 사람들의 봉사와 헌신도 필요합니다. 우리 안에 마음이 따뜻하고 너그러운 사람이 있고, 다른 사람들보다 한 걸음 앞에서 한 번 더 봉사해 주는 사람이 있다면, 교회로 모인 우리 공동체가 훨씬 여유 있고 좋은 분위기를 유지할 수 있을 것입니다. 하지만 여러분이 가진 돈이나, 천성으로 가진 따뜻한 마음이나, 봉사의 정신이나, 다른 사람에게는 없는 특별한 재능들이 있기 때문에 하나님을 도울 수 있다고 생각하시면, 차라리 하지 마시라고 말씀드리겠습니다. 말로는 하나님의 영광을 위하고 그리스도를 흥하게 하겠다고 하지만, 실제로는 자기도 같이 흥하고 싶고 자기도 남들 앞에서 멋지게 보이고 싶고, 착하다 인정받고 칭찬받고 싶은 그런 마음들이 있는 것 아닙니까? "주님, 거기 그냥 계십시오. 제가 다 알아서 하겠습니다." 이건 복음이 아닙니다. "사탄아, 내 뒤로 물러가라. 너는 나를 넘어지게 하는 자로다." 주를 막는 것입니다.

오늘날 기독교라는 이름을 내세우고, 교회라는 이름을 내세우는 사람들이 하는 일들이 무엇입니까? "주님이 감싸 주지 못했던 동성애자, 우리가 감싸 주겠습니다." "주님이 미처 찾아가지 못했던 불교 신자, 이슬람 신자, 다른 종교를 믿는 사람들, 우리가 모두 사랑해 줄 테니 주님은 가만히 계십시오. 단, 그 사람들도 자기들만의 생각이 있고, 선택한 것이 있으니 예수 믿으라고는 마십시오." 여러분, 이게 복음입니까? 이거는 자기 잘난 척이고, 그리스도를 가로막는 사탄입니다.

주님께서는 내가 착하고, 너그럽고, 다른 사람들 돕고, 소외된 곳을 찾아다니는 것으로 흥하지 않습니다. 주님께서는 교회에서 봉사 많이 하고, 헌금 많이 내고, 교회에 와서 내 재능을 기부한 것으로 흥하지 않습니다. 그리스도께서 원하시는 것이 무엇입니까? "자기 십자가를 지라, 너 자신을 죽여라, 그리고 나를 따르라. 네가 하고 싶은 것, 네 마음대로 하면서 그게 어떻게 나를 위한 것이라고 말하느냐? 너를 죽여라. 너희가 얼마나 잘났기에 내 입을 막고, 너희가 말하는 대로 구원만 해 주면 된다고 하냐? 너를 죽여라."

내가 하나님을 영광스럽게 만들 수 있습니까? 하나님이 하시는 일을 내가 하나라도 도울 수 있습니까? 방해나 되지 않으면 감사하고, 하나님께서 나를 불편해하지만 않으셔도 감사한 일 아니겠습니까? 우리는 가끔 주제 파악을 못 할 때가 많습니다. 자기 자신은 언제나 크게 봅니다. 그래서 진짜 자기가 큰 줄 압니다. 하나님이 정말 돈이 필요하시다면 내 돈을 쓰겠습니까, 빌 게이츠나 워런 버핏 돈을 쓰겠습니까? 그러면 진짜 돈 많은 사람은 기독교 인구가 많은 미국에 있을까요, 이슬람교를 믿는 사우디나 아랍에미리트에 많을까요? 사우디 국왕이나 빌 게이츠가 가진 돈의 만분의 일만 가지고 있어도 그 사람은 재벌일 것입니다. 그런데 우리 안에서 조금 더 있는 그것 가지고, 마치 자기가 하나님의 일을 다 하는 것처럼 으스댑니다.

여러분, 진짜 설교 잘하는 사람이 여기 있을까요, 더 큰 교회나 기독교 방송국에 있을까요? 거기에 있겠죠. 진짜 찬양 잘하는 사람은 여기 있을까요, 더 큰 교회나 경배와 찬양 콘서트장에 있을까요? 거기에 있겠죠. 자기 자신도 돌보지 않고 헌신적으로 다른 사람을 도울 뿐 아니라, 자기 일생을 바쳐 봉사 잘하는 사람은 여기에 있을까요? 아니면 테레사나 슈바이처처럼 가난하고 열악한 오지에 있을까요? 거기에 있겠죠. 어떤 종류에 속한 것이든지 하나님이 정말 도움이 필요한 누군가 또는 무언가가 있다면, 그게 나일까요? 아니면 나보다 능력이 많은 사람일까요? 능력 많은 사람이겠죠. 우물 안의 개구리처럼 나와 내 주변만 보면 내가 제일 잘난 것처럼 보일지 모르겠지만, 조금만 세상을 넓혀서 국가대표 선수까지 가지 않아도, 동네 조기축구회 안에서만 봐도 나는 별것 아닙니다. 그런데 우리끼리 있다 보니까 내가 뭔가 도울 수 있을 거라 생각합니다. 그것도 하나님을 돕는답니다. 착각을 깨야 합니다.

우리가 뭘 하면 하나님을 도울 수 있겠습니까? 우리가 뭘 하면 주를 흥하게 하겠습니까? 주님께 방해나 되지 않으면 다행입니다. 이렇게 말씀드리면, "그러면 우리는 교회에서 아무것도 안 하고, 숨만 쉬고 있으면 되겠네요?" 합니다. 지금 드리는 말씀은, 그동안 우리가 가지고 있었던 개념들 가운데 오해하고 있는 것을 말씀드린 것입니다.

첫째로 착각하는 것은, "주도 흥해야 하지만 나도 흥해야 한다"입니다. "내가 잘돼야 주님이 영광 받는다"라는 생각이죠. 성경은 "주도 흥하고, 나도 흥하고"가 아니라 "주는 흥하고, 나는 쇠하고"입니다.

둘째로 착각하는 것은, "내가 쇠함으로 인해 주가 잘될 수 있다"라고 생각하는 것입니다. 베드로처럼 대제사장과 바리새인들이 예수님을 붙잡으러 올 때, 칼을 들고 막아서서 예수님이 붙잡혀 가지 않도록 막아 주고, 자기가 대신 싸워 주고 죽어 줄 수 있는 자세를 믿음이 좋은 것으로 착각하는 것입니다. 내가 착하고, 내가 사랑이 많고, 내가 헌신적으로 다른 사람을 도와줬는데, 결국 그 사람이 보는 것이 그리스도가 아니고 십자가가 아니라 '나' 자신이라면, 나는 그리스도를 막는 자가 되는 것입니다. 그런 사람들이 요즘 동성애를 옹호하는 사람들, 종교다원주의를 주장하는 사람들입니다.

셋째로 착각하는 것은, "내가 가진 무언가를 가지고 하나님을 도울 수 있다"입니다. 교회 공동체가 인적인 자원도 필요하고, 물질적인 자원도 필요한 것은 분명합니다. 하지만 엄밀하게 말해서 그것은 교회 공동체를 위해 유익한 것이지, 하나님을 돕는 것은 아닙니다. 만약 하나님이 우리 인간의 도움이 필요한 분이라면, 하나님은 완전한 분도 전능한 분도 아닙니다.

그래서 예수님께서 제자들에게 하신 말씀이 무엇입니까? "나를 따르기 전에 먼저 자기 십자가를 지라"라는 것입니다. 먼저 자기가 죽어야 예수를 따를 수 있습니다. 그런데 우리의 모습은 어떻습니까?

내가 죽었습니까, 내가 살았습니까? 신앙생활을 오래 하고, 교회 안에서 영향력이 커질수록 내가 더 살아납니까, 더 죽습니까? 더 삽니다. 그리스도는 점점 죽는 쪽으로 사역하시다가 결국 십자가 위에서 죽으셨는데, 우리는 신앙생활을 오래 하면 오래 할수록 점점 더 사는 쪽으로 가고 있습니다.

고린도전서 15:31, "형제들아 내가 그리스도 예수 우리 주 안에서 가진 바 너희에 대한 나의 자랑을 두고 단언하노니 나는 날마다 죽노라"

보십시오. 사도 바울도 "나는 날마다 죽노라. 이게 나의 자랑이다"라고 했는데, 우리의 실제 모습은 무엇입니까? "음메, 기 살아." 기가 살다 못해 하늘로 뻗칠 기세입니다. 우리가 무엇을 믿고 있는지, 어떻게 신앙생활을 해야 하는지 잘 알지 못하면, 불교처럼 신앙생활하고, 점집 따라가는 신앙생활을 하면서도, 자기가 믿음이 제일 좋은 줄로 착각합니다. 세례 요한의 고백을 기억하시기 바랍니다. **"그는 흥하여야 하겠고 나는 쇠하여야 하리라 하니라"**

또 있지요. 예수님께서 제자들에게 가르쳐 주셨던 말씀입니다.

누가복음 17:10, "이와 같이 너희도 명령 받은 것을 다 행한 후에 이르기를 우리는 무익한 종이라 우리가 하여야 할 일을 한 것뿐이라 할지니라"

종은 주인이 명령한 것을 잘 지켜 행하는 사람입니다. 그것 했다고 해서 자기 공로를 주장하지 않습니다. 성경 말씀처럼, **"우리는 무**

익한 종이라 우리가 하여야 할 일을 한 것뿐이라" 이렇게 말합니다. 하나님께서 우리를 써 주신 것만으로도 감사한 일 아닙니까? 세상에 설교 잘하는 사람들이 얼마나 많은데, 저 같은 사람을 여러분 앞에 세워 주신 것이 감사하죠. 세상에 노래 잘하는 사람들이 얼마나 많은데, 여러분을 성가대와 찬양팀으로 인정해 주시니 감사하죠. 세상에 기도 잘하는 사람들이 얼마나 많은데, 우리의 기도를 들으시고 응답해 주시니 감사하죠. 여러분에게 있는 건강, 힘, 재능, 재물 이런 것들이 하나님의 자녀와 백성인 다른 성도들을 위해서 사용될 수 있도록 해 주시니 감사하죠.

그래서 우리가 하나님 앞에 서야 하는 자세는 무엇입니까? 세례 요한의 깨달음처럼 내가 쇠하고 죽어서, 오직 주님만이 영광 받으시고 흥하는 것입니다. 그래서 예수님은 나를 따르려거든 돈, 학벌, 재능 이런 것이 아니라, 자기 십자가를 지고 오라고 하십니다. 살아있는 네가 아니라 십자가에 이미 죽은 너, 아무것도 주장할 수 없는 네가 주님을 따를 수 있다고 합니다. 주님 앞에서 나의 체면과, 나의 이름과, 나의 영광과, 나의 자랑이 죽어지지 않는다면, 주님께서는 우리가 가진 어떠한 돈이나, 재능이나, 봉사심이나 이런 것들에 관심이 없으시다는 것을 기억하시기 바랍니다.

왜 그렇습니까? 결국 주를 위한다고 하고서 "내가" 드러나기 원하는 마음이 있기 때문이고, 주를 위해 했다고 말하지만 "내 자존심"이 상하면 더 이상 어떤 것도 하고 싶어지지 않기 때문입니다. 그 말은 무엇입니까? 사실은 주를 위해서가 아니라 자기 자신을 위해서 한 일인 것입니다. 아직도 우리는 너무도 많이 살아 있습니다. 그러기에 더 많이 깨어져야 할 부분이 아직도 있습니다. 죽어야 부활이 있습니다. 낮아져야 주님이 높이십니다. "주님도 흥하시고, 나도 흥하고" 이것이 깨져야 비로소 십자가가 복음이 됩니다. "나는 쇠하고, 주님만이 흥하시는" 이 비밀을 깨달아 아시기 바랍니다. 이것이 복음입니다. 내가 살아 있으면, 주님의 십자가는 필요 없어집니다.

"주님, 대제사장과 바리새인들에게 붙잡히신다니요, 더구나 고난받으시고 죽으신다니요? 그런 일은 절대 일어나지 않을 겁니다. 나만 믿으세요, 제가 다 막아 드리겠습니다." 예수님의 호위 무사처럼, 보디가드처럼 나섰던 베드로가 예수님께로부터 들었던 말은 "사탄아, 내 뒤로 물러가라"였습니다. 우리는 가끔 "내가 나서서 주님의 일을 대신 하겠다. 또는 내가 하나님의 일을 도울 수 있다"라고 생각합니다. 그러나 하나님은 우리의 도움을 필요로 하시는 분이 아닙니다. 하나님께서 "나와 같은 사람이 하나님의 일을 할 수 있도록 허락하신 것"입니다. 그때 우리가 가져야 할 자세는, 나에게 속한 것은 철저하게 쇠하게 하고, 십자가에 못 박고, 무익한 종에게 하나님께서 뜻을 두시고 일을 맡겨 주신 것에 대한 감사함으로 해야 합니다. "주님은 흥하시고 나는 쇠하는 것", 그것이 결국 내가 사는 길이고 흥하는 길임을 믿으시기 바랍니다. 하나님께서 성경을 통해 가르쳐 주신 기독교 진리인, '역설(paradox)'의 교훈을 깨달아 아시기 원합니다.

요한복음 4:1~9

물을 좀 달라 하시니

"1. 예수께서 제자를 삼고 세례를 베푸시는 것이 요한보다 많다 하는 말을 바리새인들이 들은 줄을 주께서 아신지라 2. (예수께서 친히 세례를 베푸신 것이 아니요 제자들이 베푼 것이라) 3. 유대를 떠나사 다시 갈릴리로 가실새 4. 사마리아를 통과하여야 하겠는지라 5. 사마리아에 있는 수가라 하는 동네에 이르시니 야곱이 그 아들 요셉에게 준 땅이 가깝고 6. 거기 또 야곱의 우물이 있더라 예수께서 길 가시다가 피곤하여 우물 곁에 그대로 앉으시니 때가 여섯 시쯤 되었더라 7. 사마리아 여자 한 사람이 물을 길으러 왔으매 예수께서 물을 좀 달라 하시니 8. 이는 제자들이 먹을 것을 사러 그 동네에 들어갔음이러라 9. 사마리아 여자가 이르되 당신은 유대인으로서 어찌하여 사마리아 여자인 나에게 물을 달라 하나이까 하니 이는 유대인이 사마리아인과 상종하지 아니함이러라"

3절부터 이어지는 본문 말씀은 예수님께서 사마리아의 수가라는 동네에서 살고 있던 한 이름 없는 여인과 나누신 대화의 내용입니다. 그런데 예수님께서 사마리아 여인과 나누시는 대화의 내용이, 1~2절과 구분된 새로운 단원으로 시작되는 것이 아니라 3장에서부터 이어지는 어떤 내용과 연결되고 있다는 것을 주목해야 합니다. 우리가 성경을 읽다 보면 기록된 주제의 내용이나, 그 말씀을 듣는 대상이 바뀌거나, 또는 새로운 사건이 시작될 때 동그라미 표시를 통해서 새로운 내용이 시작되고 있음을 구분하는 특징이 있다는 것을 알 수 있습니다.

지금 예수님께서 사마리아 여인과 대화를 나누시는 곳은, 앞서 3장의 '애논' 지역에서 제자들과 함께 세례를 베푸시던 장소가 아니라, 사마리아의 '수가'라는 동네로 장소가 바뀌었습니다. 또한 대화를 나누는 대상도 예수님의 제자들이나 세례 요한과 관계된 사람들이 아니라, 당시 이스라엘 백성들이 상대하지 않던 사마리아 사람이며 거기에 대해서 비천한 신분의 여인이었습니다. 그뿐만 아니라 사마리아 여인과 나누시는 대화 역시 3장의 내용과 별로 연관이 없어 보입니다.

그런데 오늘 본문은 1~2절과 3절 이하에 기록된 말씀을 보면, 이것은 새로운 내용이라고 동그라미 표시로 구분하지 않고 앞에서부터 이어지는 하나의 단원으로 묶고 있습니다. 그리고 오늘 본문을 3장에서부터 이어지는 하나의 내용으로 연결하여 살펴봤을 때, 발견하게 되는 귀한 진리가 있습니다. 1절에서, **"예수께서 제자를 삼고 세례를 베푸시는 것이 요한보다 많다 하는 말을 바리새인들이 들은 줄을 주께서 아신지라"** 라고 말씀하고 있습니다. 1절 말씀은 바리새인들의 관심이 어디에 있었는지를 분명하게 가르쳐 주는 말씀입니다. 물론 지난 시간에 세례 요한의 신앙고백이었던, **"그는 흥하여야 하겠**

고 나는 쇠하여야 하리라"(요 3:30)라는 말씀도 있었지만, 요한복음 3장의 핵심은 누가 뭐라 해도 16절 말씀입니다.

16절 말씀은 조금만 신앙생활을 관심 있게 한 사람이라면 누구라도 아는 말씀입니다. 하나님께서 세상을 사랑하셔서 모든 사람을 구원하길 원하셨고, 그 구원을 주기 위해서 당신의 아들 예수 그리스도를 세상에 보내 주셨다는 것입니다. 그리고 이 말씀은 바리새인이요, 유대인의 지도자였던 니고데모와 나누었던 대화의 결론과 같은 말씀입니다. 잘 보십시오. 구원이라고 하는 가장 중요한 주제를 가운데 두고, 예수님과 니고데모와 나누었던 대화와 예수님과 사마리아 여인이 나눈 대화를 절묘하게 대비해서 기독교의 본질인 구원을 설명하고 있습니다.

우리는 예수님과 니고데모가 나눈 대화를 통해서, 우리가 받은 구원이 진리를 찾기 위해 자기가 한 노력의 산물이라거나, 사람들에게 존경받고 인정받을 만한 종교적, 사회적 성과의 결과가 아님을 배웠습니다. 니고데모는 유대인의 지도자였고 랍비였으며, 율법에 정통한 학자였습니다. 하지만 그는 어떻게 사람이 거듭날 수 있는지, 어떻게 구원의 도를 깨우칠 수 있는지 전혀 알지 못했습니다. 결국, 예수님으로부터 선생이라고 인정받는 사람이 그것도 알지 못하느냐는 책망을 들었습니다.

그런데 그 예수님께서 누가 봐도 구원받기에 합당한 사람으로 보이지 않는 사마리아 여인을 찾아가서 구원을 베푸시는 모습을 통해서, 하나님께서 주시는 구원이 어떤 것인지를 다시 한번 깨닫게 해 주시는 것입니다. 니고데모에 대해서는 이미 살펴보았으니, 사마리아 여인이 어떤 사람인지 살펴보겠습니다. 사마리아 여인의 이름이 무엇이었는지 성경에는 기록되어 있지 않습니다. 다만 알 수 있는 것은, 이 여인에게 다섯 명의 남편이 있었고, 지금은 다른 남자와 살고 있다는 것입니다.

요한복음 4:18, "너에게 남편 다섯이 있었고 지금 있는 자도 네 남편이 아니니 네 말이 참되도다"

예로부터 어떤 사람이 평탄하지 않고 굴곡진 삶을 살고 있을 때 '기구하다'라는 표현을 합니다. 당시 유대 사회의 배경을 보면, 결혼한 부부 가운데 이혼을 선언하고 배우자를 내쫓을 권리가 오직 남자에게만 있었기 때문에, 이 여인은 적어도 다섯 명의 남편에게 버림을 받았습니다. 그리고 현재 함께 사는 남편도 이 여인을 진심으로 사랑하는 것으로 보이지 않습니다. 왜냐하면 예수님께서 **"지금 있는 자도 역시 네 남편이 아니니"**라고 말씀하고 있기 때문입니다. 또한 이 여인이 물을 길으러 나온 때가, 보통 사람들은 물을 길으러 오지 않는 대낮이었습니다. 다시 말씀드려서 사람들과 마주치면 자연스럽게 대화를 나눌 만한 신분이나 형편이 아니었다는 것입니다. 그런데 특이한 것은, 예수님께서 사마리아 여인을 대하시는 모습은 앞서 니고데모와 나누었던 대화의 모습과 확실히 다르게 느껴진다는 것입니다.

니고데모는 비록 밤중이기는 했지만 직접 예수님을 찾아왔습니다. 그리고 예수님께 대하여 "예수님, 우리는 당신이 하나님께로부터 오신 선생인 줄 압니다. 하나님이 함께하시지 않는다면 당신이 행하시는 이 표적을 아무도 할 수 없습니다"라고 말할 만큼 좋은 의도로 찾아왔습니다. 그런데 이렇게 선한 의도로 찾아온 니고데모를 대하시는 예수님의 반응은, 친절하고 부드러운 대답이라기보다는 마치 시험을 마친 뒤에 정답만 불러 주는 선생님처럼 딱딱하고 정감을 느끼기 어렵습니다.

요한복음 3:3, "진실로 진실로 네게 이르노니 사람이 거듭나지 아니하면 하나님의 나라를 볼 수 없느니라"

그에 비해 사마리아 여인을 대하는 예수님의 말씀 속에는, 요즘 말로 꿀이 뚝뚝 떨어집니다.

요한복음 4:10, "예수께서 대답하여 이르시되 네가 만일 하나님의 선물과 또 네게 물 좀 달라 하는 이가 누구인 줄 알았더라면 네가 그에게 구하였을 것이요 그가 생수를 네게 주었으리라"

그런데 이 사마리아 여인은 니고데모처럼 먼저 예수님을 찾아온 것도 아니고, 예수님께 뭘 물어보거나 달라고 하지 않았습니다. 오히려 예수님께서 이 여인을 찾아오셔서 나에게 물을 달라고 하셨습니다. 이와 같은 상황을 이해하지 못하면 기독교에서 말하는 구원이 무엇인지 도무지 알 수 없게 됩니다. 하나님께서 예수님과 여인의 대화를 기록하게 하실 때, 3장의 내용과 구별된 별개의 사건으로 기록하지 않으시고 연결된 하나의 사건으로 이어서 설명하시는 것을 통해서, 우리에게 주신 구원이 무엇인지를 가르쳐 주고 있기 때문입니다.

성경이 우리에게 알려 주려고 하는 구원의 본질이 무엇일까요? 먼저 알아야 할 것은 구원은 인간이 사색하고 연구하여 깨달음을 얻고, 그것을 이해하고 인정해서 얻는 것이 아니라는 것입니다. 구원받은 사람과 그렇지 못한 사람이 나뉘는 경계선이 어딘지 아십니까? 그것은 이 성경의 말씀이 그대로 믿어지는 사람과 그렇지 못한 사람의 차이입니다.

이번에 한국에 들어가서 대학 동기 친구를 만나 오랫동안 대화를 나누었습니다. 그 친구는 아주 보수적인 장로교회 신앙교육을 받았던 친구입니다. 또한, 그 친구의 아버님도 믿음이 좋으신 장로님이었습니다. 그런데 이 친구는 구원의 도리에 대해서, 그리고 하나님의 존재와 그분이 행하시는 모든 섭리에 대해서 자신이 연구하고 깨달아 알기를 원했습니다. 그리고 긴 시간 동안 혼자서 고민한 결과 "죽어서 천국에 가는 구원은 없다"라는 결론을 내렸다고 했습니다. 그 친구는 성경이 아니라 "예수의 정신"이 기독교의 본질이라고 주장을 했습니다. 그 "예수의 정신"은 예수님처럼 자신을 낮추고, 희생하고, 소외된 사람을 돕고, 약한 사람들의 편이 되어 주는 것이라고 했습니다. 따라서 오늘날 한국의 기독교는 진정한 기독교가 아니라고 주장했습니다. 왜냐하면, 기독교에만 구원이 있다고 고집하면서 다른 종교를 이해하고 포용하지 못하기 때문이랍니다. 그래서 '예수의 정신'을 실현하는 참다운 기독교가 되기 위해서는 종교다원주의로 가야 한다고 했습니다.

그래서 제가 말해 줬습니다. "기독교의 핵심은 '예수의 정신'이 아니라 인류를 구원하기 위해서 예수님께서 오시고 십자가 위에서 죽으셨다는 것이다. 그리고 예수를 믿어야만 구원을 받는다." 그랬더니 그 친구가 "구원이 뭐냐?"라고 하면서, "설마 죽으면 천국 간다고 하는 걸 말하느냐" 했습니다. 그래서 '맞다'고 대답하니, 죽어서 천국에 가는 게 무슨 의미가 있느냐면서, 자기는 천국이나 지옥을 믿지 않는다고 했습니다. "이 땅에서 남을 돕고, 소외되고 약한 사람들을 이해해 주고, 정의롭게 사는 것이 하나님의 나라요 천국이지, 죽은 뒤가 무슨 천국이냐?"라고 했습니다. 그러면서 기독교에서 말하는 천지 창조, 생명의 기원, 동정녀 탄생 이런 것들의 증거를 찾기 위해서 자기가 수많은 책을 찾아봤지만, 아무것도 찾을 수 없었다고 했습니다. 결국, 자기가 찾지 못했기 때문에 신은 없고, 생명의 근원이나 그런 것들도 어떻게 생겼는지 모른다고 말하는 것이 정답이라고 했습니다. 정말일까요? 자기가 보지 못하고 찾지 못해서 모르는 것은, '없다'고 결론을 내리는 것이 정답입니까?

인간의 지성은 얼마든지 왜곡될 수 있고, 자기가 옳다고 믿는 쪽으로 치우칠 수 있습니다. 이해관계가 대립할 수 있는 현재의 사건뿐만 아니라, 이미 결론이 난 역사적 사건을 두고도 서로 다른 두 세력이 저마다의 관점이 옳다고 주장하고 있지 않습니까? 광주 민주화 운동을 보는 관점이 다르고, 이승만 전 대통령과 김구 선생을 평가하고 이해하는 관점이 다릅니다. 그리고 서로 달리 이해하고 해석하는 지성에 대해서는, 상대방이 잘못된 것이라고 주장할 뿐 아니라 정권이 바뀔 때마다 자기들이 옳다는 것을 증명하기 위해서 반대편을 공격하는 일이 반복되고 있습니다. 지금 말씀드리는 것은 정치 이야기를 하자는 것이 아니라, 우리 인간의 지성과 이해가 얼마든지 자기가 보고 싶은 쪽으로, 자기가 관심이 있는 쪽으로만 강화될 수 있다는 것을 말씀드리는 것입니다. 그래서 인간의 지성은 그 어떤 종교나 철학이나 학문이나 고귀한 깨달음이라도 '진리'가 될 수 없습니다.

하지만 성경 말씀은 변하지 않는 진리입니다. 성경에 기록된 말씀은 마치 뷔페식당에 간 사람이 자기가 좋아하는 음식을 마음껏 골라서 먹는 것처럼 취사 선택할 수 있는 것이 아닙니다. 사람들은 "하나님이 우리를 사랑하신다"라고 말하는 말씀은 좋아하지만, "하나님이 죄인을 심판하신다"라는 말씀은 싫어합니다. 그런데 성경은 자기가 좋아하는 말씀만 쏙쏙 골라서 암송하고, 그 나머지 말씀은 있거나 말거나 상관하지 않고, 심지어 성경에 무슨 내용이 기록되어 있는지 궁금해하지도, 알려고 하지 않아도 되는 책이 아닙니다.

기독교 신앙은 반석이요 기초인 예수 그리스도와 하나님의 말씀인 '성경'이라는 기둥 위에 신앙의 집을 세워야 하는데, 그 기둥을 자기 마음대로 한쪽에 몰아서 세워 놓고 잘 지은 집이라고 할 수 있을까요? 성경을 제대로 알지 못하고 종교적 열심만으로 신앙생활하는 것은 올바른 신앙이라고 할 수 없습니다.

어떤 사람들은 "성경에는 오류가 많이 있고, 가장 최근에 기록된 성경도 2천 년 전에 완료된 것이어서 오늘날 현대인의 상황을 잘 설명하지 못한다"라고 하면서, 성경은 기독교 신앙을 위한 참고 서적과 같다고 말합니다. 하지만 그들의 주장은 틀렸습니다. 왜냐하면, 성경은 정확 무한한 하나님의 말씀이며 진리이기 때문입니다.

예를 들어서 어떤 사람이 성경이 지옥에 대하여 잘못 말하고 있다고 주장한다면, 천국이나 다른 것에 대해서는 성경이 올바로 말하고 있다고 누가 말할 수 있겠습니까? 만약 성경에 기록된 하나님의 창조 기록을 믿을 수 없다고 말한다면, 하나님께서 예수 그리스도를 통하여 우리를 구원하길 원하신다는 말씀도 신뢰받을 수 없을 것입니다. 만약 물고기 뱃속에서 사흘간 머물렀던 요나 이야기가 신화처럼 꾸며 낸 이야기라고 한다면, 예수님의 부활에 관한 내용도 똑같이 믿을 수 없는 동화 같은 이야기가 되고 말 것입니다.

이처럼 성경은 그 전체가 '진리'라는 반석 위에 함께 서 있거나, 그렇지 않으면 단지 종교심을 강화하기 위해서 꾸며 낸 이야기로, 마치 '단군 신화'에 나오는 '곰과 호랑이 이야기'처럼 되고 말 것입니다. 그래서 우리는 진리인 성경을 통해서 하나님과 예수 그리스도를 정확하게 알 수 있고, 구원의 원리를 배울 수 있으며, 구원받은 신자가 세상을 어떻게 살아야 하는지도 배울 수 있습니다.

바리새인이자 이스라엘의 선생인 니고데모와 같은 동네에 사는 사마리아 사람들로부터도 이웃으로 인정받지 못했던 여인을 비교하여 구원을 설명하시는 이 장면을 통해서, 예수님은 우리에게 무엇을 지적하고 싶으신 것일까요? 구원이란 인간이 가진 종교적 지식이나, 사회적 평판이나, 심지어 남편에게 다섯 번이나 버림받아서 가깝게 대화할 만한 친구 한 명 없는 사마리아 여인과 같은 사람이라도 예수님을 만나면 구원받을 수 있다는 것을 가르쳐 주고 있습니다.

사실 오늘날 교회와 성도들이 이 부분에서 얼마나 많이 넘어지는지 모릅니다. 특히 구원을 '도덕'과 연관 지어 생각하는 사람들이 많다는 것이 얼마나 안타까운지 모릅니다. 구원받은 성도들은 하나님의 자녀다운 삶을 살아야 하고, 예수님께서 명령하신 대로 자기 십자가를 지고 예수님이 가신 길을 따르는 삶을 살아야 할 것입니다. 하지만 구원은 내가 도덕적인 삶을 살고, 남보다 착한 일을 많이 해서 받는 것이 아닙니다. 앞서 말씀드렸던 제 친구가 한 말과 같이, "가난한 사람들을 돕고, 소외되고 약한 사람들의 친구가 되어 주며, 세상을 정의롭게 살아서" 구원받는 것이 아니라는 뜻입니다. 구원은 하나님께서 당신의 아들 예수 그리스도를 통해서 우리에게 일방적인 은혜로 주신 것이요, 우리는 구원을 선물을 받은 것입니다.

요한복음 4:3-4, "유대를 떠나사 다시 갈릴리로 가실새 4. 사마리아를 통과하여야 하겠는지라"

이렇게 예수님은 사마리아로 들어오셨습니다. 이와 비슷한 표현이 마태복음 4장에 나타납니다. 예수님의 공생애 중에서 가장 많이 보내신 곳이 바로 갈릴리입니다. 그런데 예수님은 갈릴리에 대해서 "이방의 갈릴리여"라는 표현을 사용했습니다.

마태복음 4:15, "스불론 땅과 납달리 땅과 요단 강 저편 해변 길과 이방의 갈릴리여"

"이방의 갈릴리여"라는 표현 속에는 예수님께서 유대를 떠나 이방으로 가신다는 의미가 포함되어 있습니다. 예수님께서는 마지막 선지자인 세례 요한을 죽이고, 자신까지 위협하고 있던 선민의 땅 유대를 떠나서 이방의 땅으로 여겨졌던 갈릴리로 은혜의 빛을 비추러 가셨습니다(마 4:12-16). 물론 예수님께서 공생애 사역을 하시는 동안, 이방인을 위하여 공식적으로 일하시지는 않았습니다. 예수님의 부활 승천 이후, 제자들에 의해서 사마리아와 땅끝까지 이르러서 복음이 전파될 것입니다. 하지만 그렇더라도 예수님께서 세상에 계시는 동안, 유대인들로부터 이방 취급을 받았던 갈릴리나 사마리아까지 두루 다니시면서 복음을 전하셨기에, 예수님의 제자들과 사도들도 땅끝까지 가서 복음을 전할 수 있었습니다.

하나님의 백성이라고 하는 유대인들은 메시아이신 예수 그리스도를 배척하고 심지어는 죽이려고 했습니다. 마땅히 환영받았어야 할 자기 백성들에게 도리어 배척당하고, 결국 이방의 땅으로 피하여 갈 수밖에 없었던 이 통탄할 사건이 도대체 왜 생겼을까요? 가장 환영받아야 할 자기 백성들에게 멸시와 무시를 받으시고, 이방의 갈릴리로 쓸쓸히 걸음을 돌이키실 수밖에 없게 한 자들은 누구일까요? 그들은 단지 2천 년 전의 유대인들만이 아니라 오늘날 우리도 해당한다는 사실을 잊지 말아야 할 것입니다. 바로 그 지적을 사마리아 수가라는 동네의 한 이름 없는 여인의 이야기를 통하여 가르쳐 주시려는 것입니다. 그리고 그 설명을 더욱 분명히 가르쳐 주시려고 앞서 3장에 나온 니고데모와 비교하여 가르쳐 주고 있습니다.

어쩌면 우리는 많은 부분에서 니고데모처럼 하나님의 백성이라는 모양은 가졌지만, 정작 하나님의 백성이 어떤 사람인지 제대로 알지 못하고 신앙생활을 하고 있는지도 모릅니다. 교회에 와서 예배드리는 것에 익숙하지만, 마음은 다른 곳에 있는 형식뿐인 신앙생활을 하는 것입니다. 만일 하나님께서 형식과 모양에 점수를 주셨다면 이스라엘은 멸망하지 않았을 것이고, 예루살렘에 세웠던 성전도 허물지 않으셨을 것입니다.

제자들이 예수님께 그토록 자랑스럽게 말했던 예루살렘 성전이, **"돌 하나도 돌 위에 남지 않고 다 무너뜨려지"**(눅 21:6)는 비극을 겪어야 했던 이유도 바로 그들의 중심이 없는 외식과 형식 때문이었습니다. 그들은 웅장하고 화려한 성전을 하나님께서 기뻐하실 것으로 생각했지만, 하나님께서는 그것을 좋아하지 않았습니다. 그들은 숫양의 번제와 살진 짐승의 기름으로 하나님께 제사하고, 절기와 안식일과 각종 대회로 모여서 하나님을 찬양했지만, 하나님께서는 그들이 하는 종교 행위가 하나님께 무거운 짐이 되어 싫어한다고 하셨습니다.

이사야 1:11-15, "여호와께서 말씀하시되 너희의 무수한 제물이 내게 무엇이 유익하뇨 나는 숫양의 번제와 살진 짐승의 기름에 배불렀고 나는 수송아지나 어린 양이나 숫염소의 피를 기뻐하지 아니하노라 12. 너희가 내 앞에 보이러 오니 이것을 누가 너희에게 요구하였느냐 내 마당만 밟을 뿐이니라 13. 헛된 제물을 다시 가져오지 말라 분향은 내가 가증히 여기는 바요 월삭과 안식일과 대회로 모이는 것도 그러하니 성회와 아울러 악을 행하는 것을 내가 견디지 못하겠노라 14. 내 마음이 너희의 월삭과 정한 절기를 싫어하나니 그것이 내게 무거운 짐이라 네기지기에 곤비하였느니라 15. 너희가 손을 펼 때에 내가 내 눈을 너희에게서 가리고 너희가 많이 기도할지라도 내가 듣지 아니하리니 이는 너희의 손에 피가 가득함이라"

하나님께서 우리에게 원하시는 것이 무엇일까요? 우리는 하나님께 자랑할 만한 무언가를 내놓거나, 하나님을 도와서 업적을 세울 수 있는 사람이 아닙니다. 우리는 수가성 여인처럼, 나는 아무것도 할 수 없는 자라는 사실을 인정해야 합니다. 그래서 "주여, 도와주시옵소서"라고 부르짖으며 도움을 요청할 수밖에 없는 존재임을 깨달아야 합니다. 우리는 하나님 앞에 전적으로 무능력한 존재입니다. 따라서 하나님께 나를 불쌍히 여겨 달라고 고백해야 합니다. 그래서 바울처럼 **"내가 나 된 것은 하나님의 은혜로 된 것"**(고전 15:10)이라는 고백이 우리 입에서 나올 수 있어야 합니다.

예수님께서는 니고데모에게 "네가 거듭나지 않았다면, 네가 나를 잘 알고 있고 많은 호감을 느꼈더라도 아무 소용이 없다"라는 것을 가르쳐 주셨습니다. 그에 비해서 사마리아의 수가성 여인과의 대화에서는 "주여, 그 물을 내게도 주옵소서", 이렇게 영생하도록 솟아나는 생명의 물을 자기에게도 달라고 예수님께 간구하여 얻는 것이 구원임을 가르쳐 주셨습니다.

사마리아 여인과 대화하는 도중에 양식을 구해 온 제자들이 돌아왔습니다. 예수님께서는 그 제자들에게 "추수할 때가 되었다"(요 4:35)라고 말씀하셨습니다. 앞서 요한복음 3장에서 관원이요, 바리새인으로서 예수님이 누구신지를 알고 친히 찾아왔던 니고데모가 **"당신은 하나님께로부터 오신 선생인 줄 아나이다"**(요 3:2)라며 예수님을 찾아왔을 때, 예수님은 "너는 거듭나야 한다"라고 말씀하셨습니다.

그런데 오늘 본문의 사마리아 여인은 다섯 남자에게 버림받고, 우물에 물 길으러 함께 올 친구조차 없는, 한마디로 버림받은 여인이었는데, 예수님께서는 구원에 관해서 관심조차 없는 그 여자에게 일부러 접근하여 말을 시키고는 대화하신 후에 "추수할 때가 되었다"라고 하셨습니다. 이것이 이해가 됩니까? 우리가 객관적으로 볼 때에 이미 준비가 다 되어 있는 것 같은 니고데모에게는 "너는 거듭나야 하겠다, 거듭나기까지는 안 되겠구나"라는 식으로 말씀하시고, 오히려 아무런 준비가 되어 있지 않아 보이는 사마리아 여인에게는 "너는 다 되었구나. 이제 추수해야겠다!"라고 하시는 겁니다.

사실 우리는 사마리아 여인과 같은 자리에 있다가 구원을 얻은 자들입니다. 구원이 무엇인지, 왜 구원이 필요한지, 그 구원을 어떻게 얻는 것인지 아무것도 몰랐던 우리를 하나님께서 구원하기로 작정하시고, 예수님을 세상에 보내어 우리 대신 십자가를 지게 하시며, 사도들과 복음 전도자들을 우리에게 보내어 복음을 듣게 하시고, 성령하나님의 은혜로 우리에게 믿음을 주셔서 드디어 우리가 예수 그리스도를 나의 주로 고백하고 하나님의 백성과 자녀가 되게 해 주셨습니다.

하지만 그렇게 은혜받은 기쁨은 잠시뿐이고, 교회에서 신앙생활을 하다 보면 유대인의 선생으로 바리새인이었던 니고데모처럼 예전의 못된 모습으로 다시 돌아갈 때가 많습니다. 마치 자기는 다른 사람보다 신앙심이 깊고, 착한 일을 많이 해서 구원받은 것처럼 생각합니다. 사마리아 사람들을 차별했던 유대인들처럼, 먼저 신앙생활하고 먼저 이 교회에 다닌 것이 큰 벼슬이라도 된 양 기득권을 사용하려고 하는 마음이 문득문득 들어온다는 것입니다.

 그럴 때 우리는 사마리아 수가성 여인을 찾아오신 예수님을 생각해야 합니다. 자기 자신조차 부끄럽게 여기고, 아무도 물을 길으러 오지 않는 가장 뜨거운 정오에 홀로 우물을 찾아온 여인에게 복음을 설명해 주시고 구원해 주신 예수님을 생각해야 합니다. 저와 여러분이 그 예수님을 만났습니다. 허물 많고 죄 많은 우리가 그렇게 구원받았습니다. 그런 우리가 누구를 판단하고, 누구를 내려다보겠습니까? 다 같은 죄인이요, 다 같은 은혜를 받은 사람들이니 서로 반갑게 맞아 주며 우리에게 구원을 주신 예수님께 더욱 감사하며 예배하는 참된 성도, 참된 교회가 되길 기원합니다.

요한복음 4:31~42

양식보다 귀한 것

"31. 그 사이에 제자들이 청하여 이르되 랍비여 잡수소서 32. 이르시되 내게는 너희가 알지 못하는 먹을 양식이 있느니라 33. 제자들이 서로 말하되 누가 잡수실 것을 갖다 드렸는가 하니 34. 예수께서 이르시되 나의 양식은 나를 보내신 이의 뜻을 행하며 그의 일을 온전히 이루는 이것이니라 35. 너희는 넉 달이 지나야 추수할 때가 이르겠다 하지 아니하느냐 그러나 나는 너희에게 이르노니 너희 눈을 들어 밭을 보라 희어져 추수하게 되었도다 36. 거두는 자가 이미 삯도 받고 영생에 이르는 열매를 모으나니 이는 뿌리는 자와 거두는 자가 함께 즐거워하게 하려 함이라 37. 그런즉 한 사람이 심고 다른 사람이 거둔다 하는 말이 옳도다 38. 내가 너희로 노력하지 아니한 것을 거두러 보내었노니 다른 사람들은 노력하였고 너희는 그들이 노력한 것에 참여하였느니라 39. 여자의 말이 내가 행한 모든 것을 그가 내게 말하였다 증언하므로 그 동네 중에 많은 사마리아인이 예수를 믿는지라 40. 사마리아인들이 예수께 와서 자기들과 함께 유하시기를 청하니 거기서 이틀을 유하시매 41. 예수의 말씀으로 말미암아 믿는 자가 더욱 많아 42. 그 여자에게 말하되 이제 우리가 믿는 것은 네 말로 인함이 아니니 이는 우리가 친히 듣고 그가 참으로 세상의 구주신 줄 앎이라 하였더라"

요한복음 4장은, 예수님께서 사마리아 수가라는 동네를 지나시다가 한 우물가에서 만난 여인에게 복음을 전하시고 그 여인을 통해 찾아온 사마리아 사람들에게도 복음을 전해 믿게 되는 내용입니다. 31~42절까지 이어지는 긴 내용 속에서 우리가 기억해야 하는 두 가지 사실에 대해 살펴보려고 합니다.

31절에 예수님께서 우물곁에서 기다릴 때, 마을로 먹을 것을 구하러 갔던 제자들이 돌아와서 예수님께 음식을 드시라고 말하자, 예수님께서 "내게는 너희가 알지 못하는 먹을 양식이 있다"라고 말씀하셨습니다. 그러자 제자들이 누가 예수님께 먹을 것을 먼저 가져다주었는지 서로 물었습니다. 제자들의 이야기를 들으신 예수님께서 이렇게 대답하십니다.

> 요한복음 4:34, "예수께서 이르시되 나의 양식은 나를 보내신 이의 뜻을 행하며 그의 일을 온전히 이루는 이것이니라"

오늘 우리가 기억해야 할 첫 번째 내용이 바로 이것입니다. "예수님께서 양식보다 귀하게 생각하셨던 것이 무엇이었는가?" 하는 것입니다. 예수님께서 사마리아를 찾아오신 이유가 길을 가다가 피곤했기 때문이고, 또한 그 시간이 오후 12시로 점심때였기 때문에 예수님께서 우물곁에서 기다리시는 동안 제자들은 음식을 찾으러 갔었던 것입니다. 그런데 제자들이 음식을 구해서 돌아와 예수님께 음식 드실 것을 권하자, 예수님께서는 한 여인을 하나님 앞으로 돌아오게 한 것으로 인하여 기뻐하시면서, 그것이 나의 양식이라고 말씀하신 것입니다.

단순하게 생각하면 이렇게 이야기하면 될 것입니다. "예수님께서는 먹고 마시는 것보다 한 영혼을 구원하시는 것이 더 중요한 일이었다." "예수를 믿는 우리들도 한 영혼을 구원하는 것이 먹고 마시는 것보다 더 중요한 일이다." 물론 이런 개념이 틀린 것은 아닙니다. 하지만 이 문제는 그렇게 단순하게 결론 내릴 내용이 아닙니다. 예수님께서 육신의 피곤함으로 휴식을 취하시고, 식사 때에 음식을 먹는 것보다 죽어 가는 한 영혼을 하나님 앞으로 돌아오게 하는 것이 나의 양식이라고 했다는 것은 지극히 당연한 일처럼 보입니다.

하지만 그 한 영혼을 하나님께로 돌아오게 하기 위해서 예수님께서 어떤 일을 하셨는지를 알지 못하면, 우리가 은혜로 받은 이 구원에 대해서 감사함을 잊어버리게 되는 잘못을 범하게 됩니다. 예수님께서 하신 34절 말씀은 '사람이 먹고 사는 양식보다 더 중요한 것이 있다'는 말씀입니다. 그러면 질문드리겠습니다. "여러분에게 먹고 사는 것보다 더 중요한 것은 어떤 것입니까?" 다시 질문드리겠습니다. "여러분은 먹는 것보다 더 중요한 것을 우연히, 또는 대충 할 수 있습니까?"

구원에 대하여 개혁신앙을 따르는 장로교의 기본 교리는, 하나님의 예정과 선택을 믿는 것입니다. 하나님의 뜻 가운데 포함된 자들은 모두 구원받게 된다는 것이 장로교의 예정론입니다. 그래서 하나님께서 창세전에 이미 우리를 예정하셔서 구원하기로 하셨다면, 구원에 관한 한 우리가 할 일은 없고 어쨌든 하나님께서 이루실 것이니 노력할 필요가 없다고 생각하기 쉽습니다. 그런데 오늘 성경은 그렇게 말씀하고 있지 않습니다. 예수님께서는 구원받아야 할 한 영혼을 하나님께로 이끌어 오려는 분명한 목적과 뜻을 가지고 사마리아까지 찾아오셨으며, 쉽게 납득하지 못하는 여인을 설득하려고 긴 대화를 통해 예수님의 그리스도 되심을 설명해 주고 있습니다. 그로 인하여 사마리아 여인뿐 아니라, 수가성에 사는 사마리아 사람들도 구원을 받게 됩니다.

지난 시간에도 살펴봤듯이, 이스라엘 지도를 보면 예루살렘과 갈릴리의 중간 지역에 사마리아가 있습니다. 그리고 예수님과 제자들은 갈릴리로 가는 도중에 우연히 사마리아에 들렀다가 이 여인을 만나서 복음을 전한 것처럼 보입니다.

요한복음 4:3-4, "유대를 떠나사 다시 갈릴리로 가실새 4. 사마리아를 통과하여야 하겠는지라"

그런데 현대인의 성경을 보면, 예수님께서 사마리아로 가신 이유를 조금 더 구체적으로 설명하고 있습니다.

요한복음 4:3-4(현대인의 성경), "예수님은 이것을 아시고 유대를 떠나 다시 갈릴리로 향해 가셨는데 4. 도중에 사마리아를 지나가셔야만 했다."

KJV 성경에서는 "must"라는 단어를 사용하여, 예수님께서 반드시 사마리아로 가야 하는 분명한 목적이 있었다고 말씀합니다. 또한 예수님께서 우물곁에 앉으신 이유에 대해서 설명할 때 길 가시다가 피곤해서 앉으셨다고 했습니다.

요한복음 4:6, "거기 또 야곱의 우물이 있더라 예수께서 길 가시다가 피곤하여 우물곁에 그대로 앉으시니 때가 여섯 시쯤 되었더라"

그런데 여기 '피곤하여'라고 번역된 동일한 단어가 38절에 다시 등장합니다. '노력하다'라는 단어입니다.

요한복음 4:38, "내가 너희로 노력하지 아니한 것을 거두러 보내었노니 다른 사람들은 노력하였고 너희는 그들이 노력한 것에 참여하였느니라"

6절과 38절에 동일하게 사용된 헬라어 '케코피아코스'는 "심한 노동으로 인하여 피곤하다"라는 뜻입니다. 피곤할 만큼 심한 노동을 했다고 할 때, 그것은 우연히 하게 되는 것입니까, 목적을 갖고 하는 것입니까?

요한복음 4장의 사건은 예수님께서 갈릴리를 향해 가시다가 다리가 아파서 잠깐 쉬려고 앉았다가, 우연히 그곳에 물을 길으러 온 여인을 보고서 마치 희롱하듯 물 좀 달라고 하면서 생긴 사건이 아닙니다. 예수님은 이 사마리아 여인이 물을 길으러 오는 시간에 정확하게 만나기 위해서 노력해서 오신 것입니다. 무슨 말씀입니까? 사마리아의 한 이름 없는 여인, 그것도 다섯 남자에게서 버림을 받고 여섯 번째 남자에게도 사랑받지 못하는 여인을 만나시려고 일부러 먼 길을 찾아오셨다는 것입니다.

유대인들은 상종하지 않던 사마리아 사람입니다. 게다가 이 여인은, 같은 사마리아 사람들 가운데서도 최악의 조건을 가진 사람입니다. 어찌 보면 이 여인은 그 동네에서도 환영받지 못하는 사람인지도 모릅니다. 보통 여인들은 우물가, 빨래터 이런 곳에 모여서 이야기를 하곤 하는데, 이 여인은 아무도 찾아오지 않는 정오에 혼자 물을 길으러 찾아왔기 때문입니다. 그렇게 버림받은 여인을 구원하기 위해서, 예수님께서 얼마나 분명한 목적과 인간으로서 행할 수 있는 최선의 노력을 다해서, 그것도 피곤하고 지쳐서 앉아야 할 곳을 찾아야 할 만큼 수고하셨는지 보여 줍니다. 그런데 예수님께서는 왜 이렇게 버림받은 여인을 위해 이러한 수고와 노력을 하셔야만 했을까요? 이 여인을 찾아 구원하는 것이 하나님의 뜻을 이루는 것이었기 때문입니다.

요한복음 4:34, "예수께서 이르시되 나의 양식은 나를 보내신 이의 뜻을 행하며 그의 일을 온전히 이루는 이것이니라"

제자들이 볼 때는 갈릴리로 가는 도중에 지치기도 하고, 배도 고프고 해서 잠깐 쉬는 것으로 보였습니다. 하지만 예수님께서는 죄와 마귀와 사망에 붙들려 있는 이 여인을 구원하기 위해서, 다른 유대인들은 멀리 돌아가는 사마리아 땅을 일부러 찾아오신 것입니다. 그러면 저와 여러분이 받은 구원은 어떤 것입니까? 오다가다 대충 받은 것입니까? 부모님이 신앙생활하던 분이라 그냥 태어나 보니 교회도 삶의 일부처럼 되어서 믿게 된 것입니까? 예수님을 믿게 된 과정은 조금씩 다를지 모르지만, 우리 개개인을 찾아오신 예수님은 분명한 목적을 가지고 찾아오셨고, 인격적으로 우리의 지성과 감정과 마음을 설득하여 믿게 하신 것입니다. 왜 그렇습니까? 저와 여러분을 구원하는 것이 하나님의 뜻이며, 그 일을 온전히 이루어 내시는 것이 예수님의 일이기 때문입니다.

> 요한복음 6:38-39, "내가 하늘에서 내려온 것은 내 뜻을 행하려 함이 아니요 나를 보내신 이의 뜻을 행하려 함이니라 39. 나를 보내신 이의 뜻은 내게 주신 자 중에 내가 하나도 잃어버리지 아니하고 마지막 날에 다시 살리는 이것이니라"

여기 말씀을 보시면 하나님께서 예수님을 이 땅에 보내신 뜻이 있고, 예수님은 하나님께서 자신에게 주신 자들 가운데 하나도 잃어버리지 않고 다 살리는 일을 하셔야 했다고 말씀하고 있습니다. 그리고 예수님은 그와 같은 하나님의 뜻을 성실히 수행하셔야 했기에 **"나의 양식은 나를 보내신 이의 뜻을 행하며 그의 일을 온전히 이루는 이것이니라"** 라고 하셨던 것입니다. 여러분도 이런 경험이 있지 않습니까? 직장이나 사업장에서 반드시 해야 하는 어떤 일이 있을 때, 밥을 먹는 것보다 해야 할 일을 완수하는 것이 더 급하기 때문에 식사하는 것도 뒤로 미뤄 본 경험 말입니다. 하지만 우리는 밥 먹는 것을 거르면서까지 최선을 다했음에도 불구하고, 때때로 실수를 하거나 일을 그르칠 때가 있습니다.

그러면 예수님은 어떨까요? 예수님은 능력이 부족해서 자신에게 맡겨진 일을 망치거나 실수할 분이 아닙니다. 하지만 그렇다고 해서 예수님께서 말씀 한마디만으로 모든 일을 다 해결하신 것도 아니었습니다. 사람을 찾아가서 만나시고, 그들에게 천국과 구원에 대한 복음을 설명하셨지만 사람들이 듣지 않았습니다. 그리고 결과적으로 예수님은 자신이 구원하고자 했던 사람들에 의해 십자가의 죽음을 당하셔야 했습니다. 물론 예수님의 십자가 죽음과 부활은 사람들을 구원하기 위한 방법이었지만, 인간의 몸을 입고 오신 예수님께서 이 땅에 사시면서 행하신 사역의 과정들을 보면, 우리 생각만큼 쉽게 된 일이 없었다는 것입니다.

오늘 본문에 나오는 사마리아 여인도 예수님께서 물을 달라 했을 때, 즉시 물을 떠 주면서 "예수님, 나에게 구원의 길을 가르쳐 주세요" 이런 부탁을 하지 않았습니다. 여인은 "당신은 유대인인데 어떻게 사마리아 사람인 나에게 물을 달라고 하십니까?" 하며 반문했습니다. 예수님께서 이 여인에게 "네게 물을 달라고 하는 이가 누구인 줄 알았다면, 오히려 네가 그에게 생수를 달라고 했을 것이라"라고 말씀하시자 또다시 이렇게 반문했습니다. "여기는 물을 길을 그릇도 없고 이 우물은 깊은데 당신이 어디서 그런 생수를 구한단 말씀입니까?" 그 후로도 예수님과 사마리아 여인은 우물을 판 야곱에 대한 이야기, 생수에 대한 이야기, 여인의 남편에 관한 이야기, 예배에 대한 이야기를 했고, 최종적으로 메시아에 대한 이야기까지 하게 됩니다.

한 사람을 구원하기 위해서 예수님께서 얼마나 많은 수고와 노력을 하고 계신지 보십시오. 예수님이 가지신 신적인 능력으로 '믿으라!' 소리치시니, '믿습니다' 하고 반응이 오지 않습니다. 예수님께서 하고 싶으신 말만 다 한 뒤에 "믿든지, 안 믿든지 네가 결정해!" 이렇게 맡겨 두지도 않습니다. 여인이 질문하는 모든 사항들에 대해서 다 가르쳐 주셨습니다. 한 영혼을 구원하기 위해 정성을 들였습니다. 그렇게 예수님의 말씀을 다 들은 여인이 최종적으로 자기 동네에 들어가서 한 말이 무엇이었습니까?

요한복음 4:28-29, "여자가 물동이를 버려 두고 동네로 들어가서 사람들에게 이르되 29. 내가 행한 모든 일을 내게 말한 사람을 와서 보라 이는 그리스도가 아니냐 하니"

"이는 그리스도시라"라고 자신의 입으로 고백하게 된 것입니다. 사마리아 여인 한 사람을 구원하기 위한 예수님의 열심이 요한복음 4장 전체에 기록되어 있음을 보십시오. 당시 사회 배경에서 여자는 사람의 숫자에 포함되지 않았습니다. 게다가 같은 동족으로부터 인간 대접도 받지 못하는 사마리아 사람입니다. 그 사마리아 사람들 중에서도 가장 기구한 삶을 살고 있는 여인입니다. 하지만 예수님께서는 그 사마리아 여인을 만나기 위해서 피곤하고 지칠 만큼 노력하여 찾아오셨고, 예수님이 자기를 찾아오신 이유도 알지 못하는 여인을 구원하기 위해 긴 시간 설명하고 설득하셨다는 것입니다.

예수님께서 사마리아 여인을 구원하는 것을 양식보다 귀하게 여기셨던 것처럼, 저와 여러분을 구원하기 위해 수고하며 찾아오셨다는 것을 기억하시기 바랍니다. 여러분을 인격적으로 설득하여 마음으로 인정하게 하고, 여러분의 입으로 주가 그리스도이심을 시인하도록 하시려고 얼마나 많은 일들을 보이시고 행하셨는지, 그리고 마침내 여러분이 믿음을 갖게 된 것에 대해서 감사하시기 바랍니다. 여러분이 가진 믿음은 우연히 갖게 된 것이 아닙니다. 여러분이 남들보다 탁월한 선택을 해서도 아닙니다. 여러분을 향한 하나님의 열심, 그리스도의 수고, 성령님의 참고 기다리심이 여러분의 믿음을 만든 것입니다.

두 번째로 살펴보려고 하는 것은, "사마리아 사람들이 어떻게 복음을 믿게 되었는가?" 하는 것입니다. 예수님을 만난 사마리아 여인이 물동이를 버려두고 자기 동네로 돌아가서 사람들을 불러왔습니다. "내가 어떤 분을 우물가에서 만났는데 그 사람은 나를 처음 봤으면서도 내가 누구이며, 내가 무엇을 행하였는지 다 알더라"라고 하면서 "그분이 그리스도가 아니냐?"라고 말했습니다. 그러자 동네 사람들이 예수님을 만나러 와서 예수님의 말씀을 듣고, 자기 동네에 들어오셔서 며칠 머물기를 청하자 예수님께서 그곳에서 이틀 동안 머물면서 그들과 대화를 나누셨습니다. 그리고 예수님께서 돌아가실 때가 되었을 때, 사마리아 사람들은 한목소리로 신앙고백을 했습니다.

요한복음 4:41-42, "예수의 말씀으로 말미암아 믿는 자가 더욱 많아 42. 그 여자에게 말하되 이제 우리가 믿는 것은 네 말로 인함이 아니니 이는 우리가 친히 듣고 그가 참으로 세상의 구주신 줄 앎이라 하였더라"

여기서 우리가 주목해서 봐야 할 말씀이 '이 여인이 동네에 들어가서 어떻게 예수님을 소개했는가?'입니다.

요한복음 4:39, "여자의 말이 내가 행한 모든 것을 그가 내게 말하였다 증언하므로 그 동네 중에 많은 사마리아인이 예수를 믿는지라"

이 말씀이 중요한 것은, 사마리아 여인과 수가성 사람들이 예수님을 믿게 된 이유가 예수님의 말씀을 듣고서 **"그가 참으로 세상의 구주신 줄 앎이라"**라고 고백하게 되었다는 것입니다. 요한복음 4장에서 발견하는 특징은, 예수님께서 자신이 그리스도 되심을 증명하거나 사람들에게 효과적으로 복음을 전하시기 위해서 기적을 행하지 않았다는 것입니다. 오히려 예수님의 고향이었던 갈릴리의 가나에서 물로 포도주를 만드는 기적을 행하셨고, 유월절에 예루살렘에서 많은 표적을 보이시면서 유대인들을 대상으로 기적을 행하셨습니다. 하지만 예수님의 고향 땅이나 예루살렘에서는 예수님을 믿고 신앙을 고백하는 사람들이 없었습니다.

다시 말씀드려서 예수님이 행하신 기적을 통해서 사람들이 온전한 믿음을 갖게 되고, 자신의 죄를 회개하며 하나님 앞에 나와 믿음을 고백하는 일이 쉽게 일어나지 않았다는 것입니다. 그래서 지금 이 내용이 대단히 중요합니다. 오늘날 사람들이 기적을 쫓고 신비함을 따라갑니다. 지금까지 경험하지 못했던 새로운 것을 보고 체험하게 되면, 확신을 갖고 그게 진짜라고 생각합니다. 물론 그와 같은 성령의 역사가 이제는 일어나지 않는다는 것을 말씀드리는 것은 아닙니다.

하지만 성경에 나타난 성령의 역사는 성령께서 직접 행하신 역사였지, 오늘날 성령 사역을 한다는 사람들이 주장하고 행하는 '임파테이션'의 모습으로 역사한 적이 없습니다.

오늘 말씀드리려고 하는 내용은 '임파테이션'이라고 하는 영 전달, 또는 성령을 나눠 주는 일들에 대한 잘못된 주장을 반박하려고 하는 것이 아닙니다. "예수님께서 행하신 기적이 무엇을 가르쳐 주기 위해 행하는 것인가?" 하는 것입니다. 예수님이 행하신 기적은 기적 자체에 의미가 있는 것이 아니라, 그 기적을 통해 예수님의 그리스도 되심과 하나님의 아들 되심, 그리고 하나님의 일을 아들이신 예수님께서 행하시는 것을 알리기 위한 목적입니다.

또한 그 기적을 통해 구원하기 원하시는 사람들에게 하나님의 뜻을 알게 하고, 믿음을 주기 위함입니다. 그래서 예수님의 기적을 가리켜서 표적이라고 말하는 것입니다. 하지만 사람들은 예수님이 진짜로 전하려고 하는 뜻에는 별로 관심이 없었습니다. 오직 물질적인 가치로 자기들에게 당장 아쉬운 문제들이 해결되고, 신비한 현상을 보는 것으로 족했습니다. 그래서 벳새다 뜰에서 오병이어의 기적을 체험한 사람들이 바다 건너 가버나움까지 찾아왔을 때, 예수님께서 그들을 향해 "너희가 나를 찾은 것은 떡을 먹고 배부른 까닭이라" 하시며 오히려 책망했습니다.

그에 비하여 요한복음 4장에서 행하신 예수님의 사역에는, 기적 대신 '말씀'이 핵심으로 등장합니다. 다시 말씀드려서 예수님께서 사마리아 사람들에게 기적이 아닌 말씀을 통해 믿음을 주고 있다는 것입니다. 41~42절 말씀에서 확인하는 것처럼, **"예수의 말씀으로 말미암아 믿는 자가 더욱 많아"**졌고 그들이 **"친히 듣고 그가 참으로 세상의 구주신 줄"** 알게 되었습니다. 그래서 믿음은 무엇입니까? 예수님의 말씀으로 말미암아 예수님이 구주이심을 아는 것입니다. 특히 믿음이 어떻게 생기게 되는 것이냐고 할 때, 성경이 주는 해답은 말씀으로 생기게 된다고 말합니다. 창세기 1장에서 하나님께서 천지를 창조하실 때 무엇으로 창조하셨습니까? 말씀으로 창조하셨습니다.

요한복음 1장 1절에서도 **"태초에 말씀이 계시니라 이 말씀이 하나님과 함께 계셨으니 이 말씀은 곧 하나님이시니라"** 이렇게 "예수님은 말씀이셨다"라고 소개합니다. 그러면 예수님은 왜 말씀이실까요? 하나님께서 인간을 창조하실 때 하나님과 닮은 존재로, 즉 소통할 수 있는 존재로 창조하셨습니다. 죄를 짓기 전의 원래 인간은, 하나님과 대화하고 소통할 수 있는 존재였습니다. 하지만 타락하여 에덴동산에서 쫓겨난 이후, 극히 일부의 사람들만 하나님과 대화할 수 있었습니다.

하나님께서 사람을 창조하신 목적이 소통이셨기 때문에, 그 사람들을 구원하여 영원토록 하나님과 함께하며 소통하기 위해서 말씀이셨던 예수님을 이 땅에 육신의 몸으로 보내신 것입니다. 누군가와 대화를 하고 그 사람을 알아 가기 위해서 가장 많이 필요한 것이 무엇입니까? '말'입니다. 그러면 '말'은 강한 자와 약한 자, 누구에게 더 많이 필요하겠습니까? 당연히 약한 자에게 필요합니다. 강한 자는 말이 아니어도 충분히 자기의 뜻을 전달할 수 있습니다. 힘으로도 하고, 표정으로도 합니다. 하지만 약한 사람은 강한 사람 앞에 어떻게 말합니까? "우리 좋게 말로 하자!"

하나님은 꼭 말이라는 수단이 아니라도 얼마든지 당신의 뜻을 전하실 수 있는 전능하신 분입니다. 그럼에도 불구하고 하나님은 마치 연약한 사람이 강한 사람에게 '좋게 말로' 하는 것처럼 사람에게 찾아오셨습니다. 그렇게 찾아오신 분이 누구입니까? 말씀이신 예수님입니다.

요한복음 4:39-42, "여자의 말이 내가 행한 모든 것을 그가 내게 말하였다 증언하므로 그 동네 중에 많은 사마리아인이 예수를 믿는지라 40. 사마리아인들이 예수께 와서 자기들과 함께 유하시기를 청하니 거기서 이틀을 유하시매 41. 예수의 말씀으로 말미암아 믿는 자가 더욱 많아 42. 그 여자에게 말하되 이제 우리가 믿는 것은 네 말로 인함이 아니니 이는 우리가 친히 듣고 그가 참으로 세상의 구주신 줄 앎이라 하였더라"

사마리아 사람들이 예수님을 믿고, 그들의 신앙을 고백하게 되는 과정을 보시기 바랍니다. 그들에게는 물이 포도주로 변하는 기적이 없었습니다. 병자가 낫고 귀신이 쫓겨나는 기적도 없었습니다. 풍랑을 잠잠하게 하거나 바다 위를 걷고, 오병이어의 기적을 목격한 것도 아닙니다. 예수님께서 이틀 동안 그곳에 머무실 때 그분의 말씀을 들은 것뿐입니다. 그런데 그렇게 예수님의 말씀을 듣고 내린 결론이 무엇입니까? "이제는 우리가 친히 듣고 그가 참으로 세상의 구주신 줄 알겠다"라는 것이었습니다. 오늘날 교회에 가장 필요한 것이 무엇입니까? 우리 소원이 이루어지고 아쉬운 문제들이 해결되는 것입니까? 방언 기도 하고, 몸이 뜨거워지고, 갑자기 웃거나 울게 되고, 신비한 현상을 보고 체험하는 것입니까?

바꿔서 말씀드리겠습니다. 말씀이신 예수님께서 이 땅에 오신 목적이 소통을 위해서라고 말씀드렸습니다. 중매가 되었든 우연한 만남이 되었든 여러분의 자녀가 누군가를 데리고 와서 사귀게 되었다고 말했습니다. 그런데 가만히 보니까 여러분의 자녀와 사귀는 상대방이 무슨 대화를 할 때마다 뭔가를 달라고 합니다. 통장에 돈이 얼마나 있는지 물어보고, 자기가 원하는 걸 들어줄 수 있느냐며 능력을 보여 달라고 합니다. 그 증거로 핸드백 사 주면 만나 주고, 구두 사 주면 만나 주고, 명품 옷 사 주면 만나 줍니다. 그런데 그가 요구한 것을 안 사 주면 잘 만나 주지도 않습니다. 여러분은 계속 만나라 하겠습니까, 끝내라 하겠습니까? 아마도 '못난 놈'이라고 말하면서 그 사람과의 관계를 끝내라 할 것입니다.

건강한 관계는 어떤 모습입니까? 물질적인 것을 내놓지 않아도 둘 사이에서 대화가 통하고, 말이 끊이지 않는 것입니다. 대화를 통해 서로가 서로에 대한 인격적인 신뢰가 생기고, 상대에 대한 이해와 배려가 있는 것입니다. 만날 때마다 선물을 주지 않아도 상대방이 자신을 사랑하고 있다는 것을 의심하지 않는 것입니다. 그리고 그 사랑하는 마음을 확인하는 가장 중요한 도구가 무엇입니까? 진심을 담은 말입니다. 상대방이 약속했던 말이, 상황이 변하고 시간이 지나도 바뀌거나 파기되지 않고 지속되는 것입니다. 하나님께서 당신의 능력을 보여 줄 수 없어서 우리에게 말씀으로 찾아오시는 것이 아닙니다.

지난 3월 7일 저녁, LA에서 5분 사이에 약 1,500번의 천둥과 번개가 친 것이 뉴스에 보도됐습니다. 아마도 그 광경을 직접 목격한 사람이라면, 하나님이 얼마나 두려우신 존재인지 알았을 것입니다. 예수님이 오시기 전, 또는 예수님을 알지 못하는 사람들에게 하나님은 그런 하나님이셨습니다. 두려운 하나님이었고, 죄를 지으면 멸망시키시는 분으로 이해되었습니다. 하나님께서 사람을 세상에 창조하실 때는 그런 목적으로 창조한 것이 아닌데, 죄지은 인간은 그렇게 무서운 하나님으로 생각했습니다. 사사를 통하고, 선지자와 제사장을 통해 말씀하시는 하나님에 대한 이해는 부족할 수밖에 없었습니다.

그래서 하나님께서 당신의 독생자 예수님을 세상에 보내셨습니다. 왜, 무엇 때문에 보내셨습니까? 예수님께서 직접 전하는 말로써 하나님의 마음을 알려 주기 위함이었습니다. 더 이상 선지자나 제사장을 통해서 말씀하시는 것이 아니라, 하나님께서 직접 사람의 몸을 입고 세상에 오셔서, 하나님과 영원히 대화하고 소통할 수 있는 길이 있음을 알려 주시기 위해서 친히 오신 것입니다. 또한 성경을 기록하여, 우리가 기록된 말씀을 보면서 하나님께서 당신의 아들을 통해 구원의 길을 열어 놓으셨고, 누구든지 예수 이름을 믿는 자는 그 이름으로 말미암아 영생을 얻게 해 주셨습니다.

요한복음 20:31, "오직 이것을 기록함은 너희로 예수께서 하나님의 아들 그리스도이심을 믿게 하려 함이요 또 너희로 믿고 그 이름을 힘입어 생명을 얻게 하려 함이니라"

여러분, 기독교는 말씀의 종교입니다. 그리고 하나님께서 말씀으로 우리에게 당신을 계시하시고, 말씀으로 우리의 구원을 확인할 수 있도록 하신 것을 감사하게 생각해야 합니다. 하나님께서 말씀이 아닌 다른 수단으로 우리에게 당신을 보이신다면 우리는 두려워 떨 수밖에 없습니다. 말씀이 아닌 다른 수단으로 구원을 확인해야 한다면, 우리의 정성과 노력은 어떻게 해도 부족할 것입니다. 하지만 전능하신 하나님께서, 누구보다 연약한 모습으로 우리에게 말씀으로 찾아오고 계십니다. 이렇게 말씀으로 찾아오실 때 우리의 자세는 어떠해야 하겠습니까? 하나님께서 "우리 좋게 말로 하자" 이렇게 찾아오시니까, 여러분이 갑이 되고 강한 자가 된 것 같습니까?

그런데 그렇게 생각하는 사람들도 있습니다. "기적 한번 보여 보시죠? 당신이 있다는 걸 증명해 보시죠!" 여러분, 정말로 여러분은 하나님께서 그런 모습으로 여러분을 찾아와서 당신을 증명해 보이길 원하십니까? 꼭 벼락을 맞아 보고, 지진 해일을 경험해 본 뒤에 '하나님이 정말 계시는구나!' 인정하겠습니까?

> 시편 149:4, "여호와께서는 자기 백성을 기뻐하시며 겸손한 자를 구원으로 아름답게 하심이로다"

충분히 두렵고 강한 방법으로 찾아오실 수 있음에도, 말씀으로 찾아오신 하나님의 존재 앞에 겸손하시기 바랍니다. 그리고 감사하시기 바랍니다. 기적이 아닙니다. 말씀입니다. 왜냐하면 하나님 나라에서는 기적은 더 이상 필요가 없고 오직 말, 대화만이 하나님과 우리 사이의 영원한 교제, 교통, 교류, 교감의 수단이기 때문입니다. 말씀이신 예수님, 말씀으로 찾아오신 성령님을 귀히 여기시고, 언제나 확인할 수 있고 문서로 증명을 받은 성경이 여러분 손에 있음을 감사하면서, 사마리아 사람들처럼 들은 말씀으로 신앙을 고백하시기 바랍니다.

요한복음 4:43~54

두 번째 표적

"43. 이틀이 지나매 예수께서 거기를 떠나 갈릴리로 가시며 44. 친히 증언하시기를 선지자가 고향에서는 높임을 받지 못한다 하시고 45. 갈릴리에 이르시매 갈릴리인들이 그를 영접하니 이는 자기들도 명절에 갔다가 예수께서 명절중 예루살렘에서 하신 모든 일을 보았음이더라 46. 예수께서 다시 갈릴리 가나에 이르시니 전에 물로 포도주를 만드신 곳이라 왕의 신하가 있어 그의 아들이 가버나움에서 병들었더니 47. 그가 예수께서 유대로부터 갈릴리로 오셨다는 것을 듣고 가서 청하되 내려오셔서 내 아들의 병을 고쳐 주소서 하니 그가 거의 죽게 되었음이라 48. 예수께서 이르시되 너희는 표적과 기사를 보지 못하면 도무지 믿지 아니하리라 49. 신하가 이르되 주여 내 아이가 죽기 전에 내려오소서 50. 예수께서 이르시되 가라 네 아들이 살아 있다 하시니 그 사람이 예수께서 하신 말씀을 믿고 가더니 51. 내려가는 길에서 그 종들이 오다가 만나서 아이가 살아 있다 하거늘 52. 그 낫기 시작한 때를 물은즉 어제 일곱 시에 열기가 떨어졌나이다 하는지라 53. 그의 아버지가 예수께서 네 아들이 살아 있다 말씀하신 그 때인 줄 알고 자기와 그 온 집안이 다 믿으니라 54. 이것은 예수께서 유대에서 갈릴리로 오신 후에 행하신 두 번째 표적이니라"

오늘 본문은 한 왕의 신하가 예수님을 찾아와서 거의 죽게 된 아들의 병을 고쳐 달라고 요청하자, 예수님께서 그 아들의 병을 고쳐 주신 내용입니다. 그리고 **"이것은 예수께서 유대에서 갈릴리로 오신 후에 행하신 두 번째 표적이니라"**라고 말씀합니다. 예수님께서 사마리아를 떠나서 갈릴리로 돌아오셨을 때, 많은 사람이 예수님을 영접했습니다. 그 이유는 예수님께서 예루살렘에서 행하셨던 많은 기적을 갈릴리 사람들도 보았기 때문입니다.

> 요한복음 4:45, "갈릴리에 이르시매 갈릴리인들이 그를 영접하니 이는 자기들도 명절에 갔다가 예수께서 명절중 예루살렘에서 하신 모든 일을 보았음이더라"

아마도 왕의 신하는 명절을 지키기 위해 예루살렘에 갔다가 예수님보다 먼저 갈릴리로 돌아온 사람들이 전한 말과 소문을 들었을 것입니다. 그리고 예수님께서 갈릴리로 돌아오셨다는 소식을 듣고, 일부러 가버나움에서 가나까지 찾아온 것입니다. 이스라엘 지리를 아는 학자들은, 가버나움에서 가나까지는 걸어서 4시간 정도 되는 거리라고 말합니다. 그런데 예수님은 아들의 병을 고칠 수 있을 거라는 희망을 품고 먼 길을 찾아온 왕의 신하에게, **"가라 네 아들이 살아 있다"**라고 하시면서 그대로 돌려보냈습니다.

왕의 신하는 예수님께서 직접 자기 집까지 오셔서 아들의 상태도 살펴보고, 안수를 하시든 기도를 하시든 일반적으로 예측 가능한 방법으로 고쳐 주실 것을 기대했지만, 예수님은 그렇게 하지 않았습니다. 두 번이나 예수님께서 자기 집으로 오셔서 고쳐 달라고 부탁했지만, 예수님은 단지 말씀으로만 '네 아들이 괜찮아졌다'라고 하시면서 그냥 돌려보낸 것입니다. 실망한 마음으로 집으로 돌아가던 왕의 신하는, 길에서 만난 그의 종들로부터 아들의 병이 나았다는 소식을 전해 들었고, 아들이 나은 시각이 예수님께서 말씀하셨던 그 시각이었다는 것을 알게 됩니다. 그리고 그 일로 인하여서 자신과 그의 온 집안이 예수님을 믿게 되었다고 성경은 말씀합니다.

요한복음 4:53, "그의 아버지가 예수께서 네 아들이 살아 있다 말씀하신 그 때인 줄 알고 자기와 그 온 집안이 다 믿으니라"

오늘 본문의 핵심은, 걸어서 4시간 정도 먼 거리에 떨어진 신하의 아들이 무슨 병에 걸렸는지 전혀 알지 못하는 상태였음에도 예수님께서 단지 말씀으로만 고쳤다는 것을 알려 주기 위해서 기록한 것이 아닙니다. 요즘 미국과 한국을 비롯한 선진 의료 기술을 가진 병원들은 인터넷을 통한 화상통화 기능으로, 다른 나라에 있는 환자들까지도 치료하는 원격진료를 시행하고 있습니다. 가장 낮은 단계로는 의학적 위험이 낮은 재진료 환자나, 노인이나 장애인처럼 병원을 방문하기 어려운 사람을 영상통화를 통해 진료하는 것입니다. 하지만 원격진료의 핵심은 고급 의료 기술을 가진 병원과 의사가, 지방이나 외국과 같이 먼 거리에 떨어져 있어서 만족스러운 치료를 받지 못하는 환자들을 원거리 진료를 통해 치료해 주고 돈을 받는 것입니다.

그런 맥락에서, 가버나움에 사는 왕의 신하가 아들의 병을 고쳐 달라고 예수님을 찾아오자, 멀리 떨어져 있는 예수님이 마치 원격진료를 하듯이 말씀만으로 치료해 주었다는 것을 자랑하려고 기록한 것이 아닙니다. 오히려 본문은 아들의 치료를 위해 예수님을 찾아왔던 왕의 신하가, 예수님의 말씀만으로도 아들이 고침 받았다는 사실을 깨닫고, 그와 그의 집이 예수를 믿게 되었다는 데에 그 목적을 두고 기록한 것입니다. 그리고 이와 같은 결론이 성경적인 해석임을 알기 위해서 다시 본문을 자세히 살펴볼 필요가 있습니다.

요한복음 4:47, "그가 예수께서 유대로부터 갈릴리로 오셨다는 것을 듣고 가서 청하되 내려오셔서 내 아들의 병을 고쳐 주소서 하니 그가 거의 죽게 되었음이라"

아마도 왕의 신하는 예수님이시라면, 병들어 거의 죽게 된 아들이라도 능히 고칠 수 있을 거라고 믿음이 있었던 것으로 보입니다. 앞서도 살펴봤던 것처럼, 이 신하의 아들이 고침을 받은 사건이 예수님의 두 번째 표적입니다. 그 앞에는 갈릴리 가나에서 물로 포도주를 만든 기적이 있었을 뿐입니다. 그리고 명절을 지키기 위해 예루살렘에 갔다가 돌아온 사람들이 전하는, 예수님이 행하셨다는 기적에 대한 소문을 들었을 뿐이죠. 한마디로 이 사건은, 예수님께서 본격적으로 사역을 시작하신 초기의 일입니다.

우리도 사업을 개업하거나 어떤 일을 새로 시작할 때, 누군가 찾아와 주고 알아봐 주면 고맙지 않습니까? 예수님도 이제 막 사역을 시작하시면서 가나와 예루살렘에서 기적을 행하셨는데, 고향으로 돌아오자마자 멀리서부터 자신에 대한 소문을 듣고 찾아와서 아들을 고쳐 달라고 부탁하는 사람이 있었던 것입니다. 저 같으면, 고마웠을 것 같습니다. 어떻게 알고 이 먼 거리를 찾아왔느냐면서 같이 가 보자 했을 것입니다. 그런데 예수님의 처음 반응은 너무나 뜻밖이었습니다.

요한복음 4:48, "예수께서 이르시되 너희는 표적과 기사를 보지 못하면 도무지 믿지 아니하리라"

예수님에 대한 어느 정도 믿음을 갖고 찾아와서 '내 아들을 고쳐 달라'고 부탁하는 사람에게, "너희들은 표적과 기사만 좋아하지 도무지 믿음이라고는 찾아 볼 수가 없구나" 하면서 도리어 책망하신 것입니다. 그러자 이 신하가 어떻게 대답합니까?

요한복음 4:49, "신하가 이르되 주여 내 아이가 죽기 전에 내려오소서"

지금 이 신하가 예수님을 찾아온 목적이 무엇입니까? 죽을병이 걸린 아들이 고침을 받는 것입니다. 메시아로 오신 예수님에 대한 믿음이 아니라, 아들을 고치고 싶은 본인의 절실함 때문에 찾아온 것입니다. 이것이 바로 이 신하가 예수님을 찾아오게 된 가장 핵심이 되는 내용입니다. 예수님을 찾아온 이 왕의 신하는, 예수님이라면 능히 아들을 고칠 수 있을 것이라는 확신이 있었습니다. 그래서 **"주여 내 아이가 죽기 전에 내려오소서"**라고 요청했던 것입니다. 그러면 과연 이 신하의 믿음은 기독교에서 말하는 믿음과 같은 종류의 믿음이었을까요? 세상에는 아주 다양한 믿음이 존재합니다. 그리고 그 믿음은 모두 진실된 믿음입니다.

첫째로, 역사적 사실에 대한 믿음입니다.

지난 말씀 성회에 이은선 목사님께서 오셔서, 지금부터 약 500년 전에 루터와 츠빙글리라는 사람이 있었는데, 그들이 종교개혁을 일으키는 도화선이 되었다고 가르쳐 주셨습니다. 여러분은 목사님께서 하신 말씀을 믿습니까? 어떻게 믿을 수 있습니까? 500년 전 사람을 본 적도 없는데요. 하지만 우리는 모두 그들이 실제로 살아 있었고, 타락한 기독교를 다시 일으켜 세운 종교개혁을 일으켰다는 사실을 역사적 기록을 통해서 확인하고 믿습니다. 이런 믿음을 가진 사람들은 구원을 받습니까? 못 받습니까? 역사적인 믿음은 구원과 상관없는 믿음입니다.

둘째로, 의사에 대한 믿음이 있습니다.

어느 날 병원에 가서 건강검진을 했는데 의사가 하는 말이 간, 또는 위에 암세포가 발견됐다는 것입니다. 다행히 초기여서 수술로 제거하고 치료만 하면 완치될 거라고 합니다. 수술이 무엇입니까? 전신마취로 나를 반죽음 상태로 만들어 놓고, 멀쩡한 배를 갈라서 몸 안에 있는 내 간이나 위에 붙어 있는 암세포를 떼어 내겠다는 것입니다. 그런데 그냥 수술하는 것이 아니라 동의서를 받습니다. 수술하다가 죽어도 책임지지 않겠다는 겁니다. 멀쩡한 배를 칼로 갈라서 의사가 수술하다 죽게 해도 책임지지 않겠다는데, 그렇더라도 여러분은 의사를 믿고 동의서에 사인하고 수술하지 않습니까? 이런 믿음을 가지면 구원받습니까? 못 받습니까? 이런 믿음도 구원과 관계없는 믿음입니다.

셋째로, 기적을 바라는 믿음입니다.

이런 믿음은 기독교뿐만 아니라 옛날 우리 조상들이 가졌던 무속신앙, 토속신앙에도 있습니다. 마을에 전염병이 돌거나 가뭄이 들었을 때, 배를 타고 나가거나, 사냥을 나갈 때 굿을 했습니다. 이사를 가거나 결혼이나 자녀의 이름을 지을 때도 용한 무당이나 스님을 찾아가서 도움을 구했습니다. 그뿐만 아니라 과거시험을 본다거나 중요한 일이 있을 때, 자연신이나 부처님의 도움, 즉 기적을 바라는 기도를 했습니다. 새벽 이른 시간에 찬물로 목욕을 하고, 깨끗한 물을 떠 놓고 기도했습니다.

보십시오. 기독교가 아닌 무속신앙, 토속신앙 같은 하등 종교에도 기적을 바라는 믿음은 있습니다. 그뿐만 아니라 인간의 삶을 돌아보고, 적어도 죽음 이후의 세계를 생각하는 고등 종교인 불교나 천주교, 힌두교, 이슬람교와 같은 종교들에도 기적을 바라는 믿음이 있습니다. 그리고 실제로 그와 같은 믿음을 가지고 간절함을 드린 사람들이 저마다 종교적 기적을 체험했다고 합니다. 그들이 체험했다고 하는 기적은 진짜입니까, 가짜입니까? 그들에게는 진짜입니다. 그러면 그들이 체험한 기적으로 인한 믿음도 우리가 가진 믿음과 같은 믿음이라고 할 수 있습니까?

넷째로, 일시적인 믿음도 있습니다.

어쩌면 이 일시적인 믿음은 기독교적인 믿음과 가장 가깝습니다. 하나님의 말씀을 듣고 감동이 되고, 그래서 예수 믿겠다고 결심도 하고, 교회에 등록도 합니다. 예배에 참석하고, 부흥회, 무슨 기도회에 가서 방언도 하게 되고, 소위 말하는 성령 체험도 합니다. 목사님이 말씀하는 대로 기도했더니 원하고 바라던 것이 이루어지는 응답도 받았습니다. 그런데 예수 믿는 것이 그렇게 만만한 것이 아닙니다. 내 기도가 이루어지고, 예수 믿는 것 때문에 좋아질 때는 열심히 믿음 생활을 했는데, 이 믿음 때문에 어려운 일이 생기고, 재산에 손해가 오고, 하는 일이 막히고 안 되는 일이 생기기도 합니다. 그럴 때 어떤 사람은 그럼에도 불구하고 잘 통과하는 사람도 있고, 또 어떤 사람은 예수 믿는 것을 때려치우고 다른 종교로 갈아타는 사람도 있습니다.

간혹 부흥회 포스터에 보면 어느 절의 주지스님 또는 유명한 무당이었던 사람이 개종해서 목사가 되기도 하고, 전도를 잘하는 전도인이 되어서 교회마다 간증하러 다니는 사람이 있습니다. 이런 분들의 간증을 들으면 정말 통쾌한 소리를 잘합니다. 우리가 모르는 부분을 막 긁어 줍니다. 그런데 그런 사람이 기독교에만 있을까요? 절에는 없을까요? 거기도 있습니다. 어디 신학교를 졸업해서 목사까지 됐던 사람이, 참된 도를 깨닫고 승려가 됐다고 하는 사람이 있습니다. 이런 믿음을 가졌던 사람은 자기 확신과 자기 믿음이었던 것이지, 구원과는 상관없는 믿음입니다.

그러면, 본문에 나온 왕의 신하가 가졌던 처음 믿음은 어떤 믿음에 가깝습니까? 의사에 대한 믿음입니다. 그래서 예수님께서 그 신하에게 하셨던 말씀이 무엇이죠? **"너희는 표적과 기사를 보지 못하면 도무지 믿지 아니하리라"** 이 신하에게는 단지 병 고치는 의사에 대한 믿음 말고 다른 것은 없었다는 것입니다. 그리고 예수님을 자기 집으로 모시고 와서 아들을 고쳐 주길 바랐던 이 신하는, 자기의 바람과는 달리 예수님께서 단지 말씀으로만 가라고 하면서 **"네 아들이 살아 있다"**라고 하시니 그 말을 믿고 집으로 돌아갔습니다.

> 요한복음 4:50, 예수께서 이르시되 가라 네 아들이 살아 있다 하시니 그 사람이 예수께서 하신 말씀을 믿고 가더니

그런데 오늘 본문에 보면, 이 신하가 예수님의 말씀을 믿고 집으로 출발한 시간과 그가 집으로 가던 중에 하인들을 만난 시간 사이에 상당한 차이가 있습니다. 우리 개역성경으로는 실감하기가 힘든데요, 52절 말씀을 현대인의 성경으로 보면, **"병이 낫기 시작한 때를 물었다. 그러자 종들은 어제 오후 1시경에 열이 떨어졌다고 대답하였다."**라고 기록되어 있습니다.

앞서 이 신하가 예수님을 찾아왔던 가나와 가버나움까지의 거리가 약 4시간 정도였다고 했습니다. 신하가 예수님의 말씀을 믿고 곧바로 집으로 돌아갔다면, 아마도 그에게 소식을 전하러 오던 종들을 통해서 자기가 집에 도착하기 전에 자기 아들이 이미 나았다는 사실을 알게 되었을 것입니다. 아무리 늦었어도 예수님과 헤어진 후 4시간 만에 집에 도착하자마자 알게 되었을 것입니다. 하지만 이 신하는 곧

바로 집으로 돌아가지 않고 어딘가에서 하루를 머물다가 다음 날 집으로 돌아갔습니다.

50절에 예수님으로부터 **"가라 네 아들이 살아 있다"**라는 말씀을 들었고, 그 사람이 예수님이 하신 말씀을 믿었다고 말씀은 했지만, 그가 가졌던 '믿음' 안에 아주 복잡한 의미가 들어 있었다는 것입니다. 그 하루 동안 이 신하는 무엇을 했을까요? 예수님을 모시고 가면 아들을 고칠 수 있을 거라는 희망을 가지고 왔지만, 끝내 자신과 동행하지 않으신 것에 대한 서운함과 아픈 아들에 대한 미안함이 있었을 것입니다.

또 한편으로는 예수님을 모시고 집으로 갔다면 아들을 고칠 수 있을 거라는 믿음으로 찾아왔는데, 정작 예수님은 모시지 못하고 자기 혼자 집으로 돌아갔을 때 실망할 가족들을 보기가 민망했을 것입니다. 결국 이 신하는 예수님의 말씀만 듣고 선뜻 집으로 돌아가지 못했을 만큼, 믿음과 서운함 사이에서 많은 고민을 해야 했고, 그렇게 하루를 바깥에서 보내야 했던 것입니다.

자, 그러면 이런 고민은 아픈 아들을 고치고 싶었던 이 신하만 가진 고민입니까? 저와 여러분은 그런 비슷한 고민이 없습니까? 우리도 신앙생활을 하면서 이와 비슷한 고민을 합니다. 우리가 고민하는 문제를 하나님께서 들어 주시면 문제가 해결될 것을 분명히 믿습니다. 그리고 하나님께서 그 문제를 해결해 주실 때, 우리 눈에 보이고 확인할 수 있는 방법으로 해결해 주시면 정말 좋겠습니다. 아마도 그 광경을 목격한다면, 우리의 믿음은 더욱 확실하고 분명해질 것입니다.

하지만 하나님께서 그렇게 하지 않습니다. 단지 '말씀으로만' 하십니다. 이게 문제입니다. 이 왕의 신하가 예수님께 요청했던 것이 무엇이죠? "예수님, 저랑 같이 우리 집으로 가시죠"였습니다. 그런데 그 사람에 대한 예수님에 대답은 무엇이었습니까? "너희는 기적과 신기한 일을 눈으로 보지 않고는 쉽게 믿지 않을 것이다. 너희가 가진 믿음이라는 것은 언제나 그 정도다."(48) 지금 이 말씀을 누구에게 하시는 것입니까? 2천 년 전에 예수님께서 왕의 신하에게 한 말입니까? 아닙니다. 오늘 저와 여러분에게 하시는 말씀입니다. "너희는 신체적으로 감각하고 체험해서 느껴야 믿는 믿음을 가졌구나. 언제쯤 온전한 믿음을 가질래?"

보십시오. 이 신하가 예수님께서 말씀만 하셔도 아들의 병이 즉시 나을 것이라는 믿음이 있었고 확신이 있었다면, 죽을병에서 고침받은 아들을 보기 위해서 집으로 빨리 돌아갔을 것입니다. 하지만 자기가 할 수 있는 것이 아무것도 없었기 때문에, 기대하고 있을 가족에 대한 미안한 마음과 아버지로서 아무것도 할 수 없다는 무력감에 길에서 하루를 머물며 혼자 고민하다가 터덜터덜 집으로 돌아가고 있습니다. 그러다가 도중에 자기 집 하인들을 만났는데, 자기가 예수님을 만났던 어제 오후 1시경에 아들이 나았다는 소식을 전해 들었습니다. 그 뒤에 어떤 일이 있었습니까?

요한복음 4:53, "그의 아버지가 예수께서 네 아들이 살아 있다 말씀하신 그 때인 줄 알고 자기와 그 온 집안이 다 믿으니라"

우리는 언제나 결론이 중요합니다. "죽을병에 걸렸던 아들이 다 나았다. 나은 아들을 보고서 왕의 신하와 그 집안이 다 믿게 되었다." 그런데 오늘 본문의 사건은 이와 같은 결론을 내리기 전에, 성경에 기록되지 않은 숨겨진 하루 동안의 이 신하의 고민을 이해하지 못하면, 53절에 기록된 이 아빠와 가족들이 가진 믿음의 감격을 이해하지 못합니다.

오늘 이 표적 외에도, 복음서 많은 곳에는 예수님께서 병든 자를 고치신 기적들을 기록하고 있습니다. 마가복음 7장에는 귀먹고 말더듬는 자를 고치실 때, 그의 귀에 손가락을 넣으시고 그의 혀에 손을 대시면서 '에바다'라고 말씀하시니 그가 듣게 되고, 말하게 되는 기적이 기록되어 있습니다. 요한복음 9장에는 날 때부터 소경 된 어떤 사람에게, 침을 뱉어 진흙을 이겨 눈에 바르시고 실로암 못에 가서 씻으라고 했습니다.

하지만 오늘 이 왕의 신하에게는 단지 말씀으로만, "네 아들이 살았다"라고 말씀하셨습니다. 집으로 돌아가는 길에서 자기 집 하인들을 만나기 전까지, 이 신하에게는 아무런 희망이 없어 보였습니다. 하지만 마지막에 극적인 반전이 일어나면서, 단지 원하던 아들의 병이 고침을 받았다는 것뿐만 아니라 그의 가족들이 예수 그리스도가 누구신지 새로운 깨우침과 믿음을 갖게 되었다고 성경은 기록하고 있습니다. 그리고 바로 이 부분이 오늘 성경이 저와 여러분에게 가르쳐 주려고 하는 귀한 메시지입니다.

이 신하의 아들이 고침을 받게 된 것은, 이 신하가 예수님의 말씀을 믿었기 때문에 고침을 받은 것입니까? 그 사람의 믿음과는 상관없이 고침을 받게 된 것입니까? 상관없이 받은 것입니다. 만약 이 신하가 곧바로 자기 집으로 돌아왔다면, 그것도 엄청 빨리 뛰어서 네 시간 거리를 한 시간 만에 도착했다면, 아마도 이 신하는 자기가 확실하게 믿었기 때문에 아들이 고침을 받았다고 했을 것입니다.

하지만 이 신하는 네 시간 거리의 집을 하루가 지나도 돌아가지 않았습니다. 아니, 돌아가지 못했습니다. 아들이 고침받았다는 것도 자기가 확인한 것이 아니라, 집안 하인들이 소식을 전해 줘서 알았습니다. 그 집안사람들의 관심은 무엇이었겠습니까? 병든 아이가 고침받는 것입니다. 그리고 그 아이의 병을 고쳐 보겠다고 이 신하는 먼 길을 걸어서 예수님을 찾아갔던 것입니다. 그런데 그렇게 바라던 아이가 나았는데, 예수님을 모시러 간 아빠는 하루가 지나도 돌아올 생각을 않습니다. 오죽 답답했으면 이 아이의 아빠를 찾기 위해서 하인들을 보냈겠습니까? 이게 바로 우리의 실력입니다.

우리는 예수 그리스도의 은혜로 우리의 문제가 이미 해결된 것도 알지 못할 뿐 아니라, 여전히 자기 혼자 심각하고, 자기 혼자 고민에 빠져서 헤어 나올 줄 모르는 상태입니다. 무엇 때문에 심각하고, 무엇 때문에 고민하는 것입니까? 내가 눈으로 직접 보고, 이해할 수 있는 방법으로 문제가 해결된 것이 아니기 때문에 심각하게 고민하는 것입니다. 그러면 예수님은 무엇을 원하셨을까요? 예수님께서 병자를 고친 것을 사람들이 알아봐 주길 원하셨을까요?

마가복음 1:40-44, "한 나병환자가 예수께 와서 꿇어 엎드려 간구하여 이르되 원하시면 저를 깨끗하게 하실 수 있나이다 41. 예수께서 불쌍히 여기사 손을 내밀어 그에게 대시며 이르시되 내가 원하노니 깨끗함을 받으라 하시니 42. 곧 나병이 그 사람에게서 떠나가고 깨끗하여진지라 43. 곧 보내시며 엄히 경고하사 44. 이르시되 삼가 아무에게 아무 말도 하지 말고 가서 네 몸을 제사장에게 보이고 네가 깨끗하게 되었으니 모세가 명한 것을 드려 그들에게 입증하라 하셨더라"

한 나병환자가 예수님께 와서 깨끗하게 고쳐 달라고 간청했을 때, 예수님께서 그를 고쳐 주셨습니다. 그리고 마치 병을 낫게 해 주신 조건처럼 그 사람에게, 엄히 경고하시면서 "삼가 아무에게 아무 말도 하지 말고 오직 제사장에게 병 나은 것을 확인받고, 율법에 정한 예물을 드려 입증하라"라고 말씀하셨습니다. 예수님의 이 말씀은, 제사장을 통해 다 나았다는 것을 검증받고 확인받아야 하는 나병이 완전히 고쳐졌다는 것을 확인하도록 하시면서도, 사람들에게 소문을 내는 것은 금하시는 것입니다. 왜 그랬을까요? 사람들의 관심이 나병환자가 고침받은 것에 대해서는 관심이 있고, 자기들의 아쉬운 문제가 해결되는 것에 대해서는 관심이 있지만, 정작 예수님께는 관심이 없다는 것을 아셨기 때문입니다.

예수님께서 행하신 기적들은, 기적 자체에 의미가 있는 것이 아니라 그 기적을 통해서 하나님이 어떤 분이신지, 그 하나님께서 우리 인간들에 대해 어떤 계획과 목표를 갖고 계신지 알려 주는 일종의 표시입니다. 그래서 예수님께서 행하신 기적을 표적이라고 하는데, 그 목적은 예수 그리스도가 누군지 알려 주는 것입니다. 예수님께서 행하신 표적이 무슨 뜻인지를 설명해 주는 대표적인 예가 나사로를 살릴 때 하신 말씀입니다. 요한복음 11장에 죽은 나사로를 다시 살리시는 장면인데 이렇게 말씀합니다.

요한복음 11:41-42, "돌을 옮겨 놓으니 예수께서 눈을 들어 우러러 보시고 이르시되 아버지여 내 말을 들으신 것을 감사하나이다 42. 항상 내 말을 들으시는 줄을 내가 알았나이다 그러나 이 말씀 하옵는 것은 둘러선 무리를 위함이니 곧 아버지께서 나를 보내신 것을 그들로 믿게 하려 함이니이다"

예수님께서 죽은 나사로를 살리신 기적을 통해 사람들에게 알려 주려고 하는 목적이 무엇입니까? 마르다와 마리아를 비롯해서 그 자리에 둘러선 사람들에게 예수님이 누구신지, 다시 말씀드려서 예수님께서 하나님께 하는 말을, 아버지인 하나님께서 다 들으시고 이루어 주시는, 그리스도이심을 믿게 하시려는 것입니다. 하지만 사람들의 관심은 무엇이죠?

요한복음 11:37, "그 중 어떤 이는 말하되 맹인의 눈을 뜨게 한 이 사람이 그 사람은 죽지 않게 할 수 없었더냐 하더라"

눈 뜨고, 고치고, 죽었다 살아나고, 그런 것입니다. 우리의 관심과 하나님의 관심, 우리가 바라는 것과 예수님께서 주려고 하시는 것이 이렇게 다릅니다. 본문에서 왕의 신하의 아들을 고치신 기적이, 사마리아를 방문하신 이후에 일어난 사건임을 기억하십시오. 사마리아에서는 기적을 행하지 않으셨습니다. 하지만 고향으로 돌아오시자마자 기적을 행하셨습니다.

  사마리아 사람들은 예수님께서 하시는 말씀을 듣고 예수님을 믿었습니다. 하지만 왕의 신하는 예수님의 말씀을 듣고 다음 날까지 집에도 돌아가지 못하고 혼자 고민하다가, 자기를 찾으러 온 하인들이 어제 오후에 아들이 나았다는 소리를 듣고, 집으로 돌아가서 확인한 뒤에 믿었습니다.
  말씀을 들은 것만으로도 믿는 신앙과 자기가 구하고 바라는 대로 해 주었음에도 정작 요청한 본인이 확실하게 믿지 못하고 헤매고 있다가, 이미 그 소원이 이루어진 것을 확인한 뒤에야 믿는 신앙이 있습니다. 오늘 저와 여러분의 신앙은 어떤 신앙입니까? 말씀만으로 충분하십니까? 기적을 봐도 모르겠습니까?

  오늘 본문은, 문제를 해결 받은 왕의 신하와 그의 가정이 그제야 예수 그리스도를 믿게 되었다고 합니다. 오늘 본문을 기록한 이유가 바로 이것입니다. 그래서 이 사건이 예수님의 두 번째 표적이 되는 것입니다. 자신의 신앙을 돌아보시기 바랍니다. 여러분은 어떤 예수님을 믿고 계십니까? 예배드리고, 헌금 잘한다고 해서 좋은 신앙인이 되는 것이 아닙니다. 예수님을 제대로 믿어야 합니다. 단지 병 고쳐주고, 아쉬운 문제 해결해 주시는 예수님을 믿는 그런 믿음이 아닙니다. 하나님께서 저와 여러분을 어떻게 사랑하셨으며, 어떤 열심을 갖고 우리를 찾아오셨는지, 우리 한 영혼을 구원하시기 위해서 어떤 수고와 애를 쓰고 계시는지 제대로 알아야 합니다.

예수님께서 우리를 구원하신 궁극적인 이유에 대한 이해와 감사가 없으면, 우리가 가진 믿음이라는 게 소원 성취한 사람, 세상이 좋아하고 바라는 복을 많이 가진 사람이 가장 믿음이 좋은 사람이 되고 맙니다. 신비한 능력을 행하고, 귀신들이 항복하고 쫓겨 나가게 하는 사람들이 대단한 믿음을 가졌다고 생각합니다. 하지만 성경은 뭐라고 말씀합니까?

누가복음 10:19-20, "내가 너희에게 뱀과 전갈을 밟으며 원수의 모든 능력을 제어할 권능을 주었으니 너희를 해칠 자가 결코 없으리라 20. 그러나 귀신들이 너희에게 항복하는 것으로 기뻐하지 말고 너희 이름이 하늘에 기록된 것으로 기뻐하라 하시니라"

예수님께서 우리들에게 무엇으로 기뻐하라고 말씀하십니까? 우리 이름이 하늘에 기록된 것으로 기뻐하라. 원수들의 능력을 제어할 권능을 주시고, 귀신들도 항복하는 능력을 주셔서, 그런 능력으로 대단한 일을 행한 그걸로 기뻐할 것이 아니라, 너희 이름이 하늘에 기록된 것, 구원받은 것으로 인해 기뻐하라고 합니다. 좋은 믿음은 무엇입니까? 말씀이신 예수님, 말씀으로 오신 예수님, 오늘도 그 말씀으로 우리의 단단한 마음을 부드럽게 바꾸시고, 그래서 그 말씀이 이해되고 받아들여지게 하시는 그 예수님을 믿는 것입니다.

여러분은 누군가 뭔가를 말하면, 그게 무슨 내용이든지 '맞아, 맞아' 하며 다 믿고 받아 주는 그런 사람입니까? 오히려 중요한 말을 들을 때는 깐깐하게 따져 보지 않습니까? 곧이곧대로 믿는 사람은 어리숙한 사람, 좀 덜떨어진 사람으로 여기지 않습니까? 이해가 되어야 하고, 납득이 되어야 믿지 않습니까? 이해가 됐다 해도 그 사람을 믿는 것은 또 다릅니다. 그런 여러분 앞에서 하나님의 말씀이라고 전하는 목사의 설교가 "정말 그러네!" 하고 믿어진다면, 그 믿어지는 것은 여러분 자신이 믿는 것입니까? 성령께서 믿어지게 하신 것입니까? 믿어지게 하신 것입니다.

사마리아 사람들은 예수님의 말씀을 들은 것만으로 그런 믿음을 가졌고, 왕의 신하는 자기 아들이 고침받은 것을 눈으로 확인한 뒤에 그런 믿음을 가졌습니다. 여러분은 어떤 믿음을 갖고 계십니까? 솔직해집시다. 사실 기적을 봐도 잘 안 믿어지지 않습니까? 기독교 신앙을 가진 이후부터 지금까지 여러분의 인생에서 그런 기적의 경험이 단 한 번도 없습니까? 저마다의 경험은 다르겠지만 분명히 있었을 것입니다. 하지만 그때뿐이지 않았습니까? 또 부족하고, 또 모자라고, 들어주고 들어줘도 새로운 요구가 나오죠. 하나님이 계시다면 이번 한 번만 더 보여 달라고, 해결해 달라고 밥 안 먹고 계속 매달리지 않습니까?

누가복음 12:29-30, "너희는 무엇을 먹을까 무엇을 마실까 하여 구하지 말며 근심하지도 말라 30. 이 모든 것은 세상 백성들이 구하는 것이라 너희 아버지께서는 이런 것이 너희에게 있어야 할 것을 아시느니라"

집으로 돌아가면 아들이 이미 다 나았다는 것을 곧바로 확인할 수 있었을 텐데, 괜히 혼자서 고민하느라 밖에서 고생한 왕의 신하를 보십시오. 그런 저와 여러분들에게 성경은, **"너희 아버지께서는 이런 것이 너희에게 있어야 할 것을 아시느니라"**라고 했습니다. 그러니 수준 있게 믿읍시다. 약속하신 것을 바꾸지 않으시는 불변하시는 하나님, 그분의 말씀, 그분의 약속, 그분의 능력을 믿으시고, 감사하십시오. 이미 된 줄로 믿으시길 주님의 이름으로 축원합니다.

요한복음 5:1~9

38년 된 병자를 고치심

"1. 그 후에 유대인의 명절이 되어 예수께서 예루살렘에 올라가시니라 2. 예루살렘에 있는 양문 곁에 히브리 말로 베데스다 하는 못이 있는데 거기 행각 다섯이 있고 3. 그 안에 많은 병자, 맹인, 다리 저는 사람, 혈기 마른 사람들이 누워 [물의 움직임을 기다리니 4. 이는 천사가 가끔 못에 내려와 물을 움직이게 하는데 움직인 후에 먼저 들어가는 자는 어떤 병에 걸렸든지 낫게 됨이러라] 5. 거기 서른여덟 해 된 병자가 있더라 6. 예수께서 그 누운 것을 보시고 병이 벌써 오래된 줄 아시고 이르시되 네가 낫고자 하느냐 7. 병자가 대답하되 주여 물이 움직일 때에 나를 못에 넣어 주는 사람이 없어 내가 가는 동안에 다른 사람이 먼저 내려가나이다 8. 예수께서 이르시되 일어나 네 자리를 들고 걸어가라 하시니 9. 그 사람이 곧 나아서 자리를 들고 걸어가니라 이 날은 안식일이니"

오늘 본문은 예수님께서 베데스다 연못가에서 38년 된 병자를 고치신 기적에 대하여 증거하고 있습니다. 예수님의 이 기적 역시 그동안 행하셨던 다른 기적들과 비교했을 때, 아주 강렬한 사건 중 하나입니다. 하지만 본문의 기적을 단순히 인생 대부분의 시간을 베데스다 연못 근처라는 야외에서, 오직 병 낫기만을 위해 바랐던 38년 된 병자가 예수님을 만난 이후에 단번에 고침을 받았다는 것만 주목해서는 안 됩니다. 지금으로부터 2천 년 전에 예수님을 만나서 오랜 중병을 고침받은 사람이 경험한 이 기적이, 오늘 우리에게 어떤 의미로 이해되어야 하는지를 살펴봐야 하는 것입니다.

먼저 **"그 후에 유대인의 명절이 되어 예수께서 예루살렘에 올라가시니라"**라고 했습니다. 앞서 3~4장에서, 예수님께서 유월절 절기를 지키기 위해 예루살렘을 방문하셨다가 갈릴리로 돌아오는 길에 사마리아에 들러서 복음을 전하시고, 다시 갈릴리로 오셔서 왕의 신하의 아들을 고쳐 주었습니다. 그리고 그 후에 유대인의 명절이 되어 다시 예루살렘으로 올라가셨습니다.

> 요한복음 5:2, "예루살렘에 있는 양문 곁에 히브리 말로 베데스다라 하는 못이 있는데 거기 행각 다섯이 있고"

당시 예루살렘에는 10개가 넘는 문들이 있었고, 문의 사용 목적에 따라 붙여진 이름이 있었습니다. 느헤미야 3장에 보면 포로들과 귀환한 느헤미야가 무너진 예루살렘 성을 재건하면서 만들었던 문들에 대해서 기록하고 있는데, 그중 첫 번째로 만든 문으로, 제사를 위해서 제물들을 가지고 들어오는 양문이 있었습니다. 예루살렘 성전 북쪽에 양문이 있고, 그 오른쪽 위쪽으로 베데스다 연못이 있습니다. 베데스다 연못은 길이 약 100~110m, 너비 약 62~80m, 깊이 약 7~8m의 두 개의 쌍둥이 연못이었습니다. 베데스다란 말은 원래 히브리어로 '집'이라는 뜻의 '베이트'와, '은혜' 또는 '자비'라는 뜻인 '헤세드'가 합성된 단어로 '은혜의 집', 또는 '자비의 집'이라는 뜻입니다. 하나님께 속죄의 제물을 가지고 성전으로 들어가는 양문 곁의 '은혜의 집'에, 각종 병자들이 하나님의 은혜로 연못의 물이 움직이기를 기다리고 있습니다.

> 요한복음 5:3-4, "그 안에 많은 병자, 맹인, 다리 저는 사람, 혈기 마른 사람들이 누워 [물의 움직임을 기다리니 4. 이는 천사가 가끔 못에 내려와 물을 움직이게 하는데 움직인 후에 먼저 들어가는 자는 어떤 병에 걸렸든지 낫게 됨이러라]"

이곳에 병자들이 모여 있는 이유는, 가끔 천사가 내려와서 물을 움직이게 하는데 그때 가장 먼저 물에 들어가는 사람은 어떤 병에 걸렸든지 낫게 되는 기적이 일어났기 때문입니다. 그런데 성경을 보시면 다른 성경 말씀과 달리 3절 후반부부터 4절까지는 괄호로 묶여 있습니다. 이 부분이 묶여 있는 이유에 대해서 어떤 성경학자들은 사도 요한이 당시 모여들었던 병자들의 소망을 기록한 것이라고 해석하는 사람들이 있습니다. 그런가 하면 어떤 성경학자는, "하나님께서 자신의 기쁘신 뜻대로 당신의 창조물들을 사용하시며, 이때 병자들이 치료를 받게 되는 것도 오직 하나님의 은혜에 그 원인이 있음을 증명한다"라고 해석하기도 합니다.

분명한 것은 환자들의 신념이 되었든, 하나님의 은혜가 되었든 베데스다 연못의 물이 가끔 움직일 때 누구든지 먼저 들어갔던 병자는 고침을 받는 기적이 실제로 일어났었다는 것입니다. 만약 어떤 신학자들의 해석처럼, 괄호의 부분이 단지 그곳에 모여든 병자들의 신념이나 소망에 불과했을 뿐, 실제로 그런 일들이 일어나지 않았다면, 38년 된 병자를 비롯해 병자들이 그곳에 있을 이유가 없습니다. 낫기를 원해서 그곳에 모인 병자들은, 그야말로 베데스다 연못의 물이 언제 움직이게 될지 알지 못하는 상황이기 때문에, 낮이든 밤중이든 새벽이든 그곳을 떠나지 못하고 있어야만 했습니다. 그리고 누군가 제일 먼저 물에 들어가서 고침받은 사람을 보았기 때문에 그곳을 떠나지 못했던 것입니다.

요한복음 5:7, "병자가 대답하되 주여 물이 움직일 때에 나를 못에 넣어 주는 사람이 없어 내가 가는 동안에 다른 사람이 먼저 내려가나이다"

바로 이곳에 예수님께서 찾아오셨습니다. 그리고 38년 된 병자를 찾아 "낫기를 원하는지" 물으셨습니다.

요한복음 5:6, "예수께서 그 누운 것을 보시고 병이 벌써 오래된 줄 아시고 이르시되 네가 낫고자 하느냐"

우리가 알고 있는 것처럼, 이 사건의 결론은 예수님께서 이 병자를 말씀으로 고쳐 주신 것입니다.

요한복음 5:8-9, "예수께서 이르시되 일어나 네 자리를 들고 걸어가라 하시니 9. 그 사람이 곧 나아서 자리를 들고 걸어가니라 이 날은 안식일이니"

설교를 시작하면서 말씀드렸던 것처럼 오늘 우리가 살펴보려고 하는 것은, 어떤 중한 병자라 할지라도 예수님께서 찾아오시면 쉽게 고침을 받는다는 것을 확인하려는 것이 아닙니다. 물론 예수님께서 원하시면 어떤 병자라도, 어떤 귀신 들린 자라도, 심지어는 죽은 자도 다시 살아납니다. 하지만 계속 우리가 반복해서 확인하고 있는 것처럼 예수님께서 행하신 기적은, 기적 자체만으로 의미가 있는 것이 아니라, 그 기적을 통해서 우리에게 알려 주고자 하시는 뜻이 있는 표적들입니다. 그래서 다시 한번 오늘 본문들을 찬찬히 살펴보면서, 2천 년 전의 이 사건이 오늘 우리에게 어떤 의미를 주는지 살펴보려고 합니다.

예수님께서 이 병자를 찾아오셔서 '낫기를 원하는지' 물어보셨을 때, 이 병자의 대답은 무엇이었습니까? "네. 당연히 낫기를 원합니다. 혹시 저를 고치실 능력이 있으시면 고쳐 주세요"라고 말을 했든지, "아! 당신이 소문으로만 듣던 예수님이시군요. 잘 오셨습니다. 저를 고쳐 주세요" 했을까요? 아닙니다, 그렇게 대답하지 않았습니다. 천사가 내려와 물을 동할 때 먼저 물에 들어가야 하는데, 내가 가는 동안에 다른 사람이 언제나 먼저 들어간다고 하소연했습니다.

이 사람은 오랜 중병환자이기 때문에 자기 힘만으로는 먼저 물에 들어갈 능력이 없습니다. 그래서 이 병자가 원하는 것은, 천사들이 물을 움직이는 바로 그 시간에 누군가 자기를 도와줘서, 자기가 제일 먼저 들어갈 수 있도록 만들어 주는 것입니다. 예수님께서 이 병자에게 "낫고자 하는지" 물었을 때, 이 병자가 예수님께 원했던 것도 그런 것이었을 것입니다. "낫고 싶냐는 당연한 질문을 하지 말고, 날 먼저 물에 넣어 달라" 이런 것입니다. 그런데 예수님께서는 그 병자를 고쳐 주실 때, 그가 원했던 것처럼 그 병자를 물에 먼저 넣어 주셔서 낫게 해 주시는 것이 아니라, 단지 말씀만으로 고쳐 주셨습니다.

그런데 예수님께서 찾아오신 베데스다 연못에는, 예수님께서 고쳐 주신 38년 된 병자만 있던 것이 아니었습니다. 3절 말씀처럼 많은 병자, 맹인, 다리 저는 사람, 혈기 마른 사람들이 함께 있었습니다. 앞서 '베데스다'라는 말의 뜻이 "은혜의 집"이라고 말씀드렸습니다. 제물인 양을 가지고 성전으로 들어가는 "은혜의 집"에 많은 병자들이, 병 고침을 기대하고 모여 있습니다. 지금 병자들이 "은혜의 집"에 와서 기대하는 것은 무엇입니까? 천사들이 물을 움직일 때, 가장 먼저 자기가 뛰어들어서, 수고해서, 행위의 결과를 만들어 내서 병 고침이라는 결과물을 얻어 내겠다는 것입니다. 그런데 '행위, 노력 또는 수고에 따른 결과'는 '은혜'와 반대되는 개념입니다.

자, 그러면 다시 생각해 보겠습니다. 천사들이 물을 움직일 때 가장 먼저 뛰어 들어갈 수 있는 사람은, 반드시 그렇게 해야만 나을 수 있는 사람입니까? 굳이 그렇게 하지 않아도 나을 수 있는 사람입니까? 그런 사람들은 집에서 좀 쉬든지, 약을 먹든지 그 정도만 해도 얼마든지 나을 수 있는 사람들입니다. 하지만 그곳에서 가장 도움이 필요한 사람, 정말 고침을 받아야 할 사람들인 맹인, 다리 저는 사람, 혈기 마른 사람은 자기 혼자의 힘으로는 절대로 가장 먼저 물에 들어갈 수 없는 사람들입니다. 이것이 바로 오늘 본문이 저와 여러분들에게 가르쳐 주려고 하는 핵심 내용입니다.

베데스다 연못에 모여 있는 병자들은, "은혜의 집"에 와 있으면서도 자기 행위의 결과로 고침을 받기 위해 모여 있었고, 혼자 힘으로는 안 되기에 자기들을 도와줄 누군가를 하염없이 기다리고 있었습니다. 그리고 예수님께서는 그중에서도 가장 중한 병에 걸렸던 38년 된 병자를 찾아오셔서 고쳐 주셨습니다. 오늘 저와 여러분은 어떤 사람들입니까? 우리는 모두 영적으로 소경이요, 절뚝발이요, 중풍병자들입니다. 우리 스스로의 힘으로는 고침받을 능력이 없고, 구원받을 가능성도 없는 사람들입니다.

그런데 우리는 무슨 생각을 하느냐 하면, "내가 구원받고 축복을 받은 것은 남들보다 뭔가를 열심히 했기 때문이다, 내가 뭔가 착한 결과물을 만들어 냈기 때문이다"라고 하면서 자기에게서 원인을 찾습니다. 가장 대표적인 사람들이 누구였습니까? 예수님 당시의 제사장들, 바리새인들, 사두개인들이었습니다. 그들은 모세로부터 받은 율법을 마치 만능열쇠와 같이 여기고서, 자기들이 율법을 받아 가진 것과 그중 어떤 조문들을 남보다 잘 지킨 것을 자랑하면서 자기들은 구원받아 마땅하고, 축복받기에 합당하다고 여겼습니다.

하나님께 제사를 드리기 위해 제물을 가지고 들어오는 양문 곁에 "은혜의 집"인 베데스다가 있습니다. 병 고침이 됐든, 구원이 됐든, 하나님께로 나오는 자는 자기의 능력과 힘으로 찾아오는 것이 아니라, 오직 하나님의 은혜를 바라고 소원하면서 찾아오는 것입니다. 하지만 사람들은 "은혜의 집"에 들어와서도 어쨌든 자기의 힘으로 뭔가를 만들어 내려고 하고 있습니다. 이것이 바로 오늘 본문이 당시의 사람들과 오늘의 우리들에게 지적하는 모순입니다. 결국 예수님께서 이 병자를 찾아오신 이유가 무엇입니까? "네가 낫고자 하느냐? 은혜의 방법 외에 다른 방법으로는 너의 병을 고침받을 길이 없다."

물이 움직일 때 가장 먼저 들어갔기 때문에 병 고침을 받는 것입니까? 그럼 물은 누가 움직이는 것입니까? 예수님께서 말씀으로 고쳐 주셔도 그것은 은혜인 것이요, 물이 움직일 때 가장 먼저 들어가서 고침받는 것도 그 물을 움직이신 이가 하나님이시니 하나님의 은혜로 된 것입니다. 그런데 사람들은 언제나 자기가 잘나서, 남들보다 빨라서, 남들 잘 때 안자고 기다려서 얻었다고 합니다.

이런 착각을 빨리 버려야 신앙이 자랍니다. 이런 생각에 붙들려 있으면 그저 종교 생활 하다가 끝납니다. 자기들이 얻기 원하는 결과물을 자기들의 힘과 의지로 얻으려고 하는 것이 무엇입니까? 율법입니다. 율법은 단순히 어떤 것은 해야 하고, 어떤 것은 하지 말아야 한다는 규칙에 관한 것만 말하는 것이 아니라, 그 규칙을 지킴으로 인해서 자기들이 원하는 것을 취할 수 있다고 여기는 것도 율법적 사고입니다.

38년 된 병자가 '은혜의 집'에서 예수님의 은혜로 병 고침을 받았습니다. 성전을 출입하는 사람이 이 병자를 몰랐을까요? 알았을 것입니다. 어쩌면 유명 인사였는지도 모릅니다. 그런데 예수님께서 이 병자를 고치신 날이 하필이면 안식일이었습니다. 그러자 어떤 일이 벌어졌습니까?

요한복음 5:10, "유대인들이 병 나은 사람에게 이르되 안식일인데 네가 자리를 들고 가는 것이 옳지 아니하니라"

자기들이 가진 율법에 안식일에는 하지 말아야 하는 것이 있는데, 이 병자가 그것을 어겼다는 것입니다. '은혜의 집'에서 예수 그리스도의 은혜로 38년이나 중병으로 고생하던 사람이 고침을 받았는데, 그렇게 고침받은 것이 잘못됐다, 옳지 않다고 책망하는 것입니다. 왜요? 자기들이 가진 율법에 맞지 않으니까요. 무엇이 잘못되었을까요? 이스라엘 백성들이 모세로부터 받아 가진 율법이 잘못된 것이었을까요? 아닙니다. 만약 모세가 하나님께로부터 받은 율법이 잘못되었다면, 그 율법을 주신 하나님이 잘못한 것입니다. 하나님께서는 인간에게 좋게 해 주시기 위해서 율법을 주셨는데, 그 율법을 받은 인간이 잘못 이해하고 잘못 사용해서 하나님께서 주신 율법을 용도대로 쓰지 않고, 자기들 마음대로 써 버린 것입니다. 하나님께서는 왜 **율법을 주셨을까요?**

로마서 3:19-20, "우리가 알거니와 무릇 율법이 말하는 바는 율법 아래에 있는 자들에게 말하는 것이니 이는 모든 입을 막고 온 세상으로 하나님의 심판 아래에 있게 하려 함이라 20. 그러므로 율법의 행위로 그의 앞에 의롭다 하심을 얻을 육체가 없나니 율법으로는 죄를 깨달음이니라"

율법을 주신 첫째 이유는, 율법의 행위로 하나님 앞에서 의롭다 하심을 얻을 사람은 없다는 것을 깨닫는 것입니다. 둘째 이유는, 자신이 죄인임을 깨닫는 것입니다. 결국 율법을 통해서 인간이 얻는 결론은 "모든 죄인은 하나님의 심판을 피하지 못함"을 깨닫는 것입니다. 그러면 하나님께서 인간에게 율법을 주신 목적이, 너희는 죄인이고, 너희에게서는 의로운 것이 하나도 없으니 다 심판해서 멸망하겠다고 협박하기 위해서 율법을 주신 것입니까? 그렇지 않습니다.

로마서 3:21-22, "이제는 율법 외에 하나님의 한 의가 나타났으니 율법과 선지자들에게 증거를 받은 것이라 22. 곧 예수 그리스도를 믿음으로 말미암아 모든 믿는 자에게 미치는 하나님의 의니 차별이 없느니라"

율법을 통해서 자기가 죄인이며, 행위로는 무엇을 하든지 의로워질 수 없다는 것을 깨달았으면, 이제 죄의 문제와 의가 없는 문제를 해결받기 위해서 어떻게 해야 하는지 알아야 한다는 것입니다. 그것이 무엇입니까? "하나님의 한 의가 나타났으니 곧 예수 그리스도를 믿으라." 은혜를 사모하라는 것입니다. 이 하나님의 의는 차별이 없는 의입니다. 차별이 없다는 말이 무엇일까요? 당시 율법을 지켜야 했던 이스라엘 사회와 종교적 배경에서, 그 율법을 가르치는 사람, 율법이라는 잣대로 사람들을 재판하고 심판할 수 있는 권한을 가졌던 사두개인, 바리새인들은 당연히 의로운 자들이었습니다.

이에 반해서 그들에게 판단받아야 하고, 눈치를 봐야 했던 일반 백성들은 그들 앞에서 언제나 죄인일 수밖에 없었습니다. 그뿐만 아니라 그들이 유대교에서 출교하면, 당한 사람들은 지옥에 가게 될 것으로 생각했습니다. 당연히 종교와 사법의 권한을 가졌던 산헤드린 공회를 비롯해서 바리새파에 속한 사람들의 권세는, 죄 없는 예수님마저도 당시 총독이었던 빌라도를 협박해서 죽일 수 있을 만큼 막강했습니다. 그런데 은혜는 그런 막강한 권한을 가졌던 사람들이나, 그들의 눈치를 봐야 했던 일반 사람들에게 차별이 없습니다. 오직 "예수 그리스도를 믿는 모든 자에게 하나님의 의가 미치게" 되는 것이 은혜입니다.

앞서 하나님께서 율법을 주신 목적이 무엇이었다고 말씀드렸습니까? 율법의 행위로 의롭게 될 수 있는 사람이 없다, 모든 사람이 다 죄인인 것을 깨닫게 되는 것이라고 했습니다. 그러면 은혜는 무엇입니까? 예수 그리스도 안에 있는 은혜로 말미암아, 그 어떤 사람이라도 죄의 속량 곧, 죄 없이 함을 받는 것입니다. 또한 값없이 의롭다 하심을 얻는 것입니다.

로마서 3:23-24, "모든 사람이 죄를 범하였으매 하나님의 영광에 이르지 못하더니 24. 그리스도 예수 안에 있는 속량으로 말미암아 하나님의 은혜로 값 없이 의롭다 하심을 얻은 자 되었느니라"

결국 하나님께서 율법이 아니라 예수 그리스도를 통하여 우리에게 주고자 하시는 것이 무엇입니까?

로마서 3:25-26, "이 예수를 하나님이 그의 피로써 믿음으로 말미암는 화목제물로 세우셨으니 이는 하나님께서 길이 참으시는 중에 전에 지은 죄를 간과하심으로 자기의 의로우심을 나타내려 하심이니 26. 곧 이 때에 자기의 의로우심을 나타내사 자기도 의로우시며 또한 예수 믿는 자를 의롭다 하려 하심이라"

우리가 지은 죄들은, 그것들이 별것이 아닌 죄였기 때문에 문제가 없었던 것이 아닙니다. 하나님께서 지금까지 참고 지나쳐 왔던 것들입니다. 하지만 언제까지 그냥 모른 체할 수는 없습니다. 왜냐하면 하나님은 공의의 하나님이시기 때문입니다. 그래서 우리를 대신할 화목제물을 세우셨습니다. 그분이 누구입니까? 예수 그리스도입니다. 결국 우리가 죄를 용서받고 의롭게 된 것은 어떤 원리로 인해서 받은 것입니까? 오직 믿음의 법으로 우리가 의롭다 함을 받게 됩니다.

로마서 3:27-28, "그런즉 자랑할 데가 어디냐 있을 수가 없느니라 무슨 법으로냐 행위로냐 아니라 오직 믿음의 법으로니라 28. 그러므로 사람이 의롭다 하심을 얻는 것은 율법의 행위에 있지 않고 믿음으로 되는 줄 우리가 인정하노라"

예수님께서 38년 된 병자를 찾아오셔서 주셨던 것이 무엇이었을까요? 단지 그를 고쳐 준 것입니까? 예수님께서 마침 물이 동하는 절묘한 타이밍에 찾아오셔서, 아슬아슬하게 그 병자를 제일 먼저 물에 넣어 줘서 고친 것이 아니라, 친히 은혜를 베풀어 주심으로 고쳐 주셨습니다. 오늘 본문이 우리에게 가르쳐 주시려는 것이 바로 이것입니다. 예수님께서 아무 대책 없이 누워만 있던 38년 된 병자를 찾아오신 이유가 그에게 은혜를 베풀어 주기 원하셨던 것처럼, 오늘 저와 여러분을 찾아오신 이유도 은혜를 주시기 위함입니다.

그런데 38년 된 병자가, 예수님께서 자기를 찾아온 이유를 전혀 알지 못하고 그저 신세타령만 하고 있었던 것처럼, 오늘 우리도 우리의 상태가 어떤지 전혀 알지 못하고 눈앞에 보이는 문제만 바라보고 있습니다. 이 병자는 간절히 낫기를 원했지만 38년 동안이나 해결받지 못했던 심각한 문제를 가지고 있었습니다. 우리 중 누구라도 그 정도 세월이 지나도록 전혀 나아지지 못하고 더욱 심해지는 고통을 받고 있다면, 아마도 절망하게 될 것입니다. 세상을 향한 원망이 더욱 커질 것입니다.

그런데 그곳에는 38년 된 이 병자만 있었던 것이 아닙니다. 병세가 비슷한 다른 사람들도 많이 있습니다. 소경, 절뚝발이, 혈기 마른 자들이 그들입니다. 하지만 병명은 달라도 모두 원하는 것은 똑같습니다. 물이 움직일 때 빨리 들어가는 것입니다. 문제를 해결받는 것입니다. 그런데 그 사람들이 누구보다 빨리 물에 들어갈 수 있는 능력이 있습니까? 없습니다. 물에 들어갈 힘이 있고, 그 정도로 건강한 사람이라면 그 연못에 들어갈 이유가 없었겠죠. 그렇지 않습니까? 우리 인생이 이렇게 모순된 삶을 살고 있습니다. 그곳에 모여 있는 모든 병자들이 스스로의 힘으로 물에 들어갈 수 없고, 물에 넣어 줄 누군가의 도움이 필요한데, 그들을 도와줄 수 있는 사람은 그곳에 있을 이유가 없습니다. 결국 그곳에는 원망만 있을 뿐입니다.

결국 본문의 해답은, 물에 먼저 들어가는 것이 아니라, 예수님의 은혜를 받은 사람이 낫게 되는 것입니다. 우리가 알아야 할 것이 무엇입니까? 자기에게 해답이 없다, 스스로는 해결할 수 없다는 것을 아는 것입니다. 그래서 그 문제를 해결해 줄 수 있는 능력 있는 존재가 필요합니다. 그분이 누구입니까? 예수님입니다. '은혜의 집'인 베데스다에 와서도, 자기가 먼저 물에 들어가려고 기를 쓰고 있는 병자들이 보이십니까? 자기 스스로는 들어갈 수 없는데, 혹시라도 비슷한 처지인 다른 병자들이 우연이라도 누군가의 도움을 받아 자기보다 먼저 들어갈까 봐, 원망의 눈빛으로 째려보고 있는 사람들이 보이십니까? 그게 바로 오늘날 우리들의 모습입니다.

오랫동안 교회를 다니며 신앙생활하면서도 주된 관심은 무엇입니까? 세상 문제를 해결받는 것입니다. 남들보다 돈 많이 버는 것, 넓은 집에 살고, 좋은 직장 다니면서, 건강해서 오래오래 사는 것입니다. 그것을 얻기 위해서 자기가 할 수 있는 최선의 일을 다 합니다. 예배 참석 다 하고, 봉사활동 열심히 하고, 주기적으로 금식하고, 목이 쉬도록 기도하는 일을 합니다. 어쨌든 남들보다 열심히 해야, 그래서 남들보다 빨리 물에 들어가야 병도 낫고 원하는 소원을 성취하기 때문입니다.

이게 은혜입니까? 이건 은혜가 아닙니다. 그야말로 복불복인 거고, 세상 말로 재수가 좋은 것입니다. 그러면 우리가 예수님을 믿고 신앙생활하는 것이 재수가 좋으려고 하는 것입니까? 언젠가 운발이 딱 맞아떨어지면 마치 복권에 당첨되듯 축복받기를 바라는 마음으로 하는 것입니까?

오늘 본문은 그런 기대를 하고 있는 사람들에게 너희에게는 해결 방법이 없다, 너희가 문제를 해결하는 것이 아니라 예수 그리스도가 문제를 해결해 주신다는 것을 가르쳐 주고 있습니다. 앞서 로마서 3장에서 말씀하신 것처럼, 우리의 자랑은 우리 자신에게 있지 않습니다. 오직 은혜로 우리에게 모든 것이 주어졌음을 믿고, 그 믿음으로 자리를 들고 일어서는 것입니다. 그래서 은혜받은 성도들에게서 발견되는 특징은, '째려보지 않는 것', '신경이 날카롭게 서지 않는 것'입니다.

"나도 은혜받아서 나았는데, 당신도 은혜받아서 나았군요! 잘됐습니다. 정말 축하합니다." 그래서 은혜받은 성도들이 모인 교회에는 경쟁하는 사람, 남 잘되는 것이 배 아픈 사람이 아니라, 이렇게 감사하는 사람, 축하해 주고 축복해 주는 사람들이 있습니다. 그러면 모든 교회가 그런 교회일 것 같습니까? 오늘 성경에도 확인하는 것처럼 배 아픈 사람이 있습니다. **"안식일인데 네가 자리를 들고 가는 것이 옳지 아니하니라"**(요 5:10) 이렇게 은혜받은 사람을 지적하고 싫어하는 사람이 있습니다.

우리 교회는 은혜를 사모하고, 은혜받은 것을 기뻐하고, 자랑하는 교회가 되기 원합니다. 은혜를 자랑하고 기뻐한다는 것은, 원인이 내게 없다는 것을 인정한다는 것입니다. 은혜는 노력해서 쟁취하는 것이 아니라, 주는 쪽에서 값없이 주시는 것이고 그래서 선물입니다. 그런데 은혜를 주기 위해서 찾아오신 예수님과 이야기하면서도, 눈은 물이 움직일 것만 바라보고 있습니다. "언젠가 저 물이 움직이면 내가 제일 먼저 들어가리라!"

능력이 있었다면 이미 들어갔겠죠. 하지만 능력도 없으면서 그런 생각과 결심만 계속하고 있다면, 그것은 헛된 망상에 불과합니다. 우리가 신앙생활을 하면서도 이런 헛된 망상에 붙잡혀서 하고 있다면, 참으로 안타까울 것입니다. 우리에게 필요한 모든 것은 아버지께서 다 알고 계신다고 했습니다. 아들을 아끼지 않으시고 주신 이가 어찌 그 아들과 함께 모든 것을 우리에게 주지 않으시겠습니까?

동화에 어떤 나라 임금이 보화가 가득한 상자를 앞에 두고 세 아들을 불렀습니다. 그리고 원하는 만큼 손으로 집어서 가져가라고 말했습니다. 제일 큰 형님이 커다란 손으로 가득 보물을 집어 갔습니다. 둘째 형은 양손과 가슴을 이용해서 한 아름 보물을 집어 갔습니다. 형들이 보물을 집어 가는 것을 지켜보던 어린 막내는, 보물 상자가 아니라 아버지를 꼭 안았습니다. 그 나머지 보물은 누구 것이 되었을까요? 아버지를 가지면, 아버지의 보물도 자기 것이 되는 것입니다.

헛된 욕망, 헛된 자랑에 빠져 있으면, 은혜의 집에 와서도 은혜가 아닌 방법으로 해답을 찾으려고 합니다. 세상 모든 사람들이 그렇게 길이 없는 곳에서 길을 찾으려고 하고, 방법이 아닌 것을 방법이라고 믿고 있기 때문에 더 독해지고, 더 치열하게 살아가는 것입니다. 그런데 예수 믿는 사람들도 세상 사람들처럼 독해지고, 치열하게 살려고 합니다. 세상 사람들이 가지지 않은 십자가까지 붙잡고 휘두르면서, "사탄아 물렀거라" 하면서 더 맹렬하게 삽니다.

신자의 자랑은 십자가에 대한 자랑, 받은 은혜에 대한 자랑만 있어야 하는데, 모든 사람이 바라는 축복을 받기 위해서 자기가 어떻게 열심히, 얼마나 치열하게 종교적 열심을 냈는지를 자랑합니다. 이것은 성경이 말하는 해답이 아닙니다. 은혜는 무엇입니까? 우리를 위해 아들을 주신 하나님의 사랑을 받는 것입니다. 아들을 받았으니, 그 아들과 함께 오는 모든 것을 이미 다 받은 것으로 믿는 것입니다. 이 비밀을 알지 못하면, 예수님을 눈앞에 두고도 엉뚱한 연못만 쳐다보게 됩니다. 한심하고 가련합니다. 저와 여러분, 우리 하와이한빛장로교회는 받은 은혜를 자랑하는 신앙생활하시기를 주님의 이름으로 축원합니다.

요한복음 5:10~18

아버지께서 이제까지 일하시니

"10. 유대인들이 병 나은 사람에게 이르되 안식일인데 네가 자리를 들고 가는 것이 옳지 아니하니라 11. 대답하되 나를 낫게 한 그가 자리를 들고 걸어가라 하더라 하니 12. 그들이 묻되 너에게 자리를 들고 걸어가라 한 사람이 누구냐 하되 13. 고침을 받은 사람은 그가 누구인지 알지 못하니 이는 거기 사람이 많으므로 예수께서 이미 피하셨음이라 14. 그 후에 예수께서 성전에서 그 사람을 만나 이르시되 보라 네가 나았으니 더 심한 것이 생기지 않게 다시는 죄를 범하지 말라 하시니 15. 그 사람이 유대인들에게 가서 자기를 고친 이는 예수라 하니라 16. 그러므로 안식일에 이러한 일을 행하신다 하여 유대인들이 예수를 박해하게 된지라 17. 예수께서 그들에게 이르시되 내 아버지께서 이제까지 일하시니 나도 일한다 하시매 18. 유대인들이 이로 말미암아 더욱 예수를 죽이고자 하니 이는 안식일을 범할 뿐만 아니라 하나님을 자기의 친 아버지라 하여 자기를 하나님과 동등으로 삼으심이러라"

명절을 지키기 위해 예루살렘에 오신 예수님께서, 베데스다 연못에 있던 38년 된 병자를 고쳐 주셨습니다. 아마도 38년 동안 오직 병 고침만을 위해 살았던 병자의 입장에서 본다면, 그보다 기쁘고 감사한 일이 없었을 것입니다. 그런데 예수님께서 그 병자를 고치신 날이 하필이면 안식일이었습니다. 그러고 보면 예수님께서 안식일에 병 고치신 일이 이번만 있었던 것이 아니었습니다.

마가복음 3장에서는, 안식일에 회당에서 한편 손 마른 사람을 고쳐 주셨습니다. 누가복음 13장에서는, 귀신에 들려 18년 동안 허리가 구부러져서 살았던 여인을 고쳐 주셨습니다. 누가복음 14장에서는, 몸이 붓는 수종병에 든 사람을 고쳐 주셨습니다. 요한복음 9장에서는, 날 때부터 소경 된 사람의 눈을 뜨게 해 주셨습니다. 그런데 예수님께서 안식일에도 사람들의 병을 고쳐 주신 것 때문에 유대인들로부터 박해를 받았습니다.

요한복음 5:16, "그러므로 안식일에 이러한 일을 행하신다 하여 유대인들이 예수를 박해하게 된지라"

보통의 경우 어떤 일을 했을 때 나쁜 결과를 얻게 되었다면, 그다음에는 동일한 일을 반복하지 않습니다. 하지만 결과가 어떻게 나오든지 그 일을 계속한다면, 그것은 실수가 아니라 분명한 의도가 있는 것입니다. 그런 면에서 볼 때, 유대인들이 안식일에 사람들의 병을 고치는 일을 계속하신 예수님을 박해했음에도 불구하고, 예수님께서 안식일에 병을 고치시는 일을 계속한 것은 분명한 의도가 있는 사역이었습니다.

요한복음 5장에서는 앞서 말씀드렸던 다른 사건들과 달리, 예수님께서 안식일에 이와 같은 일을 행하시는 이유에 대해서, 아주 길고도 분명하게 가르쳐 주고 있습니다. 예수님께서 안식일에 병자들을 고쳐 주신 이유가 무엇일까요?

요한복음 5:17, "예수께서 그들에게 이르시되 내 아버지께서 이제까지 일하시니 나도 일한다 하시매"

아버지 하나님께서 하시는 일을, 아들인 예수님께서도 계속 하신다는 것이었습니다. 예수님의 대답을 들은 유대인들은, 예수님의 이 말로 인해서 더욱 예수님을 미워하고 죽이려고 했습니다.

요한복음 5:18, "유대인들이 이로 말미암아 더욱 예수를 죽이고자 하니 이는 안식일을 범할 뿐만 아니라 하나님을 자기의 친 아버지라 하여 자기를 하나님과 동등으로 삼으심이러라"

예수님께서 안식일에 38년 된 병자를 고쳐 주신 사건이 어떤 방향으로 흘러가고 있는지 보여 주고 있습니다. 처음에는 유대인들이 예수님께서 안식일에 병자를 고쳐 주신 일을 지적하면서 예수님을 미워했는데, 나중에는 예수님께서 하나님을 아버지라고 불렀다고 하면서 신성모독죄를 들어서 예수님을 죽이려고 했고, 결국 십자가 처형으로 죽였습니다.

지금 이 말씀을 그냥 대충 읽으면, 예수님께서 안식일에는 아무 일도 하지 말라고 하신 하나님의 명령, 즉 율법을 어겼기 때문에 이 사건이 시작된 것처럼 보입니다. 하지만 19절부터 마지막까지 이어지는 예수님의 말씀을 자세히 보면, 유대인들이 안식일을 주신 하나님의 뜻과 목적을 잘못 이해했을 뿐만 아니라, 오히려 저들이 안식일을 온전히 지키지 못했음을 알 수 있습니다.

그래서 먼저 우리가 확인해야 할 것은 17절 말씀처럼, 내 아버지께서 이제까지 일하신다는 것입니다. 하나님께서는 지금도 태양을 주시고, 구름을 움직이시며, 계절을 따라 산과 들을 변화시키십니다. 생육하고 번성하며 땅에 충만하라는 창조의 원리를 따라, 생명이 있는 모든 만물들이 새로운 생명을 만들어 내도록 하십니다. 이러한 일들은 안식일이라 할지라도 하나님께서 쉬지 않고 계속하시는 일들입니다. 출애굽기 20장에서 하나님께서 엿새 동안에 내가 일하고서 이레 되는 날은 내가 쉬었다는 말씀은, 하나님께서 무에서 유를 창조하신 뒤에는 더 이상 필요한 새로운 무언가를 만드시는 일을 끝냈다는 말씀입니다.

출애굽기 20:11, "이는 엿새 동안에 나 여호와가 하늘과 땅과 바다와 그 가운데 모든 것을 만들고 일곱째 날에 쉬었음이라 그러므로 나 여호와가 안식일을 복되게 하여 그 날을 거룩하게 하였느니라"

하나님은 인간들처럼 일정 시간 일을 하면 쉬어야 하는 분이 아닙니다. 하나님께는 안식이 필요 없습니다. 하지만 하나님께서는 안식일에도 당신이 창조하신 모든 것들을 섭리하고 움직이십니다. 왜 하나님께서 일하시는 것입니까? 인간들을 위해 일하시는 것입니다. 그러면서도 하나님은 인간들을 향해서는 안식일에는 아무것도 하지 말라고 말씀하십니다.

출애굽기 20:8-10, "안식일을 기억하여 거룩하게 지키라 9. 엿새 동안은 힘써 네 모든 일을 행할 것이나 10. 일곱째 날은 네 하나님 여호와의 안식일인즉 너나 네 아들이나 네 딸이나 네 남종이나 네 여종이나 네 가축이나 네 문안에 머무는 객이라도 아무 일도 하지 말라"

왜 하나님께서는 안식일에도 일을 하시면서 인간들에게는 아무 일도 하지 말라고 하셨을까요? 하나님께서 하시는 일에 대해서, 인간이 간섭하고, 도와주고, 마무리 지을 만한 것이 없다는 것입니다. 다시 말씀드려서 안식일에 아무 일도 하지 말라고 하신 하나님의 뜻은, 오직 하나님만이 창조주이시며 하나님의 창조는 완벽했고, 그분의 섭리하심과 일하심이 지금까지도, 앞으로도 영원히 완벽하다는 것입니다. 그러면 하나님의 백성들이 안식일을 지켜야 하는 이유, 안식일에 해야 하는 것은 무엇일까요?

레위기 26:2-5, "너희는 내 안식일을 지키며 내 성소를 경외하라 나는 여호와이니라 3. 너희가 내 규례와 계명을 준행하면 4. 내가 너희에게 철따라 비를 주리니 땅은 그 산물을 내고 밭의 나무는 열매를 맺으리라 5. 너희의 타작은 포도 딸 때까지 미치며 너희의 포도 따는 것은 파종할 때까지 미치리니 너희가 음식을 배불리 먹고 너희의 땅에 안전하게 거주하리라"

하나님께서 안식일을 지키면서 내 성소를 경외하라, 즉 하나님께 예배하고 그날을 기념하라고 하십니다. 우리가 이렇게 하나님의 규례와 계명을 잘 지키면, 하나님께서는 하나님의 일을 계속하실 것입니다. 철을 따라 비를 내리시고, 땅은 그 산물을 낼 것이며, 밭의 나무는 열매를 맺을 것입니다. 그런데 얼마나 농사가 잘되느냐 하면, 타작하는 일을 포도 딸 때까지 하게 되고, 포도 따는 것은 땅에 새로 파종할 때까지 하게 될 것입니다.

혹시 이런 말을 들어 보셨습니까? "땅은 거짓말하지 않는다, 수고한 만큼 결실을 낸다." 정말 그럴까요? 농사를 해 보신 분이 계신지 모르겠지만, 땅이 그렇게 될 때까지는 농부가 땅에 정말 많은 공을 들여야 합니다. 그러면 땅이 수고한 만큼 결실을 잘 내기만 하면 성공일까요? 안타깝게도 풍년이 되면 풍년이 되어서 망합니다. 고추가 풍년 들면 고추 가격이 폭락해서 망하고, 배추가 풍년 들면 배추 가격이 폭락해서 망합니다.

레위기에서 하나님께서 말씀하신, 너희 타작이 포도 딸 때까지 이르고, 포도는 새로 파종할 때까지 이르게 될 것이라고 하신 말씀은, 그런 걱정 하지 않도록 하나님께서 안심하고 배부르게 먹게 해 주신다는 것입니다. 그러면 농사가 잘돼서 잘 먹고 잘살게 되면 아무 문제가 없을까요? 예나 지금이나, 나라 간에 전쟁이 일어나는 것은 먹고 사는 것 때문에 일어납니다. 누구도 먹을 것이 없는 가난한 나라와 전쟁을 하지 않습니다. 전쟁은 빼앗을 것이 있어야 하는 것입니다. 풍년이 들고, 계속 농사가 잘돼서 그 땅에 먹을 것이 언제나 풍성하다는 것은, 식량을 노리고 있는 주변의 대적들에게 표적이 되고 있다는 말과 같습니다. 그래서 하나님께서 어떻게 하십니까?

레위기 26:6-7, "내가 그 땅에 평화를 줄 것인즉 너희가 누울 때 너희를 두렵게 할 자가 없을 것이며 내가 사나운 짐승을 그 땅에서 제할 것이요 칼이 너희의 땅에 두루 행하지 아니할 것이며 7. 너희의 원수들을 쫓으리니 그들이 너희 앞에서 칼에 엎드러질 것이라"

너희가 누워서 잠을 잘 때도, 걱정하는 일이 일어나지 않도록 너희 땅을 지켜 주겠다고 하십니다. 그뿐만이 아닙니다.

레위기 26:12-13, "나는 너희 중에 행하여 너희의 하나님이 되고 너희는 내 백성이 될 것이니라 13. 나는 너희를 애굽 땅에서 인도해 내어 그들에게 종된 것을 면하게 한 너희의 하나님 여호와이니라 내가 너희의 멍에의 빗장을 부수고 너희를 바로 서서 걷게 하였느니라"

하나님께서 이스라엘을 당신의 백성으로 삼으시고 그들의 하나님이 되어, 그들 가운데 행하십니다. 그 하나님은 이스라엘 백성들이 지고 있던 멍에의 빗장을 벗겨 내고, 종 되었던 애굽에서 꺼내신 분입니다. 하나님께서 이스라엘 백성들에게 무엇 때문에 이러한 은혜를 베푸시는 것입니까?

신명기 5:15, "너는 기억하라 네가 애굽 땅에서 종이 되었더니 네 하나님 여호와가 강한 손과 편 팔로 거기서 너를 인도하여 내었나니 그러므로 네 하나님 여호와가 네게 명령하여 안식일을 지키라 하느니라"

"**너는 기억하라**" 하십니다. 안식일뿐만 아니라 유월절, 오순절, 장막절 등 절기들을 기억하라고 하십니다. 왜 기억해야 합니까? 사람들은 이렇게 규칙을 만들어 놓고, 정례화해서 만들어 놓지 않으면, 시간이 지나면서 쉽게 잊어버리기 때문입니다. 국가에서 삼일절이나 광복절을 지정해 놓고 그날을 쉬게 하는 것은, 시대가 바뀌고 세월이 지나 100년 전의 아픈 역사를 경험하지 않은 국민이라도 독립운동이나 해방이라고 하는 우리의 역사를 기념하자는 뜻입니다.

하나님께서는 이스라엘로 하여금 안식일과 각종 절기를 기억하여 지키도록 하신 이유도 같은 것입니다. "내가 너희를 종 되었던 애굽에서 구했느니라. 내가 너희에게 먹을 것, 입을 것을 주고 너희에게 필요한 모든 것을 해결해 주는 이이니라." 하지만 하나님께서 이렇게 당신의 백성들에게 잘해 주심에도 불구하고, 사람들은 하나님의 말씀을 듣지 않고, 마음에 하나님의 법을 두지 않습니다. 그리고 오히려 하나님을 배반했습니다.

레위기 26:14-15, "그러나 너희가 내게 청종하지 아니하여 이 모든 명령을 준행하지 아니하며 15. 내 규례를 멸시하며 마음에 내 법도를 싫어하여 내 모든 계명을 준행하지 아니하며 내 언약을 배반할진대"

그리고 16절 이후에 이어지는 내용들은, 하나님을 배신한 사람들이 받게 되는 형벌들에 대한 경고입니다. 우리가 계속해서 레위기 말씀과 구약성경을 모두 읽지 않아도 그 결말이 어떠한지 이미 알고 있습니다. 남북으로 나눠진 이스라엘은 앗수르와 바벨론에 의해 멸망했고, 예수님이 오셨을 때도 이스라엘은 로마 제국의 부속 국가 가운데 하나에 불과할 만큼, 완전히 망했습니다. 그 이유가 무엇입니까? 하나님의 말씀을 마음에 두기 싫어하고, 계명을 지키지 않았기 때문입니다.

보십시오. 하나님께서 이스라엘 백성들을 위해서 일을 하셨습니다. 그들을 종 되었던 애굽 땅에서 빼내어 젖과 꿀이 흐르는 땅으로 인도하셨고, 밭의 작물과 포도 열매를 중단 없이 추수할 수 있도록 만들어 주셨으며, 어떤 대적도 틈타지 못하도록 두려움을 심어 주셨습니다. 그뿐이겠습니까? 하나님은 이스라엘 백성들에게 안식일에 쉬라고 말씀하신 뒤에, 당신도 그들과 함께 쉬시면서 허술한 틈을 보여 주지 않았습니다. 하나님은 안식일에도 하나님의 일을 계속하셨습니다.

하지만 이스라엘 백성들이 하나님의 은혜를 받으면서 최소한의 자기들이 지켜야 할 것들을 지켰습니까? 오히려 하나님께서 주신 규례들을 멸시하고, 하나님의 법도를 싫어하여 지키지 않았습니다. 저들은 율법을 따라 안식일과 명절들을 지킨다고 했지만, 하나님께만 제사한 것이 아니라 각종 우상들에게도 하나님께 제사하는 것처럼 똑같이 제사를 드렸습니다. 명목상으로는 하나님의 성전이라고 말했지만, 각종 우상들과 우상의 제단들을 함께 만들어 놓고 섬겼습니다. 우리가 열왕기 강해를 통해 살펴봤지만, 성전의 기구들과 기둥에 붙어 있는 금들을 벗겨 내어 이방 나라에 조공했습니다. 성전이 훼손되고, 여호와의 율법 책을 잃어버리고도 오랫동안 찾지 않았습니다. 결국 이스라엘이 멸망하게 된 것은, 그들의 죄에 대한 하나님의 심판 때문이었습니다.

레위기 26:17, "내가 너희를 치리니 너희가 너희의 대적에게 패할 것이요 너희를 미워하는 자가 너희를 다스릴 것이며 너희는 쫓는 자가 없어도 도망하리라"

그러면 이스라엘이 스스로 자기들의 죄를 뉘우치고, 하나님께 회개했기 때문에 하나님께서 용서하시고 마음을 돌이키신 것입니까? 물론 그럴 수도 있다고 말씀하십니다.

레위기 26:40-42(현대인의 성경), "그러나 만일 그들이 나를 거역하고 배반한 그들의 죄와 그 조상들의 죄를 고백하며 또 그들이 나에게 대항한 죄 때문에 원수의 땅에 끌려간 사실을 깨닫고 그들의 교만하고 악한 마음이 낮아지고 겸손하여 내가 내리는 형벌을 그들의 죄에 대한 당연한 대가로 여기고 뉘우치면 42. 내가 아브라함과 이삭과 야곱에게 한 나의 약속을 기억하고 그들의 땅을 다시 돌아보겠다."

그런데 이스라엘이 그렇게 스스로 뉘우쳤을까요? 아니요, 저들은 조금의 후회나 뉘우침이 없었습니다. 그럼에도 하나님께서는 "내가 그들의 하나님이기 때문에" 저들을 용서하고 회복해 주겠다고 말씀하십니다.

레위시 26:43-45(현대인의 성경), "그렇지만 그들이 내 법을 거절하고 내 명령을 무시하였으므로 그 땅은 사람이 없이 황폐하여 안식을 누릴 것이며 그들은 자기들의 죄에 대한 형벌을 일단 받아야 할 것이다. 44. 비록 그들이 죄는 지었지만 그들이 원수의 땅에 있을 때 내가 그들을 아주 저버리거나 멸망시키지는 않을 것이며 그들과 맺은 내 계약도 어기지 않을 것이다. 이것은 내가 그들의 하나님 여호와이기 때문이다. 45. 내가 그들의 하나님이 되려고 여러 민족들이 지켜 보는 가운데, 이 집트에서 인도해 낸 그들의 조상들과 맺은 계약을 기억하겠다. 나는 여호와이다."

이스라엘이 죄를 지었고, 그뿐만 아니라 그들이 하나님과 맺은 계약을 어겼음에도 하나님께서 그들을 완전히 멸망시키지 않는 이유가 무엇입니까? **"내가 그들의 하나님 여호와이기 때문"**이라는 것입니다. 자, 보십시오. 하나님께서 이스라엘에게 안식일을 지키라고 말씀하신 것은, 무슨 규칙이고 법률이고를 따지기 전에 하나님께서 저들을 위해서 무엇을 행하셨는지, 또 어떻게 저들을 위하시는지 알라는 것입니다.

하나님께서 천지 만물을 완벽하게 창조하신 뒤에 인간들에게 그것들을 주셨습니다. 내가 만들어 주었으니 이제부터는 너희들이 알아서 관리하고 운영하라고 말씀하지 않으시고, 내가 만들어 놓았으니 너희는 그곳에서 마음껏 누리고 즐기라고 말씀하셨습니다. 다만 안식일 하루는 아무 일도 하지 말고 쉬면서, 천지 만물을 만드신 하나님, 그리고 지금도 우리를 위해서 그 모든 만물들을 운행하시고 섭리하시는 하나님이 계신다는 사실을 기억하라고 하신 것입니다.

하나님께서 천지 만물을 창조하신 이유가 무엇입니까? 당신의 백성들에게 주기 위해서입니다. 그래서 그 하나님을 잘 기억하면, 포도 열매를 딸 수 있을 때까지 땅의 소산을 계속 타작할 수 있도록 해 주겠다, 포도 열매는 너희가 새롭게 땅에 파종할 때까지 계속 딸 수 있도록 해 주겠다고 약속하신 것입니다.

그런데 이스라엘 백성들이 그런 하나님을 기억하고, 기념했습니까? 안 했습니다. 예수님께 와서 "당신이 안식일을 지키지 않았다"라고 주장하지만, 그들의 조상 때부터 지금까지 안식일을 지키지 않고 있는 것은 자신들이었습니다. 그 결과가 나라를 빼앗긴 것입니다.

저들은 하나님께서 그들에게 안식일을 주신 이유와 목적은 상실한 채, 단지 형식만 남았고 법칙들로만 지키고 있습니다. 그러면서도 하나님의 하나님 되심으로 예수님을 이 땅에 보내 주시고, 저들을 위해서 해 주시는 일들을 이해하지 못하고, 오히려 예수님을 박해하고 죽이려고 했던 것입니다.

예수님께서 이 땅에 왜 오신 것입니까? 당신의 백성들을 구원하러 오셨습니다. 예수님은 아버지 하나님과 한 분이시니, 당연히 안식일에도 당신이 해야 할 일을 하셨습니다. 예수님께서 안식일에도 하셔야 했던 일이 무엇이죠? 살리는 일입니다. 영혼을 살리고 병든 자를 고치는 일입니다. 단지 몇 사람이 아니라 그들을 통해 모두를 구원하는 일입니다. 예수님께서 안식일이 뭐 하는 날인지 몰라서 안식일에 병 고치신 것이 아닙니다. "적어도 안식일만큼은 하나님께서 저들을 위해서 어떤 일을 행하시는지 알아야 하지 않겠냐? 그걸 알라."

요한복음 5:20, "아버지께서 아들을 사랑하사 자기가 행하시는 것을 다 아들에게 보이시고 또 그보다 더 큰 일을 보이사 너희로 놀랍게 여기게 하시리라"

"단지 먹고 사는 육체의 일만 해결해 주시는 것이 아니라, 그보다 더 큰 일인 구원의 일, 영생을 얻게 하는 일을 너희에게 보여 주셔서 너희로 깜짝 놀라게 해 주겠다." 이것이 바로 예수님께서 오신 목적입니다. 그런데 육체의 법으로만 살던 유대인들, 바리새인들은 그렇게 오신 예수님을 알아보지 못했습니다. 오히려 그 예수님을 미워하고, 박해했으며, 결국에는 십자가에 못 박아 죽였습니다. 누가 안식일을 범한 것입니까? 예수님이 범했습니까, 유대인들이 범했습니까? 유대인들이 범했습니다.

레위기 26장에서 **"그렇지만 그들이 내 법을 거절하고 내 명령을 무시"**했다고 말씀하십니다. 예수님 당시의 유대인들만 안식일을 제대로 지키지 않은 것이 아니라, 그들의 조상 때부터 그래 왔습니다. 하나님께서 예수님을 보내신 것은 인간이 원래 그런 족속들인 것을 몰라서 보내신 것이 아니라, 원래부터 그들이 그래왔던 것을 아셨음에도 보내신 것입니다. 결국 예수님께서 자신을 비난하고 박해하는 유대인들에게 이렇게 말씀하십니다.

요한복음 5:42-44, "다만 하나님을 사랑하는 것이 너희 속에 없음을 알았노라 43. 나는 내 아버지의 이름으로 왔으매 너희가 영접하지 아니하나 만일 다른 사람이 자기 이름으로 오면 영접하리라 44. 너희가 서로 영광을 취하고 유일하신 하나님께로부터 오는 영광은 구하지 아니하니 어찌 나를 믿을 수 있느냐"

"너희가 나를 믿지 않는 이유는 너희 속에 하나님을 사랑하는 것이 없기 때문이다." "너희는 사람들로부터 받는 영접과 영광은 좋아하지만, 하나님께로부터 오는 영광은 원하지 않는다." 무슨 말씀입니까? 사람들은 하나님께서 은혜로 주신 구원과 구원의 방법은 좋아하지 않습니다. 왜 좋아하지 않을까요? 자랑할 것이 없기 때문입니다. 자기가 뭔가 이룬 것이 있어야 자랑할 것이 있죠. 그런데 너도나도 다 하나님의 은혜로 구원을 받았다면, 자랑할 것이 무엇입니까? 전혀 없죠.

지금까지 저들이 자랑으로 삼은 것은 무엇이었습니까? 자기들이 남들보다 율법을 더 잘 지켰다는 것입니다. "나는 저 세리나 죄인들처럼 살지 않았다. 나는 십일조도 잘 냈고, 금식과 기도도 많이 했으며, 각종 예배에 빠진 적이 없고, 심지어는 가난한 사람들을 도와주기까지 했다. 그러니 나 같은 사람이 구원받는 것이다." 이처럼 이스라엘 백성들은 하나님께서 명령하신 것이 아니라 자기들끼리 덧붙이고, 덧붙여서 만들어 놓은 법칙들이 얼마나 많았는지 모릅니다.

유대인의 탈무드를 보면 안식일에 금지된 39개의 행위가 기록되어 있습니다. 그중에서 가장 잘 알려진 것은, '안식일에 걸을 수 있는 거리'가 약 1㎞ 정도였다는 것입니다. 안식일에는 **"아무도 그 처소에서 나오지 말지니라"**(출 16:29)라는 구절과, 레위인들이 차지할 들의 거리인 2,000 규빗(민 35:5), 성막과 다른 지파들의 진영과의 거리(수 3:4) 등에 근거해서 이렇게 해석한 것입니다. 그런데 이런 규칙은, 자기들이 만들어 놓은 또 다른 규칙에 의해 얼마든지 무력화할 수 있었습니다.

유대인들이 가졌던 집의 개념은, 그 사람의 음식이 있는 장소라면 그 사람의 집이 될 수 있었습니다. 그래서 안식일 전날 1㎞ 떨어진

지점에 미리 자기가 먹을 음식을 가져다 숨겨 놓는 것입니다. 그렇게 자기가 가고자 하는 곳까지 거리를 계산해서 경계 지점에 음식을 갖다 놓으면, 그곳이 자기의 또 다른 집이 되기 때문에 거기서부터 또 1㎞ 떨어진 곳까지 갈 수 있습니다. 그런 식으로 해서 얼마든지 더 먼 거리도 갈 수 있었습니다.

바리새인들이 그렇게 하나님께서 명령하지 않은 구차한 규칙들을 많이 만들어 놓은 이유가 무엇일까요? 자기를 자랑하려고 만들어 놓은 것입니다. 그런 것들을 잘 지켰다는 영광을 스스로 얻고 싶어서입니다. 지난 시간에도 살펴봤던 것처럼, 은혜의 집에 와서도 자기 힘으로 병을 고쳐 보겠노라고 눈이 빨개지도록 연못만 쳐다보고 있는 것입니다. 그렇게 물이 움직일 때 가장 먼저 들어갈 수 있는 능력이 있었다면, 벌써 고침받고 그 자리를 떠났겠죠. 하지만 자기 혼자의 힘으로는 들어갈 수 없는 사람들이, 그래서 하나님의 은혜를 바라서 은혜의 집에 왔으면 은혜를 구해야 하지 않겠습니까?

그런데 은혜를 주기 위해 찾아오신 예수님을 보고서도, 자기를 물에 넣어 줄 사람이 없다고 하소연합니다. 지난 38년 동안 실패했으면서도 끝까지 자기 힘으로 해 보겠다는 사람의 고집을 확인시켜 준 사건입니다. 유대인들이 왜 예수님을 미워하고 박해했습니까? 왜 예수님을 죽이려고 했습니까? 하나님께 영광을 돌리지 않고 자기들이 영광을 얻고 싶어 하는, 그들의 본심을 지적했기 때문입니다. 안식일의 은혜를 주신 하나님의 뜻을 가르쳐 주고 기억나게 해 줬기 때문에 미워한 것입니다. 결국 예수님께서 그들이 자랑으로 삼고 근거로 삼고 있는 모세가 그들의 행위를 고발할 거라고 말씀합니다.

요한복음 5:45-47, "내가 너희를 아버지께 고발할까 생각하지 말라 너희를 고발하는 이가 있으니 곧 너희가 바라는 자 모세니라 46. 모세를 믿었더라면 또 나를 믿었으리니 이는 그가 내게 대하여 기록하였음이라 47. 그러나 그의 글도 믿지 아니하거든 어찌 내 말을 믿겠느냐 하시니라."

은행이나 공공업무를 볼 때, 본인이 직접 갈 수 없는 상황이 되면 위임장을 써서 대신 보냅니다. 하지만 어떤 경우에는 위임장으로는 일을 처리할 수 없고, 본인이 직접 가야만 하는 경우도 있습니다. 그런데 또 어떤 경우에는 제출한 문서의 내용을 신뢰할 수 없기 때문에 본인이 직접 와서 설명해 줘도, 이미 제출한 문서에 대한 신뢰가 없기 때문에 전체 내용이 부정되는 그런 경우도 있습니다.

지금 예수님께서 하신 말이 그것입니다. "너희가 나를 믿지 않는 것은 모세가 준 글을 믿지 않기 때문이다." "너희는 모세가 준 율법을 따라 산다고 말하고, 모세가 너희의 증인이라고 말하지만, 모세가 너희에게 준 것은 일종의 위임장이고 나는 그 실체인데, 너희가 나를 믿지 않는 것은 결국 모세를 믿지 않는 것이다." 그러니 내가 너희를 아버지께 고발하기 전에, 모세가 먼저 너희를 고발할 것이라고 말씀하는 것입니다.

오늘 말씀을 통해서 우리가 배워야 할 교훈이 무엇입니까? 우리 인간이 얼마나 자기 의를 중요하게 생각하는가? 자기를 자랑하고 싶어 하는가? 하는 것입니다. 우리들은 어떤 존재입니까? 내가 이해하고, 내가 용납하는 범위 안에서만 인정하는 존재입니다. 인간이 얼마나 선입견이나 군중심리에 취약한가 하는 것은, 그동안 발표된 심리 연구 결과만 봐도 압니다. 사람들은 객관적으로 옳고 그름이 중요한 것이 아니라, 그걸 내가 인정하느냐 안 하느냐가 더 중요합니다. 내 마음에 들고, 내가 인정할 수 있으면 그것은 사실입니다. 하지만 나에게 맞지 않으면 가짜 뉴스입니다. 그뿐이겠습니까? 내가 그렇게 하는 것은 그럴 만한 이유가 있고 사정이 있는 것이고, 다른 사람이 하는 것은 절대 해서는 안 될 적폐이고 나쁜 짓입니다.

이렇게 자기가 의의 기준이 되고, 옳음의 기준이 되고 나면, 복음과 은혜는 설 자리가 없어집니다. 심지어 찾아오신 분이 예수 그리스도라 할지라도, 그분의 말씀을 듣기 싫어하고 미워합니다. 여러분은 하나님의 말씀이 언제나 옳다 여기시고, 자기의 생각이 하나님의 말씀과 다를 때 즉시 자기 생각을 바꾸십니까? 오히려 "왜 이래? 무슨 뜻으로 저런 말을 하는 거야?" 하지 않습니까? 그런 마음은 2천 년 전에 예수님을 만난 유대인들, 바리새인들만 가졌던 마음입니까? 우리도 똑같죠?

요한복음 5:25, "진실로 진실로 너희에게 이르노니 죽은 자들이 하나님의 아들의 음성을 들을 때가 오나니 곧 이 때라 듣는 자는 살아나리라"

예수님의 말씀을 누가 들을 수 있을까요? 죽은 자들이 하나님의 아들의 음성을 듣습니다. 그리고 듣는 자는 살아나게 됩니다. 38년 된 병자가 물이 움직일 때 가장 먼저 들어가고 싶다는 자기의 의지를 죽였을 때, "자리를 들고 일어나 걸어가라"라는 예수님의 말씀을 듣고 자리를 들고 일어나 걸을 수 있었습니다. 은혜받을 수 있는 사람이 누구입니까? 자기 의, 자기 생각, 자기 의지가 죽은 사람이 은혜를 받습니다.

하나님 앞에서 뭘 잘하려고 하지 마십시오. 뭔가 업적을 만들어 내고, 당당하려고 하지 마십시오. 안식일에는 하나님께서 일하십니다. 그리스도 예수께서 일하십니다. 누굴 위해 일하십니까? '우릴 위해!' 그러면 우리는 뭐 하면 됩니까? 기억하고 기념하면 됩니다. 기뻐하고 즐거워하며 감사하면 됩니다. 구원해 주신 은혜, 말씀을 깨닫게 해 주신 은혜, 모든 풍요로움을 즐길 수 있게 해 주신 은혜에 감사하면 됩니다. 또한 그 은혜를 한 몸이요 지체로 묶어 주신 성도들과 나누면 됩니다.

안식일의 개념을 제대로 붙잡고 있지 않으면, 자기가 의의 기준이 되어서 뭘 하나 지켰다는 그것 가지고 예수님을 십자가에 못 박습니다. 저와 여러분은 내 아버지께서 일하시니 안식일에도 일하시는 그리스도의 은혜를 풍성히 받기를 원합니다.

요한복음 6:1~13

보리떡 다섯 개와 물고기 두 마리

"1. 그 후에 예수께서 디베랴의 갈릴리 바다 건너편으로 가시매 2. 큰 무리가 따르니 이는 병자들에게 행하시는 표적을 보았음이러라 3. 예수께서 산에 오르사 제자들과 함께 거기 앉으시니 4. 마침 유대인의 명절인 유월절이 가까운지라 5. 예수께서 눈을 들어 큰 무리가 자기에게로 오는 것을 보시고 빌립에게 이르시되 우리가 어디서 떡을 사서 이 사람들을 먹이겠느냐 하시니 6. 이렇게 말씀하심은 친히 어떻게 하실지를 아시고 빌립을 시험하고자 하심이라 7. 빌립이 대답하되 각 사람으로 조금씩 받게 할지라도 이백 데나리온의 떡이 부족하리이다 8. 제자 중 하나 곧 시몬 베드로의 형제 안드레가 예수께 여짜오되 9. 여기 한 아이가 있어 보리떡 다섯 개와 물고기 두 마리를 가지고 있나이다 그러나 그것이 이 많은 사람에게 얼마나 되겠사옵나이까 10. 예수께서 이르시되 이 사람들로 앉게 하라 하시니 그 곳에 잔디가 많은지라 사람들이 앉으니 수가 오천 명쯤 되더라 11. 예수께서 떡을 가져 축사하신 후에 앉아 있는 자들에게 나눠 주시고 물고기도 그렇게 그들의 원대로 주시니라 12. 그들이 배부른 후에 예수께서 제자들에게 이르시되 남은 조각을 거두고 버리는 것이 없게 하라 하시므로 13. 이에 거두니 보리떡 다섯 개로 먹고 남은 조각이 열두 바구니에 찼더라"

본문의 보리떡 다섯 개와 물고기 두 마리로 오천 명을 먹이신 기적은, 예수님께서 행하신 기적들 가운데 유일하게 4복음서 모두에 등장하는(마 14:15-21; 막 6:35-44; 눅 9:12-17; 요 6:5-13) 사건입니다. 본문의 배경인, 예수님께서 오병이어의 기적을 행하신 장소에 대해서 마태, 마가, 누가복음에서는 '빈 들'로 표현을 했고, 요한복음 6장에서는 **"예수께서 산에 오르사 제자들과 함께 거기 앉으시니"**, 이렇게 산으로 표현합니다. 제가 벳새다를 가 본 적이 없어서 정확히는 잘 모르지만, 성지순례를 다녀온 사람들이 올린 사진에서 힌트를 얻자면, 벳새다는 비교적 경사면이 낮고 넓은 언덕으로 보입니다. 또한 마가복음에서는 사람들이 마을에서부터 걸어서 벳새다 언덕으로 왔다고 말씀합니다.

마가복음 6:32-33, "이에 배를 타고 따로 한적한 곳에 갈새 33. 그들이 가는 것을 보고 많은 사람이 그들인 줄 안지라 모든 고을로부터 도보로 그 곳에 달려와 그들보다 먼저 갔더라"

예수님께서 사람들에게 먹을 것을 주라고 말씀하셨을 때, 빌립은 모인 사람들에게 조금씩의 떡을 주려고 해도 이백 데나리온의 돈도 부족할 것이라고 대답했습니다.

요한복음 6:7, "빌립이 대답하되 각 사람으로 조금씩 받게 할지라도 이백 데나리온의 떡이 부족하리이다"

마가복음 말씀과 위 7절의 말씀을 토대로 본다면, 만약 제자들에게 이백 데나리온의 돈이 있었다면 떡을 구할 수 있는 마을은 가까운 근처에 있었다는 것을 예상할 수 있습니다. 본문에 등장하는 인물들을 영화의 한 장면처럼 연상해서 바라보면, 정말 많은 사람들이 있었음을 봅니다. 예수님과 제자들이 있었고, 도시락을 가져온 어린아이가 있었으며, 남자 장정만 5천여 명이 있었습니다. 예수님께서는 제자들을 통해서 그곳에 모인 약 만 오천~이만 명이 되는 사람들을 먹이시길 원했습니다. 그리고 예수님의 이 같은 요구를 대하는 제자들의 반응을 보면서 우리가 얻을 교훈을 살펴보려고 합니다.

5절에서는, **"예수께서 눈을 들어 큰 무리가 자기에게로 오는 것을 보시고 빌립에게 이르시되 우리가 어디서 떡을 사서 이 사람들을 먹이겠느냐 하시니"**라고 말씀하고 있습니다. 그런데 동일한 사건을 기록한 마태복음에서는, 제자들이 먼저 예수님께 어떤 요청을 하고 있습니다.

마태복음 14:15, "저녁이 되매 제자들이 나아와 이르되 이곳은 빈들이요 때도 이미 저물었으니 무리를 보내어 마을에 들어가 먹을 것을 사 먹게 하소서"

아마도 제자들은 그곳에 모인 사람들을 먹일 만한 돈이나 음식이 자신들에게 없음을 알았을 것입니다. 그러니 날이 더 저물기 전에 빨리 사람들을 마을로 보내서, 저들의 배고픈 문제는 저들 스스로 해결하도록 해야 하지 않겠느냐는 요청을 예수님께 한 것으로 보입니다. 그런데 제자들의 이 같은 요청에 대해서 예수님께서는 당황스러운 명령을 내리셨습니다.

마태복음 14:16, "예수께서 이르시되 갈 것 없다 너희가 먹을 것을 주라"

제자들은 자기들 수중에 충분한 돈이 없기 때문에 예수님께 더 늦기 전에 마을로 돌려보내자고 말씀드렸는데, 오히려 예수님은 제자들보고 먹을 것을 해결해 주라고 말씀하시는 것입니다. 그런데 본문 6절에서는, **"이렇게 말씀하심은 친히 어떻게 하실지를 아시고 빌립을 시험하고자 하심이라"**라고 했습니다. 이런 예수님의 명령에 제자들이 가져온 해답은, 마태복음과 요한복음에 약간의 차이가 있습니다.

마태복음 14:17, "제자들이 이르되 여기 우리에게 있는 것은 떡 다섯 개와 물고기 두 마리뿐이니이다"

마태복음에서 보면, 제자들에게 적어도 떡 다섯 개와 물고기 두 마리 정도는 있었던 것처럼 보입니다. 그런데 본문 9절에서는, **"여기 한 아이가 있어 보리떡 다섯 개와 물고기 두 마리를 가지고 있나이다 그러나 그것이 이 많은 사람에게 얼마나 되겠사옵나이까"**라며 어린아이가 가져온 것이 있다고 대답합니다. 이렇게 요한복음에서는 마태복음에는 없었던 '어린아이'를 등장시킴으로써, 예수님께서 오병이어의 기적을 행하시면서 의도한 빌립과 제자들을 시험하고자 하는 의도를 분명히 하는 것입니다.

예수님께서 빌립과 제자들을 시험하려고 하셨던 것이 무엇이었을까요? 앞서 7절에서도 확인했던 것처럼, 제자들은 그곳에 모인 모든 사람들에게 아주 조금씩의 떡, 다시 말씀드려서 겨우 시장기만 면할 정도의 떡을 나눠 주려고 해도 2백 데나리온의 돈이 부족하다고 말합니다. 한 데나리온은 당시 노동자의 하루 품삯이었기 때문에, 오늘날 일당을 100불로 환산하면 적어도 2만 불 정도의 돈이 필요하다는 것이며, 만약 넉넉히 먹이기 원한다면 그보다 몇 배의 돈이 더 필요할 것입니다. 그런데 몇만 불이 필요한 상황에서 제자들이 가진 것은, 겨우 어린아이의 도시락 정도입니다.

이 말씀을 읽을 때 조심해야 할 것은, "비록 어린아이의 도시락에 불과한 것이라도 예수님께 드리기만 하면, 예수님은 몇만 불의 가치도 만들어 내는 기적을 일으키신다" 이렇게 쉽게 생각하면 안 됩니다. 또는 "어린아이가 예수님을 생각하고 드린 최소한의 헌신이 있었기 때문에, 오병이어의 기적이 일어난 것이다" 이렇게 단순화해서, 예수님의 기적을 바란다면 먼저 드려야 한다고 해석해서도 안 됩니다. 이렇게 해석하면 안 되는 이유가 있습니다. 예수님께서 기적을 행하실 때 아무것도 없는 상태에서 기적을 행하시는 것과 어린아이의 도시락이라도 있는 상태에서 기적을 행하시는 것과 어떤 것이 더 극적이겠습니까?

이렇게 바꿔서 말씀드리겠습니다. 여러분에게 어떤 좋은 일이 생겨서 교회의 성도들을 모두 초청해 좋은 곳에서 식사 대접을 하려고 합니다. 계산을 해 보니까 2만 불 정도의 비용이 들 것 같습니다. 그래도 기꺼이 대접하고 싶은 마음이 들었습니다. 약속한 날짜가 되어 성도들이 모이기 시작했는데, 어린아이가 여러분에게 와서 5불을 주면서 오늘 식사 비용이 많이 나올 것 같은데 보태라고 합니다. 아이가 주는 돈이 보탬이 되겠습니까, 안 되겠습니까? 그러면 그 5불을 받으시고 아이의 도움을 받았다고 말씀하시겠습니까, 그런 마음을 가진 것만도 고맙다고 하면서 그냥 넣어 두라고 하시겠습니까?

그래서 오늘 본문이, "아주 작은 것이라도 먼저 드려라. 그러면 주님께서 그것을 선하게 사용하셔서 놀라운 기적으로 만들어 주실 것이다" 이런 식으로 해석하는 것을 주의해야 합니다. 예수님께서 기적을 행하시려고 마음을 먹었다면, 차라리 아무것도 없는 상태에서 하신 것이 훨씬 더 놀라운 기적이 될 것입니다. 하지만 그럼에도 불구하고 예수님께서 굳이 어린아이의 도시락에 불과한 오병이어를 등장시키신 이유가 무엇일까요?

앞서 말씀드렸던 것처럼, 오늘 기적에는 제자들과 더불어 어린아이가 핵심 인물로 등장하고 있습니다. 그런데 주인공처럼 등장하는 이들이, 예수님께서 행하신 기적에 실제적인 도움을 준 것은 거의 없습니다. 그럼에도 성경에서 이들을 주인공으로 등장시키는 것은, 하나님께서 당신의 복음 사역과 하나님 나라를 확장해 나가는 사역에 있어서 사람들, 즉 우리들을 사용하신다는 것을 나타내시기 위한 것입니다.

다시 말씀을 드립니다. 오병이어의 기적을 가장 가까이서 목격한 사람이 제자들과 어린아이입니다. 어린아이는 자기가 예수님께 드린 도시락이 어떻게 놀라운 기적의 도구가 되어, 그 많은 사람들이 배불리 먹고 남을 만큼 사용될 수 있는지 목격했습니다. 또한 제자들은 자기들 손에 쥐어진 한 덩어리 떡과 물고기 조각이 어떻게 그 많은 사람들에게 떼어 주고, 또 떼어 줘도 여전히 나눠 줄 만큼 남아 있게 되었는지 자기들 눈으로 확인하고 있습니다. 아무것도 모른 채 자기 자리에 앉아서, 제자들이 나눠 주는 떡과 물고기를 받아먹기만 하고 있던 사람들과는, 그 기적을 대하는 느낌과 감동의 차원이 다른 것입니다.

이런 말씀을 드리는 이유는, 하나님께서 오늘날 저와 여러분을 어떤 존재로 부르셨는지 확인하려는 것입니다. 만약 어린아이가 드린 오병이어가 없었다면, 예수님은 아무것도 만들어 내실 수 없는 분이었을까요? 아닙니다. 예수님은 길바닥의 돌을 가지고도 떡을 만드실 수 있는 분이며, 그물이나 낚시 도구가 없다 할지라도 근처에 있는 갈릴리 바다에서 물고기를 명하여 건져 올리실 수 있는 분입니다. 예수님께서 오병이어의 기적을 행하실 때, 그것을 사람들에게 나눠 줄 제자들의 헌신이 없었다면 예수님의 이 기적은 일어날 수 없었기 때문에 반드시 제자들이 있어야 했던 것이었습니까? 그것도 아닙니다.

예수님께서 원하셨다면, 그 자리에 모인 누구라도 불러서 사용하실 수 있었으며, 또 예수님께서 원하셨다면 마치 광야의 이스라엘 백성들이 만나를 먹었듯이 하늘에서 만나를 내리실 수도 있었을 것입니다. 그리고 이처럼 기적을 만드시고 나눠 주는 것까지 예수님 혼자 하셨다면, 오병이어 기적의 모든 원인과 결과에 대한 영광을 예수님 홀로 받으실 수도 있었습니다.

다시 말씀드려서 오늘날 어떤 사람들이 주장하는 것처럼, 어린아이가 드린 작은 도시락이라도 있었기 때문에 예수님께서 그걸 사용해서 기적을 만드실 수 있었다는 오해는 받지 않았을 것입니다. 또는 주님께서는 도시락을 드린 어린아이나, 떡과 물고기를 나눠 준 제자들처럼 인간의 협조나 도움이 있어야만 당신의 능력을 보일 수 있는, 제한적인 능력을 가지신 분처럼 취급받지도 않았을 것입니다.

그러면 예수님께서 기적을 행하실 때 어린아이와 제자들을 등장시키신 이유가 무엇일까요? 그것은 오늘날 우리 성도들도 벳새다 뜰의 어린아이와 제자들과 똑같은 모습으로 부름받은 것임을 가르쳐 주기 위함입니다. 오늘 우리들이 교회의 성도와 직분자로 부름을 받은 것은, 벳새다 뜰에서 예수님의 제자들이 사람들에게 떡과 물고기를 나눠 주는 도우미의 역할로 부름을 받은 것과 같은 것입니다.

예수님의 제자들이 그곳에 모인 다른 사람들과 구별될 만큼 탁월한 재능이 있거나, 전문인 훈련을 받았기 때문에 그런 역할을 감당한 것이 아닙니다. 단지 달랐던 것이 있었다면, 예수님께로부터 먼저 부르심을 받았다는 것입니다. 그리고 예수님께서 행하시는 기적을 사람들에게 전달해 주는 은혜를 받았다는 것입니다. 오늘날 교회의 성도와 직분자들이 받은 은혜가 바로 그런 것입니다. 먼저 믿었다는 것이고, 먼저 은혜를 받았다는 것이며, 주님의 일에 동참할 기회를 얻었다는 것입니다.

우리가 여기서 분명히 기억해야 할 것은, 오늘 본문에 나타난 제자들이 한 일이 무엇이냐 하는 점입니다. 제자들은 자기가 가진 것을 꺼내 놓은 자도 아니었으며, 자기가 가진 것으로 일한 자들도 아니었습니다. 제자들은 예수님께서 주신 떡과 물고기를 가지고, 앉아 있는 사람들에게 단지 전달해 주는 사람에 불과했습니다. 하지만 제자들의 이 같은 봉사를 통해, 그곳에 모인 2만여 사람들은 예수님이 누구신지 알게 되었습니다.

> 요한복음 6:14, "그 사람들이 예수께서 행하신 이 표적을 보고 말하되 이는 참으로 세상에 오실 그 선지자라 하더라"

오늘날 우리 성도들과 직분자들의 역할이 무엇입니까? 사람들로 하여금 예수를 알게 하는 것입니다. 교회에서 행하는 여러 가지 봉사와 예배 활동과 연보하는 것과 각종 모임들을 통해서 우리가 만들어 내야 하는 것, 사람들로부터 들어야 하는 말이 무엇입니까? "예수님이 누구신지 알겠다"라는 말입니다.

은혜는 무엇입니까? 하나님께로부터 거저 받은 것입니다. 그리고 성경은 거저 받았으니, 거저 주라고 말씀합니다. 그런데 사람들은 이상합니다. 교회에 와서 하나님의 은혜를 받았다고 말은 하는데, 그 은혜가 우리가 아는 그 은혜가 아닙니다. 뭔가 자랑할 것이 있어야 은혜고, 자기를 뽐낼 수 있어야 은혜지, 거저 받은 것은 은혜가 아닙니다. 사람들이 얼마나 자랑하고 내세우는 것을 좋아하는지, 거저 받은 은혜를 가지고도 자기가 드러나기 원하고, 자기를 자랑하기 원합니다. 마치 사골이나 한약을 계속 우려내는 것처럼 자기 자랑을 쉬지 않습니다.

이렇게 말씀드리겠습니다. 우리가 하와이에서 한국을 가려면, 보통 9~10시간 정도 비행기를 타고 가게 됩니다. 보통 두 번 정도 기내식

식사가 나오는데, 한 번은 앞에서부터 또 한 번은 뒤에서부터 배식이 됩니다. 이때 다른 사람보다 먼저 기내식을 받은 것은 자랑할 것이 됩니까, 안 됩니까? 그건 자랑이 아닙니다. 조금 일찍 받았을 뿐이고, 결국 모든 사람들이 순서에 따라 다 받게 될 것입니다. 하나님께 은혜를 받는 것도 마찬가지입니다. 우리가 다른 사람들보다 먼저 은혜를 받을 수도 있습니다. 그리고 복음이라고 하는 특징과 교회가 받은 사명이, 먼저 은혜를 받은 사람이 그다음 사람에게 나눠 주게 되는 특성이 있다 보니, 먼저 받은 내가 다른 사람에게 나눠 주는 사람이 될 수도 있습니다.

다시 말씀드려서 은혜로 받은 복음은 은혜로 나눠 주고 전달할 뿐이지, 그 일을 한다고 또는 했다고 해서 내가 다른 사람들보다 남다른 존재가 된다거나 자랑할 만한 사람이 된 것은 아니라는 것입니다. 왜냐하면, 그것이 내 것을 가지고 내가 준다고 하면 뭐라도 자랑할 근거가 되겠지만, 하나님께로부터 받은 것을 가지고 하나님의 뜻대로 나누어 주는 사람에 불과하기 때문에, 나에게는 자랑할 근거가 없는 것입니다.

오병이어의 기적이 있기 전에, 예수님과 제자들이 나누었던 대화를 다시 기억해 보십시오. 예수님께 "날이 저물고 있으니 더 늦기 전에 빨리 사람들을 마을로 내려보내자"라고 말하는 제자들에게, 예수님께서 "너희가 먹을 것을 주라"라고 말씀했습니다. 만약 제자들에게 그만한 능력이 있었다면, "그럴까요? 마침 우리에게 그 정도의 돈은 있으니 예수님은 걱정하지 마시고 잠시만 기다리십시오. 우리가 마을로 가서 음식을 사 오겠습니다" 이렇게 했을 것입니다. 하지만 제자들은 우리가 가진 것이라고는 겨우 어린아이의 도시락 하나에 불과한 보리떡 다섯 개와 물고기 두 마리 정도밖에 없는데, 이게 무슨 도움이 되겠느냐고 하면서 스스로 능력이 없음을 고백했습니다.

제자들은 예수님께서 기적을 행하시기 전까지 아무런 능력이 없던 자들이었습니다. 그뿐만 아니라 없는 것과 다름없는 어린아이의 도시락이 무슨 도움이 되겠느냐며 부정적이었습니다. 하지만 예수님께서 능력 없고 부정적인 제자들을 불러서, 기적의 일을 행할 수 있도록 해 주셨습니다. 제자들의 손에 쥐어진 떡과 물고기는, 아무리 떼어서 나눠 줘도 절대로 줄어들지 않는 신비로운 것이 아니었습니다. 그것은 예수님께서 당신이 가진 신적인 능력으로 그렇게 만드신 것이었고, 제자들로 하여금 그렇게 나눠 주면서 예수님이 누구신지 깨닫게 하시고, 사람들에게도 그 예수님을 전달해 주도록 부르셨던 것입니다.

요즘 제 막내딸이 유치원을 다녀오면 간혹 이런 말을 합니다. "아빠, 오늘은 내가 리더였어요." 그래서 "리더가 되면 뭘 하는데?" 하고 물어보니, 선생님이 친구들에게 나눠 주라고 한 것을 나눠 주는 일을 했답니다. 딸은 그렇게 말하면서 자기가 오늘 한 일이 얼마나 자랑스러웠는지 얼굴에 자신감이 넘쳤습니다. 말이 좋아서 리더지, 그냥 심부름한 것 아닙니까? 그런데 오늘은 자기가 리더였다고 하면서 좋아했습니다.

목사는 누구입니까? 하나님께서 전하라고 하시는 말씀을 전달해 주는 사람입니다. 자기가 뭔가 특별하고 대단한 깨달음을 얻은 사람이어서 이렇게 앞에서 설교하고 있는 것이 아닙니다. 바쁜 일과 속에서 성경을 깊이 읽을 수 없는 성도들을 대신해서, 성경 열심히 읽고 기도 열심히 해서 하나님의 뜻을 발견하고, 그래서 하나님께서 어떤 말씀을 주셨는지 전달해 주는 사람이 목사입니다. 장로와 권사와 집사는 누구입니까? 남들보다 먼저 부르심을 받고, 은혜를 먼저 받은 사람입니다. 그래서 옆 사람에게 전달해 주는 사람입니다.

학창 시절에 중간고사, 기말고사 시험 때가 되면, 시험지 뭉치를 가지고 오신 선생님이 제일 앞줄에 앉은 아이에게 시험지 뭉치를 주면서 '전달'이라고 하십니다. 그러면 자기 것을 받고 뒤로 넘겨줍니다. 맨 처음 시험지를 받은 아이는 공부 잘하는 아이고, 마지막에 받은 아이는 못하는 아이입니까? 아닙니다. 저는 키가 작아서 언제나 맨 처음 시험지를 받았지만, 성적은 그리 좋지 못했습니다. 성경에 나오는, **"그러나 먼저 된 자로서 나중 되고, 나중 된 자로서 먼저 될 자가 많으니라"**(마 19:30)라는 말씀이 그런 것이 아니었나 싶습니다.

그런데 성경에 기록된 믿음의 사람들을 보면, 이처럼 우리가 어떤 존재인지 주제 파악을 먼저 하도록 가르쳐 주는 모델과 같은 사람들이 많이 등장합니다. 대표적인 사람이 모세입니다. 어떤 목사님은 모세가 처음 40년간 이집트 왕궁에서 왕자의 신분으로 정치, 경제, 군사, 통치에 대한 훈련을 받았고, 다음 40년간 광야에서 영적인 훈련을 받았다고 말씀합니다. 그리고 그렇게 80년을 잘 훈련받았기 때문에 이스라엘의 지도자가 될 수 있었던 것이라고 말씀합니다.

그런데 성경은 그렇게 말씀하지 않았습니다. 그렇게 잘 훈련받은 것도 순간의 혈기를 참지 못하고 사람을 죽이면, 자기가 편들었던 동족으로부터 고발을 당해서 광야로 도망갈 수밖에 없는 것이 인생이라고 말합니다. 만약 모세가 광야에서 40년 동안 영적으로 잘 훈련받았다면, 호렙산에서 하나님을 만났을 때 "그동안 40년을 기다렸는데 이제야 오셨군요. 저는 준비가 끝났습니다. 빨리 출발하시죠" 이렇게 대답했을 것입니다.

하지만 애굽 왕 바로에게 가라고 하시는 하나님의 반복된 명령에 모세는, "보낼 만한 사람을 보내십시오. 저는 아닙니다. 저는 그런 능력이 없습니다" 하면서 자신의 부족함을 고백했습니다. 모세는 어떤 사람이었습니까? 아무런 희망 없이, 그것도 나이 80이 되어서도 자립하지 못하고 장인어른의 양이나 치고 있던 사람이었습니다. 그러니 자기가 무슨 능력이 있다고 스스로 생각할 수 있었겠습니까? 하지만 하나님께서는 스스로도 인정하지 못하는 모세를 들어서, 출애굽이라는 위대한 역사를 이루어 내셨습니다.

고난주간이 되면 늘 등장하는 베드로는 어떻습니까? 베드로는 스스로 자신만만한 사람이었습니다. 다른 사람들은 몰라도 자기는 절대로 예수님의 곁을 떠나지 않고 지켜 주겠노라고 장담하는 베드로에게 예수님은 "닭 울기 전에 네가 나를 세 번 부인하리라"라고 말씀했습니다. 사람들이 겟세마네 동산에서 기도하시는 예수님을 잡으러 올 때 그냥 온 것이 아닙니다. 가룟 유다의 인도를 따라, 무장한 로마 군인들 대제사장이 보낸 성전 경비병들이 잡으러 왔습니다.

요한복음 18:3(현대인의 성경), "유다가 한 떼의 로마 군인들과 그리고 대제사장들과 바리새파 사람들이 보낸 성전 경비병들을 데리고 그곳에 왔는데 그들은 등과 횃불과 무기를 가지고 있었다."

이와 같은 상황에서 베드로는 어떻게 대응했을까요? 지니고 있던 칼을 빼서 대제사장의 종이었던 말고의 귀를 자를 만큼 의협심과 용맹함이 있었던 사람입니다. 누가복음 22장을 보면, 그날 밤에 제자들 가운데 검을 가졌던 사람이 두 명이 있었는데, 그중 한 명이 베드로였습니다. 로마 군인들과 성전 경비병들보다 먼저 칼을 빼서 공격했다는 말은, 예수님을 잡으러 온 무리들과 싸워서라도 예수님을 지켜 낼 만한 어떤 실력이 베드로에게 있었지 않았을까 하는 생각이 드는 광경입니다.

이처럼 겟세마네 동산에서는 용맹해 보였던 베드로였는데, 정작 예수님께서 불의한 재판을 받으시던 가야바의 뜰에서는 여종의 증언에 당황해하고 저주하면서까지 예수님을 부인했던 사람이 베드로입니다. 그런데 예수님께서는 그런 베드로를 보면서 실망하지 않으시고 이런 사명을 맡기셨습니다.

누가복음 22:32, "그러나 내가 너를 위하여 네 믿음이 떨어지지 않기를 기도하였노니 너는 돌이킨 후에 네 형제를 굳게 하라"

베드로가 초대교회에서 예수님의 수제자로서의 큰 역할을 감당할 수 있었던 것은, 그가 칼을 잘 쓰는 용맹한 사람이었기 때문이 아니고, 예수님께로부터 특별한 지위를 물려받았기 때문도 아닙니다. 오히려 그가 얼마나 겁이 많고 한심한 사람이었는지, 그날 밤에 예수님을 세 번 부인하고서 바깥으로 나와 통곡하는 가운데, 자신의 한계와 비겁함을 절실히 깨달았기 때문에 될 수 있었던 것입니다. 또한 이런 일로 인해서 베드로가 완전히 믿음에서 떨어지지 않도록 예수님께서 친히 기도하시고, 그런 베드로에게 "돌이킨 후에 네 형제를 굳게 하라"라고 사명을 주신 예수님의 은혜로 베드로가 된 것입니다.

오늘 본문을 통해서 우리가 깨달아야 할 것은, 오병이어의 기적의 현장이 예수님을 도와줄 제자들이 있었기 때문에 완성된 것이 아니고, 어린아이의 도시락이 있었기 때문에 완성된 것이 아니라는 것입니다. 오히려 제자들과 어린아이는, 예수님께서 행하신 그 기적을 단지 주는 것을 받아서 먹는 대상의 한 사람이 아니라, 그 기적을 직접 전달하는 주인공의 한 사람으로 부름받은 은혜였다는 것을 깨닫는 것입니다.

이 말씀은 다시 오늘날 우리들에게 이렇게 적용될 수 있을 것입니다. 우리 한 사람이 성도가 되어 교회에 나오고, 봉사하는 것이 하나님께 어떤 이익이 될 수 있을까요? 우리가 하나님께 드린 헌금이 하나님의 나라를 확장시키고 완성시키는 데 어떤 도움이 될 수 있을까요? 예수님께서 기적을 행함에 있어서 제자들이나 어린아이는 실재적으로 아무런 도움이 되지 않았습니다. 그곳에 모인 다른 사람들에 비해서, 그들이 더 나았다고 말할 만한 어떤 것이 없었다는 것입니다. 하지만 예수님께서 그들을 불러서 가장 가까이에서 보게 하시고, 손으로 직접 경험하게 하십니다. 누구를 위해서입니까? 그곳에 모인 사람들을 위해서입니까? 아닙니다. 제자들 자신의 믿음을 위해섭니다.

그러면 하나님께서 오늘 저와 여러분을 이렇게 하나님의 자녀로 부르시고, 예수 그리스도를 믿는 믿음이라는 공통된 신앙고백 아래에서 한 교회의 지체가 되어 신앙생활을 하도록 하시는 이유가 무엇일까요? 또한 여러 가지 직분을 맡기시고, 그에 따른 봉사와 섬김의 일을 하도록 하시는 이유가 무엇일까요? 누구를 위함입니까? 아직 신앙이 어린 다른 성도들을 위함입니까? 여러분의 봉사와 섬김과 연보를 통해서 교회가 좀 더 조직화, 체계화되어서 보란 듯이 부흥하고 성장하기 위함입니까? 아닙니다. 하나님께서 여러분에게 그와 같은 직분을 주시고 여러 가지 봉사의 일을 맡기신 것은, 이만여 명 관중의 한 사람, 단지 순서에 따라 손 벌려서 주는 대로 받아먹는 사람이 아닌, 주는 사람이 되라는 것입니다. 주님께서 행하시는 놀라운 기적이, 저와 여러분을 통해서 이루어지고 있다는 것을 직접 나눠 주면서 가장 가까이에서 확인하라는 것입니다.

기적 중에서 가장 큰 기적이 무엇입니까? 강산이 변하는 것입니까? 가난을 벗고 부자가 되는 것입니까? 가장 큰 기적은 사람이 변하는 것입니다. 예수님을 부인했던 베드로가 대사도가 되는 것입니다. 예수 믿는 사람들을 핍박하고 죽였던 사울이, 예수님을 만나 복음을 전하는 사도가 되어 이제는 예수 때문에 자신이 핍박당하고, 순교를 당하면서도, 그것을 기쁨으로 삼고 영광으로 삼은 사람이 된 것입니다. 하나님의 관심이 무엇일까요? 금으로 치장한 성전을 만드는 것일까요? 우상을 섬기던 나라를 기독교 국가로 만드는 것일까요? 중세

시대 교황처럼 모든 나라의 왕들 위에 군림하면서 교회가 하라는 대로 따르도록 만드는 걸까요? 하나님의 관심은 여러분이 그리스도의 장성한 분량이 충만한 데까지 이르도록 온전하게 자라는 것입니다.

에베소서 4:13, "우리가 다 하나님의 아들을 믿는 것과 아는 일에 하나가 되어 온전한 사람을 이루어 그리스도의 장성한 분량이 충만한 데까지 이르리니"

그렇게 충만한 데까지 이르게 되면 어떤 일을 하게 됩니까?

에베소서 4:7-8, "우리 각 사람에게 그리스도의 선물의 분량대로 은혜를 주셨나니 8. 그러므로 이르기를 그가 위로 올라가실 때에 사로잡혔던 자들을 사로잡으시고 사람들에게 선물을 주셨다 하였도다"
에베소서 4:11-12, "그가 어떤 사람은 사도로, 어떤 사람은 선지자로, 어떤 사람은 복음 전하는 자로, 어떤 사람은 목사와 교사로 삼으셨으니 12. 이는 성도를 온전하게 하여 봉사의 일을 하게 하며 그리스도의 몸을 세우려 하심이라"

오늘 예수님께서 어떤 이유와 목적으로 빌립과 제자들을 부르고 계시는지 확인하시기 바랍니다. 빌립은 자기가 가진 것으로 사람들에게 나눠 줄 수 있을 거라 생각했습니다. 하지만 예수님은, 네가 가진 것으로 주는 것이 아니라, 내가 주는 것으로 사람들에게 주는 것이라 합니다. 교회 일은 누가 합니까? 우리가 가진 것으로 합니까? 아닙니다. 우리의 가진 것, 우리의 예상은 언제나 세상적인 계산만 빠를 뿐입니다. 그리고 그 계산은 언제나 답이 나오지 않는 계산입니다.

　주님의 일은 주님께서 하십니다. 우리는 우리가 할 수 있는 것을 하는 것입니다. 주님께서 쓰시고자 하실 때, 순종함으로 잘 드려지면 됩니다. 예수님께서 우리들의 도움이 필요한 분이시기 때문에 도와 달라고 말씀하시는 것입니까? 그것이 아닙니다. 우리를 성장시키기 위해서, 우리의 믿음이 자라도록 하기 위해서, 주님께서 행하시는 기적의 구경꾼이 아니라 직접 그 기적의 당사자가 되어 더욱 확실한 믿음을 갖게 하기 위해서 우리를 부르시는 것입니다.

　그러니 기회가 있을 때마다 열심을 내어 봉사하시기 바랍니다. 남을 위해서 하지 마시고, 본인을 위해 하십시오. 뭐라도 할 만한 일이 보이시거든 그냥 하십시오. 그곳이 어디이든, 여러분이 나눠 주는 그 보리떡과 물고기 조각들이 어떤 기적들을 만들어 내는지 확인하게 될 것이고, 직접 경험하는 주님의 일이 여러분의 믿음을 더욱 크게 할 것입니다.

요한복음 6:16~21

바다 위를 걸으심

"16. 저물매 제자들이 바다에 내려가서 17. 배를 타고 바다를 건너 가버나움으로 가는데 이미 어두웠고 예수는 아직 그들에게 오시지 아니하셨더니 18. 큰 바람이 불어 파도가 일어나더라 19. 제자들이 노를 저어 십여 리쯤 가다가 예수께서 바다 위로 걸어 배에 가까이 오심을 보고 두려워하거늘 20. 이르시되 내니 두려워하지 말라 하신대 21. 이에 기뻐서 배로 영접하니 배는 곧 그들이 가려던 땅에 이르렀더라"

오늘 본문은 배를 타고 가던 제자들이, 풍랑이 이는 바다 위를 걸어오시는 예수님을 보고 놀라서 두려워하다가, 예수님인 것을 알고 영접하는 사건을 기록하고 있습니다. 그런데 같은 내용을 기록한 다른 복음서들은 조금씩 그 묘사가 다르게 기록되어 있습니다. 마태복음에서는 물 위를 걸어오시는 예수님을 본 베드로가 자신도 바다 위를 걸어갈 수 있도록 해 달라고 요청하자, 예수님께서 오라 하시니 바다 위로 내려갔는데 풍랑을 보고는 두려워 빠졌다고 기록되었습니다.

마태복음 14:28-31, "베드로가 대답하여 이르되 주여 만일 주님이시거든 나를 명하사 물 위로 오라 하소서 하니 29. 오라 하시니 베드로가 배에서 내려 물 위로 걸어서 예수께로 가되 30. 바람을 보고 무서워 빠져가는지라 소리 질러 이르되 주여 나를 구원하소서 하니 31. 예수께서 즉시 손을 내밀어 그를 붙잡으시며 이르시되 믿음이 작은 자여 왜 의심하였느냐 하시고"

마가복음에서는 제자들이 물 위를 걸어오시는 예수님을 보고서 유령인 줄 알고 놀라 소리 지르다가, 예수님께서 두려워 말라고 말씀하신 뒤에 제자들이 탄 배에 오르시니 바람이 그쳤다고 말씀합니다. 제자들은 바다의 파도와 바람마저도 잠잠케 하시는 예수님을 보고 크게 놀랐는데, 그 이유는 낮에 예수님께서 사람들에게 떡을 나누어 주었던 일을 깨닫지 못하고, 마음이 둔해졌기 때문이라고 말씀합니다.

마가복음 6:47-52, "저물매 배는 바다 가운데 있고 예수께서는 홀로 뭍에 계시다가 48. 바람이 거스르므로 제자들이 힘겹게 노 젓는 것을 보시고 밤 사경쯤에 바다 위로 걸어서 그들에게 오사 지나가려고 하시매 49. 제자들이 그가 바다 위로 걸어오심을 보고 유령인가 하여 소리 지르니 50. 그들이 다 예수를 보고 놀람이라 이에 예수께서 곧 그들에게 말씀하여 이르시되 안심하라 내니 두려워하지 말라 하시고 51. 배에 올라 그들에게 가시니 바람이 그치는지라 제자들이 마음에 심히 놀라니 52. 이는 그들이 그 떡 떼시던 일을 깨닫지 못하고 도리어 그 마음이 둔하여졌음이러라"

여기에서 우리가 주목해서 보아야 할 말씀이 **"이는 그들이 그 떡**

떼시던 일을 깨닫지 못하고 도리어 그 마음이 둔하여졌음이러라"라고 하는 '떡'에 대한 내용입니다.

공관복음서라고 말하는 마태, 마가, 누가복음은, 예수님의 탄생으로부터 시작해서 십자가의 죽음과 부활과 승천에 이르기까지, 예수님의 생애를 시간순으로 그가 행하신 기적들과 가르침들을 기록한 책입니다. 그에 비해 요한복음은 인간의 몸을 입고 오신 예수님, 즉 메시아인 그리스도에 대해서 가르쳐 주기 위한 신학적인 목적을 가지고 기록된 책입니다. 특히 요한복음 6장은 오병이어의 기적에서 확인했던 것처럼, 사람들에게 떡을 나눠 주는 기적으로 시작해서, 가버나움까지 따라온 사람들에게 "내가 곧 생명의 떡"이라고 말씀하시는 데까지 이어지고 있습니다. 하지만 사람들은 예수님 자신이 바로 떡이라고 하신 말씀을 이해하지 못했을 뿐 아니라, 예수님을 따르던 제자들 중에도 예수님이 하신 말씀을 이해하지 못하고 많은 사람이 예수님을 떠나는 일이 생겼습니다.

요한복음 6:66-68, "그 때부터 그의 제자 중에서 많은 사람이 떠나가고 다시 그와 함께 다니지 아니하더라 67. 예수께서 열두 제자에게 이르시되 너희도 가려느냐 68. 시몬 베드로가 대답하되 주여 영생의 말씀이 주께 있사오니 우리가 누구에게로 가오리이까"

이처럼 오병이어의 기적은, 단지 어린아이의 도시락에 불과한 적은 음식을 가지고 많은 사람들을 배불리 먹이고도 열두 광주리나 남았다는, 기적 자체에 의미가 있는 것이 아니었음을 알게 됩니다. 또한 어린아이가 꺼내 놓은 보잘것없는 도시락이라 할지라도, 주님께서 귀히 쓰신다는 것을 가르쳐 주기 위해 행하신 기적도 아닙니다. 오히려 오병이어의 기적에서 우리가 확인하는 것은, 인간은 자기들의 가장 아쉬운 필요조차도 자기들이 가진 것과 능력만으로는 채울 방법이 없다는 것을 배우게 됩니다. 벳새다 언덕에는 남자 장정만 5천 명으로, 최소 1만 5천~2만 명가량의 사람들이 모여 있었습니다. 하지만 배고픈 그들이 가진 것이라곤 고작 어린아이의 도시락 하나 정도로, 필요를 채우기엔 턱없이 부족했습니다.

오늘 본문에서는 비슷한 사건이 바다 위에서 벌어지고 있습니다. 지금 배를 타고 갈릴리 바다를 건너가는 제자들은, 바로 그 바다에서 생업을 하던 노련한 어부들입니다. 웬만한 바람이나 파도쯤은 거뜬히 극복하고 목적한 곳까지 갈 수 있을 만큼 낯이 익고 자신 있는 곳입니다. 하지만 그렇게 노련하고 뛰어난 선원이 있다고 해도, 휘몰아치는 강한 바람과 거센 파도까지 막을 수는 없었습니다. 앞서 마가복음에서 살펴봤던 것처럼 그렇게 노련한 뱃사람이 많은 곳에, 풍랑을 뚫고 걸어오시는 예수님을 보며 유령이라고 소리 지르며 놀라는 제자들의 모습이, 바로 인간이 가진 한계를 고스란히 보여 줍니다.

오늘 이 예배에 참석한 모든 사람들이 저마다의 인생을, 자신이 가장 잘하는 것을 하면서 살고 있습니다. 조금씩 만족도의 차이는 있겠지만, 어느 누구도 자신이 실패한 인생을 살았다고 생각하지는 않을 것입니다. 다른 분야는 잘 모르지만, 적어도 자기가 하는 일에서만큼은 누구보다도 자신 있게 살고 있습니다. 하지만 우리 인생에 위기가 찾아오는 순간은 뜻밖에도 자기가 가장 잘하는 부분에서 찾아올 때가 많습니다.

운동을 잘해서 프로 선수가 된 사람들 중에는, 어느 날 찾아온 슬럼프를 끝내 극복하지 못해서 더 이상 운동선수의 일을 하지 못하는 사람들이 있습니다. 사람들 앞에서 공연을 하고 연기를 하면서 많은 인기를 끄는 유명 연예인들 중에도, 사람들 앞에 서면 죽음의 공포까지 느끼는 공황장애가 있는 사람들이 의외로 많습니다. 평범한 삶을 사는 우리들 역시 늘 익숙한 직장에서, 또는 매일 운전하면서 다니는 익숙한 길에서 예상치 못한 사고를 당하기도 합니다.

이처럼 사람이 인생을 살아가면서, 또는 예수를 주와 그리스도로 고백한 믿음을 가진 사람이라 할지라도, 인생의 순간에 찾아오는 여러 가지 위기와 힘든 순간들이 찾아오는 것은 누구에게나 있을 수 있는 일입니다. 오해하지 말아야 할 것은, 예수님을 믿으면 이 세상에서 평안하게 잘살게 된다는 그런 약속은 없습니다. 오늘 예수님의 제자들이 배를 타고 바다를 건너갈 때, 노련한 어부들인 제자들조차도 갑자기 불어 닥친 풍랑에 당황해하면서, 죽음의 공포로 인해 두려워하고 있지 않습니까? 얼마나 무서웠으면 자기들에게 걸어오시는 예수님을 보면서, 유령이라고 소리를 질렀을까요? 그래서 예수를 잘 믿으면, 교회를 열심히 다니면, 뭔가 교회에 큰 공헌을 하면, 세상에서 아쉬운 문제들이 해결되고, 곤란한 일을 당하지 않을 거라고 생각하는 것은 올바른 기독교 신앙이 아닙니다. 오히려 성경은 성도의 소망이 이 땅에서 잘됨에 있지 않고, 영생을 소망하는 것이라고 말씀합니다. 만약 우리가 이 땅에서 잘되기 원한다면, 세상의 것을 열심히 심는 것이 맞습니다.

갈라디아서 6:7-8, "스스로 속이지 말라 하나님은 업신여김을 받지 아니하시나니 사람이 무엇으로 심든지 그대로 거두리라 8. 자기의 육체를 위하여 심는 자는 육체로부터 썩어질 것을 거두고 성령을 위하여 심는 자는 성령으로부터 영생을 거두리라"

무엇으로 심든지 심은 대로 거둔다고 하는 것은, 믿지 않는 사람들까지도 모두가 아는 격언입니다. 주일날 일한 사람과 일하지 않은 사람 중 누가 돈을 더 많이 벌겠습니까? 당연히 일한 사람입니다. 주일날에도 공부한 학생과 교회에 와서 예배드리고 공부하지 않은 학생 중 누가 더 공부를 잘할까요? 당연히 공부한 학생입니다. 이것은 당연합니다.

그래서 예수님을 믿는 사람들은 이러한 문제로 피해의식을 가져서는 안 됩니다. 예수 믿는 사람들은 어떤 사람들입니까? 세상 사람들이 남보다 하나 더 가진 것으로 기쁨을 삼을 때, 우리는 남보다 덜 가졌지만 예수 그리스도와 영생을 가졌기 때문에 그것으로 더 기뻐하는 사람들입니다. 그런데 우리는 "내가 열심히 예수를 믿고 교회를 다녔는데 왜 세상에서 아쉬운 문제가 해결되지 않는 거냐? 도대체 뭐가 문제냐, 내 믿음이 부족한 거냐? 예수 능력이 모자란 거냐?" 하면서 답답해합니다.

사도 바울은 **"사람이 무엇으로 심든지 그대로 거두리라"**라고 했습니다. 이 말씀을 오해하면 성경이 가리키는 방향과 다른 곳에 가서 정답을 찾으려고 헤매게 됩니다. 당신의 열심과 정성이 부족하다고 하고, 응답될 때까지 더 간절하게 기도하면서 매달려 보라고 합니다. 일단 힘보다 진하게 헌금을 한 뒤에 하나님의 긍휼을 기다려 보라고 말하기도 합니다. 이건 성경적 방법이 아닙니다. 불교는 소경인 아빠의 눈을 고쳐 주기 원하는 딸에게 '공양미 3백 석을 먼저 바치라'고 말합니다. 간절히 바라는 소원이 있다면, 부처님께 절을 하면서 그분을 감동시켜 보라고 합니다.

하지만 예수님은 사람들의 돈을 먼저 받고 병을 고쳐 준 적이 없고, 죽을힘을 다해서 바치는 사람들의 정성을 받고서 문제를 해결해 주신 적이 없습니다. 오병이어의 기적만 해도 배고픈 사람들이 먹을 것을 달라고 요구해서 만들어진 기적이 아니고, 풍랑이 이는 바다 위에서 죽음을 두려워하던 제자들이 예수님께 도움을 요청하니까 그제야 오신 것이 아닙니다.

예수님은 당신의 의지와 뜻을 따라서, 가장 적당한 때에 자신이 하셔야 할 일을 하셨습니다. 지금도 하나님께서는, 하나님의 뜻과 의지를 따라 하나님께서 하실 일을 하실 것입니다. 하나님은 우리의 소원이 간절하기 때문에, 또는 우리가 바치는 갸륵한 정성을 본 뒤에 비로소 몸을 움직이는 분이 아닙니다. 왜 그렇습니까? 그런 것이 우리를 창조한 목적이 아니기 때문입니다. 하나님께서 우리를 창조하신 목적은 우리가 이 땅에서 잘 먹고 잘사는 것이 아니라, 하나님 나라에서 영원히 하나님과 함께 사는 것입니다. 그래서 기독교에서 말하는 축복, 예수 믿어 얻는 축복은 이 땅에서의 잘됨과 잘 사는 것이 아니라, 영원한 나라의 삶이 우리에게 약속되어 있으며, 그것을 위해서 이 땅에서 준비하며 사는 것이라고 말합니다.

하지만 우리가 오병이어의 기적에서 살펴봤던 것처럼, 사람들의 관심은 떡 먹고 배부른 것에 있습니다. 오병이어의 기적을 경험한 사람들이 가장 먼저 하려고 했던 것이 무엇이었습니까? 억지로라도 예수님을 왕으로 삼으려고 했던 것입니다.

요한복음 6:15, "그러므로 예수께서 그들이 와서 자기를 억지로 붙들어 임금으로 삼으려는 줄 아시고 다시 혼자 산으로 떠나 가시니라"

사람들의 그런 마음을 미리 아신 예수님께서 제자들을 먼저 보내신 뒤에, 다음 날 제자들과 함께 가버나움에 계실 때, 떡 먹고 배불렀던 사람들은 자기들의 목적을 이루기 위해 그곳까지 찾아왔습니다.

요한복음 6:26, "예수께서 대답하여 이르시되 내가 진실로 진실로 너희에게 이르노니 너희가 나를 찾는 것은 표적을 본 까닭이 아니요 떡을 먹고 배부른 까닭이로다"

예수님께서 사람들에게 주려고 했던 것과 사람들이 예수님께 원했던 것이 이렇게 너무나 달랐습니다. 지금도 예수 믿는 이유가 떡 먹고 배부르기 위한 것이 목적인 사람들이 있습니다. 어쩌면 훨씬 더 많을지도 모릅니다. 만약 우리가 신앙생활을 하는 목적이, 벳새다 언덕의 사람들처럼 떡 먹고 배부르기 원하는 것이라고 한다면, 오늘 우리가 드리고 있는 부활주일 예배는 아무 의미가 없습니다. 예수님께서 사망을 이기고 부활하신 이유가 무엇입니까? 예수님께서 친히 부활의 첫 열매가 되심으로 인해, 그리스도 안에서 모든 사람이 삶을 얻게 하는 것입니다.

고린도전서 15:16-20, "만일 죽은 자가 다시 살아나는 일이 없으면 그리스도도 다시 살아나신 일이 없었을 터이요 17. 그리스도께서 다시 살아나신 일이 없으면 너희의 믿음도 헛되고 너희가 여전히 죄 가운데 있을 것이요 18. 또한 그리스도 안에서 잠자는 자도 망하였으리니 19. 만일 그리스도 안에서 우리가 바라는 것이 다만 이 세상의 삶뿐이면 모든 사람 가운데 우리가 더욱 불쌍한 자이리라 20. 그러나 이제 그리스도께서 죽은 자 가운데서 다시 살아나사 잠자는 자들의 첫 열매가 되셨도다"

사도 바울은 고린도교회에 보낸 편지에서 우리가 예수 그리스도를 믿는 것이, 지금 사는 문제에서 고통을 해결하고 성공하는 것으로, 단기적 이익을 보는 것에 목적이 있는 것이 아니라고 말씀합니다. 그래서 19절 말씀처럼, **"만일 그리스도 안에서 우리가 바라는 것이 단지 이 세상의 삶뿐이면 모든 사람 가운데 우리가 더욱 불쌍한 자"**가 될 것입니다. 왜 그렇습니까? 가장 귀한 보물을 갖고 있으면서도 그것이 무엇인지 몰라 잘못 사용하고 있기 때문입니다.

지금이야 우리가 사용하는 휴대전화에 스마트한 기능이 많고, 화면도 크고 가볍지만, 처음 휴대전화가 나왔을 때는 거의 무전기 수준이었습니다. 시간이 많이 지난 뒤에 처음 나왔던 휴대전화의 모양을 기억하는 사람들은, 그 당시 무식하게 커다랗던 휴대전화를 망치 대신 사용했다는 우스갯소리를 하곤 했습니다. 실제로 그렇게 망치 대용으로 사용한 사람은 없었겠죠. 그게 얼마나 비쌌는데요. 그런데 만약 실제로 당시에 1천 불이 넘던 그 휴대전화를 망치처럼 사용한 사람이 있었다면, 사람들은 그 사람을 뭐라고 생각했을까요? 사용 용도도 모르고 함부로 쓴 그 사람을 어리석다고 생각하지 않았겠습니까?

우리가 예수를 믿는다고 하면서 바라는 것이 단지 이 세상의 삶뿐이라면, 최고급 스마트폰을 가지고 마치 어린 시절 아이들이 반반한 돌을 골라서 비석치기, 망까기 놀이를 하는 것과 같은 것입니다. 예수님께서 우리에게 부활의 은혜를 주신 것은 그런 용도로 사용하라고 주신 것이 아닙니다. 예수님께서 부활의 첫 열매가 되셔서 우리에게 부활의 소망을 주신 것은, 아담의 범죄로 말미암아 영원히 하나님과 분리되어 살게 된 인간들에게, 하나님과 영원히 함께 살 수 있는 은혜를 회복해 주신 것입니다. 다시 말씀드려서 지금은 우리가 무얼 해도 죄와 죄의 영향력 속에서 살 수밖에 없지만, 그리스도와 함께 부활의 은혜를 입고 나면 더 이상 죄가 없는 영원한 천국이라는 보물을 얻게 되는 것입니다. 하지만 사람들은 진짜 보물에 관심이 있는 것이 아니라 그림자에 불과한 세상에 관심이 더 많고, 당장 배고픈 문제를 해결하는 것에 더 집착합니다.

다시 앞서 살펴봤던 마태복음의 말씀을 보시면, 예수님께서 바다 위를 걸어오시면서 두려워하는 제자들을 안심시킬 때, 베드로가 만약 주님이시라면 자기도 물 위로 걸어갈 수 있도록 해 달라고 부탁을 했습니다.

마태복음 14:28-29, "베드로가 대답하여 이르되 주여 만일 주님이시거든 나를 명하사 물 위로 오라 하소서 하니 29. 오라 하시니 베드로가 배에서 내려 물 위로 걸어서 예수께로 가되"

베드로는 갈릴리 바다의 거센 바람과 높은 파도가 예수님께 어떠한 영향력을 주지 못하는 것을 봤습니다. 그리고 그 예수님께서 명하시면, 그래서 자기도 예수님의 명령을 따라 바다 위로 내려가면, 그런 파도와 바람이 예수님에게 영향을 주지 못했던 것처럼, 자기도 해치지 못할 것이라고 확신했을 것입니다. 그런데 현실은 어땠습니까? 베드로가 배에서 내려 바다로 내려왔더니 그 바람과 파도가 사라졌습니까? 오히려 배에서 내려오니 더 무서웠습니다. 결국 베드로는 예수님께 소리 지르며 구원해 달라고 외쳤습니다.

마태복음 14:30, "바람을 보고 무서워 빠져 가는지라 소리 질러 이르되 주여 나를 구원하소서 하니"

베드로의 이 모습이 너무 낯설고 이상하게 느껴지십니까? 오히려 어디서 많이 본 모습 같지 않습니까? 우리들은 이렇게 생각하는 경향이 있습니다. 믿음이 좋으면, 예수님께서 오라고 하시는 음성만 확실하게 들으면, 내가 가는 길에 바람도 없고 파도도 없을 뿐만 아니라, 있던 문제도 사라지게 된다고 믿습니다. 그런데 실제 현실은 그렇지 않습니다. 바람도 그대로고, 파도도 그대로입니다. 오히려 배 위에 있을 때는, 배만 뒤집히지 않으면 적어도 물에 빠져 죽을 걱정은 없습니다. 그런데 오라고 하시는 예수님의 음성을 듣고서 호기롭게 바다 위로 내려선 순간, 더 이상 베드로를 지켜 줄 최소한의 안전 장치마저 사라져 버린 것입니다. 결국 바다 위에 내려선 베드로가 할 수 있는 일이 무엇이었습니까? 살려 달라고 외치는 것뿐이었습니다.

여러분, 예수만 잘 믿으면 세상의 모든 문제가 해결되고 걱정할 거리가 없어질 거라고 생각하십니까? 그런 종류의 해답은 절에 가면 잘 가르쳐 주고, 점집 가면 잘 가르쳐 줍니다. 갈라디아서 말씀처럼, 육체의 문제를 해결 받기 원하신다면 육체의 방법을 찾아가시면 됩니다. 하지만 육체의 문제가 아닌 영적인 문제를 해결 받고 싶으시다면, 영적인 문제, 궁극적인 구원과 영생의 문제를 해결 받기 원하신다면, 예수 외에는 다른 해답이 없습니다. 바다를 보고 무서워 빠져 가는 베드로에게 예수님께서 하신 말씀이 무엇이었습니까?

마태복음 14:31, "예수께서 즉시 손을 내밀어 그를 붙잡으시며 이르시되 믿음이 작은 자여 왜 의심하였느냐 하시고"

예수님께서 베드로에게 **"믿음이 작은 자여 왜 의심하였느냐"** 하신 말씀의 뜻이 무엇일까요? 네가 의심하지 않고 날 끝까지 믿었더라면 바람과 파도가 그쳤을 텐데 왜 날 의심했느냐는 뜻일까요? 바람을 보면서 무서워하지 않고 예수님만 바라보고 걸어왔다면 예수님께 무사히 도착했을 텐데 왜 그깟 바람을 무서워하면서 믿음을 끝까지 지키지 못했느냐는 뜻일까요? 오히려 이 말씀은 베드로가 가졌던 헛된 믿음에 대한 책망입니다.

'왜 의심하였느냐'로 번역된 헬라어의 의미는 "왜 의심했는지", 의심의 원인에 대한 물음이 아니라, "무엇을 위하여" 의심했는지를 물으시는 것입니다. 의심의 내용이 다르죠? 그래서 잘 들으셔야 합니다. "왜 의심했는지"를 물으시는 것이라면, 베드로가 자기 앞에 서 계신 예수님에 대한 확신이 흔들린 것을 책망한 것으로 볼 수 있습니다. 하지만 "무엇을 위하여" 의심했는지를 물으시는 것이라면, 베드로가 자기도 예수님처럼 바다 위로 걸어올 수 있도록 해 달라고 요청했던 목적이 따로 있었다는 것이고, 의심으로 인해서 그 목적이 흔들린 것을 지적하신 것입니다.

앞서 말씀드렸던 것처럼, 베드로는 예수님께서 자기에게 오라고 말씀하시고, 그 명령을 따라 자기가 풍랑이 이는 바다 위로 내려가면 바람과 파도가 그치고 모든 문제가 해결될 거라고 생각했습니다. 하지만 현실은 그 반대였습니다. 예수님의 말씀을 따라 바다 위로 내려섰음에도 불구하고, 현실의 문제가 전혀 바뀌지 않은 것입니다. 결국 베드로는 "이게 뭐지, 왜 안 변하지?" 하는 의심을 하게 된 것입니다. 베드로가 예수님처럼 물 위를 걷고 싶었던 목적이 무엇일까요? 베드로는 노련한 어부이기는 했지만, 바다를 건너려면 배라고 하는 현실적인 장비가 필요했습니다.

그러면 장비인 배만 있으면 언제든지 바다를 건너 목적한 곳까지 잘 갈 수 있습니까? 그렇지 않습니다. 노련한 사공은 날씨를 살펴서, 행여 바다를 건널 때 바람이 심하게 불 것 같으면 배를 띄우지 않습니다. 그런데 예수님을 보니 배도 필요 없고, 바람이나 파도도 문제

없습니다. 언제든지 예수님께서 원하시면 마치 육지를 걸어가듯 바다를 건너서 더 빨리 건너편으로 갈 수 있습니다. 베드로가 예수님께 원했던 것이 바로 그런 것이었습니다. 자기도 예수님처럼 세상의 장비나 날씨에 연연하지 않고, 언제든 바다를 건너갈 수 있는 능력을 달라는 것이었습니다. 그런데 예수님의 말씀을 듣고 갔는데 현실은 변하지 않았습니다. 결국 베드로는 자기가 의도하고 목적했던 것과 달리, 현실로 부딪히는 상황 속에서 의심하게 된 것입니다.

그러면 베드로만 그런 생각을 가졌을까요? 다른 제자들도 베드로와 다르지 않았습니다. 제자들은 예수님과 나누는 최후의 만찬 자리에서까지 누가 더 크냐고 하는 다툼을 했습니다. 심지어 야고보와 요한은 "주께서 영광을 받으실 때 자기들을 주님 좌우편에 앉게 해 달라" 요청했습니다. 그들의 말을 들은 나머지 열 명의 제자들이 그들에게 화를 냈습니다. 그때 예수님께서 제자들에게 이런 말씀을 주십니다.

마태복음 20:25-27, "예수께서 제자들을 불러다가 이르시되 이방인의 집권자들이 그들을 임의로 주관하고 그 고관들이 그들에게 권세를 부리는 줄을 너희가 알거니와 26. 너희 중에는 그렇지 않아야 하나니 너희 중에 누구든지 크고자 하는 자는 너희를 섬기는 자가 되고 27. 너희 중에 누구든지 으뜸이 되고자 하는 자는 너희의 종이 되어야 하리라"

제자들이 예수님을 따랐던 목적이 무엇이었습니까? 예수님이 보통 사람과 다른 분임을 알았습니다. 마지막까지 제자들이 누가 더 높은

지 서로 다투었던 이유가 무엇입니까? 언젠가 예수님께서는 가장 높은 자리에 앉으실 것이고, 그때가 되면 자기들도 높은 한자리를 차지하게 될 거라는 기대가 있었습니다. 그래서 그때가 되면 누가 일등 공신, 이등 공신인지 분명히 할 필요가 있었습니다.

하지만 그런 기대를 가진 제자들에게 주신 예수님의 답변은, 하나님의 나라는 너희들이 생각하는 세상 나라처럼 고관대작이 사람들을 명령하고 다스리는 것 같은, 그런 나라가 아니라는 것이었습니다. 하나님 나라는 어떤 나라입니까? 누구든지 크고자 하는 자는 섬기는 자가 되어야 하고, 으뜸이 되고 싶다면 종이 되어야 한다는 것입니다. 그러면서 예수님께서 이 땅에 오신 목적에 대해서 말씀합니다.

> 마태복음 20:28, "인자가 온 것은 섬김을 받으려 함이 아니라 도리어 섬기려 하고 자기 목숨을 많은 사람의 대속물로 주려 함이니라"

베드로를 비롯해서 제자들이 가졌던 기대는 고관이 되고, 세상에서 잘사는 사람이 되는 것이었습니다. 하지만 예수님은, 자신이 세상에 온 목적이 일차적으로는 사람들을 섬기려는 것이고, 최종적으로 자기 목숨을 사람들의 죄의 문제를 해결하기 위한 대속물, 즉 희생의 제물로 내주려고 온 것이라고 말씀합니다. 그리고 보면 복음서에 기록된 예수께서 행한 모든 기적이나, 그분의 가르침이 세상에서 잘살고 세상의 아쉬운 문제가 해결되는 것을 목적으로 하신 일들이 없었다는 것을 우리가 발견하게 됩니다.

물론 표면적으로는 예수님께서 사람들의 오랜 중병을 고쳐 주시고, 귀신을 쫓아내시고, 배고픈 문제를 해결해 주시는 등, 사람들이 가진 이 땅에서의 아쉬운 문제를 해결해 주시는 것처럼 보입니다. 하지만 그런 일을 행하신 뒤 예수님께서 그 혜택의 대상자들인 사람들에게 하신 말씀이 무엇이었습니까? 예수님께서 행하신 일에 대해서 아무에게도 말하지 말라거나, 사람들을 피해 숨는 것이었습니다. 그러고 나서 제자들하고만 있는 자리에서, 따로 제자들에게만 예수님께서 행하신 일이 어떤 의미를 가지고 있는지, 예수님께서 가르치신 말씀의 뜻이 무엇인지 자세하게 풀어서 설명해 주셨습니다.

결국 예수님의 관심은 무엇입니까? 하나님께서 자기에게 맡기신 사람들을 하나도 잃어버리지 않고 다 구원하여, 하나님께서 인간을 창조하신 목적과 뜻에 따라 영생을 얻는 존재로 만드는 것이었습니다. 이것을 가리켜서 알려진 비밀, 즉 구원의 복된 소식이라고 말씀하는 것입니다. 이미 알려졌는데 그것을 비밀이라고 말씀드리는 이유는, 이 비밀은 들었다고 해서 깨닫는 것이 아니라 예수님께서 니고데모에게 말씀하셨던 것처럼, 성령께서 깨닫게 해 주셔야 비로소 알 수 있기 때문입니다. 예수님께서 베드로에게 "믿음이 작은 자여 왜 의심했느냐?"라고 물으셨습니다. 이것은 예수님의 존재에 대해서 의심했다기보다는, 베드로가 예수님께 찾아온 목적이 따로 있었다는 것을 말씀하는 것입니다.

오늘 우리는 부활주일 감사예배를 드리고 있습니다. 예수님의 부활은 우리에게 복되고 감사한 소식입니다. 하지만 우리 관심이 예수님이 주신 부활과 영생의 소망에 있기보다는, 이 땅에서 아쉬움 없이 잘 살기, 좀 더 편안한 삶과 높은 자리에 앉기와 같은 것에 있다면,

예수님의 부활은 있으나 마나 한 것이 됩니다. 부활하신 예수님, 우리에게 구원과 영생을 선물로 주신 예수님에 대해 관심을 가지기보다는, 떡을 먹고 배부른 것, 풍랑 이는 바다처럼 굴곡진 인생, 끝없는 사막 같은 건조한 인생의 문제가 해결되는 것에만 관심을 갖는다면, 우리는 모든 사람들 가운데 더욱 불쌍한 사람들이 되고 말 것입니다.

"돼지 목에 진주 목걸이"라는 속담이 있지 않습니까? 우리가 받은 보물이 어떤 것인지 알고 믿으시기 바랍니다. 아들을 받았으면 다 받은 것입니다. 예수님의 부활이 참 기쁨과 만족이 되는, 그것보다 더 좋을 수 없는 복된 소식이 되는 부활주일 예배가 되시길 주님의 이름으로 축원드립니다.

요한복음 6:22~35

나는 생명의 떡이니

"22. 이튿날 바다 건너편에 서 있던 무리가 배 한 척 외에 다른 배가 거기 없는 것과 또 어제 예수께서 제자들과 함께 그 배에 오르지 아니하시고 제자들만 가는 것을 보았더니 23. (그러나 디베랴에서 배들이 주께서 축사하신 후 여럿이 떡 먹던 그 곳에 가까이 왔더라) 24. 무리가 거기에 예수도 안 계시고 제자들도 없음을 보고 곧 배들을 타고 예수를 찾으러 가버나움으로 가서 25. 바다 건너편에서 만나 랍비여 언제 여기 오셨나이까 하니 26. 예수께서 대답하여 이르시되 내가 진실로 진실로 너희에게 이르노니 너희가 나를 찾는 것은 표적을 본 까닭이 아니요 떡을 먹고 배부른 까닭이로다 27. 썩을 양식을 위하여 일하지 말고 영생하도록 있는 양식을 위하여 하라 이 양식은 인자가 너희에게 주리니 인자는 아버지 하나님께서 인치신 자니라 28. 그들이 묻되 우리가 어떻게 하여야 하나님의 일을 하오리이까 29. 예수께서 대답하여 이르시되 하나님께서 보내신 이를 믿는 것이 하나님의 일이니라 하시니 30. 그들이 묻되 그러면 우리가 보고 당신을 믿도록 행하시는 표적이 무엇이니이까, 하시는 일이 무엇이니이까 31. 기록된 바 하늘에서 그들에게 떡을 주어 먹게 하였다 함과 같이 우리 조상들은 광야에서 만나를 먹었나이다 32. 예수께서 이르시되 내가 진실로 진실로 너희에게 이르노니 모세가 너희에게 하늘로부터 떡을 준 것이 아니라 내 아버지께서 너희에게 하늘로부터 참 떡을 주시나니 33. 하나님의 떡은 하늘에서 내려 세상에 생명을 주는 것이니라 34. 그들이 이르되 주여 이 떡을 항상 우리에게 주소서 35. 예수께서 이르시되 나는 생명의 떡이니 내게 오는 자는 결코 주리지 아니할 터이요 나를 믿는 자는 영원히 목마르지 아니하리라"

오병이어의 기적을 경험한 사람들은 예수님을 찾아서 바다 건너편 가버나움까지 쫓아왔습니다. 마침내 예수님을 만난 사람들은 반가운 목소리로 "언제 그곳까지 오셨는지" 물었습니다. 우리 교회도 주일 예배에 참석하기 위해서 30분~40분씩 운전해서 오시는 성도님들이 계십니다. 제가 그분들께 매번 감사 인사를 드리지는 못하지만, 매주 이렇게 멀리 떨어져 있는 교회를 찾아와 주시는 성도님들이 얼마나 반갑고 감사한지 모릅니다.

그런 맥락에서 예수님을 생각하면, 바다 건너 먼 곳까지 일부러 자신을 찾아온 사람들에게 반갑고 고마운 마음이 있었을 것 같습니다. 하지만 실제로는 그렇지 않았습니다. **"너희가 나를 찾는 것은 표적을 본 까닭이 아니요 떡을 먹고 배부른 까닭이로다"**라고 하시면서, 그들이 예수님을 쫓아온 목적 또는 그들의 의도가 잘못되었다고 지적하셨습니다. 그러면서 **"썩을 양식을 위하여 일하지 말고 영생하도록 있는 양식을 위하여 하라"**라고 말씀하셨습니다.

이 말씀을 오해하면 '떡을 먹고 배부른 것'과 '썩을 양식'을 같은 것으로 묶어서, 세상에서 먹고 사는 일에 붙잡혀서 살지 말고 '썩지 않는 양식' 곧 하나님께서 좋아하실 만한 일을 하며 살아야 한다고 생각할 수 있습니다. 그래서 교회에 와서 예배하고, 기도하고, 전도하고, 교회 봉사나 각종 교회의 모임에 열심히 참석하면서 하여간 교회 일만 열심히 하면, 먹고사는 문제는 하나님께서 다 책임져 주신다고 오해하게 됩니다.

그런데 이 말씀은 그런 뜻으로 주신 말씀이 아닙니다. 만약 '떡을 먹고 배부른 것'과 '썩을 양식'이 같은 것이라면, 예수님께서 만들어 주신 '오병이어'는 어떤 의미가 될까요? '썩을 양식'을 위해서 살지 말라고 하신 예수님께서 사람들에게 '떡을 먹고 배부른 썩을 양식'을 만들어 주었다는 의미가 되고 맙니다. 그래서 예수님께서 '떡을 먹고 배부른 썩을 양식'과 대조되는 개념으로 주신 **"영생하도록 있는 양식"**의 의미를 알아야 합니다. 예수님께서 **"인자가 너희에게 주리니"**라고 말씀하신 **"영생하도록 있는 양식"**은 무엇입니까?

> 요한복음 6:32-33, "모세가 너희에게 하늘로부터 떡을 준 것이 아니라 내 아버지께서 너희에게 하늘로부터 참 떡을 주시나니 33. 하나님의 떡은 하늘에서 내려 세상에 생명을 주는 것이니라"

광야의 이스라엘 백성이 40년간 매일 만나를 먹었지만, 그 만나는 모세가 그들에게 준 것이 아니라 하나님께서 그들에게 주신 것이었습니다. 하나님께서 이스라엘 백성에게 만나를 내려 주신 이유는, 그들에게 생명과 복을 주기 위해서였습니다.

> 신명기 30:15-16, "보라 내가 오늘 생명과 복과 사망과 화를 네 앞에 두

였나니 16. 곧 내가 오늘 네게 명령하여 네 하나님 여호와를 사랑하고 그 모든 길로 행하며 그의 명령과 규례와 법도를 지키라 하는 것이라 그리하면 네가 생존하며 번성할 것이요 또 네 하나님 여호와께서 네가 가서 차지할 땅에서 네게 복을 주실 것임이니라"

하나님께서 이스라엘 백성 앞에 '생명과 복과 사망과 화를 두었다'고 하셨습니다. 그러면 '생명과 복'은 어떻게 받을 수 있습니까? 16절 말씀과 같이 **"하나님 여호와를 사랑하고 그 모든 길로 행하며 그의 명령과 규례와 법도"**를 지키면 됩니다. 이 말씀은 하나님께서 이스라엘 백성에게 만나를 내려 주시고 그들을 보호해 주신 이유와 일치합니다.

신명기 8:2-4, "네 하나님 여호와께서 이 사십 년 동안에 네게 광야 길을 걷게 하신 것을 기억하라 이는 너를 낮추시며 너를 시험하사 네 마음이 어떠한지 그 명령을 지키는지 지키지 않는지 알려 하심이라 3. 너를 낮추시며 너를 주리게 하시며 또 너도 알지 못하며 네 조상들도 알지 못하던 만나를 네게 먹이신 것은 사람이 떡으로만 사는 것이 아니요 여호와의 입에서 나오는 모든 말씀으로 사는 줄 네가 알게 하려 하심이니라 4. 이 사십 년 동안에 네 의복이 해어지지 아니하였고 네 발이 부르트지 아니하였느니라"

광야 이스라엘 백성들은 하나님께서 매일 내려 주시는 만나를 먹었습니다. 그런데 하나님께서 그들에게 만나를 내려 주신 이유가 뭐라고 했습니까? "사람이 떡으로만 사는 것이 아니요 여호와의 입에서 나오는 모든 말씀으로 사는 줄을 네가 알게 하려 하심이니라"라고 했습니다. 이 말씀은 앞서 언급했던 것처럼, 우리가 여호와 하나님의 입에서 나오는 모든 말씀을 따라서 살면 '먹고사는 것, 떡 먹고 배부른 것'은 하나님께서 주신다는 의미가 아닙니다. 하나님께서 인간을 창조하신 목적, 하나님께서 아브라함을 선택하시고 그와 그의 후손을 당신의 백성과 자녀로 삼으신 목적이 있으니, 그 목적을 따라서 살라는 것입니다. 그 목적이 무엇입니까? 예수님을 찾아서 가버나움까지 쫓아온 사람들도 똑같은 질문을 했습니다.

> 요한복음 6:28-29, "그들이 묻되 우리가 어떻게 하여야 하나님의 일을 하오리이까 29. 예수께서 대답하여 이르시되 하나님께서 보내신 이를 믿는 것이 하나님의 일이니라 하시니"

구약 이스라엘 백성들은 여호와 하나님의 입에서 나오는 모든 말씀을 듣고 순종하며 살아야 했습니다. 하지만 우리가 아는 바와 같이, 구약 이스라엘 백성은 그 일에 실패했습니다. 하나님 말씀에 순종하며 살기보다는 자기 욕심을 좇아 살았고, '썩을 양식'을 얻으려고 하나님 대신에 우상을 섬기며 살았습니다. 결국, 그들은 '사망과 화'를 입어서 앗수르와 바벨론에 나라를 빼앗기고 노예와 같은 신분으로 살았습니다.

벳새다 언덕에서 '오병이어 기적'을 경험했던 사람들이, 예수님을 자기들의 왕으로 삼으려고 했던 이유가 바로 그 때문이지 않았습니까? 그동안 유대인들은 예수님께서 행하셨던 무수히 많은 기적을 목격했습니다. 물로 포도주를 만드시고, 각종 병자를 고치고, 귀신을 쫓아내는 등의 기적을 목격했습니다. 그런데 기적을 목격한 사람들이 보기에 병자를 고치고, 귀신을 쫓아내는 기적이 신기하기는 했지만, 엄밀히 따지면 그들의 필요를 채워 주는 기적은 아니었습니다.

물론 병들었던 사람, 귀신 들렸다가 고침받은 사람은 기적의 혜택을 보았습니다. 하지만 그것을 목격한 사람들은 그 기적이 놀랍고 신기하기는 했지만, 그것을 봤다고 해서 자기들의 사는 형편이 바뀐 것은 아니었습니다. 그런데 '오병이어 기적'은 그들이 그때까지 목격했던 기적과는 차원이 달랐습니다. 그 자리에 있었던, 적어도 오천 명 이상의 모든 군중이 예수님께서 나눠 주시는 떡과 물고기를 먹었기 때문입니다.

똑같은 기적을 기록한 마태는 **"먹은 사람은 여자와 어린이 외에 오천 명이나 되었더라"**(마 14:21)라고 했습니다. 하나님께서 모세를 통해 인구조사를 하게 할 때 20세 이상 된 남자로 싸움(전쟁)에 나갈 만한 사람으로 계수하라고 하셨고(민 1:1-3), 그 후로는 이렇게 정해 주신 기준에 따라서 인원수를 계수했습니다(민 26:2). 이를 근거로 '오병이어 기적'의 현장에 있었던 인원수를 추정하면, 성인 남성 수와 같은 수의 여성에 어린 자녀 한두 명 정도만 계산해도 적어도 일만 오천에서 이만 명가량의 사람들이 음식을 먹은 것으로 추정됩니다. 예수님께서 고쳐 주신 병든 사람이나 귀신에 들렸다가 나음을 입은 어떤 한 사람이 아니라 그 자리에 있던 모든 사람이 기적을 경험한 당사자가 됐습니다. 예수님께서는 어린아이가 가져온 도시락 하나 정도에 불과한 적은 음식만 가지고도, 만 명도 넘는 사람이 배불리 먹고도 남

앉을 만큼 '먹고사는 문제'를 완벽하게 해결해 줄 수 있는 능력을 보이신 것입니다. 이렇게 놀라운 기적을 경험한 사람들은 예수님을 그들의 왕으로 삼고자 했습니다.

예나 지금이나 사람들에게 가장 중요한 문제는 '먹고사는 문제'를 해결하는 것입니다. 그런데 신명기 8장 말씀에서 확인한 것처럼, 사람들은 '먹고사는 문제'가 해결됐다고 해서 인생의 모든 고민이 해결된 것으로 생각하지 않습니다. 예수님께서 자기를 찾아서 바다 건너편까지 쫓아온 사람들에게 **"썩을 양식을 위하여 일하지 말고"**라고 말씀하신 것도 그와 같은 맥락입니다. 사람이 떡을 먹고 배를 채운다는 것은, 단순히 배부른 포만감을 말하는 것이 아니라 '자기만족'을 의미합니다. 예수님을 찾아서 바다 건너편까지 따라온 사람들이 뭘 그리 큰 잘못을 했다고 예수님께서는 이런 책망을 하신 것일까요? 그들이 예수님을 찾아온 목적이 '썩을 양식', 곧 '자기만족'을 위한 것이었음을 지적하신 것입니다.

우리는 신앙생활을 열심히 하면, 같은 교회에 다니는 성도들도 인정할 만큼 열정과 헌신과 진정성이 객관적으로 증명되면, 그 사람은 좋은 믿음을 가진 것으로 생각하는 경향이 있습니다. 그런데 성경은 그 종교적 열심과 헌신이 '자기만족'이나 '자기 증명'을 위한 수단으로 사용되어, 하나님의 말씀을 좇아서 살지 않으면서도 자기가 해야 할 의무는 다한 것으로 생각하고 하나님을 기만하는 삶을 살 수 있음을 경고합니다.

이사야 1:11-14, "여호와께서 말씀하시되 너희의 무수한 제물이 내게 무엇이 유익하뇨 나는 숫양의 번제와 살진 짐승의 기름에 배불렀고 나는 수송아지나 어린 양이나 숫염소의 피를 기뻐하지 아니하노라 12. 너희가 내 앞에 보이러 오니 이것을 누가 너희에게 요구하였느냐 내 마당만 밟을 뿐이니라 13. 헛된 제물을 다시 가져오지 말라 분향은 내가 가증히 여기는 바요 월삭과 안식일과 대회로 모이는 것도 그러하니 성회와 아울러 악을 행하는 것을 내가 견디지 못하겠노라 14. 내 마음이 너희의 월삭과 정한 절기를 싫어하나니 그것이 내게 무거운 짐이라 내가 지기에 곤비하였느니라"

이사야는 유다 왕 웃시야부터 4대를 이어 히스기야가 왕으로 재직하던 시절에 활동했던 선지자입니다. 하나님께서는 이사야 선지자를 통해서 유다의 백성들이 종교적인 행위로 하나님을 기만하고, 실제로는 하나님의 법을 떠난 죄를 지적했습니다. 그들은 숫양의 번제와 살진 짐승의 기름과 소나 양의 피로 하나님께 제사드리는 일을 열심히 했습니다. 그들은 하나님께서 정하신 안식일과 절기와 월삭과 대회까지 빠짐없이 잘 지켰습니다. 하지만 그들은 하나님의 백성답게 살지 않고, 하나님께서 미워하시는 죄를 범했습니다.

이사야 3:14-15, "여호와께서 자기 백성의 장로들과 고관들을 심문하러 오시리니 포도원을 삼킨 자는 너희이며 가난한 자에게서 탈취한 물건이 너희의 집에 있도다 15. 어찌하여 너희가 내 백성을 짓밟으며 가난한 자의 얼굴에 맷돌질하느냐 주 만군의 여호와 내가 말하였느니라 하시도다"

하나님은 사람들이 드리는 제물만 받아먹는 우상이 아닙니다. 우상은 제물을 바친 사람이 무슨 짓을 하고 다니는지, 어떤 삶을 사는지 상관하지 않습니다. 어차피 우상은 사람이 새겨서 만들거나 주물에 부어서 만든 것으로 말도 못 하는 조각에 불과하기 때문입니다(합 2:18-19). 하지만 하나님은 "**어디서든지 악인과 선인을 감찰**"(잠 15:3)하실 뿐만 아니라, "**침을 삼킬 동안도 놓지 아니하시**"(욥 7:19)고 우리를 지켜보시는 분입니다.

왜 하나님은 우리를 그렇게 지켜보십니까? 우리가 "**영생하도록 있는 양식을 위하여**" 살기 원하시기 때문입니다. 앞서 살펴본 이사야 말씀처럼, 하나님은 우리가 종교적인 행위만 잘하면 '잘했다'고 칭찬하는 분이 아닙니다. 하나님은 당신의 손으로 직접 만들고, 코에 당신의 생기를 불어넣어 하나님의 모양과 형상을 따라 창조하신 사람과 인격적인 교제를 나누며 영원토록 살기 원하셨습니다.

요한1서 5:10-14, "하나님의 아들을 믿는 자는 자기 안에 증거가 있고 하나님을 믿지 아니하는 자는 하나님을 거짓말하는 자로 만드나니 이는 하나님께서 그 아들에 대하여 증언하신 증거를 믿지 아니하였음이라 11. 또 증거는 이것이니 하나님이 우리에게 영생을 주신 것과 이 생명이 그의 아들 안에 있는 그것이니라 12. 아들이 있는 자에게는 생명이 있고 하나님의 아들이 없는 자에게는 생명이 없느니라 13. 내가 하나님의 아들의 이름을 믿는 너희에게 이것을 쓰는 것은 너희로 하여금 너희에게 영생이 있음을 알게 하려 함이라 14. 그를 향하여 우리가 가진 바 담대함이 이것이니 그의 뜻대로 무엇을 구하면 들으심이라"

하나님께서 당신의 아들 예수 그리스도를 '생명의 양식'으로 우리에게 주셨습니다. 하나님의 아들을 믿는 자는 생명을 얻겠지만, 하나님의 아들을 믿지 않는 사람은 생명을 얻을 수 없습니다. 이것은 '떡 먹고 배부른 양식'과는 차원이 다른 것입니다. 벳새다 언덕에서 오병이어의 기적을 경험한 사람들이 바다 건너편 가버나움까지 예수님을 찾아왔지만, 그들의 관심사는 '떡 먹고 배부른 것'이었습니다.

다시 말씀드리지만, 예수님께서 **"썩을 양식을 위하여 일하지 말고"**라고 말씀하신 것은 먹고사는 문제를 위해서 일하지 말라는 말씀이 아닙니다. 선량한 성도들을 미혹하는 이단들은 이 말씀을 왜곡해서 "세상일을 하는 것은 하나님의 말씀을 어기는 것이니 모든 재산을 하나님께 바치고 주의 날이 속히 임하도록 예배하고 기도하자"라고 하면서 교회에서만 살게 합니다.

1992년 10월 28일에 휴거가 일어날 거라면서 시한부 종말론을 주장했던 다미선교회의 이장림 같은 이단이 사용했던 수법이 바로 이런 것이었습니다. 그런데 이장림뿐만 아니라 그 이후에 생겨난 무수히 많은 이단도 **"썩을 양식을 위하여 일하지 말고"**라는 말씀을 악용하여 성도들을 꾀어 그들의 삶을 망가뜨리고 있지만, 올바른 성경 말씀을 배우지 못한 성도들이 이단들의 얄팍한 거짓말에 빠지고 있는 것을 보면 안타까운 마음을 금할 수 없습니다.

광야의 이스라엘 백성들이 매일 먹었던 '만나'는 **"영생하도록 있는 양식"**으로 오신 예수 그리스도를 상징합니다.

요한복음 6:32-35, "예수께서 이르시되 내가 진실로 진실로 너희에게 이르노니 모세가 너희에게 하늘로부터 떡을 준 것이 아니라 내 아버지께서 너희에게 하늘로부터 참 떡을 주시나니 33. 하나님의 떡은 하늘에서 내려 세상에 생명을 주는 것이니라 34. 그들이 이르되 주여 이 떡을 항상 우리에게 주소서 35. 예수께서 이르시되 나는 생명의 떡이니 내게 오는 자는 결코 주리지 아니할 터이요 나를 믿는 자는 영원히 목마르지 아니하리라"

이렇게 '생명의 떡'으로 오신 예수님을 먹은 사람은, 예수님께서 세상에서 사셨던 방식을 좇아 살 것을 요구받습니다. 예수님은 세상에서 어떻게 사셨습니까?

요한복음 4:34, "예수께서 이르시되 나의 양식은 나를 보내신 이의 뜻을 행하며 그의 일을 온전히 이루는 이것이니라"

예수님께서도 세상에 사시는 동안은 하나님의 뜻을 행하고, 하나님의 일을 온전히 이루며 사셨습니다. 그것이 바로 '영생하도록 있는 양식'입니다. 그 '양식'은 종교적인 의무를 다 지켰다고 해서 얻을 수 있는 양식이 아닙니다. 예수님께서 말씀하신 것처럼, **"자기를 부인하고 날마다 제 십자가를 지고"**(눅 9:23) 예수님을 세상에 보내신 하나님의 뜻을 행하며 그의 일을 온전히 이루기 위해서 끝까지 순종하는 삶을 사는 것입니다. 이사야 선지자가 지적한 것처럼, 이스라엘 백성들이 종교적인 의무를 잘 지켰음에도 하나님께 인정받지 못하고 도리어 큰 책망을 받았던 이유가 바로 이 때문입니다.

아모스 5:21-27, "내가 너희 절기들을 미워하여 멸시하며 너희 성회들을 기뻐하지 아니하나니 22. 너희가 내게 번제나 소제를 드릴지라도 내가 받지 아니할 것이요 너희의 살진 희생의 화목제도 내가 돌아보지 아니하리라 23. 네 노랫소리를 내 앞에서 그칠지어다 네 비파 소리도 내가 듣지 아니하리라 24. 오직 정의를 물 같이, 공의를 마르지 않는 강 같이 흐르게 할지어다 25. 이스라엘 족속아 너희가 사십 년 동안 광야에서 희생과 소제물을 내게 드렸느냐 26. 너희가 너희 왕 식굿과 기윤과 너희 우상들과 너희가 너희를 위하여 만든 신들의 별 형상을 지고 가리라 27. 내가 너희를 다메섹 밖으로 사로잡혀 가게 하리라 그의 이름이 만군의 하나님이라 불리우는 여호와께서 말씀하셨느니라"

하나님께서 아모스 선지자를 통해서 이스라엘 백성들을 책망하신 것도 앞서 이사야가 했던 말과 같습니다. 그들이 하나님께 제사를 드리지 않았다거나, 절기나 성회를 지키지 않아서 책망 들은 것이 아닙니다. 그들은 하나님께 비파 연주와 아름다운 찬양으로 영광 돌렸고, 살진 제물로 감사의 제사도 드렸습니다. 하지만 문제는 무엇입니까? 26절에 기록된 말씀처럼, 그들은 애굽 사람들이 섬기던 별자리 우상을 함께 섬겼습니다. 왜요? 그 우상들이 자기들에게 풍요와 번영을 가져다준다고 생각했기 때문입니다. 그들은 하나님께서 내려 주시는 만나를 매일 먹었으면서도, 하나님 외에 다른 우상들에게 '썩을 양식'을 달라고 빌었습니다. 하나님께서는 '생명의 양식'을 매일 그들에게 내려 주셨지만, 그들은 육체적 만족을 위해서 하나님과 우상을 겸하여 섬겼던 것입니다.

그러면 오늘날 우리는 어떤 것 같습니까? 우리는 하나님께서 '생명의 양식'으로 우리에게 보내 주신 예수 그리스도만으로 만족하고, 예수님께서 세상을 사셨던 것처럼 **"자기를 부인하고 자기 십자가를 지고"** 예수께서 걸어가신 순종의 길을 따라서 살고 있습니까? 오히려 '먹어서 배부른 떡'을 달라고 더 간절한 마음으로 금식하며 기도하는 것을 '좋은 믿음'이라고 생각하고 있지는 않습니까? 성경을 제대로 배우지 않고 종교적 습관을 따라서 신앙생활을 하면, 마치 우상을 섬기듯이 하나님을 섬기면서도 그것이 좋은 믿음, 좋은 신앙인 줄로 착각하게 됩니다.

벳새다에서 오병이어의 기적을 경험한 사람들이 바다 건너편까지 예수님을 찾아온 것은 잘못된 행동이 아닙니다. 하지만 예수님께서는 그들이 자신을 찾아온 이유가 **"표적을 본 까닭이 아니요 떡을 먹고 배부른 까닭이로다"**라고 하시면서, 예수님을 찾아온 목적이 잘못됐다고 말씀하셨습니다.

예수님의 이 말씀은 오늘날 신앙생활하는 우리도 주의 깊게 들어야 하는 경고입니다. 과거 우리나라 기독교는 예수 잘 믿으면 병도 낫고, 자녀도 복 받고, 세상에서 부자가 되고 형통하게 된다는 이른바 '번영의 신학'을 가르치는 교회가 많았습니다. 실제로 한국 경제가 폭발적으로 성장하던 1970~1980년대에 한국 교회 역시 폭발적인 성장을 이루어서 여의도순복음교회와 버금가는 초대형 교회들이 많이 생겼습니다. "교회에 십일조를 내고 건축헌금 한 후에 부자가 됐다", "기도원에서 금식기도 하며 부르짖었더니 불치병이 나았다", "입시를 앞둔 자녀를 위해서 백 일간 새벽기도를 드렸더니 좋은 대학에 합격했다" 등의 각종 성공담도 '간증'이라는 형태로 쏟아져 나왔고, 그렇게 교회 생활을 하면서 성공한 경험담이 하나쯤은 있어야 '믿음 좋은 사람'이라는 인정을 받는, 일종의 자격 코스처럼 여겨지던 때가 있었습니다.

거듭 강조해서 말씀드리지만, 그런 사례들은 '믿음이 좋은 것'과는 별로 관계가 없습니다. 왜냐하면 하나님께서 예수님을 세상에 보내신 이유나 예수님께서 아버지의 뜻에 순종하여 세상에 오신 이유가 우리에게 그런 것들을 주시려고 오신 것이 아니기 때문입니다. 예수님께서는 바다 건너편까지 자기를 찾아온 사람들에게, **"나는 하늘에서 내려온 살아 있는 떡이니 사람이 이 떡을 먹으면 영생하리라 내가 줄 떡은 곧 세상의 생명을 위한 내 살이니라 하시니라"** 이렇게 예수님 자신을 '생명의 떡'으로 우리에게 주시려고 오셨다고 말씀했습니다. 그래서 우리는 신앙생활을 하면서, 예수 그리스도를 정말로 우리가 가장 귀하게 여기는 '생명의 떡'으로 삼고 있는지 끊임없이 점검해 봐야 합니다. 왜 그렇습니까? 우리 인간은 언제나 먹고사는 문제에 연연할 수밖에 없으며, '떡 먹고 배부른 썩을 양식'을 위하여 사는 것이 우리 몸에 익숙하기 때문입니다.

'떡 먹고 배부른' 양식이 중요하지 않다는 것이 아닙니다. 예수님께서도 벳새다 언덕에 모여든 사람들을 위해서 오병이어의 기적을 행하지 않으셨습니까? 하지만 문제는 그 기적을 경험한 사람들이 예수님께서 앞으로도 계속 자기들을 위해서 오병이어의 기적을 계속해 주셔서, 예수님만 따라다니면 먹고사는 걱정이나 수고는 하지 않을 거라는 기대감으로 예수님을 쫓아왔다는 것입니다.

그런데 그런 마음과 기대를 품고 기독교 신앙생활을 하는 사람들이 지금도 여전히 많이 있습니다. 수능을 앞둔 7~8월이면 교회마다 '수험생을 위한 100일 특별 새벽기도회' 또는 '40일 철야 기도회' 이런 것을 합니다. 성도들이 사업을 새로 시작할 때 개업예배를 드리고 건축을 시작하면 기공 예배, 기둥을 세우고 대들보 위에 지붕을 올릴 때는 상량식 예배 등과 같은 것을 열어서 축복을 빌어 주는 일을 합니다.

기공 예배나 상량식 예배는 기독교 예배의 형태를 취하기는 했지만, 그 근원은 토속신앙(가신신앙, 家神信仰)을 섬기던 과거 우리 조상들이 집을 짓기 전에 집안 터를 지키는 '터주신'과 지붕을 지키는 '성주신'에게 고사를 지내고 집을 지은 것에서 나왔습니다. 참고로 '터줏대감'이라는 말이 바로 그 '터주신'을 의미하는 것입니다. 이것은 아모스 선지자가 이스라엘 백성에게 **"너희가 너희 왕 식굿과 기윤과 너희 우상들과 너희가 너희를 위하여 만든 신들의 별 형상을 지고 가리라"**라고 책망한 그 행위를, '예배'라는 형식으로 똑같이 답습하는 것과 같습니다. 예배의 형식만 취하면 하나님께서 기뻐 받으시는 예배가 됩니까? 우리가 기도를 열심히 하면 하나님께서 기뻐하시고, 예배를 잘 드리면 하나님이 좋아하며 받으실 거로 생각하면 안 됩니다.

마태복음 6:31-34, "그러므로 염려하여 이르기를 무엇을 먹을까 무엇을 마실까 무엇을 입을까 하지 말라 32. 이는 다 이방인들이 구하는 것이라 너희 하늘 아버지께서 이 모든 것이 너희에게 있어야 할 줄을 아시느니라 33. 그런즉 너희는 먼저 그의 나라와 그의 의를 구하라 그리하면 이 모든 것을 너희에게 더하시리라 34. 그러므로 내일 일을 위하여 염려하지 말라 내일 일은 내일이 염려할 것이요 한 날의 괴로움은 그 날로 족하니라"

우리에게 먹을 것이 필요하다는 것은 하나님께서도 알고 계신다고 했습니다. **"너희가 악한 자라도 좋은 것으로 자식에게 줄 줄 알거든 하물며 하늘에 계신 너희 아버지께서 구하는 자에게 좋은 것으로 주시지 않겠느냐"**(마 7:11)라고도 말씀하셨습니다. 우리가 먹고사는 문제에 매달려서 아웅다웅 살지 않더라도, 하나님께서 우리에게 필요한 것들은 부족하지 않게 채워 주실 것입니다.

문제는 무엇입니까? 우리의 욕심이, '남보다 더 잘나가는' 내 모습을 세상에 보란 듯이 보여 줌으로써 세상의 성공뿐만 아니라 믿음도 좋은 사람이란 것을 증명하고 싶은 우리의 허영심이, 결국 우리를 '썩을 양식'으로 이끌어 가는 것입니다. 예수를 믿는 것만으로는 나를 증명할 방법이 별로 없습니다. 그래서 예수를 잘 믿는 나는 이렇게 큰 축복을 받았다고 보여 줘야 하나님도 영광을 받으시고, 그렇게 성공한 나를 기뻐하실 거로 생각하는 것입니다. 대단한 오해이고, 착각입니다. 오히려 우리 믿음의 선조들은 그와 반대의 삶을 살면서 그들의 믿음을 증명했고, 하나님께 인정받았습니다.

히브리서 11:35-38, "여자들은 자기의 죽은 자들을 부활로 받아들이기도 하며 또 어떤 이들은 더 좋은 부활을 얻고자 하여 심한 고문을 받되

구차히 풀려나기를 원하지 아니하였으며 36. 또 어떤 이들은 조롱과 채찍질뿐 아니라 결박과 옥에 갇히는 시련도 받았으며 37. 돌로 치는 것과 톱으로 켜는 것과 시험과 칼로 죽임을 당하고 양과 염소의 가죽을 입고 유리하여 궁핍과 환난과 학대를 받았으니 38. (이런 사람은 세상이 감당하지 못하느니라) 그들이 광야와 산과 동굴과 토굴에 유리하였느니라"

세상이 감당하지 못하는 믿음을 가진 사람은, 세상 사람들이 좋아하는 '썩을 양식'을 보란 듯이 하늘 꼭대기까지 쌓아 두고 사는 사람이 아니라, 궁핍과 환난과 학대를 받고 조롱과 채찍과 옥에 갇히는 시련과 칼로 죽임을 당하면서도 '생명의 양식'인 예수 그리스도를 배신하지 않고, 예수 한 분만으로 만족하고 기뻐하며 자랑으로 삼고 사는 사람이었습니다.

'썩을 양식'은 한계가 있습니다. 아무리 많아도 배가 부르면 그 이상은 먹을 수 없고, 나이 들고 쇠약해지면 맛이 없더라도 무른 음식을 먹을 수밖에 없습니다. 그래서 우리는 영원토록 먹을 수 있는 '생명의 양식'을 소망해야 합니다. 예수만이 우리의 기쁨이요, 만족이요, 자랑인 삶을 살아야 합니다. 저와 여러분, 우리 하와이한빛장로교회가 그와 같은 믿음으로 살게 되기를 기원합니다.

요한복음 6:60~63

예수께서 주시는 떡

"60. 제자 중 여럿이 듣고 말하되 이 말씀은 어렵도다 누가 들을 수 있느냐 한대 61. 예수께서 스스로 제자들이 이 말씀에 대하여 수군거리는 줄 아시고 이르시되 이 말이 너희에게 걸림이 되느냐 62. 그러면 너희는 인자가 이전에 있던 곳으로 올라가는 것을 본다면 어떻게 하겠느냐 63. 살리는 것은 영이니 육은 무익하니라 내가 너희에게 이른 말은 영이요 생명이라"

요한복음 6장은 오병이어의 내용으로 시작하지만, 그 결론은 우리가 예상하지 못한 방향으로 맺어집니다. 우리가 오병이어 기적을 대할 때, 예수님을 우리의 필요를 채워 주시는 능력의 주님으로 이해하기 쉽습니다. 물론 예수님께서 우리가 필요로 하는 것을 채워 주시는 것은 사실이지만, 계속 반복해서 말씀드리는 것처럼 예수님의 기적은 기적 자체에 목적이 있는 것이 아니라, 기적을 통해 가르쳐 주려는 내용이 있습니다. 그것은 예수님께서 단지 인간의 먹고사는 문제나, 건강이나, 살고 죽는 세상의 문제를 해결해 주기 위해 오신 분이 아니라, 영적인 문제 곧 영생의 문제를 해결해 주기 위해서 오신 분임을 알아야 합니다.

그러고 보면 기독교 신앙에 있어서, 이 영적인 문제와 육적인 문제를 제대로 구별하지 못해서 발생하는 일만큼 심각한 일도 없을 것입니다. 세상의 다른 종교들과 달리, 기독교는 영적인 양식을 위해서 존재하는 것입니다. 사람들이 신을 만들고, 종교를 만든 목적이 무엇입니까? 세상에서 잘되기 위함입니다. 세상의 고통을 면하고, 마음의 위로와 평안을 얻기 위함입니다. 그래서 세상에서 잘되기 위해 기도도 하고, 정성도 드리고, 고통을 면하기 위해 수양도 합니다. 하지만 오늘 본문에서도 확인하는 것처럼, 예수님의 오신 이유는 세상의 것을 위해서 오신 것이 아닙니다.

요한복음 6:63, "살리는 것은 영이니 육은 무익하니라 내가 너희에게 이른 말은 영이요 생명이라"

물론 기독교 신앙을 가진 사람들 대부분은, 나도 영적 양식과 영혼의 구원을 위해 믿는다고 말할 것입니다. 하지만 자기도 모르는 사이에 육적인 양식 쪽으로 자연스럽게 물들어 가고 있다는 것 역시 사실입니다.

오병이어의 기적이 예수님께서 행하셨던 다른 기적들과 구별되는 점은, 예수님의 기적을 경험했던 많은 사람들이 예수님을 따르기 위해서 바다 건너 멀리까지 일부러 찾아왔다는 것입니다. 오병이어의 사건을 경험한 사람들은, 자기들이 중요하게 여겼던 어떤 문제에 해답을 찾았다고 생각했고, 그것을 분명히 확인하기 위해서 목적을 가지고 예수님을 찾아왔습니다. 그 해답, 그 목적이 무엇이었습니까? 예수님을 자기들의 왕으로 삼는 것이었습니다. 하지만 예수님께서는 그것을 거절하셨습니다. 왜냐하면 그들이 요구하는 것과 예수님께서 하시려고 하는 것, 하셔야 할 일 사이에는 너무나 큰 간격이 있었기 때문입니다.

본문의 26~69절까지 이르는 긴 내용은, 저들이 예수님께 요구하는 것과 예수님께서 저들에게 주시려고 하시는 것이 어떻게 달랐으며, 그 결과 예수님을 따라나섰던 많은 제자들이 모두 떠났다는 것으로 결론이 납니다. 사람들이 예수님을 찾아온 이유는 무엇입니까? 먹는 문제, 떡의 문제가 해결될 것을 기대하고 찾아왔습니다. 하지만 예수님께서 사람들에게, "너희는 썩을 양식을 위해서 살지 말고, 영생하도록 있는 양식을 위해서 일해야 한다. 하나님께서 세상에 내려주시는 하늘의 떡을 먹어야 한다"라고 말씀하셨습니다. 그러자 사람들이 예수님께 그 하늘의 떡을 항상 자기들에게 달라고 요청했습니다. 그들의 요청에 대해서는 **"예수께서 이르시되 나는 생명의 떡이니 내게 오는 자는 결코 주리지 아니할 터이요 나를 믿는 자는 영원히 목마르지 아니하리라"**(요 6:35)라고 말씀하셨습니다.

그런데 예수님의 이와 같은 말씀을 들은 사람들은, 그 말씀을 이해하지 못했습니다. 그러면서 예수님의 부모가 누군지 자기들이 아는데, 어떻게 자기가 하늘에서 내려왔다, 생명의 떡이라고 하느냐고 하면서 수군거렸습니다.

요한복음 6:41-42, "자기가 하늘에서 내려온 떡이라 하시므로 유대인들이 예수에 대하여 수군거려 42. 이르되 이는 요셉의 아들 예수가 아니냐 그 부모를 우리가 아는데 자기가 지금 어찌하여 하늘에서 내려왔다 하느냐"

사람들의 이런 반응은 어쩌면 당연한 일입니다. 앞서 3장에서 표적을 보고 찾아온 니고데모도 예수님께서 하시는 말씀을 이해하지 못했습니다. 그러자 예수님께서는 니고데모가 예수님의 말씀을 이해하지 못하는 것에 대해서 "물과 성령으로 거듭나지 않으면 하나님의 나라를 볼 수 없다. 육으로 난 것으로는 영으로 난 것을 이해할 수 없다"라고 하셨습니다.

기독교와 다른 종교의 가장 큰 차이가 이것입니다. 다른 종교는 인간이 자기가 수양을 하고 공부를 해서 어떤 도를 깨우치고, 일반 사람들은 깨닫지 못한 진리를 얻고 발전시켜 나가는 것을 종교로 정의합니다. 하지만 기독교는 인간이 스스로 애쓰고 노력해서 진리를 발견하고 깨달아 가는 종교가 아니라, 하나님께서 주셔야만 받을 수 있고, 그 주시는 것도 하나님께 속한 사람들만 받을 수 있습니다. 성경은 하나님께서 구원하기로 예정하셔서 예수님께 보내신 사람이 있고, 예수님은 하나님께서 자기에게 맡기신 사람들을 하나도 잃어버리지 않고 다 구원하시는 것이 자신이 해야 할 일이라고 말씀합니다.

요한복음 6:37-40, "아버지께서 내게 주시는 자는 다 내게로 올 것이요 내게 오는 자는 내가 결코 내쫓지 아니하리라 38. 내가 하늘에서 내려온 것은 내 뜻을 행하려 함이 아니요 나를 보내신 이의 뜻을 행하려 함이니라 39. 나를 보내신 이의 뜻은 내게 주신 자 중에 내가 하나도 잃어버리지 아니하고 마지막 날에 다시 살리는 이것이니라 40. 내 아버지의 뜻은 아들을 보고 믿는 자마다 영생을 얻는 이것이니 마지막 날에 내가 이를 다시 살리리라 하시니라"

37절에서 보시는 것처럼 하나님께서 예수님께 주신 자들이 있고, 39절 말씀처럼 예수님은 하나님께서 자기에게 주신 자들을 하나도 잃어버리지 않고 마지막 날에 다시 살리시는 일을 하시러 오셨습니다. 그런데 예수님께서 하시는 말씀을 이해하지 못했던 사람들처럼, 우리도 이런 가르침에 상당히 낯설어합니다. 하나님께서 택하신 백성이 있다고 하면, "그럼 택하지 않은 사람도 있다는 것이네"라고 말하고, 하나님께서 구원하기로 예정한 사람이 있다고 하면, "그럼 처음부터 지옥 가기로 결정된 사람도 있다는 말이냐"라며 따집니다.

이처럼 우리는 종종 어떤 논리에 대해서 역으로 질문을 하면서 그러한 논리가 합당한 것인지 묻습니다. 성경은 우리의 이해와 동의를 구하기 위해 기록된 책이 아니라, 하나님의 뜻은 이것이라고 선포하시고, 하나님께서 자신의 자유로운 뜻을 따라서 그렇게 일하신다는 것을 우리에게 가르쳐 주는 책입니다. 그리고 하나님의 말씀이 논리적 정당성이 있다는 것을 증명하기 위해서, 반대로 질문을 했을 때도 언제나 동일한 해답을 얻어야 하는 것은 아닙니다. 헷갈리죠?

그런데 이런 논리는 우리들의 생활 속에서도 쉽게 증명됩니다. 모든 논리가 반대로 질문했을 때도 같은 대답을 얻을 수 있는 것은 아니라는 것입니다. 예를 들면 이런 것입니다. '부자라고 다 행복한 것은 아니다.' 그렇죠? 그러면 역으로 가난하면 다 행복한 것이냐? 그건 아니죠? '똑똑하다고 다 성공하는 것은 아니다.' 그렇죠? 동창회에 가 보면 학창 시절에 공부 제일 못했던 친구가 벤츠 타고 옵니다. 그러면 안 똑똑하고 어리숙하면 다 성공한다는 것이냐? 그것도 아닙니다. '인생은 모른다'가 정답입니다. 하나님께서 택한 백성이 있고 구원하기로 작정한 사람이 있다고 했을 때, 저와 여러분이 그 사람에 속한 사람이라면 고맙고 감사할 일이지, "그러면 하나님의 선택 바깥에 있는 사람은 어쩌란 말이냐?" 하고 따질 일은 아닙니다.

이와 같은 내용에 대해서 성경의 예를 들어서 조금 더 설명하겠습니다. 예수님께서 고향인 나사렛의 회당에서 선지자 이사야가 기록한 성경을 읽고 가르치실 때, 사람들이 "그의 아버지 요셉을 우리가 아는데 언제 예수님이 글을 배워서 저런 말씀을 하는지" 놀랍게 여겼습니다.

누가복음 4:22, "그들이 다 그를 증언하고 그 입으로 나오는 바 은혜로운 말을 놀랍게 여겨 이르되 이 사람이 요셉의 아들이 아니냐"

요한복음 6장에서 사람들이, 예수님의 아버지인 요셉을 우리가 아는데 자기가 무슨 하늘에서 왔다고 하는지 이상하게 여겼던 것과 비슷한 광경이 벌어지고 있는 것입니다. 예수님께서 저들에게 말씀하신 것은 이런 내용입니다.

누가복음 4:25-27, "내가 참으로 너희에게 이르노니 엘리야 시대에 하늘이 삼 년 육 개월간 닫히어 온 땅에 큰 흉년이 들었을 때에 이스라엘에 많은 과부가 있었으되 26. 엘리야가 그 중 한 사람에게도 보내심을 받지 않고 오직 시돈 땅에 있는 사렙다의 한 과부에게 뿐이었으며 27. 또 선지자 엘리사 때에 이스라엘에 많은 나병환자가 있었으되 그 중의 한 사람도 깨끗함을 얻지 못하고 오직 수리아 사람 나아만뿐이었느니라"

우리가 아는 것처럼, 이스라엘 백성들은 하나님께 선택을 받은 선민입니다. 하지만 이스라엘 백성이 선민이 되었다고 해서, 그들이 더 나은 특별한 결과를 얻어 낸 것이 없습니다. 하나님께서 이스라엘 백성들에게 친히 율법도 주시고, 선지자와 제사장도 보내 주셔서 하나님의 뜻을 알게 하시고, 하나님께 예배하는 법도 가르쳐 주셨습니다. 이 부분만 보면 분명 이스라엘 백성들은 다른 이방 사람들에 비해서 큰 특혜를 받은 것이 사실입니다. 하지만 그 결과 이스라엘 백성들이 하나님의 뜻을 깨닫고 하나님께로 돌아왔느냐 하면, 그렇지 않습니다. 예수님께서는 그에 대한 분명한 예를 구약시대의 사건을 근거로 들면서 풀어서 가르쳐 주셨습니다.

엘리야 시대에 이스라엘에 3년 6개월 동안 가뭄이 들었습니다. 가뭄이 든 이유는 북이스라엘 역사에 있어서 가장 악한 왕인 아합과 이세벨의 우상숭배 때문이었습니다. 모든 이스라엘에 먹을 것이 없었습니다. 하지만 엘리야가 머물던 집에는 밀가루와 기름이 늘 있었습니다. 그런데 엘리야가 머물렀던 집은 하나님께서 택하신 선민인 이스라엘 백성의 집이 아니라, 당시 이방에 속한 시돈 땅의 사렙다

과부의 집이었습니다. 이스라엘 안에도 과부가 많이 있었을 텐데 굳이 하나님은 엘리야를 이방 여인의 집으로 보내신 것입니다.

또한 엘리사 때에는 이스라엘의 최대 적국인 아람 나라의, 그것도 아람 나라 군대 장관 나아만의 문둥병을 고쳐 주었습니다. 당시 문둥병에 걸린 나아만이 자기가 가진 정보력을 총동원해서 엘리사를 찾아낸 것이 아니었습니다. 이스라엘에서 포로로 잡아 온 어린 여자아이가 하는 말을 듣고 엘리사를 찾아갔습니다.

> 열왕기하 5:2-3, "전에 아람 사람이 떼를 지어 나가서 이스라엘 땅에서 어린 소녀 하나를 사로잡으매 그가 나아만의 아내에게 수종들더니 3. 그의 여주인에게 이르되 우리 주인이 사마리아에 계신 선지자 앞에 계셨으면 좋겠나이다 그가 그 나병을 고치리이다 하는지라"

엘리사 선지자가 문둥병자를 고칠 수 있다는 것은, 이스라엘에서 붙잡혀 온 어린아이도 알고 있었습니다. 하지만 성경에 엘리사가 이스라엘에 있는 문둥병자를 고쳤다는 기록은 없습니다. 그런데 누가 고침을 받았습니까? 이스라엘의 최대의 적국인 아람 나라의 군대 장관입니다. 이상하지 않습니까? 이 어린 여자아이는 권세 있고 부자였던 나아만의 집에 입양되어 온 것이 아닙니다. 억지로, 그것도 자기 집에 있다가 포로로 붙잡혀 온 아이입니다. 가족과 함께 자유롭게 살다가 갑자기 종이 되었습니다. 이 어린아이 개인으로 보나 이스라엘 나라의 측면에서 보나, 나아만은 그냥 나병환자로 살다가 빨리 죽는 게 모두에게 훨씬 낫습니다. 나아만이 빨리 죽는 것이 이스라엘에게 있어 훨씬 유리한 일 아닙니까? 그런데 하나님께서는 엘리사를 통해서 하나님의 선민을 괴롭힌 적국의 군대 수장인 나아만을 고치셨습니다.

누가복음 4장에서 예수님께서 굳이 사렙다의 여인과 나아만의 이야기를 꺼내신 이유가 무엇일까요? 구원이란? 하나님께서 주시는 은혜에 속한 문제이지, 그것이 아브라함의 후손이라는 혈통에 따른 자연적 결과라거나, 인간 스스로의 갈망이나 노력으로 얻게 되는 결과가 아니라는 것을 말하고 계시는 것입니다. 또한 엘리야와 엘리사라고 하는, 구약 이스라엘에 있어서 가장 강력한 선지자가 그들 가운데 있어서, 그들에게 진리를 가르치고 선포했다고 해서 사람들이 그 말을 듣고 따라오느냐? 그것도 아니었다는 것입니다. 그래서 그러한 인간의 본성을 가장 적나라하게 보여 주는 예로 이스라엘 백성을 등장시키고 있습니다.

오늘 본문에서도 확인하는 것처럼, 예수님께서 직접 말씀해 주셔도 사람들은 알아듣지 못했습니다. 하늘로부터 내려오는 떡을 먹어야 한다고 말씀하는 예수님께, 사람들이 요구하는 것이 무엇이었습니까?

요한복음 6:34, "그들이 이르되 주여 이 떡을 항상 우리에게 주소서"

그게 뭐가 됐든 우리에게 주면 우리가 그걸 받아서 먹든지, 그걸 재료로 삼아서 요리를 하든지, 우리가 스스로 그 방법이나 진리를 깨달을 테니까 일단 줘 보라는 것입니다. 하지만 예수께서는, 인간 스스로는 무엇을 하든지 희망이 없다는 것을 시작점으로 말씀하고 계십니다. 그러면서 하나님께서 그리스도 예수께로 이끌어 주지 않으면, 그 누구도 스스로 올 수 없다고 하십니다.

요한복음 6:44, "나를 보내신 아버지께서 이끌지 아니하시면 아무도 내게 올 수 없으니 오는 그를 내가 마지막 날에 다시 살리리라"

예수님께서는 저들이 그토록 자랑스러워하는 아브라함의 후손이요 하나님의 백성이라는 선민의식과 모세로부터 전해 받은 율법과 하나님께서 직접 내려 주신 만나를 먹었다는 경험도 이유가 될 수 없다고 말씀하셨습니다. 하나님께서 직접, 그것도 40년씩이나 내려주셨던 만나를 먹어 본 것만큼 확실한 증거가 어디에 있습니까? 하나님께서 두 돌판에 직접 써 주신 십계명과 율법을 받은 것만큼 확실한 증거가 또 어디에 있습니까? 하지만 그런 것들을 먹어 봤고, 받았었다는 것만으로 구원을 받게 되고, 영생을 얻게 되는 것이 아닙니다.

요한복음 6:51, "나는 하늘에서 내려온 살아 있는 떡이니 사람이 이 떡을 먹으면 영생하리라 내가 줄 떡은 곧 세상의 생명을 위한 내 살이니라 하시니라"

사람이 생명을 얻게 되는 것은 예수께서 주시는 떡, 곧 그분께서 십자가에서 죽으심으로 주신 살과 피를 받은 자가 영생을 얻는 것입니다.

우리는 기록된 성경을 읽으면서 결론이 어떻게 내려졌는지를 이미 알고 있는 상태에서, 예수님과 벳새다에서부터 따라온 사람들의 대화를 보고 있습니다. 그래서 어떻게 보면, 예수님이 하시는 말씀을 이해하지 못하는 사람들이 너무나 답답합니다. "어떻게 저 사람들은 예수님께서 하시는 말씀을 저리도 이해하지 못할까? 예수님께서 저렇게 많은 기적을 보이시고, 직접 설교까지 해 주셨으면 알아먹을 만도 한데, 도대체 그들은 무슨 생각을 하면서 살았을까?" 싶습니다. 예수님께서 "내가 생명의 떡이다. 내가 너희를 살리기 위하여 피와 살을 주려고 하늘로부터 온 생명의 양식이다"라고 말씀했을 때, "아멘. 우리가 믿습니다. 할렐루야!" 했으면 얼마나 좋았을까요? 하지만 예수님의 말씀을 들은 사람들의 반응은, 예수님을 떠나서 다시는 함께 다니지 않는 것이었습니다.

> 요한복음 6:66, "그 때부터 그의 제자 중에서 많은 사람이 떠나가고 다시 그와 함께 다니지 아니하더라"

예수님을 자기들의 왕으로 삼기 위해서 먼 길을 마다하지 않고 일부러 찾아왔던 사람들 아닙니까? 심지어는 자청하여서 예수님의 제자가 되겠노라고 했던 사람들 아니겠습니까? 그런데 예수님께서 **"살리는 것은 영이니 육은 무익하니라 내가 너희에게 이른 말은 영이요 생명이라"**라고 말씀하시니까, 오히려 예수님을 버리고 떠나는 현상이 벌어진 것입니다.

그러면 우리는 저들과 다른 사람들일까요? 성경을 읽고 결론을 알고 있으니까 다른 척할 뿐이지 실제는 우리도 저들과 별로 다르지 않습니다. 사람들은 영이나 생명에 대한 관심보다는, 세상의 것에 훨씬 관심이 많습니다. 아니라고요? 우리 교회는 생명의 떡이라고 말하는 성경 강해, 교리 공부 이것 외에 다른 것들은 별로 하지 않습니다. 그런데 어떤 교회는 생명의 떡뿐만 아니라 세상의 떡도 줍니다. 심지어 많이 줍니다.

무엇이든지 원하는 것을 기도하면 응답받는다고 하고, 안수도 해 주고, 축복도 아주 세게 해 줍니다. 그리고 응답도 받습니다. 감기도 낫고, 관절염도 낫고, 고혈압 당뇨병도 낫고, 심지어 암도 낫습니다. 사업을 시작할 때 목사님이 오셔서 축복기도도 해 주시고, 매월 첫날이 되면 어김없이 심방 오셔서 기도해 주십니다. 당연히 사업도 잘되고, 성공하고, 부자가 됩니다. 그런 교회 가겠습니까, 안 가겠습니까? 가야죠. 그런데 우리 교회는 예수님께서 오신 것이 세상의 떡 많이 먹게 해 주려고 온 것이 아니라고 가르칩니다. 당연히 안수기도도 거의 해 본 적이 없고, 성도님들의 사업장을 다니면서 기도하는 것도 잘 하지 않습니다. 이건 뭐 교회 다닌다고 해서 유익한 점이 별로 없습니다. 밋밋하고, 별로 재미없습니다.

오늘 본문에도 사람들이 가버나움까지 예수님을 일부러 찾아왔는데, 예수님께서 썩어질 세상의 것에 관심을 갖지 말고, 영생하도록 있는 생명의 떡을 먹으라고 말씀하시니까 "그 떡, 너나 먹어라" 하고 떠난 것입니다. 예수님께서는 영원한 생명을 주시기 위해서 이 땅에 오셨고, 또한 십자가에서 죽으셨습니다. 예수님이 세상에 오신 목적은 그 한 가지 이유 외에 다른 것이 없었습니다. 그래서 예수를 믿는 것은 무엇입니까? 영생하도록 있는 생명을 얻겠다는 것입니다.

기독교는 우리 생활에 필요한 떡을 먹을 수 있기 때문에 오는 것이 아닙니다. 물론 사람들은 예수님께서 행하신 기적을 보고 찾아왔습니다. 그 앞에는 38년 된 병자가 오직 예수님의 말씀만으로 고침을 받게 된 기적이 있었습니다. 물이 포도주로 변한 기적도 있었고, 바다 위를 걸어오시고 거센 풍랑도 잠잠케 하신 기적도 행하셨습니다. 그뿐만 아니라 예수님께서 행하신 일들을 모두 기록하면 이 세상이라도 쌓아 둘 곳이 없을 만큼 많은 기적들을 행하셨습니다. 하지만 성경에 기록된 예수님께서 행하신 기적들은, 마치 영웅담이나 전설 속의 이야기처럼 신비하고 놀라운 체험담을 소개하기 위해서 이 말씀을 주신 것이 아닙니다. 오병이어의 기적부터 69절까지 이르는 긴 내용이, 오직 생명의 떡으로 오신 예수님에 대한 이야기입니다.

그런데 참 희한합니다. 예수님은 '생명의 떡'에 대해서 이야기하는데, 사람들은 기적 이야기를 좋아합니다. 여기도 성령, 저기도 성령 하면서 성령의 불을 받으라고 하고, 지금도 기적이 일어난다고 선동합니다. 네. 맞습니다. 지금도 많은 복음의 현장에서 인간의 능력으로 행할 수 없는 수많은 기적이 일어납니다. 하지만 그렇게 일어나는 기적들 역시, 성경에 기록된 기적들과 똑같은 이유로 일어나는 것들입니다. 기적을 행하시는 이가 누구입니까? 사람입니까, 성령입니까? 성령입니다. 그 사람들도 그렇게 말합니다. 그러면 복음서나 사도행전에서 성령을 힘입어 행하셨던 기적들은 무엇을 위해 행해진 것들입니까? 예수 그리스도를 알게 하고, 그분을 믿게 하기 위해서 행해진 것들입니다. 그렇다면 이미 예수 그리스도를 믿는 사람들에게는 성령께서 어떻게 역사하십니까? 진리로 역사합니다.

요한복음 16:13-14, "그러나 진리의 성령이 오시면 그가 너희를 모든 진리 가운데로 인도하시리니 그가 스스로 말하지 않고 오직 들은 것을 말하며 장래 일을 너희에게 알리시리라 14. 그가 내 영광을 나타내리니 내 것을 가지고 너희에게 알리시겠음이라"

여기 뭐라고 말씀하십니까? 진리의 성령이 오셔서 너희를 모든 진리 가운데로 인도하신다고 합니다. 또한 그가 누구의 영광을 나타냅니까? 스스로의 영광입니까? 아닙니다. 그리스도의 영광을 나타냅니다. 그러면 진리의 성령께서 무엇을 우리에게 알려 주십니까? 내 것, 즉 그리스도에 대해서 알려 줍니다. 그리고 성령이 하시는 일은 그리스도를 증언하는 일입니다.

요한복음 15:26, "내가 아버지께로부터 너희에게 보낼 보혜사 곧 아버지께로부터 나오시는 진리의 성령이 오실 때에 그가 나를 증언하실 것이요"

보십시오. 성령이 하시는 일은 사람들에게 기적을 행하여 보여 주는 일을 하시는 것이 아니라, 그리스도를 증언하는 일을 하시고, 이미 그리스도를 믿는 사람들은 진리 가운데로 인도하시는 일을 하십니다. 그래서 하나님께 속한 사람들은, 진리의 영이신 성령으로 말미암아 독생자 예수 그리스도에 대한 말을 듣고, 하나님께 속하지 않은 자들은 거짓 선지자들이 전하는 말을 듣고 미혹에 빠집니다.

요한1서 4:5-6, "그들은 세상에 속한 고로 세상에 속한 말을 하매 세상이 그들의 말을 듣느니라 6. 우리는 하나님께 속하였으니 하나님을 아는 자는 우리의 말을 듣고, 하나님께 속하지 아니한 자는 우리의 말을 듣지 아니하나니 진리의 영과 미혹의 영을 이로써 아느니라"

예수님께서 자신이 하나님께로부터 보내심을 받은 생명의 떡으로 오셨다는 것에 대해서, 아주 긴 가르침을 저들에게 주셨습니다. 하지만 그 말씀을 들은 사람들, 심지어 예수님의 제자가 되겠노라고 따랐던 사람들이 다 떠나 버렸습니다. 그리고 남은 사람은 오직 예수님께서 택하셨던 열두 제자들뿐이었습니다. 예수님을 떠난 사람들과 남은 제자들의 차이가 무엇이었을까요? 예수님께서 제자들에게 물으셨습니다.

요한복음 6:67, "예수께서 열두 제자에게 이르시되 너희도 가려느냐"

제자들의 대답이 무엇이었습니까?

요한복음 6:68, "시몬 베드로가 대답하되 주여 영생의 말씀이 주께 있사오니 우리가 누구에게로 가오리이까"

기적을 보고 찾아왔던 자들, 기적을 바라고 찾아왔던 사람들은 다 떠나갔습니다. 하지만 영생의 말씀이 주께 있음을 깨달은 제자들은 그대로 남았습니다. 기적 때문에 남은 것이 아닙니다. 저와 여러분이 이 귀한 은혜의 자리에 참여하고 있다는 것에 대해서 감사하시기 바랍니다.

요한복음 6:65, "또 이르시되 그러므로 전에 너희에게 말하기를 내 아버지께서 오게 하여 주지 아니하시면 누구든지 내게 올 수 없다 하였노라 하시니라"

저와 여러분이 어떻게 이 자리에 나와 앉아 있는지 아십니까? 하나님 아버지께서 저와 여러분을 특별히 지목하신 후 "이 사람을 위하여 네 피를 흘려 다오!" 이렇게 예수님께 맡겨 주셨기 때문에 우리가 여기 있는 것입니다. 이것이 우리가 신앙생활을 하면서 감격할 일입니다. 하나님 아버지께서 우리를 붙잡은 바 되었기 때문에 이 자리에 앉을 수 있게 된 것입니다.

요즘 세상이 좋아져서 백세시대라는 말을 합니다. 하지만 그것도 돈 있고 건강해야 소용 있는 말입니다. 그러면 돈 있고, 건강하면 100세를 넘어 120~150세까지 살면 행복하겠습니까? 오히려 더 좋은 것은, 영원한 천국 준비하면서 적당한 날까지 살다가 아버지 품에 안기는 것입니다. 그러면 천국이 소망이 되고, 그곳이 가고 싶은 사람은 어떤 사람이겠습니까? 영생의 말씀을 가진 사람, 생명의 떡을 먹은 사람은 천국이 기다려지고, 가고 싶을 것입니다. 하지만 죽으면 정말로 천국에 갈 수 있을지 걱정되는 사람, 소망이 온통 세상에만 있던 사람은 죽게 되는 것이 두려울 것입니다.

여러분, 성경을 자세히 읽어 보시기 바랍니다. 성경은 우리가 세상에서 어떻게 잘 살게 될지를 가르쳐 주는 책이 아니라, 우리가 어떻게 영원한 천국을 소망하면서 살다가 그곳에서 하나님과 함께 영생의 기쁨을 누리며 살게 되는지를 가르쳐 주는 책입니다. 그리고 오늘 본문에서도 확인하는 것처럼, 떡 먹은 기적을 바라고 찾아왔던 사람은 예수님의 말씀을 듣고 다 돌아가 버렸지만, 영생의 말씀을 붙잡은 열두 제자들은 주와 함께 남아서 그와 함께 동행했습니다.

오늘 긴 이야기를 드렸지만 한 가지 결론만 기억하고 가시면 됩니다. 기독교 진리는 내가 붙잡고 있는 것이 아닙니다. 하나님께서 여러분을 붙잡고 계시는 것입니다. 여러분이 똑똑해서 진리를 이해하고 깨달았고, 남다른 착한 면이 있어서 하나님 말씀에 순종하며 사는 것이 아니라, 성령께서 여러분에게 깨닫게 해 주시고 그 말씀을 따라 살도록 붙잡아 주시는 것입니다. 내 경험, 내 확신으로 천국에 가려고 하면 우리의 변덕스러움은 확신과 불확실 사이에서 방황할 것입니다. 하지만 하나님께서 우리를 붙잡아 주시면, 우리의 확신과 상관없이 하나님께서 당신이 계신 곳으로 우리를 이끌어 주실 것입니다.

생명의 떡은 우리가 만들어 먹는 것이 아닙니다. 그리스도 예수께서 친히 피 흘려 우리에게 주신 것입니다. 그리고 생명의 떡을 먹은 사람은 어떤 경우에도 흔들리지 않고, 주님을 떠나지 않을 것입니다. 하지만 세상의 떡을 바라며 온 사람은, 작은 바람에도 흔들리고 결국 떠나게 됩니다. 하나님께서 저와 여러분을 예수님께 맡기셨습니다. 그리고 예수님께서는 우리 중에 하나도 잃어버리지 않고 다 하나님께로 이끌어 주실 것입니다. 이 구원의 은혜, 이 생명의 떡을 받은 것을 감사하시면서 참된 축복의 삶을 사시기를 축원합니다.

요한복음 7:1~9

내 때는 아직 이르지 아니하였거니와

"1. 그 후에 예수께서 갈릴리에서 다니시고 유대에서 다니려 아니하심은 유대인들이 죽이려 함이러라 2. 유대인의 명절인 초막절이 가까운지라 3. 그 형제들이 예수께 이르되 당신이 행하는 일을 제자들도 보게 여기를 떠나 유대로 가소서 4. 스스로 나타나기를 구하면서 묻혀서 일하는 사람이 없나니 이 일을 행하려 하거든 자신을 세상에 나타내소서 하니 5. 이는 그 형제들까지도 예수를 믿지 아니함이러라 6. 예수께서 이르시되 내 때는 아직 이르지 아니하였거니와 너희 때는 늘 준비되어 있느니라 7. 세상이 너희를 미워하지 아니하되 나를 미워하나니 이는 내가 세상의 일들을 악하다고 증언함이라 8. 너희는 명절에 올라가라 내 때가 아직 차지 못하였으니 나는 이 명절에 아직 올라가지 아니하노라 9. 이 말씀을 하시고 갈릴리에 머물러 계시니라"

오늘 본문의 배경은 초막절입니다. 초막절을 이해하려면 먼저 유월절에 대한 이해가 있어야 합니다. 유월절은 유대 달력으로 1월 14일이고, 초막절은 7월 15일부터 한 주간 동안 지켜야 하는 절기이기 때문에, 유월절과 초막절 사이에는 약 6개월 정도의 간격이 있습니다. 다음 시간에 오늘 본문의 배경이 되는 초막절에 대해서 좀 더 자세히 살펴보겠지만, 유대 달력의 유월절을 지금의 달력으로 계산하면 3월 말이나 4월 1일쯤 됩니다. 초막절은 그들의 달력으로 7월 15일인데 우리 달력으로 보면 9월 30일이나 10월 1일 정도가 됩니다.

초막절은 추수한 곡식을 저장하는 것을 기념하여 지키기 때문에 다른 말로 '수장절'이라고 부르기도 합니다. 그래서 오늘날 우리가 지키는 추수감사절 또는 추석과 같은 절기입니다. 이스라엘의 모든 남자들은 매년 3번씩 지키는 유월절, 오순절, 초막절 절기를 반드시 지켜야만 했습니다. 그것은 하나님께서 모세를 통하여 지키라고 명령한 것이기 때문입니다.

출애굽기 23:14-17, "너는 매년 세 번 내게 절기를 지킬지니라 15. 너는 무교병의 절기를 지키라 (무교병의 절기가 바로 유월절입니다) 내가 네게 명령한 대로 아빕월의 정한 때에 이레 동안 무교병을 먹을지니 이는 그 달에 네가 애굽에서 나왔음이라 빈 손으로 내 앞에 나오지 말지니라 16. 맥추절을 지키라 (맥추절은 유월절을 지낸 후 7번의 안식일을 지난 다음 날이라 칠칠절 또는 오순절이라고도 합니다) 이는 네가 수고하여 밭에 뿌린 것의 첫 열매를 거둠이니라 수장절을 지키라 이는 네가 수고하여 이룬 것을 연말에 밭에서부터 거두어 저장함이니라 17. 네 모든 남자는 매년 세 번씩 주 여호와께 보일지니라"

요한복음 강해를 시작하면서 말씀드렸던 것처럼, 요한복음은 예수님의 행하신 일들을 시간을 따라가면서 일기를 쓰듯이 기록한 것이 아니라, 예수께서 그리스도이심을 가르쳐 주기 위한 목적으로 기록되었습니다. 따라서 6장에서 유월절이 가까이 왔을 때 행하셨던 벳새다 오병이어 기적의 사건과, 7장에 초막절이 가까웠을 때 갈릴리에서 예수님의 형제들과 나누었던 대화 사이에는 6개월여의 공백이 있는 것으로 보입니다.

그렇다고 해서 이 6개월의 기간 동안 예수님께서 아무 일도 하지 않으셨다는 것이 아닙니다. 전에도 말씀드린 것처럼, 요한복음은 예수님의 공적 생애 가운데서 매우 제한된 내용들만 선택적으로 기록한 책입니다. 요한복음 7장 1절에, **"그 후에 예수께서 갈릴리에서 다니시고 유대에서 다니려 아니하"**셨다고 말씀합니다. 그 이유는 유대인들이 예수님을 죽이려 했기 때문입니다. 유대인들이 예수님을 죽이려 한 이유는, 5장에서 살펴본 것처럼 예수님께서 유대인의 명절 때 예루살렘에 올라가셨다가 안식일에 38년 된 병자를 고쳐 주신 것 때문이었습니다. 이런 이유로 예수님께서 고향인 갈릴리 지역에 머물고 있을 때, 동생들이 예수님께 이런 말을 합니다.

요한복음 7:3-4, "그 형제들이 예수께 이르되 당신이 행하는 일을 제자들도 보게 여기를 떠나 유대로 가소서 4. 스스로 나타나기를 구하면서 묻혀서 일하는 사람이 없나니 이 일을 행하려 하거든 자신을 세상에 나타내소서 하니"

지금 이 말은 예수님의 동생들이, 그리스도로 오신 예수님께서 메시아로서의 사역을 하지 않으시고 집에만 머물러 계시는 것을 안타까워하면서, '많은 사람에게 당신의 메시아 됨을 보여 주라'는 말이 아닙니다. 앞서 6장에서 "나는 하늘에서 내려왔다, 내가 바로 생명의 떡이다, 이 떡을 먹어야 영원히 산다"라고 하셨을 때, 사람들이 "우리가 그 부모를 아는데 쟤, 뭐라는 거야?" 하는 반응을 보였던 것과 같은 맥락의 말입니다.

예수님의 동생들은 육신의 몸을 입고 오신 예수님에 대해서 그 누구보다도 잘 알고 있었습니다. 육체적으로 자기들의 형제였으니 당연히 예수님을 잘 알지 않았겠습니까? 하지만 예수님의 동생들은 예수님의 신적 영광이나 그의 메시아 사명을 알지 못한 채, 마치 예수님을 영웅 놀이에 심취한 사람이나 군중을 끌어모으는 정치적 선동가 정도로만 생각했던 것입니다. 그래서 본문은 "사람들이 알아줬으면 하는 마음을 품고 사람들 앞에 나서서 기적도 행하고 설교도 잘하는 사람이 이런 촌구석에서 뭐 하고 있습니까? 마침 명절도 됐으니 올라가서 맘껏 해 보세요!" 이런 말입니다.

1절에서 유대인들이 예수님을 죽이려고 하는 그런 분위기가 있다는 것을, 요한복음을 쓴 요한도 알고 있었습니다. 그런데 예수님의 동생들이 그런 분위기를 몰랐을까요? 아마도 그들도 알고 있었을 겁니다. 보통의 동생들 같으면, "형님! 이번 명절에 예루살렘에 가시면 위험할 수도 있습니다. 사람들이 형님을 죽이려고 하는 거 알고 계시죠? 이번에는 집에 계시면서 분위기가 바뀔 때까지 기다립시다" 했을 것입니다. 그런데 오히려 예수님의 형제들은 **"자신을 세상에 나타내소서"** 하면서 예수님을 부추기고 있습니다. 그리고 그 이유에 대해서 **"이는 그 형제들까지도 예수를 믿지 아니함이러라"** 라고 말씀했습니다.

하나님께서 은혜를 주지 않으시면, 그 어떤 사람이라도 예수님에 대해서 제대로 알 수가 없습니다. 본문에서도 확인하는 것처럼, 예수님의 육신의 형제들조차도 예수님이 누구신지 알지 못했습니다. 지금도 마찬가지입니다. 성경을 많이 읽고, 신학을 연구한다고 예수님을 알 수 있는 것이 아닙니다. 열심히 성경 읽고, 신학 박사까지 되었음에도 성경을 부인하고 예수님을 믿지 않는 사람들도 있습니다. 예수님을 단지 로마의 압제 아래에 있던 이스라엘 백성들에게 위로를 주고, 혁명을 꿈꾸다가 실패한 지도자 정도로 여기고, 그분께서 사람을 위하고 사랑했던 정신을 계승하는 것을 기독교로 보는 것입니다.

우리가 요한복음을 살펴보면서 반복하여 확인하는 것이지만, 하나님께서 은혜를 주시는 사람, 성령께 속한 사람들만이 예수님을 제대로 알 수 있습니다. 그 예수님을 믿을 수 있습니다. 만약 하나님께서 이끌어 주시지 않는다면, 율법에 능통한 니고데모 같은 사람이라 할지라도, 예수님과 한동네에 살면서 예수님의 부모와 형제를 잘 아는 사람도, 심지어 그분의 친동생들이라도 예수님을 모릅니다.

요한복음 6:44, "나를 보내신 아버지께서 이끌지 아니하시면 아무도 내게 올 수 없으니 오는 그를 내가 마지막 날에 다시 살리리라"
고린도전서 12:3, "그러므로 내가 너희에게 알리노니 하나님의 영으로 말하는 자는 누구든지 예수를 저주할 자라 하지 아니하고 또 성령으로 아니하고는 누구든지 예수를 주시라 할 수 없느니라"

여러분이 예수님을 알고, 예수님을 믿고 있다는 것이 얼마나 큰 복인지 제대로 아시기 바랍니다. 요즘 우리는 복음이 너무 흔한 시대를 살아가고 있습니다. TV나 라디오만 틀어도, 인터넷에 들어가서 검색 몇 번만 해도, 또는 서점에 가면 유명한 목사님들의 설교집을 언제든지 사서 볼 수 있기에 복음이 별것 아닌 것처럼 느껴질 수 있습니다. 그런데 그런 설교를 보고, 듣고, 읽고 한다고 해서 예수님이 알아지고, 믿어지는 것이 아닙니다. 그런 것 아무리 해도 하나님께서 은혜를 주지 않으시면 절대 믿어지지 않습니다. 그게 바로 복음입니다.

여러분은 예수님이 믿어지십니까? 다른 어떤 말보다 예수님에 대한 말씀을 들으면 마음이 편해지십니까? 그게 바로 여러분이 하나님께 은혜받은 증거요, 구원받은 표시입니다. 지금은 우리가 예수님을 믿는다고 해서 육체적인 핍박을 받거나 목숨을 걸어야 하는 시대가 아닙니다. 하지만 지금은 그 어느 때보다, 예수 믿는 것을 드러내 놓고 좋아할 만한 시대가 아닌 것도 사실입니다. 오히려 예수를 믿는다고 하면, 시대의 변화를 읽지 못하고 따라오지 못하는 낡은 이념에 사로잡힌 사람 취급을 받거나, 인간에 대한 이해가 떨어지는 고리타분한 사람 취급을 받습니다. 그래서 잘 알려진 어떤 목사님은 자기가 그런 사람이 아니라는 것을 증명해 보이기 위해서, 그런 사람들이 모인 집회 같은 곳에 참석한 사진을 찍어서 페이스북에 올리고, 그런 사람 편드는 글도 자주 씁니다.

우리가 예수님을 믿는다는 것은, 많은 사람이 좋아하고 주류를 이루는 군중들이 있는 곳에 들어가서 "나도 당신들과 다르지 않은 사람"이라는 것을 증명해 보이는 것이 아닙니다. 오히려 예수 믿는 사람들을 보면 어떤 면에서 의외의 공통점을 발견하게 됩니다.

오랫동안 같이 알고 지냈거나 사업상 좋은 관계를 맺고 거래하던 어떤 사람과 이야기를 하는 도중에, 그 사람이 예수님을 강하게 반대하고 여러분의 신앙에 맞지 않는 주장을 할 때가 있습니다. 그동안 좋은 관계를 맺었기 때문에, 그 사람 면전에서 나는 그렇게 생각하지 않는다고 얼굴을 붉히면서 말하지는 않지만, 여러분이 예수님 편에 있고 여러분의 심장에 예수님이 살아 계신다는 증거로 그 사람의 말이 불편함으로 느껴질 것입니다. 그런데 그런 경험이 반복되면 그 사람의 말을 계속 들어 주고, 그의 편을 들어 주면서까지 관계를 유지해야 하나 하는 생각이 듭니다. 그래서 "차라리 그냥 좀 손해 보고 말자" 이런 결단을 내리고, 그 사람과의 관계를 정리하더라도 자신이 예수님 편에 있음을 지키려고 하는 공통점이 발견되는 것입니다.

> 마태복음 5:11-12, "나로 말미암아 너희를 욕하고 박해하고 거짓으로 너희를 거슬러 모든 악한 말을 할 때에는 너희에게 복이 있나니 12. 기뻐하고 즐거워하라 하늘에서 너희의 상이 큼이라 너희 전에 있던 선지자들도 이같이 박해하였느니라"

여기 보면 예수님을 반대하는, 또는 성경을 통해 주신 복음의 말씀과 반대되는 주장을 하는, 그래서 세상의 주류 사회로 멀어지고 그들로부터 미움을 받게 될 때, 너희는 "기뻐하고 즐거워하라"라고 하십니다. 왜요? "바로 그때 너희가 누구 편에 속해 있는지 분명해지기 때문이다" 이렇게 말씀하셨습니다.

요한복음 15:19, "너희가 세상에 속하였으면 세상이 자기의 것을 사랑할 것이나 너희는 세상에 속한 자가 아니요 도리어 내가 너희를 세상에서 택하였기 때문에 세상이 너희를 미워하느니라"

보십시오. 우리는 세상에 속해 있지 않기 때문에, 주류인 세상이 주도하는 것이 맞지 않는 것이 정상입니다. 우리가 사는 세상은 하나님에게서 쫓겨난 마귀가 붙잡고 있는 세상입니다. 그 세상이 스스로 알아서 하나님의 뜻을 찾고 하나님께서 기뻐하실만한 것을 만들어 낼 수 있습니까? 없습니다. 자기들 나름대로 사람을 위하고, 공공을 위하는 거라고 하지만, 결국 하나님께로부터 멀어지는 것입니다. 자기들은 그런 게 바로 이웃을 사랑하는 거다, 그것이 바로 하나님께서 만드신 환경을 위하는 거다, 그런 게 바로 예수의 정신이고 기독교 정신이라고 주장하지만, 사실은 다 기독교를 반대하는 것입니다.

오늘 본문에 예수님의 동생들이 마치 예수님을 위하는 것처럼, "이렇게 시골 동네에 숨어 있으면서 어떻게 형님께서 하시는 일을 나타낼 수 있습니까? 예루살렘으로 가셔서 사람들에게 보이세요"라고 말했습니다. 그런데 성경은 동생들의 이런 말을 인용하면서, 그들이 예수님을 알아주고 편들어 줬다고 말하지 않고, 오히려 "그 형제들까지도 예수를 믿지 않았었다"라고 말씀하고 있습니다. 예수님을 믿지 않으면서도 마치 예수님을 믿고, 편들어 주는 것처럼 말할 수 있음을 알아야 합니다. 이것을 모르면, 그 사람이 하는 말이나 표정, 인간관계 이런 것들만 보고서 잘못 판단할 수 있습니다.

요한복음 7:6, "예수께서 이르시되 내 때는 아직 이르지 아니하였거니와 너희 때는 늘 준비되어 있느니라"

여기 '예수님의 때'와 '너희의 때', 두 종류의 때가 나오고 있습니다. 앞서 말씀한 '예수님의 때'는 "하나님께서 정하신 때"로 예수께서 십자가를 지셔야 하는 때를 말합니다. '예수님의 때'가 중요한 이유는, 유대인이라면 반드시 지켜야 하는 절기 명절에 예수님께서 '내 때'가 아직 이르지 않았다고 말씀하시면서, 예루살렘으로 올라가지 않겠다고 말씀하고 있기 때문입니다. 그런데 동생들에게는 올라가지 않겠다고 말씀하신 뒤에 **"그 형제들이 명절에 올라간 후에 자기도 올라가시되 나타내지 않고 은밀히 가시니라"**(요 7:10) 이렇게 예수님도 곧 따라 올라가셨습니다.

어차피 올라가실 것이라면 동생들과 함께 가셨다면, 외롭지 않게 가실 수도 있었을 것입니다. 또 올라가지 않겠노라고 말씀하신 뒤에, 은밀히 혼자 올라가시는 모습을 보면 왠지 비겁해 보이고, 예수님께서 동생들에게 거짓말을 한 것처럼 보이기까지 합니다. 그러면 사도 요한은 무슨 목적을 가지고 예수님께서 충분히 오해받을 만한 이런 내용을 기록했을까요? 그것은 예수님께서 명절에 동생들과 함께 예루살렘에 올라가지 않겠다고 말씀하신 이유와 예수께서 세상에 오신 목적 모두, 이 '때'와 관계되어 있기 때문입니다.

예수님은 한 번도 자신을 증명하기 위해서 어떤 일을 하시거나 말씀을 하신 적이 없습니다. 예수님은 **"내가 하늘에서 내려온 것은 내 뜻을 행하려 함이 아니요 나를 보내신 이의 뜻을 행하려 함이니라"**(요 6:38)

라고 말씀하셨습니다. 요한복음은 그 전체의 핵심 내용이, "나는 나를 보내신 이의 뜻을 이루기 위해 온 것"이라는 것을 증명하기 위해 기록된 책으로 보일 만큼, 이와 같은 내용이 반복해서 등장합니다. 그래서 "나를 믿는 자는 나를 믿는 것이 아니라 나를 보내신 이를 믿는 것"이라고 말씀하십니다.

요한복음 12:44-45, "예수께서 외쳐 이르시되 나를 믿는 자는 나를 믿는 것이 아니요 나를 보내신 이를 믿는 것이며 45. 나를 보는 자는 나를 보내신 이를 보는 것이니라"

지금 이 말씀이 중요한 것은, 예수님의 동생들이 명절에 올라갈 것을 말했을 때 지금은 내가 올라가야 할 때가 아직 이르지 않았다고 말씀하신 뒤에, 곧바로 동생들을 따라 올라간 이유가 되기 때문입니다. 예수님은 철저하게 하나님의 때를 따라서, 하나님의 뜻을 이루며 사신 분이십니다. 그 일을 위해서라면, 마치 유대인들이 자기를 죽이려고 하기 때문에 숨어 지내는 것처럼 비겁해 보이는 것도 감내하시고, 안 간다고 말해 놓고 곧이어 뒤따라가는 거짓말쟁이처럼 보이는 것도 감내하셨습니다.

다시 말씀드려서 예수님은 세상에 구주로 오신 분이지만, 그럼에도 예수님은 자기를 증명하기 위해 세상을 사신 것이 아니라, 그분의 삶 전체가 하나님의 뜻을 이루고 그분을 증명하기 위해 사셨다는 것입니다. 예수님께서 뒤늦게 예루살렘으로 올라가신 것은 자신을 증명하기 위해서가 아니라, 하나님의 뜻을 이루기 위해 올라가신 것입니다.

이와 비슷한 장면을 예수님께서 사탄에게 시험을 받으시던 모습에서 또 한 번 확인할 수 있습니다. 마태복음 4장에 예수님께서 공생애를 시작하시려고 하실 때 사탄이 찾아와서 세 가지의 시험을 했습니다. 그중 첫째와 둘째 시험은 네가 정말로 하나님의 아들이라면 돌로 떡을 만들어 볼 것과 성전 꼭대기에서 뛰어내리는 것으로 자신이 하나님의 아들 됨을 증명해 보이라는 것이었습니다. 그리고 셋째 시험은 사탄에게 절을 하면 아버지의 눈치를 봐야 하는 아들 정도가 아니라, 온 세상의 주인이 되게 해 주겠노라는 시험을 했습니다. 그리고 예수님은 그 세 가지 시험을 모두 물리치셨습니다.

여러분이 아시는 것처럼 제 아버님은 목사님이십니다. 제가 초등학교에 입학할 때 아버님은 교회 사역을 위해 여러 번 이사를 하셨습니다. 저도 아버님과 함께 살아야 하기 때문에 전학을 여러 번 했습니다. 초등학교 때만 5번 전학을 했습니다. 전학을 해 보지 않으신 분들은 잘 모르시겠지만, 전학을 가게 되면 공부를 잘하는 학생들은 새로 온 친구에게 별로 관심이 없습니다. 자기가 해야 할 공부가 있기 때문입니다.

새로 온 친구에게 관심을 보이는 아이들은 주로 서열 싸움에 관심이 많은 수컷 친구들입니다. 그리고 그 서열의 제일 꼭대기에 있는 친구들은 자기가 나서지 않습니다. 대신 싸움을 부추기죠. 그중 제일 약해 보이는 아이를 지목하면서, "야, 쟤가 너랑 싸우면 이긴대, 넌 한 주먹도 안 된대" 하면서 자존심을 건드립니다. 그렇게 아이들의 서열 싸움이 시작되고, 거기서 자기 실력이 증명됩니다. 그때 자기를 증명해 보일 가장 확실한 방법은 무엇일까요? 그 서열의 꼭대기랑 싸워서 이기는 것입니다. 그렇게 이기고 나면 그 반에서는 아무도 건드리지 않습니다. 하지만 문제는 그 위가 또 기다리고 있죠.

또 다른 방법은 공부를 확실하게 잘해서 선생님들의 눈에 드는 것입니다. 그래서 수업 시간마다 선생님들이 자신의 공부 서열을 인정해 주도록 하는 방법이죠. 그런데 이도 저도 못 하는 아이들이 있습니다. 사실 어쩌면 그런 아이들이 절대적으로 많죠. 그런 아이들은 마치 세렝게티 초원에 혼자 떨어진 어린양처럼, 이리저리 치이는 수밖에 없습니다. 쉬는 시간이 무섭고, 화장실 가기가 두려운 상황이 벌어지는 거죠. 저는 어땠을까요? 저는 성경 말씀을 몸으로 실천하면서 살았죠. "오른뺨을 때리면 왼뺨을 돌려 대면서." 아마도 그래서 얼굴이 커진 것 같습니다.

광야에서 사탄에게 시험을 받으시는 예수님의 모습을 보십시오. 돌로 떡을 만들어 먹는 것, 성전 꼭대기에서 다치지 않고 뛰어내리는 것, 이런 일들이 예수님께 어렵고 힘든 일이겠습니까? 천지를 만드신 하나님이신데 떡이 아니라 뷔페 음식을 만들어 드실 수도 있으신 분입니다. 성전에서 뛰어내리는 정도가 아니라 슈퍼맨처럼 하늘을 나실 수도 있으셨을 것입니다. 만약 그렇게 자신을 증명해 보이셨다면, 그런 요구를 했던 사탄을 무색하게 만들 수도 있었을 것입니다. 그뿐만 아니라 예루살렘 성전에 모인 사람들에게 자신의 능력을 한껏 과시해 보일 수도 있었을 것입니다. 하지만 예수님은 가장 간단한 방법으로 자신을 증명하지 않고, 하나님의 말씀으로 사탄을 이기셨습니다.

만약 예수님께서 사탄이 요구한 대로 처음부터 당신의 하나님 아들 됨을 증명해 보이셨다면, 오늘 본문에 예수님의 동생들이 예루살렘에 올라가서 자기를 증명해 보라는 이런 말을 듣지 않아도 되셨을 것입니다. 하지만 예수님은 육체의 몸을 입고 이 땅에 사시는 내내, 이런 싸움을 하셔야 했습니다. 자기가 가진 능력으로 자신을 증명해 보이는 것이 아니라, 자기를 보내신 하나님의 뜻을 이루기 위해서 자기를 증명해 보이는 일을 포기하시는 일을 하시는 것입니다.

사람들이 끊임없이 예수님께 요구했던 것이 무엇이었습니까? "네가 정말 하나님의 아들이냐?"였습니다. 거기서 더 나가서 "그가 남은 구원하였지만 자기는 구원하지 못한다"라고 하면서 "지금 십자가에서 내려오면 우리가 믿겠노라" 이렇게 십자가에 매달린 예수님을 희롱하기까지 했습니다.

마태복음 27:39-42, "지나가는 자들은 자기 머리를 흔들며 예수를 모욕하여 40. 이르되 성전을 헐고 사흘에 짓는 자여 네가 만일 하나님의 아들이어든 자기를 구원하고 십자가에서 내려오라 하며 41. 그와 같이 대제사장들도 서기관들과 장로들과 함께 희롱하여 이르되 42. 그가 남은 구원하였으되 자기는 구원할 수 없도다 그가 이스라엘의 왕이로다 지금 십자가에서 내려올지어다 그리하면 우리가 믿겠노라"

저에게 만약 예수님이 가지신 능력이 있었다면, 저렇게 말하는 못된 사람들에게 하늘에서 불을 내리거나 땅을 벌려서 심판해 버릴 것 같습니다. 하지만 예수님은 끝까지 자기를 위해서 자신의 능력을 사용하지 않았습니다. 사탄이 예수님을 시험하는 것은 예수님이 정말 하나님의 아들임을 알지 못해서라거나, 예수님께서 그런 일을 행할 능력이 정말 있는지 확인해 보기 위해서 시험하는 것이 아닙니다. 사탄은 예수님께서 자기를 보내신 하나님의 뜻을 이루기보다는, 자기 자신을 증명해 보임으로 인해 예수님과 하나님과의 관계 질서를 깨기 위해서 "네가 만일 하나님의 아들이라면"이라는 시험을 한 것입니다.

예수님께서 친히 인간의 모습으로 오신 것은 인간의 죄를 대속하기 위해 십자가를 지기 위해 오셨는데, 자신이 하나님인 것을 증명하는 것으로 다시 돌아가신다면 누가 인간을 대신하여 십자가를 질 수 있겠습니까? 그래서 예수님은 사탄과 사람들로부터 자신의 존재가 부정당하고, 자기 형제들에게조차도 인정받지 못하는 그런 상황에서도 "아직 내 때가 이르지 않았다"라는 말씀으로 자기 증명을 해 보이시지 않는 것입니다.

그러면 우리는 어떤 사람들일까요? 예수님께서 하나님의 뜻을 이루기 위해 자기를 증명해 보이지 않으신 것처럼, 우리도 우리를 구원하여 하나님의 백성으로 부르신 뜻을 위해 자기를 증명하지 않는 것입니다. 우리가 사는 세상은 모두 자기를 얼마나 증명해 보이느냐에 따라서 실력을 인정받는 세상입니다. 자기가 가난하지 않다는 것을 증명해 보이기 위해서 명품 옷과 비싼 액세서리로 치장을 합니다. 학교에 진학하거나 직장을 구할 때도, 얼마나 자기를 잘 소개하느냐에 따라 당락이 결정됩니다. 연애를 하거나 결혼을 위해 사람을 소개받을 때도 자기 증명을 제대로 못 하면 늘 퇴짜를 맞습니다.

이처럼 세상은 아주 다양한 방법과 모습으로 우리에게 자기를 증명해 보이라고 요구합니다. 그리고 때로는 그들이 조건으로 내세우는 어떤 부분을 충족시키기 위해서 기독교 신앙의 핵심적인 부분을 내려놔야 하는 것들도 있습니다. 가장 대표적인 것이 사랑이죠. 착하고 선한 것입니다. 제가 어떤 것을 염두에 두고 말씀하는지 이제는 말하지 않아도 다 눈치채셨을 것입니다. 세상이 말하는 사랑, 착하고 선한 것, 의로운 것과 성경이 말씀하는 사랑, 선하고 의로운 것의 내용이 다릅니다.

세상이 말하는 조건의 자기 증명과 성경이 말하는 하나님의 뜻이 전혀 다르다는 것입니다. 그럴 때 우리가 어느 편에 서서 자기를 증명하느냐에 따라, 세상을 살면서 인간다운 사람으로 보이기도 하고 영 상종하지 못할 고집불통처럼 보이기도 합니다. 그럴 때 많은 사람들은 어떤 편을 택할 것 같습니까? 인간다워 보이는 것을 택합니다. 하지만 예수님은 자신이 하나님의 아들로 보이는 것을 택하는 대신 십자가에 못 박히는 것으로 자신을 증명하셨습니다. 그렇다면 우리는 무엇을 택해야 하겠습니까? 세상 사람들이 좋아하는 인간다운 사람으로 보이기보다는, 우리를 구원하신 그분의 뜻을 따라 사는 것으로 성도의 자기 증명을 보여야 합니다.

로마서 14:8, "우리가 살아도 주를 위하여 살고 죽어도 주를 위하여 죽나니 그러므로 사나 죽으나 우리가 주의 것이로다"

여기 '주의 것'이라는 말씀에 주의를 집중하십시오. '주의 것'이라는 말은 소유가 주님에게 있다는 말입니다. 그리스도를 주로 고백하고, 구원받은 성도는 더 이상 자기가 자신의 주인이 아닌 사람이라는 말입니다. 하지만 악한 마귀 사탄은 끊임없이 우리를 찾아와서, 자기를 증명해 보이라고 시험할 것입니다.

출애굽할 때, 이스라엘 백성들이 '가데스'라는 지역에 도착했을 때, 물이 없는 것 때문에 원망했습니다. 모세와 아론이 회막 앞에 섰을 때 하나님께서 이런 명령을 하셨습니다.

민수기 20:7-8, "여호와께서 모세에게 말씀하여 이르시되 8. 지팡이를 가지고 네 형 아론과 함께 회중을 모으고 그들의 목전에서 너희는 반석에게 명령하여 물을 내라 하라 네가 그 반석이 물을 내게 하여 회중과 그들의 짐승에게 마시게 할지니라"

하나님께서는 모세에게 회중들을 모아서 그들 앞에서 반석에게 명령하여 물을 내라고 하셨습니다. 그런데 모세는 하나님께서 하신 말씀대로 하지 않고, 거기서 한 걸음 더 나갔습니다.

민수기 20:10-11, "모세와 아론이 회중을 그 반석 앞에 모으고 모세가 그들에게 이르되 반역한 너희여 들으라 우리가 너희를 위하여 이 반석에서 물을 내랴 하고 11. 모세가 그의 손을 들어 그의 지팡이로 반석을 두 번 치니 물이 많이 솟아나오므로 회중과 그들의 짐승이 마시니라"

여기 보시는 것처럼, **"우리가 너희를 위하여 이 반석에서 물을 내랴"** 라고 하면서 마치 자기들이 물을 만들어 내는 것처럼 말하고는, **"그의 지팡이로 반석을 두 번 치니"** 이렇게 명령이 아니라 반석을 쳤습니다. 어쩌면 이스라엘 백성들은 반석을 쳐서 물을 내는 모세를 보면서, 그의 능력에 열광했을지도 모릅니다. 하지만 하나님께서는 모세에게 이런 말씀을 주셨습니다.

민수기 20:12, "여호와께서 모세와 아론에게 이르시되 너희가 나를 믿지 아니하고 이스라엘 자손의 목전에서 내 거룩함을 나타내지 아니한 고로 너희는 이 회중을 내가 그들에게 준 땅으로 인도하여 들이지 못하리라 하시니라"

"너희가 나를 믿지 않았다. 너희는 너희 자신을 증명했지 내 거룩함을 나타낸 것이 아니다." 보십시오. 어쩌면 우리가 신앙생활을 하면서 해야 할 싸움은 끊임없이 자기를 증명해 보이고 싶은 욕구와, 자기를 내려놔야 하는 사이에서의 싸움일지도 모릅니다. 특별히 모세와 아론처럼 교회 안에서 어떤 영향력이 있을 때, 하나님께로부터 신령한 은사를 받았을 때, 반석에게 명령하는 것과 반석을 두 번 치는 것처럼 그 경계가 명확해 보이지 않을 때 더욱 그렇습니다. 세상은 실력 행사를 잘하는 사람이 유능해 보이고, 영향력을 더 키워 갈 수 있습니다. 하지만 하나님 나라는 실력 행사가 아니라 자기를 내려놓는 사람이 하나님께 인정을 받습니다.

예수님도 자기를 증명해 보이지 않으셨습니다. 제자들과 사도들도 자기를 내려놓은 사람들이었습니다. 하지만 예수님께서 자신을 내려놓았을 때 하나님께서 예수님을 지극히 높여 하나님 우편에 앉히셨습니다. 자기 증명이 아닌 자기 부인, 실력 행사가 아닌 권리 포기를 통해서 하나님의 백성과 자녀 됨을 증명해 보이고, 하나님의 뜻을 이루는 저와 여러분이 되기를 주님의 이름으로 축원합니다.

요한복음 7:1~9

초막절의 의미

"1. 그 후에 예수께서 갈릴리에서 다니시고 유대에서 다니려 아니하심은 유대인들이 죽이려 함이러라 2. 유대인의 명절인 초막절이 가까운지라 3. 그 형제들이 예수께 이르되 당신이 행하는 일을 제자들도 보게 여기를 떠나 유대로 가소서 4. 스스로 나타나기를 구하면서 묻혀서 일하는 사람이 없나니 이 일을 행하려 하거든 자신을 세상에 나타내소서 하니 5. 이는 그 형제들까지도 예수를 믿지 아니함이러라 6. 예수께서 이르시되 내 때는 아직 이르지 아니하였거니와 너희 때는 늘 준비되어 있느니라 7. 세상이 너희를 미워하지 아니하되 나를 미워하나니 이는 내가 세상의 일들을 악하다고 증언함이라 8. 너희는 명절에 올라가라 내 때가 아직 차지 못하였으니 나는 이 명절에 아직 올라가지 아니하노라 9. 이 말씀을 하시고 갈릴리에 머물러 계시니라"

오늘은 본문의 배경이 되는 '초막절'이라는 이스라엘의 절기를 중심으로, 하나님께서 이스라엘 백성들에게 반드시 지키라고 명령하신 절기들이 어떻게 만들어지게 되었는지, 그 의미가 무엇인지 살펴보려고 합니다. 지난 시간에 살펴본 것처럼, 7장은 예수님의 육신의 형제들이 갈릴리에 머물고 계신 예수님께 '유대로 올라가서 기적들을 행하심으로 사람들에게 자신의 존재를 증명해 보라'고 요청하면서 시작됩니다. 하지만 예수님은 동생들의 이런 제안을 표면적으로는 거절하셨다가 나중에 혼자서 유대로 올라가셨습니다.

예루살렘으로 올라가신 예수님께서는, 처음에는 자신을 드러내지 않고 숨어 계시다가 명절 중간에 성전에 들어가셔서 사람들과 공개적으로 논쟁을 벌이십니다. 이 모습이 요한복음 7장에 기록된 내용입니다. 반복해서 말씀드리지만, 예수님께서 이 땅에 오신 이유는 자기의 뜻을 행하러 오신 것이 아니라 자기를 보내신 이의 뜻을 행하러 오셨고, 그 뜻을 남김없이 성취하기 위하여 오신 것입니다. 오늘 예수님께서 동생들에게 하신 말씀과 달리 자신을 감추시고 초막절 명절을 지키기 위해 예루살렘으로 올라가시는 이유도, 하나님께서 자신에게 맡기신 일을 이루기 위하심입니다. 그리고 예수님께서 십자가 위에서 돌아가시면서 마지막 남기신 말이, "다 이루었다"라는 말씀이었습니다. 그런데 이 모든 일이 '초막절'을 중심으로 벌어지고 있기 때문에, 이 명절의 배경을 먼저 알아야 합니다.

출애굽기 23장에는 이스라엘 백성들이 지켜야 할 3대 절기들이 나오는데, 첫 번째 절기는 유월절이고, 두 번째 절기는 오순절이고, 세 번째 절기가 바로 오늘 우리가 살펴보고자 하는 초막절입니다. 유월절은 이스라엘의 달력으로 정월인 14일인데 지금의 양력으로 3월 31일 또는 4월 1일입니다. 오순절은 유월절을 지나서 일곱 번의 안식일이 지난 다음 날입니다. 그래서 오순절을 다른 말로 칠칠절이라고도 하고, 그때가 보리 추수 때이므로 맥추절이라고도 합니다. 초막절은 그들의 절기로 7월 15일입니다. 양력으로 따지면 9월 30일이나 10월 1일 정도 됩니다. 그 절기를 또 다른 말로 수장절이라고도 하는데, 추수한 곡식을 저장하는 절기이기 때문입니다. 그리고 이 3대 절기 때에는 이스라엘의 모든 남자는 반드시 성전에 모여 하나님께 보여야 했습니다.

출애굽기 23:14-17, "너는 매년 세 번 내게 절기를 지킬지니라 15. 너는 무교병의 절기를 지키라 내가 네게 명령한 대로 아빕월의 정한 때에(아빕월이 이스라엘의 음력 정월, 곧 1월입니다) 이레 동안 무교병을 먹을지니 이는 그 달에 네가 애굽에서 나왔음이라 빈 손으로 내 앞에 나오지 말지니라 16. 맥추절을 지키라 이는 네가 수고하여 밭에 뿌린 것의 첫 열매를 거둠이니라 수장절을 지키라 이는 네가 수고하여 이룬 것을 연말에 밭에서부터 거두어 저장함이니라 17. 네 모든 남자는 매년 세 번씩 주 여호와께 보일지니라"

이렇게 이스라엘의 모든 남자들은 매년 세 번씩 있는 절기에 반드시 모여야 했는데, 절기로 모일 때는 안식일을 지키는 것과 같은 방법으로 모였습니다. 그리고 하나님께서 반드시 지키라고 말씀하신 절기를 지키지 않는 자는 이스라엘 백성 중에서 끊어지리라는 저주의 선언을 들을 만큼 이 절기들은 대단히 중요한 것이었습니다.

출애굽기 31:14, "너희는 안식일을 지킬지니 이는 너희에게 거룩한 날이 됨이니라 그 날을 더럽히는 자는 모두 죽일지며 그 날에 일하는 자는 모두 그 백성 중에서 그 생명이 끊어지리라"

하나님께서 이렇게 강력한 표현을 동원하여 이스라엘 백성들로 하여금 이 세 가지 절기를 지키라고 명령하신 것은, 우리를 구원하신 하나님의 모든 뜻과 결과가 이 절기들 속에 담겨 있기 때문입니다. 오늘 설교는 우리가 교회에서 자주 듣던 그런 말씀이 아니기 때문에 어쩌면 어렵게 느껴질 수 있습니다. 여러 가지 절기들이 나오고, 절기마다 다른 이름이 몇 개씩 붙여져 있어서 이 절기가 그 절기인지, 도대체 뭐라 하는 건지 혼동이 될 수도 있습니다. 하지만 주의 깊게 잘 들으시면, 우리가 받은 구원에 대한 한 단계 높은 깨달음을 얻게 되실 것입니다.

자주 말씀드렸지만, 구약은 장차 오실 예수님의 그림자요 예표이고, 신약은 본질이요 실체로 오신 예수님을 설명합니다. 구약 이스라엘 백성들이 지켰던 절기들은 그림자와 예표이고, 오늘 우리는 실체를 손에 쥐고 그림자를 보는 것입니다. 먼저 오늘 본문의 배경이 되는 초막절이 무슨 절기인지 살펴보겠습니다.

레위기 23:39-43, "너희가 토지 소산 거두기를 마치거든 일곱째 달 열닷샛날부터 이레 동안 여호와의 절기를 지키되 첫 날에도 안식하고 여덟째 날에도 안식할 것이요 40. 첫 날에는 너희가 아름다운 나무 실과와 종려나무 가지와 무성한 나무 가지와 시내 버들을 취하여 너희의 하나님 여호와 앞에서 이레 동안 즐거워할 것이라 41. 너희는 매년 이레 동안 여호와께 이 절기를 지킬지니 너희 대대의 영원한 규례라 너희는 일곱째 달에 이를 지킬지니라 42. 너희는 이레 동안 초막에 거주하되 이스라엘에서 난 자는 다 초막에 거주할지니 43. 이는 내가 이스라엘 자손을 애굽 땅에서 인도하여 내던 때에 초막에 거주하게 한 줄을 너희 대대로 알게 함이니라 나는 너희의 하나님 여호와이니라"

앞서 '초막절'은 추수한 곡식을 저장하는 절기라 해서 다른 이름으로 '수장절'이라고도 부른다고 했습니다. 우리나라도 "더도 말고 덜도 말고 한가위만 같아라" 이런 말이 있지 않습니까? 어느 나라나 할 것 없이 추수하는 시기는 기쁘고 즐거울 때입니다. 그래서 성경에도 즐거워하라고 했습니다. 그런데 이스라엘의 초막절은 기쁜 절기이긴 한데, 몸도 즐겁고 편한 절기는 아닙니다. 왜냐하면 성경에도 보는 것처럼 **"이스라엘에서 난 자는 다 초막에 거주"**하되 '일주일 동안' 거주해야 합니다.

제가 어린 시절만 해도 겨울 아침에 세수하려고 하면, 연탄보일러 위에 올려놓은 들통에서 뜨거운 물을 한 바가지 퍼서 찬물과 섞어서 세수하곤 했습니다. 그게 없으면 찬물로 고양이 세수를 했습니다. 요즘은 그때처럼 물을 끓여서 세수하는 사람은 거의 없습니다. 수도만 틀면 뜨거운 물이 나오죠. 화장실도 문제였습니다. 세 들어 사는 사람들과 같이 쓰는 공동 화장실이어서, 아침에 가면 보통은 줄을 서야 했습니다. 지금은 자기 집에 화장실이 없어서 공동 화장실을 사용하는 한국 사람은 거의 없죠. 그리고 한국은 공공 화장실도 상태가 상당히 좋은 편입니다. 하지만 그럼에도 바깥에서는 화장실에 가지 않는 분들이 많습니다. 그것뿐이겠습니까? 잠자리가 바뀌면 잠을 이루지 못하는 사람들도 많습니다.

그런데 그런 식으로 일주일을 초막을 짓고 살아야 하는데, 그걸 매년마다 지키라고 말씀하십니다. 하나님께서는 이스라엘 백성들로 하여금 무엇 때문에 이런 절기를 매년 지키라고 말씀하신 것일까요? 먼저 우리가 알아야 할 것은, 이스라엘 백성들이 드리는 모든 절기들은 개개의 절기들이 같은 이유로 연결된, 그래서 각기 다른 날에 세 번의 절기를 지키지만, 큰 틀에서 보면 하나의 뜻을 가집니다. 다시 말씀드려서 초막절은 이스라엘 백성들이 지키는 세 절기 가운데 마지막 결론과 같은 절기입니다. 그러면 시작은 무엇일까요? 바로 유월절입니다. 하지만 유월절은 마치 뫼비우스의 띠처럼 다시 초막절과 연결되어 있습니다. 그래서 초막절을 이해하려면 먼저 유월절을 알아야 합니다.

유월절은 하나님께서 모세를 통해 애굽에서 430년 동안 노예 생활을 하던 이스라엘 백성들을 꺼내 오기 위해서 애굽 나라와 그들의 왕이었던 바로에게 내렸던 마지막 재앙인 장자 재앙으로부터 시작됩니다. 장자 재앙은 애굽 땅에 살던 모든 사람과 짐승들의 첫아들이 하나님의 심판으로 죽는 재앙입니다. 하지만 하나님 말씀을 따라 양의 피를 문인방과 문설주에 바른 이스라엘 백성의 집들은 그 재앙이 넘어갔습니다.

출애굽기 12:12-13, "내가 그 밤에 애굽 땅에 두루 다니며 사람이나 짐승을 막론하고 애굽 땅에 있는 모든 처음 난 것을 다 치고 애굽의 모든 신을 내가 심판하리라 나는 여호와라 13. 내가 애굽 땅을 칠 때에 그 피가 너희가 사는 집에 있어서 너희를 위하여 표적이 될지라 내가 피를 볼 때에 너희를 넘어가리니 재앙이 너희에게 내려 멸하지 아니하리라"

유월절에 잡은 양은 그날 밤에 구워서 먹되, 아침까지 남은 고기는 다 태워 버려야 했습니다. 그래서 유월절은 어떤 의미에서 그날 하루로 끝입니다. 하지만 무교절이 그다음 날부터 시작됩니다.

역대하 35:17, "그 때에 모인 이스라엘 자손이 유월절을 지키고 이어서 무교절을 칠 일 동안 지켰으니"

여기서 보는 것처럼 유월절을 지킨 후 이어서 7일 동안 무교절을 지킵니다.

레위기 23:6, "이 달 열닷샛날은 여호와의 무교절이니 이레 동안 너희는 무교병을 먹을 것이요"

무교절을 지킬 때는 7일 동안 누룩이 들어가지 않은 무교병을 먹으면서 지켰습니다. 유월절이 하루만 지키는 절기가 아니라, 무교절과 이어져 있다는 사실을 기억하시기 바랍니다. 그리고 무교절을 지키기 위해서는 수확한 곡식이 있어야 한다는 전제가 있다는 것도 기억해야 합니다.

출애굽기 12:24-25, "너희는 이 일을 규례로 삼아 너희와 너희 자손이 영원히 지킬 것이니 25. 너희는 여호와께서 허락하신 대로 너희에게 주시는 땅에 이를 때에 이 예식을 지킬 것이라"

하나님께서 애굽에 내릴 장자 재앙과 그 재앙을 피할 방법을 가르쳐 주신 뒤에, 이 일을 규례로 삼아서 이스라엘 자손들에게 영원히 지켜야 할 유월절과 무교절을 절기로 지정해 주셨습니다. 그런데 이 절기들을 언제부터 지켜야 합니까? 하나님께서 주시는 땅에 도착한 이후부터 지킵니다. 하나님께서 영원토록 지키라고 말씀하신 절기들은 모두 가나안 땅에 도착한 이후부터 지키게 됩니다. 그리고 그 절기들을 무엇을 의미하는지, 그것을 왜 지켜야 하는지 자녀들이 물어볼 때, 이렇게 가르쳐 주라고 말씀하십니다.

출애굽기 12:26-27, "이 후에 너희의 자녀가 묻기를 이 예식이 무슨 뜻이냐 하거든 27. 너희는 이르기를 이는 여호와의 유월절 제사라 여호와께서 애굽 사람에게 재앙을 내리실 때에 애굽에 있는 이스라엘 자손의 집을 넘으사 우리의 집을 구원하셨느니라 하라 하매 백성이 머리 숙여 경배하니라"

하나님께서는 이스라엘의 출애굽 사건을 통해, 우리에게 주시는 구원의 원리를 가르쳐 주고 있습니다. 유월절은 단지 어린양을 잡아서 그 피를 문에 발라서 재앙을 면하게 해 준 것만 기억하는 절기가 아닙니다. 양과 함께 무교병을 요구함으로써 최종 목적지인 가나안에서 거두게 될 곡식을 포함시키신 것입니다. 유월절 절기는 아직 시작도 하지 않았습니다. 아니 장자 재앙을 면하기 위한 양도 아직 잡기 전입니다.

하지만 하나님께서는 유월절 절기와 함께 이어지는 무교절 절기에, 목적지인 가나안 땅에 들어가서 곡식을 수확한 뒤에만 만들어 먹을 수 있는 무교병을 7일 동안 먹으라고 요구하셨습니다. 그리고 출애굽 사건을 알지 못하는 너희 자녀와 후손들이 이 절기는 왜 지키는 것인지 물어보거든, 이러한 절기들이 어떻게 시작되었는지 자세히 설명해 주라는 것입니다.

하나님께서 행하시는 구원은 이스라엘 백성을 단지 애굽에서 빼내 오는 것이 아니라, 그들을 가나안 땅으로 옮겨 놓는 것입니다. 그런데 가나안 땅은 하나님께서 이스라엘 백성을 일단 애굽에서 빼내 오기는 했지만, 어느 지역이 좋을지 여기저기 끌고 다니다가 그나마 전쟁을 통해 빼앗을 수 있을 것 같은 만만한 땅을 골라서 정착하게 한 곳이 아니었습니다.

이스라엘의 출애굽 사건은 오늘날 성도들이 받은 구원의 전 과정을 그림자로 보여 주는 것과 같습니다. 유월절은 애굽에서 430년이라는 오랜 세월 동안 노예로 살던 이스라엘 백성들이 어느 날 향우회 모임 같은 회합을 통해, 어린양을 잡아서 제사를 드리는 방법으로 하나님을 감동시켜서 얻어 낸 결과가 아닙니다. 그들은 자기들이 어떤 방법으로 구원을 받게 되는지 전혀 알지 못하는 상태에서, 하나님께서 가르쳐 주신 방법대로 1년 된 숫양을 잡고, 그 피를 문에 바르고, 그 고기를 불에 구워 먹고 기다렸습니다.

하나님께서 양의 피를 바른 집들은 넘어가고, 바르지 않은 집들은 사람과 짐승의 모든 장자를 다 죽이겠다고 말씀하셨지만, 그 말씀의 뜻이 어떤 것인지 정확하게 알고 순종한 것도 사실 아닙니다. 왜냐하면 지금까지 한 번도 그와 같은 일들을 경험해 보지 못했고, 들어 본 적도 없기 때문입니다.

그런데 양을 잡고, 피를 바르고, 고기를 먹은 다음 날 아침에 애굽 온 땅에 곡소리가 들리는 것입니다. 그리고 애굽 왕으로부터 떠나도 좋다는 허가와 함께, 자기들이 원하는 만큼 물품도 받아서 나왔습니다. 그 물품은 오늘날 법으로 정해진 최저임금처럼, 이스라엘 백성들이 애굽 사람들에게 정당한 품삯으로 요구해서 받아 낸 것이 아닙니다.

출애굽기 12:36(현대인의 성경), "여호와께서는 이집트 사람들이 이스라엘 사람들에 대하여 호감을 갖게 하셔서 그들이 요구한 대로 주게 하셨으므로 이스라엘 사람들은 이집트 사람들의 물건을 거의 빼앗다시피 하였다."

이스라엘 백성들이 애굽에서 나올 때 자기들의 의지나, 계획이나, 방법대로 한 것이 있습니까? 하나님께서 이스라엘 백성을 애굽에서 꺼내셔서 가나안까지 인도하시는 것이, 마치 영화나 소설의 작가가 어떤 목적을 가지고 글을 쓰는 것처럼, 구원 역시 하나님의 뜻과 방법으로 이끌어 가신 것입니다.

지금까지 유월절과 무교절 절기가 어떻게 시작되었는지, 그 뜻이 무엇인지 살펴봤습니다. 그러면 본문의 배경인 초막절은 언제부터 어떻게 시작되고 있는지 살펴보겠습니다.

여호수아 5:9-12, "여호와께서 여호수아에게 이르시되 내가 오늘 애굽의 수치를 너희에게서 떠나가게 하였다 하셨으므로 그 곳 이름을 오늘까지 길갈이라 하느니라 10. 또 이스라엘 자손들이 길갈에 진 쳤고 그 달 십사일 저녁에는 여리고 평지에서 유월절을 지켰으며 11. 유월절 이튿날에 그 땅의 소산물을 먹되 그 날에 무교병과 볶은 곡식을 먹었더라 12. 또 그 땅의 소산물을 먹은 다음 날에 만나가 그쳤으니 이스라엘 사람들이 다시는 만나를 얻지 못하였고 그 해에 가나안 땅의 소출을 먹었더라"

보시는 것처럼 유월절을 지킨 다음 날부터는 그 땅에서 거둔 소산을 먹게 되어 있습니다. 유월절은 곡식이 반드시 있어야 하는 무교절과 분리해서 지킬 수 없는 절기라고 말씀드렸습니다. 당연히 이스라엘 백성들은 광야에서 지냈던 40년 동안, 출애굽한 다음 해 한 번을 제외하고는, 유월절 절기를 지키지 못했습니다. 왜냐하면 무교절을 지킬 곡식이 없었기 때문입니다. 광야에서 살던 40년 동안 이스라엘 백성들은 하나님께서 주신 만나를 먹고 살았습니다. 그런데 가나안 땅에 들어와서 유월절 절기를 드린 다음 날 그들이 땅에서 얻은 소산으로 무교병과 볶은 곡식을 먹었는데, 그다음 날부터는 만나가 더 이상 내리지 않았습니다.

초막절에 대해서 살펴보겠다고 해 놓고 왜 계속해서 유월절과 무교절 이야기를 합니까? 처음 이스라엘의 절기에 대해서 말씀드리면서, 유월절 절기는 3월 말~4월 초인 봄이었고, 초막절은 9월 말~10월 초인 가을이라고 설명해 드렸습니다. 봄에 지켜야 하는 유월절과 무교절을 지키려면 어린양뿐만 아니라, 무교절 때문에 곡식이 필요합니다. 무교절의 곡식은 어떻게 얻을 수 있습니까? 추수한 곡식이 남아 있어야 지킬 수 있습니다. 그래서 이스라엘이 지켜야 할 절기는 유월절부터 시작하지만, 그들이 유월절 절기와 함께 지켜야 하는 무교절을 지키는 데 필요한 추수한 곡식이 그들 손에 있도록 해 주신 하나님의 뜻과 은혜가 선행되어 있다는 것입니다.

이스라엘 모든 백성이 지켜야 하는 절기를 통해서 우리가 배우게 되는 구원의 도리는, 유월절 절기를 지키기 위해 초막절에 포함된 추수 감사의 은혜가 이미 선행되어 있다는 것입니다. 그리고 이스라엘 백성들이 지켜야 할 이러한 모든 절기의 규례들은, 이스라엘 백성들이 아직 광야에 있을 때, 그들이 가나안에 도착해서 땅의 소출을 거두기 전에 주어진 것들입니다. 그런데 출애굽 이후 절기를 지켰던 이스라엘 백성들, 그리고 오늘날 성도들이 오해하는 것이 있습니다. 무엇이냐 하면, 자기들이 그러한 절기를 지켰기 때문에 구원받은 것이라고 생각하는 것입니다.

오늘 요한복음 7장에서 초막절에 예수님과 유대인들 사이에 논쟁이 벌어지는 것도, 율법을 잘 지킨다고 자부하는 유대인들과 그들의 관점에서 봤을 때 율법을 어긴 예수님 사이에서 생겨난 다툼입니다. 그들뿐이겠습니까? 오늘날 성도들도 자기들이 구원받은 것에 대해서 뭔가 다른 생각을 하고 있습니다. 성경은 분명, **"주 예수를 믿으라 그리하면 너와 네 집이 구원을 받으리라"**(행 16:31)라고 말씀하고 있습니다. 또한 **"하나님이 세상을 이처럼 사랑하사 독생자를 주셨으니 이는**

그를 믿는 자마다 멸망하지 않고 영생을 얻게 하려 하심이라"(요 3:16)
와 같은 말씀을 통해, 우리가 구원받는 조건으로 믿음이 제시된 것처럼 보입니다. 그런데 개혁주의 교리를 따르지 않는 다른 교단들에서는, 하나님이 구원을 주시려고 해도 인간이 거절하면 구원을 받을 수 없다고 주장하는 근거로 이와 같은 성경 말씀을 제시하기도 합니다.

하지만 지금까지 우리가 살펴본 것처럼 유월절에서 초막절을 내다보고, 초막절에서 유월절을 기억해 낼 수 없다면, 우리는 성경이 말씀하고 있는 구원의 은혜 중에 아주 많은 부분을 놓치게 됩니다. 그래서 구원이 하나님의 은혜로 받아들여지기보다는, 자기 자랑이나 남과 다름을 뽐내는 것으로 갑니다. **"영접하는 자 곧 그 이름을 믿는 자들에게는 하나님의 자녀가 되는 권세를 주셨으니"**(요 1:12)라고 했습니다. 하지만 이 말씀은 **"이는 혈통으로나 육정으로나 사람의 뜻으로 나지 아니하고 오직 하나님께로부터 난 자들이니라"**(요 1:13)까지 읽어야 구원을 얻게 된 이유를 알게 됩니다.

영접은 누가 하게 됩니까? 오직 하나님께로부터 난 자들이 하게 됩니다. 하나님께로 났다는 말이 무슨 뜻인지 잘 모르시겠죠? 아마도 모태신앙인 분들은 더 모를 수도 있습니다. 부모님을 따라 나왔든지, 인생의 어느 시점에(주일학교, 학생, 청년, 언제든) 예수를 믿기로 결심하고 교회에도 나왔습니다. 그리고 주일마다 열심히 예배에 참석합니다. 당연히 세례도 받았습니다. 그런데 본인이 어떻게 예수를 믿기로 결심했는지, 그 결과 뭐가 달라졌는지 잘 모를 때가 많습니다. 왜 그렇습니까? 초막절의 의미를 모르기 때문입니다. 그리고 사실은 제대로 배워 본 적도 별로 없습니다. 지금까지 말씀드린 내용을 다시 반복하면서 우리가 받은 구원의 내용을 확인해 드리겠습니다.

모태에서부터 믿었든, 주일학교 때부터 믿었든, 예수 믿은 지 얼마 안 되었든 여러분이 지금 이 예배의 자리에 와 있는 것, 이것이 이미 초막절을 지키고 있는 것입니다. 여러분들이 남들과 달라서, 또는 남들과 다른 특별한 열심과 정성을 많이 드려서 믿게 된 것이 아닙니다. 하나님께서 아직 가나안 땅에 들어오지도 않은 이스라엘 백성들에게 명령하신 것이 무엇입니까? 초막절을 기억하라는 것입니다. 대대로 절기로 만들어서 지켜라. 무엇을요? "너희는 애굽에서 종으로 살던 자들이었다. 그런데 내가 너희를 애굽에서 빼내서 가나안으로 이끌었다."

초막절은 유월절이 없다면 있을 수 없는 절기입니다. 왜냐하면 애굽에서 나와야 가나안 땅으로 올 수 있었기 때문입니다. 그뿐만 아니라 자기 땅에서 거둔 소산을 가지고 절기를 지켜야 하기 때문에, 반드시 유월절 은혜가 먼저 있어야 합니다. 그런데 유월절 절기는 초막절에 거둔 땅의 소산이 있어야만 지킬 수 있는 무교절과 함께 드려야 하는 절기입니다. 그런데 하나님께서는 추수를 먼저 했으니 당연히 추수한 것으로 먼저 감사하면서 절기로 지키라고 말씀하신 것이 아니라, 유월절과 무교절 절기를 먼저 드리고 6개월 뒤에 초막절을 지키라고 말씀하십니다. 이것이 바로 기독교의 신비요 비밀입니다. 그리고 세상 다른 종교들이 감히 흉내 내지 못하는 것입니다.

세상의 종교들은 먼저 바치라고 합니다. 정성을 드리고 희생을 드려서 먼저 신을 감동시키라는 것입니다. 하지만 하나님께서는 내가 너희를 구원해 낸 유월절을 먼저 지키라고 말씀합니다. 이스라엘이 희생의 제물인 어린양을 잘 드렸기 때문에 구원해 주신 것이 아닙니다. 그럴 것 같으면 왜 1년 된 숫양이었겠습니까? 좋은 새끼를 만들 수 있는 종자 양을 바치라 했겠죠. 유월절은 제물의 질이나 양을 따지는 절기가 아닙니다. 하나님 말씀대로 했느냐를 묻는 절기입니다. 이스라엘 백성이라 할지라도 그날 밤에 양을 잡아 그 피를 문에 바르지 않았다면, 애굽에 내린 장자 재앙을 피하지 못했을 것입니다. 반대로 애굽 백성이라도 이스라엘 백성을 따라 했다면 피했을 것입니다.

우리가 예수를 믿으면 구원을 받게 된다는 것은, '구원의 조건'으로 제시된 것이 아니라 구원의 길을 열어 주신 '하나님의 방법'을 믿고 따르는 최소한의 순종의 의미입니다. 그러면 안 믿으면 어떻게 될까요? 안 믿으면 국물도 없죠, 뭐. 그렇지 않습니까? 그리고 구원받은 우리에게 하나님께서 요구하시는 것은 무엇입니까? 기억하라, 기념하라는 것입니다. 구원받기 전에 너희가 어떤 상태였는지 기억하라. 죄와 마귀와 사망의 종이었던 너희의 상태를 기억하라. 그리고 구원받은 너희여. 이제는 주의 날을 기념하고 예배하면서 하나님께 감사하라는 것입니다. 그것이 우리가 주일을 지켜야 하는 이유이고, 성도로서 가져야 하는 최소한의 의무와 책임입니다.

하지만 이것을 제대로 알지 못하면 악한 마귀와 사탄은 우리를 자꾸 이상한 길로 인도해 갑니다. 그 길이 어떤 길이냐 하면, 섭섭한 길입니다. 손해 봤다는 생각이 들게 하고 의심하게 만듭니다. 왜냐하면 세상의 일반 종교들이 다 그렇게 가고 있기 때문입니다. 시간을 드리고, 정성을 드리고, 돈을 드린 크기에 비례해서 복을 받는데, 기독교는 그런 걸 많이 해도 나만 복을 못 받는 것처럼 느껴지기도 하고, 남의 떡이 더 커 보이기도 합니다. 결국 섭섭한 마음에 시험에 들고, 교회 열심히 다니면서 헌금해 봐야 무슨 의미가 있나 의심하게 됩니다. 그 반대의 경우도 있습니다. 자기가 구원받은 것, 남들보다 좀 더 잘 살게 된 이유, 축복받은 이유가 남들보다 자기가 믿음이 좋아서 그런 거라고 생각하게 되는 것입니다. 둘 다 기독교 신앙에서 거리가 멉니다.

기독교 신앙은, 철저하게 나를 버리는 것입니다. 나에게서 이유를 찾지 않는 것입니다. 유월절에 애굽에 임한 장자 재앙을 피하게 된 것도, 구름 기둥과 불기둥의 인도 아래에서 만나를 먹으며 광야 40년을 보낸 모든 여정이 하나님의 은혜가 아니면 있을 수 없는 일이었습니다. 그들이 가나안 땅에 들어와서 농사를 짓고 추수하여 3대 절기를 지키게 된 것도 하나님의 은혜가 아니었다면 생각할 수도 없는 일입니다.

그러나 이스라엘 백성들은 그렇게 생각하지 않았습니다. 요한복음 7장에서 예수님과 논쟁을 벌이고 있는 유대인들과 바리새인들의 주장이 무엇입니까? 자기들이 명절을 잘 지키고, 안식일과 율법을 정확하게 지켰다는 것입니다. 그들은 자기들이 가진 기준을 가지고 오히려 예수님이 율법을 제대로 지키지 않는다고 판단했습니다. 하지만 저들에 대한 예수님의 지적은, 너희가 모세로부터 받은 율법을 지키지 않았다는 것이었습니다.

> 요한복음 7:19, "모세가 너희에게 율법을 주지 아니하였느냐 너희 중에 율법을 지키는 자가 없도다 너희가 어찌하여 나를 죽이려 하느냐"

그들이 그림자인 율법을 제대로 지키고 있었다면, 실체이신 예수님께서 오셨을 때 알았을 것입니다. 하지만 저들은 빛으로 오신 예수님을 알아보지 못했고, 빛보다 어둠을 더 사랑했으며, 결국 예수님을 십자가에 못 박아 죽였습니다. 이처럼 복음을 정확하게 알지 못하면, 잘못된 것을 붙잡고 있으면서 자기들이 잘하고 있다고 착각합니다.

오늘날도 마찬가지입니다. 성경의 증거와 교회의 역사를 통해서 끊임없이 바른 진리의 말씀들이 선포되고 있음에도 불구하고, 자기들의 욕심을 따라 진리를 왜곡하고, 보고 싶은 것만 보는 사람들이 있습니다. 저들은 마음이 부패해져서 바른 진리를 저버리고 경건조차도 땅의 것을 탐하는 이익의 도구로 삼습니다.

> 디모데전서 6:5, "마음이 부패하여지고 진리를 잃어 버려 경건을 이익의 방도로 생각하는 자들의 다툼이 일어나느니라"

요한복음 7장에서 예수님과 논쟁하던 사람들은, 모세로부터 받은 율법을 자기들의 이익의 도구로 삼고, 자손 대대로 물려주는 기득권을 유지하는 수단으로 삼았던 사람들입니다. 그들은 그리스도께서 탄생하실 때 예루살렘을 찾아온 동방박사로 인해 메시아의 오심을 이미 알았음에도, 끝까지 그 사실을 모른 체하고 오히려 예수님을 시험하여 흠을 잡아서 죽일 만큼 부패했습니다. 지금도 경건을 이익의 방도로 생각하고, 사람들을 미혹하는 사람들이 많이 있습니다.

마가복음 13:21-23, "그 때에 어떤 사람이 너희에게 말하되 보라 그리스도가 여기 있다 보라 저기 있다 하여도 믿지 말라 22. 거짓 그리스도들과 거짓 선지자들이 일어나서 이적과 기사를 행하여 할 수만 있으면 택하신 자들을 미혹하려 하리라 23. 너희는 삼가라 내가 모든 일을 너희에게 미리 말하였노라"

이미 2천 년 전에 예수님께서 이와 같은 일이 있을 것이라고 미리 말씀해 주셨습니다. 성경이 가르쳐 준 복음의 참된 진리를 깨는 사람들, 종교적 권위를 이용하여 마치 하나님과 인간 사이의 중재자나 특별한 영적 능력이 있는 것처럼 행동하면서, 경건을 이익의 도구로 삼는 사람들을 조심하십시오. 종교적인 열심을 강요하면서 희생과 열심과 돈을 내야 구원을 받을 수 있는 것처럼, 그래야 세상에서 원하는 복을 받을 수 있다고 소개하는 사람들을 조심하십시오.

바른 진리를 알아야 바른 믿음을 가질 수 있습니다. 바른 믿음을 가져야 미혹에 흔들리지 않습니다. 초막절 절기는 유월절과 무교절의 절기와 연결되어 있고, 그 모든 절기들은 인간의 능력이나 털끝만큼의 인간의 도움이 필요한 절기들이 아닙니다. 우리가 받은 구원은 처음부터 끝까지 하나님께서 오직 하나님의 뜻과 능력만으로 완성하신 것입니다. 그리고 우리는 하나님께서 행하신 일을 기억하고 기념하며 감사하는 일만 하면 됩니다. 바르게 알고, 바르게 지키고, 하나님께서 받으시기에 합당한 감사와 찬송의 예배를 드리시기를 축원합니다.

요한복음 7:14~24

율법을 지키는 자가 없도다

"14. 이미 명절의 중간이 되어 예수께서 성전에 올라가사 가르치시니 15. 유대인들이 놀랍게 여겨 이르되 이 사람은 배우지 아니하였거늘 어떻게 글을 아느냐 하니 16. 예수께서 대답하여 이르시되 내 교훈은 내 것이 아니요 나를 보내신 이의 것이니라 17. 사람이 하나님의 뜻을 행하려 하면 이 교훈이 하나님께로부터 왔는지 내가 스스로 말함인지 알리라 18. 스스로 말하는 자는 자기 영광만 구하되 보내신 이의 영광을 구하는 자는 참되니 그 속에 불의가 없느니라 19. 모세가 너희에게 율법을 주지 아니하였느냐 너희 중에 율법을 지키는 자가 없도다 너희가 어찌하여 나를 죽이려 하느냐 20. 무리가 대답하되 당신은 귀신이 들렸도다 누가 당신을 죽이려 하나이까 21. 예수께서 대답하여 이르시되 내가 한 가지 일을 행하매 너희가 다 이로 말미암아 이상히 여기는도다 22. 모세가 너희에게 할례를 행했으니 (그러나 할례는 모세에게서 난 것이 아니요 조상들에게서 난 것이라) 그러므로 너희가 안식일에도 사람에게 할례를 행하느니라 23. 모세의 율법을 범하지 아니하려고 사람이 안식일에도 할례를 받는 일이 있거든 내가 안식일에 사람의 전신을 건전하게 한 것으로 너희가 내게 노여워하느냐 24. 외모로 판단하지 말고 공의롭게 판단하라 하시니라"

우리는 지난 두 시간에 걸쳐서 요한복음 7장을 이해하기 위한 배경을 살펴봤습니다. 첫째는, 예수님께서 이 땅에 오신 것이 자신의 영광이나 존재감을 드러내기 위해서 오신 것이 아니라, 아버지께서 예수님께 맡기신 모든 일을 행하기 위함이요, 그 뜻을 완전히 이루기 위해 오셨음을 배웠습니다. 둘째는, 초막절과 유월절, 그리고 유월절과 이어지는 무교절을 통해서, 우리를 구원하기 위해서 일하시는 하나님의 방법에 대한 분명한 교훈을 배웠습니다. 이스라엘 모든 백성이 반드시 지켜야 했던 절기들을 통해서 주신 교훈은, 그들이 그러한 절기를 잘 지켰기 때문에 구원받게 된 것이 아니라, 이미 받은 결과에 대한 감사를 기념하는 것이 절기였습니다.

이스라엘 백성이 출애굽과 가나안 정착의 순서를 따져서 절기를 지켰다면, 당연히 첫 곡식을 추수한 뒤에 지키는 초막절을 먼저 지켰어야 했지만, 하나님께서는 유월절과 무교절부터 시작하도록 요구하셨습니다. 그 이유는 무엇입니까? 하나님의 구원 역사는 그들이 추수해서 바친 것을 받으신 뒤에 감동을 받아서 그들을 구원한 것이 아니라, 그들이 애굽에서 아직 양도 잡기 전부터 이미 결과로 받아 가진 구원이었습니다.

그래서 이스라엘은 초막절 절기에 7일 동안 초막에 거하면서, 자기가 소유한 것과 거둔 것들과 살고 있는 집이 원래부터 자기들 것이 아니며, 애굽에서 종이었다가 이곳에 왔음을 기억하라는 것입니다. 결국 초막절은 이스라엘 백성들을 포함해서 오늘날 구원받은 신자들이 가지고 있는 모든 것들이, 자신으로 말미암아 시작되었다거나 결과를 만들어 내서 소유하는 것이 아니라는 것을 가르쳐 주는 절기입니다.

하지만 구원에 대한 이와 같은 기독교 신앙의 지식을 모든 사람이 갖고 있는 것은 아닙니다. 우리가 사는 세상은 인과응보, 즉 자신이 행한 대로 그 결과물을 받아 가지게 되는 원리가 당연하게 받아들여지는 세상입니다. 어쩌면 우리는 우리가 사는 세상이 인과응보의 원리만 잘 적용이 되어도 좋겠다는 생각을 하기도 합니다.

나쁜 짓을 한 사람은 재판을 통해 당연히 죄의 대가를 치르게 되고, 누군가 착한 일을 했다면 그만큼 인정받고 잘 사는 세상이라면 살 만한 세상 아니겠습니까? 그래서 어떤 사회든지 원칙을 가지고 만든 법만 잘 지켜져도, 그 사회는 좋은 사회입니다. 그런데 마치 관성의 법칙처럼 구원을 얻는 것에 대해서도, 이와 같은 원리를 동일하게 적용하려는 마음이 우리에게 있습니다. 예수님 당시의 유대 사회도 그랬고, 오늘날 많은 성도들도 같은 생각을 가지고 있는 것입니다. 자기들이 구원을 받게 되는 것은, 하나님께서 주신 율법을 잘 지켜서 받은 것이라고 생각하는 것입니다.

오늘 본문은 그렇게 율법에 대해 잘못된 이해를 가지고 있는 유대인들이, 비뚤어진 율법의 잣대로 예수님을 판단하고 미워했으며 죽이려고 했다고 폭로하고 있습니다. 우리가 다 알고 있는 결과처럼 율법을 잘못 알고 잘못 사용하고 있던 유대인들은 그들에게 율법을 바르게 가르쳐 주신, 아니 그들에게 율법을 주신 예수 그리스도를 오히려 십자가에 못 박아 죽였습니다. 이 내용이 중요한 것은, 당시의 유대인들이 그때까지 자기들이 가지고 있던 전통과 몸에 밴 습관과 고정관념들을 깨지 못하고 결국 예수님을 죽였는데, 오늘날 성도들도 똑같은 일을 반복하기 때문입니다. 율법은 분명 우리들에게 지키라고 주신 명령입니다. 하지만 성경이 지적하는 것은, 율법을 지키는 자가 하나도 없었으며, 오히려 율법은 우리를 세워 주지 못하고 죄를 깨닫게 해 주었다고 말씀하고 있습니다.

로마서 3:20, "그러므로 율법의 행위로 그의 앞에 의롭다 하심을 얻을 육체가 없나니 율법으로는 죄를 깨달음이니라"

본문에서 예수님과 유대인들 간에 벌어진 논쟁 중에서 가장 심각한 것은, 율법이 무엇을 위하여 존재하는 것이냐는 것입니다. 물론 율법은 지키라고 주신 것이고, 지켜야 합니다. 그러면 예수님께서 오신 것은 율법을 잘 지키는 사람들을 골라내려고 오셨습니까? 아니면 율법을 지키지 않는 자를 지적하고 야단쳐서 율법을 지키게 하려고 오신 것입니까? 둘 다 아닙니다. 자주 드리는 말씀이지만, 예수님 당시의 사람들이나 심지어 그의 열두 제자들, 또는 사도 바울을 비롯해서 신약성경에 나오는 그 어떤 사람들보다 우리가 훨씬 더 많은 복을 받았습니다.

왜냐하면 우리는 기록된 성경을 통해 이미 과정과 결론을 다 확인하고 믿는 사람들이기 때문입니다. 예수님께서 제자들을 통해 자신이 이 땅에 오시게 된 과정과 그때의 증인들, 그리고 이 땅에 사시면서 행하셨던 모든 일들과 말씀하신 모든 것들을 다 기록하게 하셨습니다. 심지어는 최후의 만찬 자리에서 어떠한 일이 있었고, 그 후 가룟 유다는 어떻게 예수님을 배신하고 밖으로 나갔으며, 베드로는 어떻게 예수님을 부인했는지, 어떻게 죽으시고 부활하셨는지 다 기록하셨습니다.

그러면 예수님께서 마태, 마가, 누가, 요한 이 네 사람을 통해 예수님의 전 생애를 관찰하게 하시고 기록하게 하신 이유가, "너희는 지금 이스라엘 백성들처럼 살지 마라" 이렇게 가르쳐 주려고 기록하게 하신 것입니까? "예수님이 그들의 구세주로 오셨다는 것을 그들이 미리 알았더라면 예수님의 말씀을 잘 들었을 텐데, 그들은 로마 식민지의 삶을 살면서 배우지 못했고 힘들게 살았기 때문에 예수님을 알아보지 못했다. 그래서 제자들을 통해 이렇게 성경을 기록하게 해서 알려 줄 터이니, 혹시 내가 다시 세상에 내려가게 된다면 너희는 나를 알아보고 영접해야 한다." 이런 깨달음을 주시려고 기록했을까요?

실제로 오늘날 많은 이단들이 이런 식으로 성경을 해석해서 사람들을 미혹합니다. 이단의 교주들은 자신이 십자가의 허무한 죽음으로 실패한 예수의 전례를 답습하지 않을 새로운 구세주로 온 재림 예수라고 주장합니다. 여러분 속지 마십시오. 예수님께서 이 땅에 오신 것은 무지한 백성들에게 새로운 깨달음을 주고, 율법을 잘못 지키고 있던 자들은 고쳐 주고, 잘 지키던 자들은 칭찬해 주고 격려해 주기 위해서 오신 것이 아닙니다. 예수님은 처음부터 우리를 위해 죽으시기 위해 오셨습니다. 그리고 복음서는 예수님의 죽으심으로 인해 우리가 구원받은 것이라고 처음부터 못을 박고 시작합니다.

이것에 대해서 우리가 지난 시간에 이미 확인하지 않았습니까? 이스라엘 백성들이 아직 유월절 어린양을 잡기도 전에, 하나님께서 모세를 통해서 무슨 절기를 지키라고 말씀하셨습니까? 무교절을 지키라고 말씀했습니다. 무교절은 유월절 어린양을 잡은 뒤에, 자기들이 농사한 땅에서 얻은 곡식이 있어야만 지킬 수 있는 절기입니다. 그래서 무교절을 지키려면 초막절 추수 후에 유월절을 지킬 수 있는 양식이 남아 있어야만 지낼 수 있는 절기입니다. 아직 어린양도 안 잡았고 장자 재앙도 내리지 않았는데, 여전히 노예로 애굽에 살고 있는데, 하나님께서는 무교절 절기를 이렇게 지켜야 한다고 하면서 마치 현재 가나안 땅에 살고 있는 것처럼 가르쳐 주셨습니다.

그런데 이와 같은 구원의 도리는, 우리들이 가지고 있는 일반 상식과 너무나 거리가 멉니다. 앞서 말씀드렸던 것처럼, 이런 구원 원리는 인과응보의 원리가 전혀 적용되지 않는 방법이기 때문입니다. 오히려 사람들은 자기들에게 익숙하고 편한 논리를 가지고 자기들이 구원받은 백성이라고 여겼습니다. 이스라엘 백성이 자기들은 율법을 가지고 있을 뿐 아니라 율법을 잘 지키고 있기 때문에 당연히 구원받는다고 생각했습니다. 하지만 예수님은 그들에게, "너희는 율법을 지키지 않을 뿐만 아니라, 율법이 뭔지도 모르는 자들이다"라고 선포하고 계십니다.

스콜라 철학의 대부이자 중세시대 가장 영향력 있는 신학자인 토마스 아퀴나스(1225~1774)는, "가장 위험한 사람은 단 한 권의 책만 읽은 사람"이라고 지적했습니다. 소설 《독일인의 사랑》을 쓴 철학자 막스 뮐러는 "하나만 아는 자는 아무것도 알지 못하는 자"라고 말하기도 했습니다.

이스라엘 백성에게 율법을 주신 분이 하나님이시니, 율법을 주신 이유와 의미, 그리고 율법을 어떻게 지켜야 하며 그것을 지켰을 때 얻게 되는 유익을 가장 잘 알지 않겠습니까. 그런데 예수님 당시의 유대인들은 왜 하나님께서 그들에게 율법을 주셨는지는 생각하지 않고, 자기들이 가진 율법 책 한 권만 붙잡고 있었기 때문에 예수님을 죽이려고 했던 것입니다. 그래서 오늘은 본문에서 논쟁이 되고 있는 율법에 대해서 살펴보려고 합니다. 오늘 본문은 이렇게 시작합니다.

요한복음 7:14-15, "이미 명절의 중간이 되어 예수께서 성전에 올라가사 가르치시니 15. 유대인들이 놀랍게 여겨 이르되 이 사람은 배우지 아니하였거늘 어떻게 글을 아느냐 하니"

예수님 당시의 유대인들은 바벨론 포로기를 거치면서 아람어를 사용했고, 로마의 지배 아래서 헬라어를 사용했습니다. 히브리어는 바리새인들이나 사두개인들처럼 히브리어를 배운 소수의 사람들만 읽을 수 있었습니다. 그런데 자기들이 본 적이 없는, 아니 자기들에게 글을 배우지 않은 예수님이 성전에서 율법의 원리를 가르치고 있으니 놀라는 것입니다. "이 사람은 배우지 아니하였거늘 어떻게 글을 아느냐?" 그들의 의문에 대한 예수님의 대답은 무엇이었습니까? "내가 글을 누구에게 배웠느냐가 중요한 것이 아니라, 내가 지금 전하는 교훈이 인간의 말인지, 아니면 하나님께로부터 온 것인지 그것을 봐야 하지 않느냐?"라는 맥락에서 예수님은 이렇게 말씀하셨습니다.

요한복음 7:16-17, "예수께서 대답하여 이르시되 내 교훈은 내 것이 아니요 나를 보내신 이의 것이니라 17. 사람이 하나님의 뜻을 행하려 하면 이 교훈이 하나님께로부터 왔는지 내가 스스로 말함인지 알리라"

예수님의 가르침을 바라보는 유대인들의 놀람과 의문, 그리고 예수님의 대답 사이에는 우리가 알아야 하는 어떤 사건이 있습니다. 그리고 그 사건을 이해해야 요한복음 7장에서 예수님께서 하시는 말씀을 이해할 수 있습니다. 조금 더 풀어서 설명하면 유대인들의 놀람과 의문은 이런 것입니다. 앞서 요한복음 5장에서 예수님께서 유대인의 명절에, 예루살렘 성전에 올라오셔서 안식일에 38년 된 병자를 고쳐 주셨습니다. 안식일에는 병자를 고치는 행위를 하면 안 될 뿐 아니라, 많이 걸어가는 것도 안 됩니다. 그런데 안식일을 범한 예수님께서 성전에서 율법을 가르치는 것이 이상하고 놀라운 것입니다.

결국 유대인들이 하고 싶은 말이 무엇입니까? "예수는 글을 배우지 않은 사람이니 그가 가르치는 율법은 진짜일 수가 없다, 만약 예수가 가르치는 율법이 진짜라면 그가 안식일에 병자를 고치지 않았을 것이다." 그런 유대인들에게 예수님께서 하시는 말씀은 무엇입니까? "내가 전하는 교훈은 내 말이 아니라 하나님의 말씀이다. 만약 너희가 하나님의 율법을 정말로 잘 지키고 있다면, 내가 전하는 교훈이 하나님께서 주신 말씀인지 내 스스로 지어낸 말인지 알 수 있을 거다." "내가 전하는 말을 들어 봐라. 그 내용이 내 영광을 취하기 위한 말로 들리더냐? 나는 나를 보내신 분의 영광을 위해서 참된 것만 증거했다." "오히려 너희는 모세로부터 받은 율법을 잘 지킨다고 자부하던데, 그러면서 너희는 왜 나를 죽이려고 하느냐? 결국 너희는 말로는 율법을 지킨다고 하지만 실제로는 너희가 율법을 어겼다." 이런 말씀입니다. 그리고 유대인들이 어떤 율법을 어기고 있는지 실제적인 예를 들어서 설명해 주셨습니다.

요한복음 7:22-23, "모세가 너희에게 할례를 행했으니 (그러나 할례는 모세에게서 난 것이 아니요 조상들에게서 난 것이라) 그러므로 너희가 안식일에도 사람에게 할례를 행하느니라 23. 모세의 율법을 범하지 아니하려고 사람이 안식일에도 할례를 받는 일이 있거든 내가 안식일에 사람의 전신을 건전하게 한 것으로 너희가 내게 노여워하느냐"

안식일을 지키는 것만큼 중요한 법이, 남자로 태어난 아이에게 팔일 만에 할례를 행하는 것입니다. 그런데 출산은 날짜와 요일을 계산해서 조절해서 할 수 있는 것이 아닙니다. 당연히 아이를 낳고 팔 일째 되는 날이 안식일일 수도 있는 것입니다. 안식일에 일하는 것은 당연히 안 되는 일이지만, 안식일을 지키려고 할례를 행하지 않으면, 그 아이는 태어난 지 팔 일 되는 날부터 율법을 어기게 되는 것이기 때문에, 안식일에도 할례를 주었습니다.

예수님의 말씀이 바로 그것입니다. "할례라는 법을 지키기 위해서 너희도 안식일을 범하지 않냐? 그런데 할례보다 더 중요하고 급한 일, 오랫동안 중병으로 앓고 있던 사람을 온전하게 해 준 그 일로 인해서 너희가 나에게 노여워하느냐?" 이 말씀의 의미는 예수님께서 안식일을 지켰느냐, 안 지켰느냐?' 율법을 지켰느냐, 안 지켰느냐를 유대인들이 따지려는 것이 아니라, 그들이 처음부터 예수님에 대해서 노여움을 가지고 있었다는 것입니다. 즉, 그들의 눈에는 '예수님이 뭘 해도 미웠다'는 것입니다.

요한복음 7:24, "외모로 판단하지 말고 공의롭게 판단하라 하시니라"

그래서 지금 유대인들은 어떤 결론을 이미 내려 놓고 예수님을 바라보고 있습니다. 본문 외에도 복음서의 수많은 부분에서 유대인과 바리새인, 백성의 서기관들이 예수님을 시험하러 왔습니다. 시험하러 왔다는 말은, 자기들끼리 내려 놓은 결론이 이미 있고 어떻게든 예수님을 그 올무에 걸어서 죽이겠다는 작전이 짜여 있었다는 것입니다. 그런데 그 작전에 사용한 무기가 무엇이었습니까? 율법입니다. 희한하지요? 그들이 율법을 잘 지키고 있다면 왜 예수님을 죽여야 합니까?

결국 예수님의 말씀처럼, 그들 가운데는 한 사람도 율법을 온전히 지키는 사람이 없었던 것입니다. 다시 18절 말씀으로 돌아가 보면, **"스스로 말하는 자는 자기 영광만 구하되 보내신 이의 영광을 구하는 자는 참되니 그 속에 불의가 없느니라"**라고 합니다. 유대인들이 율법을 붙잡고 있는 것은 누구를 위해 붙잡고 있는 것입니까? 자기를 위해 잡고 있습니다. 그것이 하나님께서 주신 율법이라 할지라도, 그 율법을 붙잡고 자기의 영광을 취하는 것에 사용하고 있지, 그것을 주신 하나님의 영광을 위해 사용하지 않습니다.

그래서 사도바울이 로마서 3장에서 이렇게 말합니다.

로마서 3:24-27, "그리스도 예수 안에 있는 속량으로 말미암아 하나님의 은혜로 값 없이 의롭다 하심을 얻은 자 되었느니라 25. 이 예수를 하나님이 그의 피로써 믿음으로 말미암는 화목제물로 세우셨으니 이는 하나님께서 길이 참으시는 중에 전에 지은 죄를 간과하심으로 자기의 의로우심을 나타내려 하심이니 26. 곧 이 때에 자기의 의로우심을 나타내사 자기도 의로우시며 또한 예수 믿는 자를 의롭다 하려 하심이니라 27. 그런즉 자랑할 데가 어디 있느냐 있을 수가 없느니라 무슨 법으로냐 행위로냐 아니라 오직 믿음의 법으로니라"

율법과 복음의 차이가 무엇입니까? 거기에 자신의 공로와 자기를 위한 자랑이 있느냐, 없느냐로 구분됩니다. 다시 묻습니다. 유대인들이 안식일을 잘 지켜서 구원받는 것입니까? 저들이 유월절과 무교절, 오순절과 초막절을 잘 지켰기 때문에 구원을 받게 된 것입니까? 아닙니다. 그들이 절기를 지키고 안식일을 지켜야 하는 것은, 그들이 하나님의 은혜로 구원받은 백성들이기 때문에 그 구원의 은혜를 잊지 말고 기억하라, 그래서 날짜를 정하여 기념하면서 후손들에게 가르치라는 것입니다. 그런데 그것을 은혜와 감사로 받지 않고, 자기 공로와 자격으로, 자기를 자랑하고 높이는 것으로 가지고 있을 때, 저들은 은혜로 받은 그 율법을 가지고 예수님을 십자가에 못 박는 데까지 나갔습니다. 24절 말씀처럼, 은혜로 주신 율법을 외모로만 가지고 있을 때, 예수님을 죽이는 칼이 되는 것입니다.

다시 확인하겠습니다. 하나님께서 이스라엘 백성들에게 절기를 지키라는 율법을 언제 주셨습니까? 가나안 땅에 도착한 이후입니까?

출애굽해서 광야에 나왔을 때입니까? 아니지요, 아직 애굽에서 노예로 살고 있을 때였습니다. 그러면 애굽에 노예로 살고 있는 이스라엘 백성들에게, 자기 나라를 가진 자유인이 되고, 자기 집과 땅을 소유한 자가 된 뒤에야 할 수 있는 율법을 주신 것은, 조건부로 주신 것이었습니까? 은혜로 주신 것입니까? 당연히 은혜로 주신 것입니다. 그런데 사람들은, 자기가 율법을 지킨 것이 하나님의 축복이나 구원을 받을 수 있는 조건이라고 생각합니다. 전혀 아닙니다. 율법은 하나님의 은혜를 기억하고 기념하라고 주신 것이지, 율법을 지키면 구원을 주겠다는 조건이 아닙니다. 그래서 로마서에서는 오직 믿음의 법으로만 의롭게 된 것이라고 말씀하는 것입니다. 같은 맥락에서 유대인들과 예수님 사이에 시빗거리가 되고 있는 안식일의 문제도 잘 알아야 합니다.

출애굽기 20:8-10, "안식일을 기억하여 거룩히 지키라 9. 엿새 동안은 힘써 네 모든 일을 행할 것이나 10. 일곱째 날은 제 하나님 여호와의 안식일인즉 너나 네 아들이나 네 딸이나 네 남종이나 네 여종이나 네 가축이나 네 문안에 머무는 객이라도 아무 일도 하지 말라"

이른바 안식일 규례입니다. 같은 내용이 레위기 23장 4~8절에도 반복해서 기록되어 있습니다.

레위기 23:4-8, "이것이 너희가 그 정한 때에 성회로 공포할 여호와의 절기들이니라 5. 첫째 달 열나흗날 저녁은 여호와의 유월절이요 6. 이달 열닷샛날은 여호와의 무교절이니 이레 동안 너희는 무교병을 먹을 것이요 7. 그 첫 날에는 너희가 성회로 모이고 아무 노동도 하지 말지며 8. 너희는 이레 동안 여호와께 화제를 드릴 것이요 일곱째 날에도 성회로 모이고 아무 노동도 하지 말지니라"

이스라엘이 지켜야 하는 모든 절기들은, 기본적으로 안식일의 규례를 기준으로 지켜야 하는 것들입니다. 당연히 성회로 모일 때의 가장 중요한 조건은, 안식일을 지키는 것처럼 일하지 않는 것입니다. 그러면 하나님께서 이스라엘 백성들에게 안식일에는 아무 일도 하지 말라고 말씀하신 것이 그들에게 어떤 희생이나 손해를 감내하라는 뜻일까요? 아닙니다. 앞서도 말씀드린 것처럼, 그들이 절기를 지켜야 하는 이유는, 그것을 조건으로 해서 어떤 결과를 얻어 낼 수 있기 때문에 지키는 것이 아닙니다. 절기는 이미 이루어진 일에 대한 누림이요, 감사요, 선포입니다. 그러므로 그 자체가 축복입니다.

하나님께서 안식일에 쉬라고 하신 것은 우리에게 어떤 희생을 강요하는 요구 조건이 아니고, 안식일을 잘 지키면 나머지 엿새 동안은 잘 살게 해 주신다는 조건도 아닙니다. 오히려 엿새 동안 하나님께서 해 놓으신 모든 것을 누리라는 선언입니다. 지금 말씀드리는 것은, 주일날 일을 하면 율법을 어긴 죄가 된다고 말씀드리려는 것이 아닙니다. 성경의 관점에서 보면, 주일날 일을 하는 것은 아무 소득이 없는 일을 하는 것과 같다는 뜻입니다.

출애굽기 16:23-27, "모세가 그들에게 이르되 여호와께서 이같이 말씀하셨느니라 내일은 휴일이니 여호와께 거룩한 안식일이라 너희가 구울 것은 굽고 삶을 것은 삶고 그 나머지는 다 너희를 위하여 아침까지 간수하라 24. 그들이 모세의 명령대로 아침까지 간수하였으나 냄새도 나지 아니하고 벌레도 생기지 아니한지라 25. 모세가 이르되 오늘은 그것을 먹으라 오늘은 여호와의 안식일인즉 오늘은 너희가 들에서 그것을 얻지 못하리라 26. 엿새 동안은 너희가 그것을 거두되 일곱째 날은 안식일인즉 그 날에는 없으리라 하였으나 27. 일곱째 날에 백성 중 어떤 사람들이 거두러 나갔다가 얻지 못하니라"

여기 보시는 것처럼 하나님께서 '안식일을 지켜라. 그날을 지키면 너희에게 뭘 더 주겠다', 또는 '좋은 일이 있을 거다'라고 말씀하시는 것이 아니라, 그날에는 구하러 나가 봐야 아무것도 없다는 말씀입니다. 그날 필요한 것은 그 전날 이미 다 주었으니, 받은 것으로 먹고 즐기면서 하나님께서 주신 은혜를 누리라는 것이 안식일을 주신 이유입니다. 그런데 이런 말씀을 듣고도 백성 중에 어떤 사람들이 만나를 거두러 나갔죠. 하지만 뭔가 얻을 것이 있을 거라는 기대를 품고 나간 사람들은, 결국 빈손으로 돌아왔습니다. 무슨 말씀입니까? 나간 것만큼 몸만 피곤했지 실제로 얻은 것은 없었다는 것입니다.

아담과 하와의 타락 이후, 모든 인간은 노동의 땀을 흘려야 먹고 살 수 있게 되었습니다. 그래서 우리가 일하는 것은 우리의 죄에 대한 당연한 보응이고, 그것이 인생에게 주신 삶의 원리입니다. 하지만 유일하게 그 원리가 적용되지 않는 날이 바로 안식일입니다. 하나님께서 쉬라고 하신 안식일에 일하지 않는 것은, 우리에게 어떤 손해와 희생을 요구하는 것이 아닙니다. 일하지 않아도 되는 축복으로 주신 날입니다. 하지만 오늘날 사회가 약속의 사회이고, 신용의 사회이다 보니 어쩔 수 없이 일을 해야 하는 경우가 있습니다. 그러나 그럴지라도 가능한 방법이 있다면 하지 않으려고 노력하시고, 시도해 보시기 바랍니다.

출애굽기 31:13, "너는 이스라엘 자손에게 말하여 이르기를 너희는 나의 안식일을 지키라 이는 나와 너희 사이에 너희 대대의 표징이니 나는 너희를 거룩하게 하는 여호와인 줄 너희로 알게 함이라"

여기에도 보시면, "너희가 안식일을 지키면 어떤 복을 주겠다" 이런 말씀이 아니라, **"나와 너희 사이에 대대의 표징이니 나는 너희를 거룩하게 하는 여호와인 줄 너희로 알게"** 하기 위해서 지키라는 것입니다. 안식일을 지킴으로써 하나님께서 우리를 위하여 해 주신 것이 무엇인가를 기억하라는 것이지, 안식일을 지키면 하나님께서 우리를 거룩하게 해 주겠다, 뭘 더 주겠다는 보상을 약속한 것이 아닙니다.

하지만 이 안식일과 율법을 지키는 것으로 인해 자기들의 신분과 자격이 만들어지는 것으로 잘못된 이해를 했던 유대인들은 예수님을 보면서 분노했고, 끝내 예수님을 죽이는 이유가 됐다는 것을 기억하십시오. 성경은 우리에게 "너희가 하나님의 백성이 되어야 한다, 좋은 나무가 되려고 노력해라" 이런 식의 말씀을 하지 않습니다. 우리는 이미 우리에게 구원을 주시는 하나님의 은혜를 받은 사람들이고, 우리를 속량하시는 그리스도 예수의 보혈로 인해 이미 하나님의 백성, 좋은 나무가 된 사람들입니다.

마태복음 7:15-18, "거짓 선지자들을 삼가라 양의 옷을 입고 너희에게 나아오나 속에는 노략질하는 이리라 16. 그들의 열매로 그들을 알지니 가시나무에서 포도를, 또는 엉겅퀴에서 무화과를 따겠느냐 17. 이와 같이 좋은 나무마다 아름다운 열매를 맺고 못된 나무가 나쁜 열매를 맺나니 18. 좋은 나무가 나쁜 열매를 맺을 수 없고 못된 나무가 아름다운 열매를 맺을 수 없느니라"

계속해서 마태복음 7장 20절, **"이러므로 그들의 열매로 그들을 알리라"** 말씀을 보시면 거짓 선지자들을 분별하는 방법으로 그들에게 맺힌 열매를 보라고 말씀하고 있습니다. 이 말씀은 너희가 좋은 열매를 맺어야 한다는 말씀이 아닙니다. 여기서 말하는 열매는, 그 나무가 어떤 나무인지 확인하기 위해서 있는 것입니다. 좋은 포도 열매를 맺자고 하는데, 그 나무가 가시나무면 포도가 맺히겠습니까? 아름다운 무화과 열매를 맺자고 하는데, 그 나무가 엉겅퀴라면 무화과가 열리겠습니까? 그 말입니다.

네가 만약 하나님의 사람이라면 하나님의 열매를 맺게 될 것이라는 말입니다. 하지만 나무가 하나님께로부터 나온 나무가 아니면, 당연히 기대하는 열매는 맺지 않을 것입니다. 예수님께서 우리를 구원하시고 우리에게 주신 것이 바로 이런 것입니다. 나무 자체를 바꿔버린 것입니다. 가시나무, 엉겅퀴 나무를 뽑아 버리고, 그 자리에 포도나무 무화과나무를 심어서 바꾼 것입니다. 이제 나무가 바뀌었으니 열매를 맺는다면, 당연히 바뀐 나무의 열매가 맺게 되겠죠.

나무는 나쁜 나무인데, 율법 몇 가지를 지키면 그 나무에서 좋은 열매가 맺겠습니까? 마치 적금을 붓듯이 계명 지키고, 주일성수하고, 헌금 많이 내고, 교회 봉사 열심히 하면 나무가 바뀝니까? 그게 아니라는 것입니다. 그것은 우리가 스스로 할 수 없는 것입니다.

> 요한복음 7:37-38, "명절 끝날 곧 큰 날에 예수께서 서서 외쳐 이르시되 누구든지 목마르거든 내게로 와서 마시라 38. 나를 믿는 자는 성경에 이름과 같이 그 배에서 생수의 강이 흘러나오리라 하시니"

예수께 나오는 방법 말고는 방법이 없습니다. 깨우치고, 노력하고, 돈을 낸다고 되는 것이 아닙니다. 유월절 장자 재앙이 없었다면 이스라엘 백성들이 애굽 땅을 벗어날 수 있었을까요? 애굽을 무사히 빠져나왔다 하더라도, 가나안 땅이라는 최종 목적지에 도착해서 그들이 자기들의 땅에 씨를 뿌리고 추수한 곡식이 없었다면, 유월절에 이어서 지켜야 하는 무교절을 지킬 수 없습니다.

결국 구원이라고 하는 것이 인간의 노력이나 공로라는 것은 조금도 없는 것이고, 하나님의 은혜로 된 것이니, 심지어 지키라고 주신 율법조차도 은혜로 주신 것이니, 우리는 감사하면서 지키면 되는 것입니다. 용도를 제대로 알면 제대로 아는 만큼 잘 사용할 것입니다. 하지만 모르면 무식하게 사용하게 됩니다. 스마트폰이 편리하긴 한데, 만든 사람이 의도한 기능의 30%도 우리는 제대로 활용하지 못하고 있습니다. 하지만 잘 아는 사람은 아는 만큼, 그 기능들을 다 활용하면서 잘 사용하겠죠.

복음을 제대로 알지 못하는 사람들, 하나님께서 은혜로 주신 율법을 잘 알지 못하는 사람들은, 일반 종교 흉내나 내면서 무조건 열심히 하는 것이 좋은 믿음인 줄 알고 그렇게 할 것입니다. 쓸데없는 곳에 힘을 빼고, 이미 받은 은혜도 제대로 사용하지 못하면서 그렇게 신앙생활을 할 것입니다. 석기시대, 청동시대에는 돌 잘 던지고 달리기 잘하는 사람이 사냥을 잘했습니다. 그때는 신체 조건이 좋은 사람이 능력 있는 사람이었습니다. 하지만 지금은 잘 배운 사람, 정확하게 아는 사람, 가진 정보를 잘 활용하는 사람이 능력 있는 사람입니다.

신앙생활도 마찬가지입니다. 무조건 열심히 할 것이 아니라 제대로 알고 열심히 해야 합니다. 어디서 이상한 것을 배우고 와서 열심히 할 것이 아니라, 하나님의 영감으로 기록된 변하지 않는 진리인 성경과 그 성경의 내용을 정확하게 가르쳐 준 선조들의 신앙고백과 교리신조를 따라 잘 배워야 합니다. 예수님의 말씀처럼 지금은 거짓 선지자들이 여기저기서 우후죽순처럼 일어나 있는 상황입니다. 스스로 잘 배우고 알지 못하면, 언제든지 넘어질 수 있습니다.

이스라엘 백성들이 율법에 대해서 잘못 알고, 잘못 붙잡고 있었기 때문에 결국 그 율법을 무기로 예수님을 죽이지 않았습니까? 우리도 잘못 붙잡고 있으면 잘못된 신앙생활을 할 수밖에 없습니다. 은혜로 주신 율법, 은혜로 주신 안식일과 절기들, 은혜로 주신 구원, 이 모든 것들을 통해서 바꿔 주신 우리의 신분인 하나님의 자녀와 백성이라는 자격, 이것을 꼭 기억하시기 바랍니다. 그리고 이 은혜를 받은 저와 여러분인 것을 기억하시고 감사하는 생활, 안식하며 즐거워하는 신앙생활을 하게 되시길 주님의 이름으로 축원합니다.

요한복음 8:1~11

나도 너를 정죄하지 아니하노니

"1. 예수는 감람 산으로 가시니라 2. 아침에 다시 성전으로 들어오시니 백성이 다 나아오는지라 앉으사 그들을 가르치시더니 3. 서기관들과 바리새인들이 음행중에 잡힌 여자를 끌고 와서 가운데 세우고 4. 예수께 말하되 선생이여 이 여자가 간음하다가 현장에서 잡혔나이다 5. 모세는 율법에 이러한 여자를 돌로 치라 명하였거니와 선생은 어떻게 말하겠나이까 6. 그들이 이렇게 말함은 고발할 조건을 얻고자 하여 예수를 시험함이러라 예수께서 몸을 굽히사 손가락으로 땅에 쓰시니 7. 그들이 묻기를 마지 아니하는지라 이에 일어나 이르시되 너희 중에 죄 없는 자가 먼저 돌로 치라 하시고 8. 다시 몸을 굽혀 손가락으로 땅에 쓰시니 9. 그들이 이 말씀을 듣고 양심에 가책을 느껴 어른으로 시작하여 젊은이까지 하나씩 하나씩 나가고 오직 예수와 그 가운데 섰는 여자만 남았더라 10. 예수께서 일어나사 여자 외에 아무도 없는 것을 보시고 이르시되 여자여 너를 고발하던 그들이 어디 있느냐 너를 정죄한 자가 없느냐 11. 대답하되 주여 없나이다 예수께서 이르시되 나도 너를 정죄하지 아니하노니 가서 다시는 죄를 범하지 말라 하시니라"

오늘 본문은 서기관들과 바리새인들이 간음하다가 현장에서 붙잡힌 여인을 예수님께 데리고 와서, 그 여인이 범한 죄를 예수님이 어떻게 해결할 것인지를 묻는 유명한 사건입니다. 6절에는 **"그들이 이렇게 말함은 고발할 조건을 얻고자 하여 예수를 시험함이러라"**라고 말씀하고 있습니다. 이것이 예수님께 대한 시험이 되는 이유는, 만일 벌을 주라고 하면 예수님께서 선언하신 사랑이라는 문제에 저촉이 되고, 용서하라고 하면 율법 문제에 저촉되는 소위 외통수에 걸리는 문제였기 때문입니다. 저들의 속셈은 예수님께서 어느 쪽으로 결론을 내리시든지, 예수님께서 공의의 율법을 범하게 되거나, 또는 예수님께서 그동안 하셨던 자신의 말을 뒤집는 모순을 드러내게 만들려는 것이었습니다.

본문의 말씀은 하나님의 율법과 하나님의 사랑이 상반되는 문제를 과연 어떻게 풀 것인가를 가르쳐 주는 말씀으로, 죄인을 구원하러 오신 예수님께서 어떻게 죄의 문제를 해결하시는지 보여 주는 말씀입니다. 물론 우리가 알고 있는 것처럼, 이 사건은 예수님께서 붙잡혀 온 여인을 용서해 주는 것으로 끝맺습니다. 하지만 이 말씀을 읽으면서, "그것 봐라. 성부 하나님은 공의의 심판을 하시는 분이시지만, 성자 예수님은 현장에서 간음하다가 붙잡힌 여인이라도 용서해 주시는 사랑의 주님이시다" 이렇게 이해하면 안 됩니다. 오히려 오늘 본문은 하나님께서 예수 그리스도를 통해서, "죄인을 어떻게 다루시는가?"를 보여 주시는 대표적인 사건이라고 볼 수 있습니다.

본문의 구성은 서기관과 바리새인들이 예수님을 미워해서 올무에 걸리게 하려고 시작한 싸움으로 보입니다. 하지만 저들이 이렇게 예수님을 드러내 놓고 시험하는 배후에는 언제나 사탄이 있습니다. 사탄의 이름인 루시퍼는, 그 이름의 뜻이 '빛을 전달하는 자'입니다. 그 자신은 빛이 아니라는 것입니다. 개역개정 성경에는 루시퍼라는 이름이 나오지 않지만 한글 킹 제임스 성경 이사야 14장 12절에는 **"오 아침의 아들 루시퍼야, 네가 어찌 하늘에서 떨어졌느냐! 민족들을 연약하게 하였던 네가 어찌 땅으로 끊어져 내렸느냐!"**라고 번역되어 있습니다.

오늘 전하려는 말씀의 내용이 사탄이 누구인지, 이사야에 기록된 사탄과 관련한 내용이 무엇인지 설명하려는 것이 아니기 때문에, 그에 관한 내용은 언젠가 기회가 되면 말씀을 드리겠습니다. 하지만 성경의 내용을 종합해서 살펴볼 때, 천사장이었던 루시퍼는 천사들 중의 삼분의 일을 꾀어 내어 하나님께 대항했습니다. 그 일로 인해 사탄은 저주 아래 쫓겨나서 지금은 공중권세를 붙잡고 있기는 하지만, 마지막 심판 날에는 영원한 형벌과 저주의 자리로 떨어지게 될 것입니다. 하나님의 자리를 욕심냈던 사탄이 하나님을 방해하고 괴롭힐 수 있는 방법이 무엇일까요? 그것은 하나님께서 당신의 모양과 형상으로 만든 사람을 시험하여 자신과 같은 공범자로 만드는 것입니다.

조금 빗나간 이야기지만, 천사들은 하나님께로부터 인간과 같은 사랑과 영광을 받은 피조물이 아닙니다. 인간은 죄를 범하고 타락을 했음에도 구원이라는 용서와 회복의 다음 방법을 제시받고 있지만, 한때 천사였던 사탄은 그의 죄를 용서받지 못하고 결국 영원한 지옥의 형벌로 끝을 맺게 됩니다. 그러니 현장에서 범죄하다 붙잡힌 여인에 대한 하나님의 공의를 묻는 것은 당연해 보입니다. "하나님, 당신이 가장 사랑하는 인간이 나와 똑같이 죄를 지었으니 이제 어떻게 하실 것입니까? 사랑으로 이 문제를 해결하시려면 우리도 똑같이 용서해 주시고, 그렇지 않다면 똑같이 공의로 형벌을 내리시지요." 이렇듯 타락한 사탄이 주로 하는 일은 인간을 '참소'하는 일입니다.

가장 대표적인 예가 동방의 의인이라고 불렸던 욥을 '참소'해서 그를 시험한 일입니다. 사탄이 욥을 '참소'했던 내용이 무엇입니까? "욥이 까닭 없이 하나님을 경외하겠습니까?"였습니다.

욥기 1:9-10, "사탄이 여호와께 대답하여 이르되 욥이 어찌 까닭 없이 하나님을 경외하리이까 10. 주께서 그와 그의 집과 그의 모든 소유물을 울타리로 두르심 때문이 아니니이까 주께서 그의 손으로 하는 바를 복되게 하사 그의 소유물이 땅에 넘치게 하셨음이니이다"

주목해서 보셔야 할 것이, 사탄은 본문에 나오는 현장에서 간음하다 붙잡힌 여인처럼 인간이 범한 명백한 죄에 대해서만 참소하는 것이 아니라, 인간이 하나님을 경외하는 것에 대해서도 참소를 한다는 것입니다. 무엇 때문입니까? 사탄은 어떻게 해서든지 하나님과 인간 사이를 멀어지게 하고, 그 관계를 단절시키려고 하기 때문입니다. 그래서 오늘 본문의 사건을 "예수님께서는 어떤 죄인이라도 다 용서하신다"라는 식의 감정적이고 단편적인 해석으로 접근해서는 안 됩니다.

물론 우리가 받은 구원은 허물과 죄밖에 없는 우리에게 은혜로 주신 것이기에 언제나 감사한 일입니다. 하지만 은혜를 받은 입장에서 단순히 사랑 타령만 하고 있어서는 안 되는 것이 우리가 받은 구원입니다. 서기관들과 바리새인들 뒤에 있는 사탄의 참소를 이해하지 못하고, "예수님께서 사랑으로 모든 죄를 덮으셨다"라고 이해하면, 십자가의 죽음으로 하나님의 공의를 완성시키신 예수님의 희생을 헛되게 하는 것입니다.

죄인을 심판하시는 하나님의 공의와 죄인을 용서하시는 예수님의 사랑이 어떻게 조화를 이룰 수 있을까요? 서기관과 바리새인들이 예수님을 시험하려고 현장에서 범죄한 여인을 붙잡아 와서 어떻게 처분할지 물을 때, **"예수께서 몸을 굽히사 손가락으로 땅에 쓰시니"**라고 되어 있습니다. 그렇게 땅에 뭔가를 쓰고 있을 때, 사람들이 계속해서 예수님께 이 여인을 어떻게 할 것인지 물었습니다. 7절(현대인의 성경)에서는 **"그래도 그들이 계속해서 질문을 하자 예수님은 일어나 '너희 가운데 죄 없는 사람이 먼저 그 여자를 돌로 쳐라' 하시고"** 이렇게 말씀하셨습니다. 그리고 다시 예수님께서는 땅에 무언가 글씨를 쓰셨습니다.

> 요한복음 8:8, "다시 몸을 굽혀 손가락으로 땅에 쓰시니"

예수님께서 무슨 글자를 쓰셨는지는 성경에 기록되어 있지 않기 때문에 잘 모릅니다. 하지만 이와 비슷한 모습들이 성경의 다른 곳에도 기록되어 있기 때문에, 그 기록들을 참고해서 예수님께서 무엇을 쓰셨는지 합리적으로 추리할 수 있습니다. 또한 이것은 하나님의 공의와 예수님의 사랑이 어떻게 조화를 이루는지를 보여 주는 핵심적인 장면입니다.

성경에는 본문을 포함해서 하나님께서 글을 쓰신 사건이 세 번 등장합니다. 그중 한 사건은 다니엘 5장에 보면, 바벨론의 새로운 왕이 된 벨사살이, 그의 아버지 느부갓네살왕이 예루살렘 성전에서 탈취해 온 금 그릇을 가져오라고 명한 뒤 귀족과 후궁들과 함께 술을 부어 마셨습니다. 그리고 나서는 금, 은, 구리, 쇠, 나무, 돌로 만든 신들을 찬양했습니다. 그때 갑자기 사람의 손가락들이 나타나서 벽에 어떤 글자들을 쓰기 시작했습니다. 그 광경을 본 벨사살은 마음이 녹고 무릎이 서로 부딪힐 만큼 놀랐습니다. 그는 다니엘을 불러서 그 글자가 무엇을 의미하는지 해석하게 했습니다. 다니엘은 그 글자는 "메네 메네 데겔 우바르신"이라고 하면서 그 뜻을 해석해 주었습니다.

다니엘 5:25-28, "기록된 글자는 이것이니 곧 메네 메네 데겔 우바르신이라 26. 그 글을 해석하건대 메네는 하나님이 이미 왕의 나라의 시대를 세어서 그것을 끝나게 하셨다 함이요 27. 데겔은 왕을 저울에 달아 보니 부족함이 보였다 함이요 28. 베레스는 왕의 나라가 나뉘어서 메대와 바사 사람에게 준 바 되었다 함이니이다 하니"

다니엘의 해석과 같이 그날 밤에 벨사살왕이 죽임을 당하고, 메대 사람 다리오가 새로운 왕이 됐습니다. 벨사살왕이 죽임을 당하게 된 구체적인 이유는 이렇습니다. 그의 아버지 느부갓네살이 스스로를 높이면서 자신의 능력과 권세로 바벨론을 세웠다고 자랑할 때, 하나님께서 그를 치셔서 7년 동안 들짐승과 같게 만드셨습니다. 7년이 지난 후 느부갓네살이 다시 제정신으로 돌아왔을 때 그는 하나님을 찬양하며 영광을 돌렸습니다.

다니엘 4:37, "그러므로 지금 나 느부갓네살은 하늘의 왕을 찬양하며 칭송하며 경배하노니 그의 일이 다 진실하고 그의 행하심이 의로우시므로 교만하게 행하는 자를 그가 능히 낮추심이라"

보시는 것처럼 느부갓네살은 이스라엘의 왕이 아닌 이방 나라, 그것도 유다를 멸망시킨 바벨론의 왕이었음에도 그가 하나님을 찬송하며 경배하고 있습니다. 그리고 그 누구보다도 가까이서 아버지를 보았을 사람이 세자였던 벨사살이었지만, 그는 아버지를 통해서 아무 교훈을 얻지 못하고 오히려 교만하게 굴었을 때, 하나님께서 그를 버리신 것입니다.

다니엘 5:22-24, "벨사살이여 왕은 그의 아들이 되어서 이것을 다 알고도 아직도 마음을 낮추지 아니하고 23. 도리어 자신을 하늘의 주재보다 높이며 그의 성전 그릇을 왕 앞으로 가져다가 왕과 귀족들과 왕후들과 후궁들이 다 그것으로 술을 마시고 왕이 또 보지도 듣지도 알지도 못하는 금, 은, 구리, 쇠와 나무, 돌로 만든 신상들을 찬양하고 도리어 왕의 호흡을 주장하시고 왕의 모든 길을 작정하시는 하나님께는 영광을 돌리지 아니한지라 24. 이러므로 그의 앞에서 이 손가락이 나와서 이 글을 기록하였나이다"

다니엘 4~5장에서 얻게 되는 교훈은, 비록 하나님께서 선택하신 이스라엘 백성이 아닌 이방 나라와 그들의 왕이라 할지라도, 하나님의 통치와 그분이 행하시는 공의의 심판을 피할 수 없다는 것입니다. 그래서 하나님께서 쓰신 첫 번째 글씨는, 공의의 심판과 연관된 것입니다.

두 번째 사건은, 하나님께서 시내산에서 모세에게 써 주신 십계명 사건입니다. 시간의 순서로 보면 모세에게 써 주신 십계명이 더 먼저 있었던 사건이지만, 오늘 본문의 내용과 연관하여 살펴봐야 하는 것들이 있기 때문에 두 번째로 말씀드리겠습니다.

출애굽기 32장에 보면 모세가 시내산으로 올라간 뒤에 오랫동안 돌아오지 않았습니다. 그러자 이스라엘 백성들이 아론에게 찾아와서 모세가 돌아오지 않는 것을 이유로 들면서 자기들을 위해서 신을 만들어 내라고 요구했습니다. 백성들의 요구에 아론은 여인들과 자녀들의 귀에서 금 고리를 빼서 가져오라고 말한 뒤에 그것들을 녹여서 송아지 형상을 만들었습니다. 그리고 그것이 이스라엘을 그곳까지 인도한 신이라고 말하면서, 백성들에게 여호와의 기념일을 선포하고 송아지 우상에게 번제와 화목제를 드렸습니다.

하나님의 명령을 받고 시내산을 내려온 모세는, 이스라엘 백성들이 송아지 우상 앞에서 노래하며 춤추는 모습을 보면서 크게 노를 발하면서, 하나님께서 써 주신 두 돌판 십계명을 던져서 깨뜨렸습니다. 그리고 그들이 만든 송아지 우상을 불에 태우고 갈아서 가루로 만든 뒤에 물에 타서 이스라엘 자손들에게 마시게 했습니다.

출애굽기 32:19-20, "진에 가까이 이르러 그 송아지와 그 춤 추는 것들을 보고 크게 노하여 손에서 그 판들을 산 아래로 던져 깨뜨리니라 20. 모세가 그들이 만든 송아지를 가져다가 불살라 부수어 가루를 만들어 물에 뿌려 이스라엘 자손에게 마시게 하니라"

여기에 그치지 않고 레위인들에게 야영지에 있는 이스라엘 백성들을 죽이라고 명했고, 그날 3천 명이 죽임을 당했습니다.

구약의 말씀과 사건들은 신약의 그림자와 예표로 주신 것입니다. 하나님께서 처음 모세에게 주셨던 두 돌판의 계명들은, 백성들에게 공표되기도 전에 깨졌습니다. 그래서 우리는 그 내용이 무엇인지 알 수 없습니다. 하지만 하나님께서는 모세에게 똑같은 계명을 다시 만들어 주셨습니다.

출애굽기 34:1, "여호와께서 모세에게 이르시되 너는 돌판 둘을 처음 것과 같이 다듬어 만들라 네가 깨뜨린 처음 판에 있던 말을 내가 그 판에 쓰리니"
출애굽기 34:4, "모세가 돌판 둘을 처음 것과 같이 깎아 만들고 아침에 일찍이 일어나 그 두 돌판을 손에 들고 여호와의 명령대로 시내 산에 올라가니"
출애굽기 34:28, "모세가 여호와와 함께 사십 일 사십 야를 거기 있으면서 떡도 먹지 아니하였고 물도 마시지 아니하였으며 여호와께서는 언약의 말씀 곧 십계명을 그 판들에 기록하셨더라"

하나님께서 범죄한 이스라엘을 위해서 모세를 통해서 두 돌판에 십계명을 두 번 써 주셨던 것처럼, 오늘 본문에서도 예수님께서 두 번 땅에 글씨를 쓰셨습니다. 예수님께서 땅에 글씨를 쓰신 내용이 무엇인지는 잘 모르지만, 앞에 있었던 바벨론 왕의 사건과 모세에게 주신 십계명과 연관해서 우리가 참고하고 유추할 수 있는 내용이 있습니다. 그것은 하나님께서 글씨를 쓰신 것들이 첫째는 죄와 연관이 있고, 둘째는 심판과 연관이 있으며, 셋째는 하나님의 공의는 반드시 이루어진다는 것을 확인할 수 있습니다.

그리고 두 번째로 말씀드렸던, 모세에게 주신 두 돌판의 십계명은 이스라엘 백성들이 만나 항아리, 아론의 싹 난 지팡이와 함께 지성소의 언약궤 안에 보관하면서 오랫동안 기념과 표징으로 삼았던 것들입니다.

지금은 구약의 성전 시대가 아닙니다. 예수님의 십자가 죽으심과 함께 성소와 지성소를 나누었던 휘장이 찢어지면서, 더 이상 성전 안에 있었던 여러 기물들을 보관하지 않을 뿐 아니라, 필요가 없기에 만들지도 않습니다. 단지 우리는 성전 안에 있었던 기물들이 의미하는 것을 상징으로만 알 뿐입니다. 그것들에 관한 내용도 언젠가 따로 말씀드리도록 하겠습니다. 하지만 오늘 우리가 살펴보고 있는, 하나님께서 직접 써 주신 두 돌판의 십계명을 언약궤 안에 보관하게 하시고, 그것들을 통해서 이스라엘 백성들에게 교훈을 주려고 하셨던 뜻은 살펴봐야 할 것 같습니다. 그러면 이 언약궤는 도대체 어떻게 생긴 것일까요? 출애굽기 25장에 이렇게 설명하고 있습니다.

출애굽기 25:17-22, "순금으로 속죄소를 만들되 길이는 두 규빗 반, 너비는 한 규빗 반이 되게 하고 18. 금으로 그룹 둘을 속죄소 두 끝에 쳐서 만들되 19. 한 그룹은 이 끝에, 또 한 그룹은 저 끝에 곧 속죄소 두 끝에 속죄소와 한 덩이로 연결할지며 20. 그룹들은 그 날개를 높이 펴서 그 날개로 속죄소를 덮으며 그 얼굴을 서로 대하여 속죄소를 향하게 하고 21. 속죄소를 궤 위에 얹고 내가 네게 줄 증거판을 궤 속에 넣으라 22. 거기서 내가 너와 만나고, 속죄소 위 곧 증거궤 위에 있는 두 그룹 사이에서 내가 이스라엘 자손을 위하여 네게 명령할 모든 일을 네게 이르리라"

17절에 보시는 것처럼, 하나님께서는 언약궤 위에 속죄소를 만들라고 말씀하셨습니다. 속죄소라는 것은 속죄 제사를 드리기 위하여 피를 쏟아붓는 장소로, 언약궤 위에 위치하고 있습니다. 속죄소의 두 끝에는 천사를 만들었는데 그 천사의 이름은 '그룹'입니다. '그룹'은 천사의 직분을 뜻하는 명칭인데 친위대라는 말입니다. 하나님의 친위대인 그룹이 있다는 말은, 하나님이 거기 계신다는 뜻입니다.

그룹들은 날개를 높이 펴서 그 날개로 속죄소를 덮게 되어 있었고, 얼굴은 마주 보되 속죄소를 보게 되어 있었습니다. 즉 하나님께서 그의 엄위하신 통치권으로 언약궤를 내려다보고 계시는 장소인 것입니다. 속죄소가 내려다보고 있는 언약궤는 지성소 안에 위치해 있으며, 1년에 한 번 대제사장이 피를 가지고 들어가서 속죄소 위에 뿌리고, 그곳에서 하나님을 만나서 하나님의 말씀을 듣게 되어 있습니다.

그런데 속죄소의 또 다른 이름은 '시은좌', 즉 은혜를 베푸시는 자리, 은혜를 받는 장소입니다. 보십시오. 속죄소는 이스라엘 백성들의 죄가 용서받는 자리이고, 죄를 용서받기 위해서 반드시 가지고 가야 하는 것이 피입니다. 피는 생명을 말하고, 피를 가져갔다는 말은 제물이 죽었다는 것입니다. 죄를 용서받기 위해서 그 값으로 피를 요구하고 있고, 제물을 죽여서 그 값인 피를 바쳤습니다. 그러면 그것은 은혜입니까? 줄 것 다 주고서 받은 것입니까? 줄 건 다 준 것입니다. 그렇다면 그것을 어떻게 은혜라고 할 수 있으며, 그 이름을 '시은좌' 라고 할 수 있습니까?

앞서 말씀드린 것처럼, 언약궤 안에 있는 두 돌판의 계명은 하나님께서 두 번째로 주신 것입니다. 그러면 두 번째 돌판이 의미하는 것은 무엇입니까? 첫 번째 것은 어디로 갔느냐는 것입니다. 기억해야 할 것이, 하나님께서 돌에다가 십계명을 쓰시다가 실수로 글자를 잘못 파는 바람에 깨부수고 새로 만들어 주신 것이 아닙니다. 하나님께서 첫 번째 돌판을 잘 만들어 주셨는데, 이스라엘 백성들이 범한 죄 때문에 열어 보기도 전에 모세가 던져서 깨 버렸습니다. 결국 첫 번째 돌판이 깨질 수밖에 없었던 원인은, 이스라엘 백성들의 죄 때문이었다는 것입니다.

지금 말씀드리는 것은, 단순히 이스라엘 백성들이 우상숭배를 하며 춤추고 좋아하는 꼴을 보지 못한 모세가 그 돌판을 던져서 깨뜨린 것을 말하는 것이 아니라 근본적인 문제가 그들에게 있었다는 것입니다. 그 근본적인 문제가 무엇입니까? 처음부터 이스라엘 백성들이 하나님에 대한 믿음이 없는 것입니다. 그들이 애굽에 내렸던 10

가지 재앙을 면하고 출애굽을 해서, 홍해 바다를 마른 땅처럼 건너고, 하나님께서 보내 주신 구름 기둥과 불기둥의 인도를 따라 시내산 아래에까지 왔지만, 저들에게는 믿음이 없었습니다. 그 대표적인 사건이 출애굽기 16장에 홍해를 건넌 직후에 있었던 일입니다.

출애굽기 16:1-3, "이스라엘 자손의 온 회중이 엘림에서 떠나 엘림과 시내 산 사이에 있는 신 광야에 이르니 애굽에서 나온 후 둘째 달 십오일이라 2. 이스라엘 자손 온 회중이 그 광야에서 모세와 아론을 원망하여 3. 이스라엘 자손이 그들에게 이르되 우리가 애굽 땅에서 고기 가마 곁에 앉아 있던 때와 떡을 배불리 먹던 때에 여호와의 손에 죽었더라면 좋았을 것을 너희가 이 광야로 우리를 인도해 내어 이 온 회중이 주려 죽게 하는도다"

출애굽기 16장 앞에는 어떤 일이 있었을까요? 홍해를 건넌 뒤에 찬송을 부르는 내용이 있습니다. 그 후 이스라엘 백성들이 '마라'라고 하는 곳에 도착했을 때, 하나님께서 마실 수 없는 물을 마실 수 있는 물로 바꿔 주신 기적도 기록되어 있습니다. 그런 놀라운 기적을 본 뒤에 바로 이어지는 원망이 바로 이것입니다. "차라리 애굽 땅에서 죽었으면 더 좋았겠다." "거기서는 비록 노예라는 신분이었지만, 그래도 고기 가마 곁에 앉아서 떡과 고기를 배불리 먹을 수 있었는데, 하나님을 따라서 나왔더니 배고파서 죽겠다. 도대체 이게 뭐냐?" 그들은 이런 원망을 했습니다.

여러분 보십시오. 이스라엘 백성들이 경험한 기적이 보통 일입니까? 우리 눈으로 그중의 하나만 봐도 정말 대단할 것 같지 않습니까? 아마도 일평생 잊지 못할 것입니다. 그런데 그런 기적이 한두 개도 아니고 애굽에서의 10가지 재앙, 홍해를 건넌 일, 마라에서 물을 마신 일들을 다 보고 경험하고도 배가 고프니까 "차라리 애굽이 나았다", "믿어 봐야 소용없다" 원망하는 것입니다. 지금 이런 상태의 신앙이 출애굽 당시의 이스라엘 백성들만 가지고 있는 것 같습니까? 오늘날 우리들도 별로 다르지 않습니다. 다 비슷비슷하고 똑같습니다. 성도들의 신앙이 가장 많이 흔들릴 때가 언제인지 아십니까? 일상생활에서입니다. 기적을 보지 못해서 믿음이 흔들리는 것이 아닙니다. 믿는 성도들치고 이런저런 기적의 경험, 간증할 거리가 없는 사람이 없습니다. 아마 시간을 주면 밤새도록 말해도 부족할 만큼 차고 넘칩니다.

그러면 그렇게 간증하는 사람들의 실제 삶의 모습을 보면, 정말 믿음이 좋아 보입니까? '영 아니올시다!'입니까? 특히 자신이 받은 구원이 무엇인지, 기독교 신앙을 가진 이유가 무엇인지 알지 못한 채, 일반 종교 생활을 하는 것처럼 기독교 신앙생활을 하시는 분들은 이스라엘 백성들이 했던 불평과 비슷한 것을 갖고 있습니다. "예수 잘 믿었는데 그래서 더 좋아진 게 뭐냐?"라는 것입니다. 일반 종교들은 지성을 드리면 감천이 돼서 뭔가 손에 떨어지는 것이 있는데, 기독교는 일생을 지성해도 감천은 고사하고, 맨날 자기 십자가를 지라 하고, 골고다 길을 걸어가야 한다고 하니 죽을 맛입니다.

결국 나오는 불평이 무엇입니까? 뭘 대단한 걸 달라고 하는 것도 아니고, 애들 아프지 않고 공부 잘하고, 신랑 바깥에 나가서 속 썩이지 않고, 부자는 아니라도 여름 휴가 정도는 부담 없이 갈 수 있는 삶을 살고 싶다는 것입니다. 그만큼 열심히 신앙생활했으면 이 정도는 해 줄 수 있지 않습니까? 이게 과한 요구로 느껴지십니까? 그 정도는 요구할 수 있죠. 이스라엘 백성들이 요구하는 것이 지금 말씀드린 이런 내용입니다. 그래서 하나님께서 하시는 말씀이 무엇입니까?

출애굽기 16:4, "그 때에 여호와께서 모세에게 이르시되 보라 내가 너희를 위하여 하늘에서 양식을 비 같이 내리리니 백성이 나가서 일용할 것을 날마다 거둘 것이라 이같이 하여 그들이 내 율법을 준행하나 아니하나 내가 시험하리라"

이스라엘 백성들이 광야에 있을 때 어떻게 만나를 먹게 되었는지 알려 주는 말씀입니다. 이스라엘 백성들이 하나님께 원망한 것이 무엇입니까? 먹을 것이 없다는 것입니다. 먹을 것만 해결해 주면 우리가 하나님을 잘 섬길 텐데, 배고파 죽겠으니 어떻게 하나님을 섬기겠느냐는 것입니다. 그래서 하나님께서 어떻게 하셨다고요? "그래, 좋다. 하늘에서 일용할 양식을 비같이 내려 주겠다. 그래서 너희가 배불리 먹고 나면 내 율법을 준행하나 안 하나 시험해 보겠다"라고 하셨습니다. 이때뿐이겠습니까? 가나안 땅 입성을 앞두고 하나님께서는 재차 이렇게 강조하셨습니다.

신명기 8:1-6, "내가 오늘 명하는 모든 명령을 너희는 지켜 행하라 그리하면 너희가 살고 번성하고 여호와께서 너희의 조상들에게 맹세하신 땅에 들어가서 그것을 차지하리라 2. 네 하나님 여호와께서 이 사십 년 동안에 네게 광야 길을 걷게 하신 것을 기억하라 이는 너를 낮추시며 너를 시험하사 네 마음이 어떠한지 그 명령을 지키는지 지키지 않는지 알려 하심이라 3. 너를 낮추시며 너를 주리게 하시며 또 너도 알지 못하며 네 조상들도 알지 못하던 만나를 네게 먹이신 것은 사람이 떡으로만 사는 것이 아니요 여호와의 입에서 나오는 모든 말씀으로 사는 줄을 네가 알게 하려 하심이니라 4. 이 사십 년 동안에 네 의복이 해어지지 아니하였고 네 발이 부르트지 아니하였느니라 5. 너는 사람이 그 아들을 징계함 같이 네 하나님 여호와께서 너를 징계하시는 줄 마음에 생각하고 6. 네 하나님 여호와의 명령을 지켜 그의 길을 따라가며 그를 경외할지니라"

이스라엘 백성들의 광야 40년 동안 하나님께서 먹을 것과 입을 것과 잠자는 것에 대해서 다 해결해 주셨는데, 결과적으로 그들이 원했던 것을 다 받고 나서 그들의 믿음이 좋아지고 율법을 잘 지켰습니까? 만나와 메추라기 고기를 먹고 배부른 뒤에도 저들의 불신앙은 바뀌지 않았습니다. 오히려 만나를 먹고 힘을 내서 더 하나님을 대항했고, 하나님을 대신할 우상을 만들어 냈습니다. 그것이 시내산 밑에서 모세가 없는 틈을 타서 송아지 우상을 만들어 섬기는 것으로 나타났던 것입니다.

하나님께서 만들어 주신 두 번째 돌판을 언약궤 안에 두어 보관하게 한 것은, 이스라엘 백성들의 근본적인 불신앙에 분노하면서 모세가 깨 버린 첫 번째 돌판의 의미가, 두 번째 돌판에 함께 있는 것입니다. 그 돌판을 누가 보고 있습니까? 속죄소 위의 천사들이 내려다 보고 있습니다. 앞서도 말씀드렸던 것처럼, 하나님의 친위대인 그룹이 속죄소에 있다는 것은 하나님께서 그곳에 계신다는 뜻입니다.

출애굽기 16:4, "이같이 하여 그들이 내 율법을 준행하나 아니하나 내가 시험하리라"

요한복음 8장에서 서기관과 바리새인들이 예수님 앞에 끌고 온, 현장에서 간음하다 붙잡힌 여인에 대한 처분을 묻는 질문에 대한 답변을 드리면서 속죄소와 언약궤에 관한 내용을 말씀드리고 있습니다. 범죄한 여인을 끌고 온 서기관과 바리새인들은, 저들의 조상인 구약 이스라엘 백성들보다 더 착하고 율법을 잘 지키는 사람들입니까, 같은 종류입니까? 서기관, 바리새인들은 자기들이 자기네 조상들보다 뭔가 더 낫다고 생각하고, 죄지은 여인을 예수님 앞에 끌어왔습니다. 그리고 예수님께 그 여인에 대한 심판을 묻고 있습니다.

그런데 심판을 받고 시험을 받아야 하는 사람이 예수님입니까? 서기관과 바리새인들입니까? 예수님께서 땅에 두 번 글을 쓰신 것은, 출애굽기 32장에 나온 두 돌판 십계명의 사건과 그 이전에 홍해를 건넌 뒤에 이스라엘 백성들이 보였던 불신앙에 대한 지적을 하시는 것입니다.

원래 뭐든 잘하는 사람은 자기가 뭘 했다고 말하지 않습니다. 그런데 평상시에 손도 까딱하지 않던 사람이 어쩌다 뭘 한 번 하면, 자기가 그걸 했다고 자랑합니다. 서기관과 바리새인들이 예수님께 하고 싶은 말이 무엇입니까? 자기들은 간음하지 않았다는 것입니다. 그러면 간음만 하지 않으면 율법의 모든 것을 다 지킨 것입니까? 그것 말고도 아홉 가지가 더 있습니다. 그러면 그들이 십계명만 잘 지켰다면 예수님께 칭찬을 들었을까요? 아니요, 저들은 자기들이 율법을 잘 지키고 있다고 자부했지만, 정작 빛으로 오시고 실체로 오신 예수님을 알아보지 못하고 예수님을 십자가에 못 박아 죽였습니다. 저들이 예수님을 알아보지 못한 이유는 무엇입니까? 저들이 어둠에 속한 자들이었기 때문입니다. 그리고 빛보다 어두움을 더 사랑했기 때문입니다. 누가 누구를 시험하고, 누구에게 심판하라고 따집니까? 저들이 오히려 심판받아야 할 대상 아닙니까?

오늘 말씀에서 꼭 기억하셔야 할 것이 있습니다. 하나님께서 보고 계신다는 것입니다. 속죄소 시은좌 위에서, 두 돌판의 십계명을 바라보고 계십니다. **"이같이 하여 그들이 내 율법을 준행하나 아니하나 내가 시험하리라"** 다른 사람이 잘하나 못하나 볼 것 없습니다. "너나 잘하시면 됩니다." 현장에서 간음하다 붙잡힌 여인을 끌어온 사람이 누구입니까? 서기관과 바리새인들입니까? 아니요, 저와 여러분들의 모습일 수 있습니다.

본인이 하나님 말씀대로 잘 살지 못하는 것에 대해서는 전혀 생각하지 않고, 다른 사람들이 어떻게 하나 관찰하고 판단하는 우리들의 모습일 수 있습니다. 그 속죄소 언약궤의 두 돌판 앞에 다른 사람들을 세우려고 하지 마십시오. 자기 자신을 세우십시오. 그리고 본인이 그 앞에서 얼마나 괜찮을 수 있는지 스스로를 돌아보십시오. 다른 사람들이 다 통과했어도 본인이 통과하지 못하면 땡, 탈락입니다. 아무도 통과하지 못해도, 본인이 통과할 수 있으면 감사한 일이고, 은혜의 순간이 될 수 있습니다.

 붙잡혀 온 여인이 저와 여러분입니다. 그리고 예수님은 그 여인과 같은 사람들을 위해 오셨습니다. 하나님의 계명이 어떻게 우리에게 주어졌는지, 예수님께서 땅에 글을 쓰시면서 어떤 말씀을 우리에게 주고 계시는지 다시 생각해 보시기 바랍니다. 우리는 판단하는 사람, 심판을 의뢰하는 사람이 아니라, 심판받고 용서받아야 하는 사람들입니다. 그러니 잘해야 합니다. 주신 말씀대로 잘 삽시다. 다른 사람 보면서 판단하고 간섭하지 말고, 자신이나 잘합시다.

요한복음 8:1-11

너를 고발하던 그들이 어디 있느냐

"1. 예수는 감람 산으로 가시니라 2. 아침에 다시 성전으로 들어오시니 백성이 다 나아오는지라 앉으사 그들을 가르치시더니 3. 서기관들과 바리새인들이 음행중에 잡힌 여자를 끌고 와서 가운데 세우고 4. 예수께 말하되 선생이여 이 여자가 간음하다가 현장에서 잡혔나이다 5. 모세는 율법에 이러한 여자를 돌로 치라 명하였거니와 선생은 어떻게 말하겠나이까 6. 그들이 이렇게 말함은 고발할 조건을 얻고자 하여 예수를 시험함이러라 예수께서 몸을 굽히사 손가락으로 땅에 쓰시니 7. 그들이 묻기를 마지 아니하는지라 이에 일어나 이르시되 너희 중에 죄 없는 자가 먼저 돌로 치라 하시고 8. 다시 몸을 굽혀 손가락으로 땅에 쓰시니 9. 그들이 이 말씀을 듣고 양심에 가책을 느껴 어른으로 시작하여 젊은이까지 하나씩 하나씩 나가고 오직 예수와 그 가운데 섰는 여자만 남았더라 10. 예수께서 일어나사 여자 외에 아무도 없는 것을 보시고 이르시되 여자여 너를 고발하던 그들이 어디 있느냐 너를 정죄한 자가 없느냐 11. 대답하되 주여 없나이다 예수께서 이르시되 나도 너를 정죄하지 아니하노니 가서 다시는 죄를 범하지 말라 하시니라"

서기관과 바리새인들이 현장에서 간음하다가 붙잡힌 여인을 예수님께 끌고 와서 어떻게 해야 할지를 묻고 있습니다. 저들은 예수님께서 용서하라고 말하면 율법을 어긴 분으로, 율법대로 벌을 주라고 말하면 그동안 예수님께서 가르치셨던 말씀을 뒤집는 사람으로 만들기 위한 목적으로 이 여인을 끌고 온 것이었습니다. 그런데 예수님께서 저들에게 주신 대답은, **"너희 중에 죄 없는 자가 먼저 돌로 치라"**라는 것이었습니다. 그리고 이 대답을 주시기 전과 후에 땅에다가 손가락으로 무엇인가 쓰시는 행동을 하셨습니다.

지난 시간에 예수님께서 쓰셨던 내용이 무엇이었을지, 성경에서 하나님께서 사람들에게 글을 써 주셨던 다른 사건들을 통해 일부 살펴봤습니다. 구약 이스라엘 시절에 하나님께서 쓰셨던 두 사건, 바벨론 왕 벨사살에게 글씨를 써 보이신 사건과 모세를 통해 두 번이나 이스라엘에게 주셨던 두 돌판의 십계명 사건을 살펴봤습니다.

두 사건의 공통점은, 하나님께서 저들의 죄를 지적하시고, 죄에는 반드시 심판이 따르게 되며, 그 심판은 공의로운 결과로 이루어진다는 것입니다. 특별히 모세에게 주셨던 두 돌판의 십계명을 언약궤 안에 보관하게 하시고, 그 언약궤 위에 두 그룹의 천사를 조각하여 그 안을 마주 보게 함으로 인해서 하나님께서 그 안을 보고 계심을 확인해 보았습니다.

하나님께서 보고 계시는 것이 무엇입니까? 이스라엘 백성들의 근본적인 불신앙입니다. 출애굽한 이스라엘 백성들이 기적을 한두 번 본 것이 아닙니다. 하나님께서 모세를 통해 이스라엘 백성들을 이끄실 때, 그들이 애굽이나 이방 나라에서 봤던 것처럼 하나님을 상징하는 형상을 만들게 하시거나, 화려하고 웅장한 제사 의식과 같은 것을 요구하신 적이 없습니다. 애굽에 10가지 재앙을 내리실 때, 단지 명료한 몇 마디 말씀으로만 모세가 해야 할 행동을 지시하셨고, 모세가 그 말씀에 순종했을 때 하나님은 당신의 살아 계심과 능력을 수없이 많은 기적으로 보이셨습니다. 구름 기둥과 불기둥은 이스라엘 백성들이 광야로 들어가서 하나님께 제사를 드리자 그들의 정성을 본 뒤에 보내 주신 것이 아니라, 그들이 애굽을 나와 출애굽의 여정을 시작할 때부터 보내 주셨습니다.

출애굽기 13:20-22, "그들이 숙곳을 떠나서 광야 끝 에담에 장막을 치니 21. 여호와께서 그들 앞에서 가시며 낮에는 구름 기둥으로 그들의 길을 인도하시고 밤에는 불 기둥을 그들에게 비추사 낮이나 밤이나 진행하게 하시니 22. 낮에는 구름 기둥, 밤에는 불 기둥이 백성 앞에서 떠나지 아니하니라"

이처럼 고센 땅에서 출발하여 아직 홍해 앞에 이르기도 전에 구름 기둥과 불기둥을 보내 주셨습니다. 이스라엘 백성들은 이렇게 수많은 기적을 직접 경험하면서 시내산 아래까지 온 것입니다. 하지만 모세가 하나님을 만나기 위해 시내산으로 올라간 그 잠시를 참지 못하고, 아론을 찾아와서 우상을 만들어 내라고 요구했습니다. 결국 저들의 불신앙을 목격한 모세가 하나님께서 직접 써 주신 처음 두 돌판 십계명을 던져서 깨 버릴 만큼, 하나님께서 행하셨던 수없이 많은 기적을 경험한 것들이 저들의 근본적인 불신앙을 바꾸지 못했습니다.

이처럼 언약궤 안에 있는 두 돌판 십계명은 하나님의 말씀에 대한 저들의 불신앙을 상징하는 것입니다.

두 번째는 만나 항아리로, 만나는 하나님께서 이스라엘 백성들에게 만나를 내려 주시면서 그들을 시험하여 그들의 **"마음이 어떠한지 그 명령을 지키는지 지키지 않는지"**(신 8:2) 확인시켜 주기 위해서 주신 것이었습니다. 저들은 홍해를 건넌 지 얼마 되지도 않은 시점에서부터 애굽에서 먹었던 떡과 고기를 그리워하면서, 하나님께서 이끄시는 대로 따라 나왔더니 배가 고파 죽게 되었다면서 하나님을 원망했습니다. 하나님을 믿고 따르려고 해도 배부르게 먹게 해 줘야 할 수 있는 거지, 당장 배가 고파 죽게 생겼는데 무슨 믿음이냐고 하면서 하나님을 원망했던 것입니다.

그래서 하나님께서 주신 것이 무엇이었습니까? 하늘에서 비처럼 내려 주신 만나였습니다. 그뿐 아니라 고기를 먹고 싶어 하는 저들에게 매일 저녁 메추라기를 보내 주셔서 먹게 해 주셨습니다. 하지만 우리가 성경을 통해 저들의 역사를 알고 있는 것처럼, 저들이 원하는 대로 먹고 배가 불렀다고 해서 하나님을 경외하고 따르지 않았습니다. 오히려 그것을 먹고 더 기운을 얻어서 하나님을 대적했습니다.

신명기 8:2-4, "네 하나님 여호와께서 이 사십 년 동안에 네게 광야 길을 걷게 하신 것을 기억하라 이는 너를 낮추시며 너를 시험하사 네 마음이 어떠한지 그 명령을 지키는지 지키지 않는지 알려 하심이라 3. 너를 낮추시며 너를 주리게 하시며 또 너도 알지 못하며 네 조상들도 알지 못하던 만나를 네게 먹이신 것은 사람이 떡으로만 사는 것이 아니요 여호와의 입에서 나오는 모든 말씀으로 사는 줄을 네가 알게 하려 하심이니라 4. 이 사십 년 동안에 네 의복이 해어지지 아니하였고 네 발이 부르트지 아니하였느니라"

여기 **"사람이 떡으로만 사는 것이 아니요 여호와의 입에서 나오는 모든 말씀으로"** 산다고 하신 말씀은, 예수님께서 광야에서 마귀에게 시험을 받으실 때 첫 시험을 이기신 말씀이기도 합니다. 사람은 무엇으로 삽니까? 떡 먹고 배불러야 사는 것입니까? 물론 그렇지요. 그러면 배만 부르면 없던 믿음도 생깁니까? 배가 부르면 저절로 믿음이 생기는 것이 아니라, 하나님의 모든 말씀이 있어야 믿음이 생기는 것입니다. 이스라엘 백성들이 40년 광야 생활을 하게 된 것도, 하나님께서 저들을 고생시키려고 일부러 뺑뺑이를 돌리셨던 것이 아니라, 저들이 하나님의 말씀을 믿지 못하고 가나안 땅에 정탐꾼을 보냈다가 스스로 포기한 것입니다.

신명기 1:19-24, "우리 하나님 여호와께서 우리에게 명령하신 대로 우리가 호렙 산을 떠나 너희가 보았던 그 크고 두려운 광야를 지나 아모리 족속의 산지 길로 가데스 바네아에 이른 때에 20. 내가 너희에게 이르기를 우리 하나님 여호와께서 우리에게 주신 아모리 족속의 산지에 너희가 이르렀나니 21. 너희의 하나님 여호와께서 이 땅을 너희 앞에 두셨은즉 너희 조상의 하나님 여호와께서 너희에게 이르신 대로 올라가서 차지하라 두려워하지 말라 주저하지 말라 한즉 22. 너희가 다 내 앞으로 나아와 말하기를 우리가 사람을 우리보다 먼저 보내어 우리를 위하여 그 땅을 정탐하고 어느 길로 올라가야 할 것과 어느 성읍으로 들어가야 할 것을 우리에게 알리게 하자 하기에 23. 내가 그 말을 좋게 여겨 너희 중 각 지파에서 한 사람씩 열둘을 택하매 24. 그들이 돌이켜 산지에 올라 에스골 골짜기에 이르러 그 곳을 정탐하고"

보십시오. 하나님께서 이스라엘 백성들을 가나안 땅이 건너다보이는 가데스 바네아까지 이끌어 와서, 모세를 통해 **"올라가서 차지하라 두려워하지 말라 주저하지 말라"**라고 말씀하셨습니다. 하지만 이스라엘 백성들은 하나님의 말씀을 듣고도 단번에 올라가기보다는, 일단 그 땅을 먼저 정탐해 보고 올라가자고 말합니다. 어디로 가는 것이 좋은지 방법을 찾아보자는 것입니다. 그렇게 이스라엘 백성들이 그 땅을 정탐해 본 결과가 어떻게 나왔습니까?

신명기 1:25, "그 땅의 열매를 손에 가지고 우리에게로 돌아와서 우리에게 말하여 이르되 우리의 하나님 여호와께서 우리에게 주시는 땅이 좋더라 하였느니라"

"하나님께서 우리에게 주시려고 하는 그 땅이 좋더라, 그 땅의 열매들은 너무나 아름답고 좋더라." 그런데 문제는 무엇입니까?

신명기 1:26-28, "그러나 너희가 올라가기를 원하지 아니하고 너희의 하나님 여호와의 명령을 거역하여 27. 장막 중에서 원망하여 이르기를 여호와께서 우리를 미워하시므로 아모리 족속의 손에 넘겨 멸하시려고 우리를 애굽 땅에서 인도하여 내셨도다 28. 우리가 어디로 가랴 우리의 형제들이 우리를 낙심하게 하여 말하기를 그 백성은 우리보다 장대하며 그 성읍들은 크고 성곽은 하늘에 닿았으며 우리가 또 거기서 아낙 자손을 보았노라 하는도다 하기로"

하나님께서 그 땅을 주셨으니 두려워 말고 주저하지 말라, 걱정하지 말고 올라가라고 확신을 주셨음에도 불구하고, 그들은 하나님께서 주신 땅으로 올라가기를 원하지 않고, 오히려 모여서 하나님을 원망했습니다. 하나님께서 저들에게 주시겠다고 약속하셨던 땅은, 이전에 이스라엘 백성들이 애굽에서 살던 땅과는 비교도 할 수 없을 만큼 기름진 땅이었습니다.

신명기 11:10-12, "네가 들어가 차지하려 하는 땅은 네가 나온 애굽 땅과 같지 아니하니 거기에서는 너희가 파종한 후에 발로 물 대기를 채소밭에 댐과 같이 하였거니와 11. 너희가 건너가서 차지할 땅은 산과 골짜기가 있어서 하늘에서 내리는 비를 흡수하는 땅이요 12. 네 하나님 여호와께서 돌보아 주시는 땅이라 연초부터 연말까지 네 하나님 여호와의 눈이 항상 그 위에 있느니라"

이렇게 좋은 땅을 어떻게 누릴 수 있습니까?

신명기 11:8-9, "그러므로 너희는 내가 오늘 너희에게 명하는 모든 명령을 지키라 그리하면 너희가 강성할 것이요 너희가 건너가 차지할 땅에 들어가서 그것을 차지할 것이며 9. 또 여호와께서 너희의 조상들에게 맹세하여 그들과 그들의 후손에게 주리라고 하신 땅 곧 젖과 꿀이 흐르는 땅에서 너희의 날이 장구하리라"

하나님의 약속이 무엇입니까? **"내가 오늘 너희에게 명하는 모든 명령을 지키라"**라는 것입니다. 그러면 어떻게 된다고요? **"너희가 강성할 것이요" "젖과 꿀이 흐르는 땅에서 너희의 날이 장구하리라"** 하나님의 약속을 믿고 말씀을 지키면 강성해지고, 먹고살 걱정이 없게 해 주시겠다는 것입니다. 하지만 저들은 하나님의 말씀을 믿지 않고 원망했습니다. 그 결과 어떻게 됐습니까?

민수기 14:33-35, "너희의 자녀들은 너희 반역한 죄를 지고 너희의 시체가 광야에서 소멸되기까지 사십 년을 광야에서 방황하는 자가 되리라 34. 너희는 그 땅을 정탐한 날 수인 사십 일의 하루를 일 년으로 쳐서 그 사십 년간 너희의 죄악을 담당할지니 너희는 그제서야 내가 싫어하면 어떻게 되는지를 알리라 하셨다 하라 35. 나 여호와가 말하였거니와 모여 나를 거역하는 이 악한 온 회중에게 내가 반드시 이같이 행하리니 그들이 이 광야에서 소멸되어 거기서 죽으리라"

하나님의 말씀을 믿지 못하고 그 땅을 정탐한 뒤에 스스로 포기했던 이스라엘의 불순종을 벌하시는데, 그들이 정탐한 날 수의 하루를 1년씩 계산해서 40년 동안 저들로 하여금, 스스로 그들의 죄를 깨닫게 해 주시겠다고 말씀합니다. 그러면서 34절에 "하나님께서 저들의 불순종을 싫어하면 어떻게 되는지를 알게 되리라"라고 말씀하십니다. 또한 모여서 하나님을 거역한 악한 온 회중에게는, 하나님께서 주시겠다고 약속하셨던 그 땅에 들어가지 못하고, 광야에서 소멸되어 거기서 죽으리라고 말씀했습니다.

이스라엘 백성들이 애굽을 출발할 때부터 하나님께서는 구름 기둥과 불기둥으로 그들의 길을 인도해 주시고, 만나와 메추라기를 배불리 먹게 해 주셨습니다. 시내산까지 왔을 때는 비록 저들이 하나님 대신 우상을 만들어 섬겼지만, 모세에게 두 번째로 손으로 새긴 십계명도 주시고, 하나님의 말씀을 잘 새겨듣고 그 말씀을 따라 순종했을 때 받게 되는 복까지도 다 가르쳐 주셨습니다.

하지만 그들은 약속받은 땅이 건너다보이는 곳까지 왔어도 하나님을 믿지 않았습니다. 인간은 언제나 우리가 먹고사는 문제만 해결되면 당연히 하나님을 잘 믿고 섬기겠다고 말합니다. 하지만 인간은 먹고사는 문제가 해결되어도 근본적으로 하나님께 나오는 존재가 아닙니다. 결국 언약궤에 보관되어 있는 만나 항아리는 무엇을 상징합니까? 인간의 근본적인 불신앙을 고발합니다. 그리고 하나님은 언약궤 안의 만나 항아리를 통해 그와 같은 인간의 본성을 지켜보고 계시면서, 인간이 먹고사는 문제가 해결됐다고 해서 하나님을 향한 믿음이 더 좋아지지 않는다는 것을 보여 주는 것입니다.

세 번째로 살펴봐야 하는 것은, 이스라엘의 또 다른 불신앙을 상징하는 아론의 싹 난 지팡이입니다. 아론의 싹 난 지팡이는 모세가 홍해를 가를 때, 아말렉과 전쟁할 때(출 17장), 므리바의 반석에서 물을 낼 때 사용했던 지팡이입니다. 그런데 그 지팡이가 왜 모세의 지팡이가 아니라 아론의 지팡이일까요? 민수기 16~17장에 설명되어 있는데요, 레위 자손인 고라가 르우벤 지파에 속한 다단과 아비람과 온과 함께 당을 지어서, 그들을 따르던 250명의 유명한 족장들과 함께 모세와 아론을 대적했던 사건이 나옵니다. 오늘 성경 말씀을 다 인용할 수 없기 때문에 집에 가셔서 민수기 16~17장을 꼭 읽어 보시기 바랍니다.

민수기 16:3, "그들이 모여서 모세와 아론을 거슬러 그들에게 이르되 너희가 분수에 지나도다 회중이 다 각각 거룩하고 여호와께서도 그들 중에 계시거늘 너희가 어찌하여 여호와의 총회 위에 스스로 높이느냐"

이 말씀을 이해하기 위해서는, 레위 자손인 고라와 르우벤 지파에 속한 세 사람, 다단과 아비람과 온이 왜 모세를 대적했으며, 그들이 어떤 불만을 품고 있었는지 알아야 합니다. 우리가 알고 있는 것처럼, 성전에서 일할 수 있는 사람은 레위 자손에 속한 사람들만 할 수 있습니다. 모세도 고라와 그의 자손들에게 너희가 성막에서 일하는 것이 특별히 구별된 특권임을 지적했습니다.

민수기 16:8-10, "모세가 또 고라에게 이르되 너희 레위 자손들아 들으라 9. 이스라엘의 하나님이 이스라엘 회중에서 너희를 구별하여 자기에게 가까이 하게 하사 여호와의 성막에서 봉사하게 하시며 회중 앞에 서서 그들을 대신하여 섬기게 하심이 너희에게 작은 일이겠느냐 10. 하나님이 너와 네 모든 형제 레위 자손으로 너와 함께 가까이 오게 하셨거늘 너희가 오히려 제사장의 직분을 구하느냐"

모세가 지적하는 것처럼 고라는 레위 자손의 특권에 만족하지 않고, 아론과 그의 자손이 가진 제사장 직분을 원했습니다. 제사장은 레위 자손에 속해 있다고 해서 되는 것이 아니라, 오직 아론의 후손들에게만 위임된 것입니다.

출애굽기 29:9, "아론과 그의 아들들에게 띠를 띠우며 관을 씌워 그들에게 제사장의 직분을 맡겨 영원한 규례가 되게 하라 너는 이같이 아론과 그의 아들들에게 위임하여 거룩하게 할지니라"

고라는 하나님께서 아론과 그의 후손에게 위임시킨 제사장 직분을 차지해서, 종교적 권위로 사람들을 다스리고 자기의 영향력을 드러내고 싶었던 것입니다. 르우벤은 아버지 야곱이 사랑하지 않았던 레아에게서 낳은 아들이지만, 야곱의 열두 아들들 가운데 맏아들이므로 당연히 장자로서의 권한을 누릴 수 있었습니다. 하지만 아버지의 첩이었던 빌하와 동침함으로 인해서 장자의 권한을 빼앗겼습니다. 그렇다면 르우벤 지파에 속한 다단과 아비람과 온이 원했던 것은 무엇일까요? 그들은 장자 지파가 가져야 할 정치적 지휘권을 모세에게 빼앗겼다고 생각하고, 그것을 되찾길 원했던 것입니다. 그러자 모세가 고라와 그와 함께한 모든 사람들에게 향로와 불을 담은 향을 가지고 나와서 하나님의 뜻이 누구에게 있는지 묻기로 했습니다(민 16:16-18).

민수기 16:28, "모세가 이르되 여호와께서 나를 보내사 이 모든 일을 행하게 하신 것이요 나의 임의로 함이 아닌 줄을 이 일로 말미암아 알리라"

하나님께서는 모세에게 속한 사람들과 고라당에 속한 사람들을 분리한 뒤에, 고라당에 속한 사람들을 땅을 벌려 삼키게 하는 것으로 심판하셨습니다(민 16:31-33). 또한 고라를 따랐던 250명의 족장들은, 자기들이 가지고 온 향로에서 불이 나와 타 죽었습니다(민 16:35). 이 모든 상황이 이스라엘 온 백성들이 보는 앞에서 벌어졌습니다. 여러분이 이런 상황을 보셨다면 어떤 판단을 하시겠습니까? 하나님께서 모세와 고라 둘 중에 누구의 손을 들어 준 것이라고 생각되십니까? 하나님께서 모세의 편을 들어 주셨고, 자기들이 보는 눈앞에서 무수히 많은 사람들이 심판을 받는 모습을 봤으니, 당연히 하나님을 두려워하고 하나님의 뜻을 반역한 자신들의 죄를 회개해야 맞습니다. 하지만 이스라엘 백성들은 오히려 모세와 아론이 여호와의 백성을 죽였다고 하면서 원망했습니다.

민수기 16:41, "이튿날 이스라엘 자손의 온 회중이 모세와 아론을 원망하여 이르되 너희가 여호와의 백성을 죽였도다 하고"

그러자 하나님께서 이번에는 이스라엘에 염병을 내리시는 것으로 심판을 보이셨습니다(민 16:49). 그날 고라의 일로 죽은 자 외에, 염병으로 인해 죽은 자가 만 사천칠백 명이었습니다. 이와 같은 일이 있은 후에, 하나님께서 모세를 통해 이스라엘 12지파의 족장 가문의 지팡이를 하나씩 가지고 와서, 그들의 이름을 쓴 후에 언약궤 앞에 두라고 말씀하셨습니다.

민수기 17:2-4, "너는 이스라엘 자손에게 말하여 그들 중에서 각 조상의 가문을 따라 지팡이 하나씩 취하되 곧 그들의 조상의 가문대로 그 모든 지휘관에게서 지팡이 열둘을 취하고 그 사람들의 이름을 각각 그 지팡이에 쓰되 3. 레위의 지팡이에는 아론의 이름을 쓰라 이는 그들의 조상의 가문의 각 수령이 지팡이 하나씩 있어야 할 것임이니라 4. 그 지팡이를 회막 안에서 내가 너희와 만나는 곳인 증거궤 앞에 두라"

3절 말씀처럼 레위 지파의 지팡이는, 아론의 이름을 쓰도록 하셨습니다. 첫째 이유는 아론이 레위 지파의 족장 가문에 속한 맏이였기 때문이고, 또 다른 이유는 하나님께서 성막에서 일하는 제사장의 일을 아론과 그의 자손에게 맡기셨기 때문입니다. 그렇게 각 족장들이 가지고 온 지팡이들을 증거궤 곧 언약궤 앞에 두면, 하나님께서 택한 자의 지팡이에 싹이 나도록 하는 것으로 그 정통성을 증명해 보이고, 이스라엘의 원망을 그치게 하시겠다는 것입니다.

민수기 17:5, "내가 택한 자의 지팡이에는 싹이 나리니 이것으로 이스라엘 자손이 너희에게 대하여 원망하는 말을 내 앞에서 그치게 하리라"

그렇게 이스라엘 12지파가 언약궤 앞에 갖다 놓은 지팡이들의 결과가 어떻게 되었을까요?

민수기 17:8, "이튿날 모세가 증거의 장막에 들어가 본즉 레위 집을 위하여 낸 아론의 지팡이에 움이 돋고 순이 나고 꽃이 피어서 살구 열매가 열렸더라"

단 하루 만에 아론의 지팡이에 꽃이 피고 살구 열매가 맺게 되는 기적으로 하나님의 뜻을 보이셨습니다. 그러자 이스라엘 백성들은 모세에게 이렇게 외칩니다.

민수기 17:12, "이스라엘 자손이 모세에게 말하여 이르되 보소서 우리는 죽게 되었나이다 망하게 되었나이다 다 망하게 되었나이다"

고라당이 범한 반역의 죄를 땅을 갈라서 심판하시고, 제단에 드린 향로에서 불이 나와서 태우시는 것을 보고도 회개하지 않고 원망하자, 염병을 보내서 만 사천칠백 명을 죽게 하셨습니다. 그래도 회개하지 않았던 사람들이었습니다. 하지만 죽어서 마른 지팡이에서 꽃이 피고, 그 나무에 살구 열매가 맺는 것을 보자 비로소 회개했습니다. 그리고 하나님께서는 그 아론의 지팡이를 증거궤 안에 넣어, 반역한 자들에 대한 표징으로 삼게 했습니다.

민수기 17:10, "여호와께서 또 모세에게 이르시되 아론의 지팡이는 증거궤 앞으로 도로 가져다가 거기 간직하여 반역한 자에 대한 표징이 되게 하여 그들로 내게 대한 원망을 그치고 죽지 않게 할지니라"

언약궤 안에 보관하여 표징으로 삼게 한, 아론의 싹 난 지팡이가 상징하는 것이 무엇입니까? 반역한 자에 대한 표징입니다. 그러면 이 사건이 간음하다 붙잡혀 온 여인 사건과 무슨 관계가 있을까요? 서기관과 바리새인들이 범죄한 여인을 예수님께 붙잡아 와서 고발하는 내용이 무엇이었습니까? 예수님 당신은 이 범죄를 어떻게 처리할 거냐는 것입니다. 당신의 결정을 들어 보겠다는 것이지요. 저들에 대한 예수님의 답변은 무엇이었습니까? **"너희 중에 죄 없는 자가 먼저 돌로 치라"**라는 것입니다.

그리고 모든 사람이 다 돌아간 뒤에 이 여인에게 예수님께서 하신 말씀이 무엇이었습니까? **"나도 너를 정죄하지 아니하노니 가서 다시는 죄를 범하지 말라"** 하셨습니다. 예수님의 이 말씀은 무엇을 의미합니까? 범죄에 대한 심판의 권한은 인간에게 있지 않다는 것입니다. 예수님은 당연히 이 여인을 정죄할 수 있는 분입니다. 하지만 육신의 몸을 입고 오셔서 세상에 사시는 동안에는, 죄에 대한 정죄를 하지 않으셨습니다. 왜요? 죄를 정하고 심판하는 것은, 오직 성부 하나님의 권한이기 때문입니다. 그러면 예수님은 무엇을 하셨습니까? 인간들이 지은 그 모든 죄의 짐을 대신 지시고, 십자가 위에서 자신의 몸을 희생의 제물로 드리셨습니다.

언약궤 안에 있는 세 가지 상징물인, 두 돌판 십계명, 만나 항아리, 아론의 싹 난 지팡이가 지닌 모든 의미가 이스라엘의 범죄 곧, 인간이 가진 근본적인 불신앙을 지적하고 있습니다. 그리고 이 세 가지 상징물들은 예수님께서 광야에서 마귀에게 시험을 받으신 내용과 정확히 일치합니다. 돌로 떡을 만들어 먹으라는 시험에는, 사람이 떡으로만 사는 것이 아니라 하나님의 모든 말씀으로 산다는 신명기 8장의 말씀으로, 만나 항아리를 보관하게 하신 이유와 일치합니다. 성전에서 뛰어내리는 것으로 예수님이 하나님의 아들인 것을 증명해 보이라던 시험에는, 이스라엘을 애굽에서 구원하신 것을 기억하고 하나님께서 그들에게 주신 명령과 규례와 법도를 지키면서, **"네 하나님 여호와를 경외하며 그를 섬기며 그의 이름으로 맹세할 것이니라"**(신 6:13)라는 말씀으로 확인시키셨습니다. 산꼭대기에서 온 천하 만물을 보이면서 자기에게 한 번만 경배하면 그 모든 것을 주겠다고 했던 시험에는, 세상의 주관자요 주권자는 오직 성부 하나님 한 분뿐이시며 그분께만 경배해야 함을 말씀하셨습니다.

하나님께서는 아론이 사용하던 마른 지팡이에 싹이 나고 열매까지 맺게 하심으로, 모세와 아론에게 주셨던 모든 권한이 오직 하나님께 있음을 증명하게 하신 것입니다. 또한 예수님도 현장에서 간음하다가 붙잡혀 온 사람이라 할지라도, 육신의 몸으로 세상에 사는 동안은 정죄하지 않는 것으로 순종을 보이셨습니다.

범죄한 여인의 즉결처분을 묻는 사람들 앞에서 예수님께서는 몸을 굽히시고 땅에 무엇을 쓰셨을까요? 본인이 대신 져야 할, 인간이 가지고 있는 모든 범죄를 쓰시지 않으셨을까요? 사실 인간이 범하는 모든 죄들은, 먹고사는 문제, 자신의 존재감을 드러내고 증명하는 문제, 자신의 힘과 권한을 높이기 위해서 다른 사람을 정죄하고 심판하거나, 다른 사람의 약점을 드러내는 것들에 있습니다.

가장 대표적인 사람들이 정치인들이죠. 그 동네 사람들은 자기들이 뭘 잘해서 사람들에게 표를 얻는 것이 아니라, 상대방의 약점을 집요하게 물고 늘어져서, 자기는 그런 사람들보다 좀 더 낫다는 것으로 표를 얻습니다. 사람들은 그런 정치인들이 제시하는 상대 후보자 또는 그가 속한 정당의 약점들을 보면서 분개하고, 덜 나쁜 정치인이거나 덜 나쁜 정당에게 표를 줍니다. 그런데 조금만 지나고 보면 그 사람이나 그 정당이나 다르지 않다는 것을 금방 알게 됩니다. 왜 그럴까요? 인간의 본성이 똑같기 때문입니다.

사람들은 남을 위해서 자기가 죽지 않습니다. 자기를 위해 남을 죽입니다. 다시는 기어오르지 못할 만큼 철저하게 잘 죽여야 20년 집권, 100년 집권이 가능해집니다. 그러면 권력을 탐하는 정치인들만 그런 성향을 가졌습니까? 예수 믿는 사람들은 그렇지 않을까요? 예수를 잘 믿는다며 교회 열심히 다니는 사람이나, 믿지 않는 사람이나 별 차이가 없습니다. 모세를 원망했던 사람들이 이방인이었던 가나안의 일곱 족속들이었습니까? 이스라엘 백성들이었습니다. 간음한 여인을 끌고 온 사람들이 로마의 군병들이었습니까? 서기관과 바리새인들이었습니다.

사람들이 자꾸 오해하는 것이, 교회에 다니는 사람은 괜찮은 사람일 거라고 생각합니다. 정말 그럴까요? 옆 사람을 보시지요. 괜찮아 보이십니까? 물론 예배드릴 때는 괜찮아 보입니다. 아무렴 이 안에서도 나쁠까요? 하지만 예배 끝나고 교회 바깥으로 한 발자국만 나가도 달라집니다. 그 본성, 그 야성이 어디로 갈까요. 동물원의 맹수들이 갇혀 있기 때문에 야성이 많이 없어진 것처럼 보여도, 먹잇감을 던져 주면 야생의 본능이 곧바로 나옵니다.

예수를 믿어도 인간이 가진 본성은 별로 변하지 않습니다. 그러니 마귀가 예수님께서 육신의 몸을 입고 오시자 다른 인간과 똑같은 취급을 하면서, 인간의 본성을 자극하는 시험을 하지 않았습니까? 그래서 예수 믿는다고 하면서 "나는 달라, 나는 그런 사람이 아니야!" 이렇게 말하는 사람이 있다면 그 사람부터 조심하십시오. 그런 사람이 어떤 상황만 벌어지면, 제일 먼저 야성을 드러낼 사람입니다.

지금 말씀드리는 것은, 언약궤 안에 있었던 세 가지 상징물이 의미하고 가르치려는 것이, 인간의 근본적인 죄성을 드러내고 그것들을 통해서 교훈을 주시는 하나님의 뜻을 알고, 잘 배우고, 또 살아야 한다는 것입니다. 누가 누구를 고발하고, 누가 누구를 심판하며, 누구에게 그 처분을 따집니까? 처음부터 죄의 본성을 갖고 태어난 인간은, 그럴 수 있는 존재가 아닙니다. 그리고 그런 일은 예수님도 하지 않으셨습니다. 예수님도 하지 않으신 일을 누가 할 수 있다는 말입니까? 그냥 너나 잘하시면 됩니다.

하지만 그렇다고 해서 예수님도 죄인을 정죄하지 않으셨으니, 다른 사람이 어떤 죄를 범해도 다 괜찮다고 인정해 줘야 한다는 말은 아닙니다. 예수님은 자신도 정죄하지 않은 사람들 때문에, 또한 그런 사람들을 위해서 십자가 위에서 죽으셔야 했습니다. 그 사람들 속에는 현장에서 간음하다가 붙잡힌 여인도 포함되지만, 그 여인을 끌고 온 서기관과 바리새인도 포함되고, 그 현장에 돌을 들고 서 있던 사람들도 포함됩니다. 그러면 오늘날 저와 여러분은 어떨까요? 우리도 모두 포함됩니다. 그래서 예수님께서 여인을 돌려보내시면서 하셨던 말씀을 꼭 기억해야 하는 것입니다.

> 요한복음 8:11, "대답하되 주여 없나이다 예수께서 이르시되 나도 너를 정죄하지 아니하노니 가서 다시는 죄를 범하지 말라 하시니라"

"가서 다시는 죄를 범하지 말라." 예수님의 십자가 죽음을 헛된 것으로 만들지 않도록, 다시는 죄를 범하지 말아야 합니다. 누가 죄를 범하지 말아야 합니까? 오직 저 여인만입니까? 저와 여러분은 아닙니까? 자기 자신에게 있는 죄의 본성을 들여다보십시오. 여러분이 스스로 보지 않더라도 언약궤 위에 있는 그룹들이, 두 돌판 십계명과 만나 항아리와 아론의 싹 난 지팡이와 함께 저와 여러분을 보고 있습니다. 기록된 성경으로 교훈을 주신 하나님의 말씀을 읽고, 듣고도 깨닫지 못한다면, 우리는 예배당 바깥에 있는 예수님을 전혀 알지 못하는 사람들과 별로 다르지 않은, 차이가 없는 인생을 살고 말 것입니다. 저와 여러분은 하나님께서 우리를 지켜보고 계신다는 사실을 잊지 말고, 하나님 앞에 선 사람들처럼 신앙생활하기를 기원합니다.

요한복음 8:12~15

나는 세상의 빛이니

"12. 예수께서 또 말씀하여 이르시되 나는 세상의 빛이니 나를 따르는 자는 어둠에 다니지 아니하고 생명의 빛을 얻으리라 13. 바리새인들이 이르되 네가 너를 위하여 증언하니 네 증언은 참되지 아니하도다 14. 예수께서 대답하여 이르시되 내가 나를 위하여 증언하여도 내 증언이 참되니 나는 내가 어디서 오며 어디로 가는 것을 알거니와 너희는 내가 어디서 오며 어디로 가는 것을 알지 못하느니라 15. 너희는 육체를 따라 판단하나 나는 아무도 판단하지 아니하노라"

본문은 서기관과 바리새인들이 현장에서 간음하다가 붙잡힌 여인을 예수님께 끌고 와서, 어떻게 그 여인의 죄를 처분할 것인지를 물었던 사건이 있은 후에, 예수님께서 하신 말씀입니다.

요한복음 8:12, "예수께서 또 말씀하여 이르시되 나는 세상의 빛이니 나를 따르는 자는 어둠에 다니지 아니하고 생명의 빛을 얻으리라"

본문을 개역개정 성경으로 보면, 이 말씀이 앞의 간음한 여인을 데려온 사건과 이어지는 내용인지 다른 내용인지 쉽게 구분하기 어렵습니다. 그런데 20절을 보면 예수님께서 이 말씀을 성전의 헌금함 앞에서 가르치셨다고 기록하고 있습니다.

요한복음 8:20, "이 말씀은 성전에서 가르치실 때에 헌금함 앞에서 하셨으나 잡는 사람이 없으니 이는 그의 때가 아직 이르지 아니하였음이러라"

오늘 우리가 살펴보려고 하는 것은, 예수님께서 "나는 세상의 빛이다, 나를 따르는 사람은 생명의 빛을 얻을 것이다"라고 말씀하셨는데, 그 빛이 과연 무엇인가? 하는 것입니다. 요한복음에서는 **"그 안에 생명이 있었으니 이 생명은 사람들의 빛이라, 빛이 어둠에 비치되 어둠이 깨닫지 못하더라"**(요 1:4-5)라고 하면서 빛과 어둠을 대조하여 말씀했습니다.

성경에서 빛이나 어둠을 말할 때는, 그것에 대한 일반적인 상식의 개념을 그대로 사용합니다. 빛이 있는 곳에서는 쉽게 분별할 수 있지만, 어두우면 어디가 길인지, 장애물이 있는지, 어디가 마른 땅이고, 어디에 웅덩이가 있는지 분별할 수 없습니다. 그러면 성경은 왜 예수님을 가리켜서 빛이라고 말씀했을까요? 또한 예수님께서도 스스로를 빛이라고 말씀하셨습니다. 그래서 기독교 신앙을 이해하기 위해서는, 빛에 대한 개념을 알아야만 합니다.

일반 종교에서 '빛'은 깨달음입니다. 오랜 수행을 하거나 삶에 대한 깊은 명상과 통찰을 통해서 다른 사람들은 발견하지 못하고 깨달음을 얻지 못한 것을 얻었을 때, '드디어 빛을 보았다'라는 식으로 말합니다. 하지만 기독교는 빛에 대해서, 인간이 스스로의 연구나 수행을 통해서 보게 된다, 깨닫게 된다고 말하지 않고, "빛은 오직 예수 그리스도"이시며 "예수 그리스도께 나와야만" 볼 수 있다고 말합니다. 그래서 기독교는 예수님을 가리켜서 '구세주'라고 합니다.

구세주의 사전적 의미는, "어려움이나 고통에서 구해 주는 사람"입니다. 어떤 어려움이나 고통에서 자기 스스로 벗어날 수 있다면 구세주는 필요 없겠죠. 하지만 인간 스스로의 힘으로는 도저히 해결할 방법이 없기 때문에 구세주인 예수 그리스도께서 이 땅에 오셔서 우리를 대신하여 인생의 모든 문제를 해결해 주셨고, 우리는 그 예수님을 믿는 것입니다.

구세주를 믿는 기독교 신앙의 기초는, "어떤 진리를 깨우치는 도"가 아니라는 것입니다. 기독교는 언제나 정답은 오직 '예수 그리스도뿐'이라고 결론을 내리지, 우리가 공부나 수행이나 깊은 명상이나 통찰 등으로 어떤 방법을 깨달아서, 우리의 처한 문제를 해결해 나간다고 생각하지 않습니다. 그래서 참된 기독교 신앙을 가진 사람들은 자신에게 방법이 없음을 인정하고 예수께로 나옵니다. 그런 의미에서 다윗의 신앙고백은, 오늘날 우리에게 좋은 본을 보여 줍니다.

> 시편 40:1-2, "내가 여호와를 기다리고 기다렸더니 귀를 기울이사 나의 부르짖음을 들으셨도다 2. 나를 기가 막힐 웅덩이와 수렁에서 끌어올리시고 내 발을 반석 위에 두사 내 걸음을 견고하게 하셨도다"

기가 막힐 웅덩이와 수렁에 빠져 있던 다윗이 이 방법, 저 방법 다 동원해서 시도해 보다가 우여곡절 끝에 길을 찾아내서 올라올 수 있었다고 말하지 않았습니까. "내가 할 수 있는 것은 여호와를 기다리고 기다리면서 부르짖는 것밖에 없었다. 그랬더니 하나님께서 귀를 기울이사 내 부르짖음을 들으시고, 날 건져 내셔서 내 발을 반석 위에 올려 주셨다"라고 고백합니다. 기독교 신앙이 바로 이런 것입니다. "난 울고 통곡하는 것, 구세주를 기다리며 부르짖는 것, 그것 말고는 내가 할 수 있는 다른 것이 없더라." 이런 고백을 하는 사람이 진짜 믿음 있는 사람의 고백입니다.

그런데 보통 사람의 일반적인 특징이 무엇이냐 하면, 어떤 상황에서도 적응을 참 잘한다는 것입니다. 어둠 속에 있으면, 그 어둠이 불편하다는 것을 느끼고 빛으로 나와야 하는데, "뭐 계속 지내 보니 여기도 살 만하네" 하면서 어둠을 불편해하지 않을 뿐 아니라, 심지어는 아무렇지 않은 듯 적응을 합니다. 무슨 말씀인지 이해가 되십니까? 어둠으로 상징되는 '죄'라는 현실 속에 살면서, 그 '죄'에 대한 불편함과 거부감 때문에 적응하지 못해서, 어쨌든지 '빛'으로 나오려고 하는 것이 아니라, 그냥 어둠에 적응합니다.

그래서 우리 신자들이 믿지 않는 세상 사람들과 다른 점이 무엇입니까? 소속이 다르다는 것입니다. 우리는 하나님께 속해 있으며, 그 시민권이 세상이 아닌 천국에 있습니다. 비록 우리가 세상에 살고는 있지만, 우리는 당연히 '천국의 시민'답게 살아야 합니다. 그 '시민다움'이 무엇입니까? 하나님께서 미워하시는 '죄'에 대한 불편함을 갖는 것입니다.

왜 '죄'가 불편해야 할까요? '죄'는 어둠에 속한 것이기 때문입니다. 우리는 '빛'을 본 사람들이요, '빛'을 소유한 사람들입니다. 그런데 '빛'을 비추는 전등을 가지고 어둠 속으로 들어간 사람이 그 전등을 사용하지 않거나, 쓸 줄 모르고 있다면 그 사람은 둘 중 하나일 것입니다. 하나는 미련한 사람입니다. 빛을 가지고도 사용하지 못하고 있기 때문입니다. 또 하나는 그 어둠을 이용해서 뭔가 다른 생각, 다른 욕심을 가진 것입니다.

미국이야 각 가정마다 전기 공급이 안정적으로 이루어지기 때문에 정전될 일이 별로 없겠지만, 제가 DTS 훈련을 받으면서 선교 여행을 갔던 짐바브웨는 불규칙적으로 전기가 들어왔습니다. 전기가 계속 들어오다가 어느 순간에 정전이 되는 것이 아니라 계속 정전 상태로 있다가 간혹 전기가 들어올 때가 있는데, 그게 언제 들어올지 아무도 모릅니다. 어떤 때는 아침에 들어오고, 어떤 때는 밤에 들어오고, 어떤 때는 새벽에 잠깐 들어왔다가 끝납니다. 그래서 충전할 것이 있는 사람들은 콘센트에 꽂아 놓고 마냥 기다리는 수밖에 없었습니다. 그래서 음식 당번을 맡은 사람은 전기가 들어오면, 밤이든 새벽이든 제일 먼저 부엌으로 가서 빨리 조리를 해야 했습니다. 그런 상황에서 제일 중요한 것은 양초와 성냥입니다. 그리고 저녁이 되면 곳곳에 불을 켜 두었습니다. 당시에 저의 아이들이 어렸기 때문에 부주의하게 다니다가 촛불을 건드릴까 봐 노심초사했던 기억이 있습니다. 이렇듯 빛을 가지고 있는 정상적인 사람이라면 어둠을 불편해합니다. 그리고 빛을 밝혀서 주변을 밝게 할 것입니다. 그것이 본인과 모든 사람에게 좋은 것이기 때문입니다.

　우리가 주목해야 하는 것은 예수님께서 "나는 세상의 빛이다. 나를 따르는 자는 어둠에 다니지 아니한다"(요 8:12)라고 말씀하신 뜻을 정확하게 아는 것입니다. 예수님께서 자신을 빛이라고 하신 이 말씀은 사실을 말하는 것입니까, 그럴지도 모른다는 추정을 말하는 것입니까? 사실을 말한 것입니다. 그러면 예수님께서 자신을 가리켜서 '빛'이니 나를 따르라고 말씀하시는 것은, 예수님께서 빛 가운데 사는 사람들을 향해 말씀하시는 것입니까? 어둠을 향해서 말씀하시는 것입니까? 어둠을 향해서 하신 말씀입니다. "이렇게 세상이 밝은데 무슨 소리냐? 지금은 밤도 아닌데 무슨 어둠이라고 말하느냐?"라고 말씀하신다면, 아직 예수님이 누구신지, 예수님이 왜 세상에 오셨는지 모르는 것입니다.

　세상은 어둠에 속해 있으며, 우리들 역시 어둠 속에서 살고 있습니다. 기독교 세계관, 기독교 신앙이 말하는 것도 바로 이것입니다. 그렇기 때문에 세상은, 빛이신 예수님이 필요하며 예수께로 나와야 합니다. 그런데 세상은 예수님을 필요로 하지 않습니다. 왜 그럴까요? 어둠에 너무나 잘 적응했기 때문입니다. 빛이 없다고 해서 전혀 아쉽지 않습니다. 오히려 빛이 비치면 자신들의 더러움과 추함이 밝히 드러나기 때문에, 서둘러 그 빛을 꺼 버리고 싶은 사람들이 모여 있는 곳, 그곳이 바로 어둠에 속한 세상입니다. 그러면 예수님께서는 왜 자신을 필요로 하지도 않는 어둠을 향해서, 자신을 '빛'이라 하시면서 '빛'으로 나오라고 하시고, '빛'을 보여 주시는 것입니까?

우리가 잘 알아야 하는 것이 있습니다. 어둠 속에서 '빛'을 발견하고 그 '빛'을 보았으니 이제는 '그 빛'을 이용해서 잘못되고 틀린 부분을 고쳐 나가야겠다고 생각하는 것은, 성경이 말씀하는 기독교 신앙이 아닙니다. 많은 기독교 신자들이 여기서 오해하고 넘어집니다. 사실 이것은 신자들의 문제가 아니라 목사들의 문제입니다. 목사들이 신학을 잘못 배웠고 잘못 가르쳤기 때문에, 성도들은 잘못된 지식을 갖게 된 것입니다. 예수님께서 자신을 가리켜 '빛'이라고 말씀하시고, '빛'으로 나오라고 하신 것은 우리에게 깨달음을 주고, 우리 내면에 있는 잠재된 가능성을 발견하게 해서 스스로 문제를 해결할 방법을 가르쳐 주려고 말씀하신 것이 아닙니다.

우리 인간은 '빛'을 보고 알았다고 하더라도 우리의 문제를 스스로 해결할 능력이 없습니다. 만약 우리에게 그런 가능성이 있다면, 예수님은 필요 없습니다. 우리가 뭔가를 깨달아서 스스로 해결할 수 있다면 구세주가 필요하지 않습니다. '예수께서 세상에 오셔서 자신의 삶을 통해 빛을 비춰 주셨고, 이제는 빛이 어떤 것인지 알았으니 잘못된 부분을 스스로 고쳐 가면서 빛을 향해 나가면 된다.' 이렇게 생각하는 것이 자유주의신학입니다.

그래서 자유주의신학을 하는 사람들이 관심을 갖는 부분이 어디입니까? 사회적 모순이 있는 곳입니다. 소득과 신분의 불평등, 인종의 불평등, 노동자와 사용자의 불평등, 남성과 여성의 불평등, 이성애자와 동성애자의 불평등 등 각종 불평등과 부조리가 있는 곳을 찾아다니면서 예수의 빛을 비춰야 한다고 합니다. 그 예수의 빛은 무엇입니까? 공의롭고 공정한 것, 더불어 잘 사는 이 땅의 천국을 만드는 것입니다.

그런데 성경이 말씀하시는 복음, 예수님께서 '빛'으로 나오라고 하신 말씀은, 사회의 부조리함을 척결하고 지상천국을 만들라는 것이 아닙니다. 예수께서 우리 성도들을 향해서, "내가 빛을 비춰 주었으니 너희가 잘 봐서, 사회의 잘못된 것을 고치고, 비뚤어진 것을 바로 잡아서 소외되고, 억압받고, 착취당하는 사람들이 없도록 해라" 이렇게 말씀하시는 것이 아닙니다. 예수님께서 우리들에게 말씀하시는 것은 "너희에게는 답이 없다. 빛을 비춰 줄 뿐만 아니라 그 빛 자체를 너희들의 손에 쥐어 줘도 너희는 거부하고 오히려 어둠을 더 사랑하는 존재들이다" 이렇게 말씀하십니다.

요한복음 3:19-20, "그 정죄는 이것이니 곧 빛이 세상에 왔으되 사람들이 자기 행위가 악하므로 빛보다 어둠을 더 사랑한 것이니라 20. 악을 행하는 자마다 빛을 미워하여 빛으로 오지 아니하나니 이는 그 행위가 드러날까 함이요"

성경에서 확인하는 것처럼, 우리의 현실과 우리의 본모습은, 빛보다 어둠을 더 사랑하는 것입니다. 자유주의신학자들이 말하는 것처럼, 사회의 부조리와 모순들만 사라지면 세상이 빛으로 변하지 않습니다. 그렇게 세상이 변할 수 있을 것 같으면 굳이 예수께서 세상에 오실 이유가 없고, 죽으실 이유도 없습니다. 인간은 그렇게 가능성이 있는 존재가 아닙니다. 우리 앞에 바름과 비뚤어짐이 있을 때, 우리는 비뚤어진 쪽으로 훨씬 마음이 갑니다. 그렇지 않습니까?

교복을 입던 학창 시절에 규정대로 옷을 입고, 반듯하게 모자 쓰고 다니는 사람은 멋을 모르는 사람입니다. 치맛단을 짧게 올려야 멋을 아는 사람이고, 셔츠의 단추를 두어 개 풀어헤치고 모자도 삐딱하게 써야 멋있습니다. 엄마가 새 운동화를 사 주면 굳이 뒤꿈치를 꺾어 신고 슬리퍼처럼 짝짝 끌고 다녀야 멋있습니다. 선생님께서 내주는 숙제를 꼬박꼬박 다 해 가는 학생보다는, 허벅지로 선생님의 몽둥이를 부러뜨리는 친구가 멋있습니다. 지나고 보면 그게 멋있는 것이 아니고, 철없는 망나니짓이었다는 것을 알게 되는데, 희한하게도 세대가 바뀌어도 애들은 똑같은 짓을 합니다.

"무엇이 옳고 무엇이 잘하는 것이다. 무엇이 잘못되었고 하나님께서 싫어하는 죄이다." 이것을 알면 아는 만큼 잘 삽니까? 현실에서는 아는 것과 그대로 사는 것은 상당히 다른 문제 아닙니까? 그래서 "우리가 예수를 믿는 것이 과연 무엇이냐?"라고 할 때, "예수님께서 우리에게 바르게 사는 방법을 가르쳐 주셨으니까 그렇게 살자!" 하고 대답할 수는 있지만, 실제 우리의 삶에서 배운 말씀을 실천하는 일은 쉽지 않습니다. 사실 우리는 잘 가르쳐 줘도, 가르쳐 준 대로 살지 않는 것이 우리들의 본모습 아닙니까? 그래서 예수님께서 하시는 말씀이 '빛'으로 나오라는 것입니다.

서기관과 바리새인들이 예수님을 시험하기 위해서 붙잡아 온 여인을 통해서도 우리가 확인해 봤습니다. 저들은 율법을 토대로 현장에서 간음한 여인을 어떻게 처벌해야 하는지 방법을 알고 있는 사람들입니다. 구약의 율법은 무엇입니까? 실체이신 예수님의 그림자와 예표입니다. 따라서 그들이 율법을 알았다는 것은, 예수님의 그림자를 본 것과 같습니다. 그런데 실체이신 예수님께서 오셔서 그들에게 빛을 비춰 주시고, 율법의 참뜻을 깨닫게 해 주셨습니다.

율법의 모든 것을 상징하는 언약궤 안에 있는 두 돌판 십계명과 만나 항아리와 아론의 싹 난 지팡이가 상징하는 것이 무엇이었습니까? 인간의 근본적인 죄성을 드러내는 것이었습니다. 그 인간의 근본적인 죄성을 속죄소 위의 두 그룹을 통해 하나님께서 지켜보고 있습니다. 그래서 예수님께서 **"너희 중에 죄 없는 자가 먼저 돌로 치라"**(요 8:7)라고 했을 때, **"그들이 이 말씀을 듣고 스스로 양심에 가책을 느껴 어른으로 시작하여 젊은이까지"**(요 8:9) 다 떠나 버렸습니다.

> 요한복음 8:9, "그들이 이 말씀을 듣고 양심에 가책을 느껴 어른으로 시작하여 젊은이까지 하나씩 하나씩 나가고 오직 예수와 그 가운데 섰는 여자만 남았더라"

빛으로 오신 예수님께서 빛을 밝혀 주시니, 저들이 율법에 비친 자기들의 죄를 깨닫고서 어떻게 했습니까? 예수님께로 나온 것이 아니라 오히려 그 빛을 피해서 다 도망가 버렸습니다. 빛이 비치고, 자기들의 죄와 더러운 것들이 보이자, 자기들의 죄와 더러운 것을 고쳤다고 말씀하지 않고, 처음에는 빛을 피해 도망가 버렸고 그다음에는 빛이신 예수님을 십자가에 못 박아 죽였습니다.

그래서 기독교 신앙의 출발은 자기가 어떤 존재인지를 아는 것입니다. 소크라테스가 말했죠. "너 자신을 알라." 우리는 누구입니까?

옳은 것을 알고, 선한 것을 깨닫고, 하나님의 뜻을 알았다고 해서 자기가 깨달은 대로 옳게, 선하게 사는 존재가 아닙니다. 그런데 아주 가끔씩 우리가 옳게 살 때가 있죠, 선한 일을 할 때가 있습니다. 언제 그렇게 합니까? 자기의 존재를 드러낼 때입니다. 자기를 뽐내고 자랑할 때입니다. 다른 사람과 비교해서, "난 저 인간처럼 막장은 아니다. 적어도 난 저 인간보다는 양심적이다"라며 도덕적 우월감을 뽐낼 때입니다.

여러분, 우리가 살면서 다른 사람과 의견이 충돌되고 다투고 논쟁하게 될 때가 언제입니까? "내가 정답을 갖고 있고, 내가 옳을 때" 아닙니까? 빛을 보고, 옳은 것을 깨달은 것이 분명 좋고 유익한 일이지만, 이때 제일 먼저 발견하게 되는 것이 무엇일까요? "아! 내가 부족했다, 내가 몰랐다, 역시 나에게는 답이 없었다." 이렇게 자신을 바라보지 않습니다. 우리는 내가 옳은 것을 가지고 있으면, 그 옳은 것이 나뿐만 아니라 다른 사람에게도 유익이 되도록 사용해야 하는데, 그 옳은 것을 가지고 주로 다른 사람을 잡는 데 사용할 때가 더 많습니다. "아니, 저 인간은 왜 이 쉬운 걸 못 볼까? 내가 깨달은 것을 저 인간도 좀 알아야 할 텐데." 그래서 처음에는 그걸 알려 주겠노라고 조용히 말하지만, 그 사람을 보면서 점점 답답해하다가 결국 성질을 내고 소리 지르는 지경까지 갑니다.

이처럼 옳고 그른 것을 따지는 습성이, 우리를 옳은 쪽으로 세워주기보다 오히려 넘어지게 만드는 경우가 더 많습니다. 그래서 기독교 신앙인은 어떤 사람인가 하면, 인간은 누구라도 스스로의 힘으로는 옳게 만들 수 없다는 것을 인정하는 사람입니다. 첫째는 몰라서도 만들지 못하고, 둘째는 알아도 옳은 쪽으로 가지 않습니다. 9절에서 살펴본 것처럼 빛을 보면 도망가는 쪽이지, 빛으로 나오지 않습니다. 그런데 빛을 보고 자신을 돌아볼 줄 알았던 대표적인 신앙을 가졌던 사람이 있습니다. 사도 바울입니다.

> 디모데전서 1:15, "미쁘다 모든 사람이 받을 만한 이 말이여 그리스도 예수께서 죄인을 구원하시려고 세상에 임하셨다 하였도다 죄인 중에 내가 괴수니라"

그리스도께서 세상에 오신 이유가 인간들에게 깨달음을 주시고 어두운 길을 밝혀 주시기 위해서 오신 것이 아니라, 죄인을 구원하시기 위해 오셨다는 것을 분명하게 고백하면서 스스로에게 하는 말이 무엇입니까? **"죄인 중에 내가 괴수니라."** 나에게는 답이 없다, 나는 아무것도 할 수 없다. 죄인을 구원하시려고 오신 예수께로 나오는 것 외에 다른 길이 없다는 것을 분명하게 가르쳐 주는 것입니다.

그래서 참된 복음, 참된 기독교 신앙을 가진 사람은 어떤 사람입니까? 예수께서 가르쳐 주신 어떤 가르침을 해답으로 갖는 것이 아니라, 예수님 자체를 답으로 가진 사람입니다. 예수 자체를 답으로 가졌다는 말은, 예수님께서 제자들에게 "나를 따르라"라고 말씀하셨을 때 제자들이 모든 것을 버려두고 예수님을 쫓아간 것처럼, 우리도 예수님을 쫓아가는 것입니다.

잘 들으셔야 합니다. 예수님께서 "내가 빛을 비춰 줄 테니 너희는 저기 어둠 속에 숨겨져 있던 더러운 것들을 치워라, 비뚤게 걸려 있던 것을 똑바로 걸어라"와 같은 말씀을 주신 것이 아니라고 말씀드렸습니다. 예수님의 관심은 어둠인 세상이 얼마나 더러운 곳인지, 폭력과 착취와 불평등과 부조리와 온통 썩어서 냄새나는 것들로 얼마나 가득 차 있는지, 그래서 그런 것들을 지적하고 고쳐 주는 것에 있지 않습니다. 세상은 원래 그런 곳입니다. 그래서 세상은 예수님께서 다시 오시는 날 영원한 심판을 받게 될 것입니다.

그러면 예수님의 관심은 무엇입니까? 당신의 피로 구원해야 할 인간입니다. 그래서 인간들에게 요구하신 것이 무엇이었나요? 잘못된 세상을 고치고 바로잡으라고 말씀하시지 않았습니다. "내게로 와서 나를 따르라"였습니다. 그래서 예수님께서 잘못된 세상에서 어떻게 사셨는지를 보면, 이제 우리가 해야 할 일을 알 수 있을 것입니다.

> 이사야 53:7, "그가 곤욕을 당하여 괴로울 때에도 그의 입을 열지 아니하였음이여 마치 도수장으로 끌려 가는 어린 양과 털 깎는 자 앞에서 잠잠한 양 같이 그의 입을 열지 아니하였도다"

왜 주님께서 오셨습니까? 세상의 잘된 부분과 잘못된 부분을 분별해 내고, 모든 사람이 공평하게 그래서 모두가 행복하게, 오래오래 잘 사는 세상을 만들기 위해서 오셨습니까? 잘한 사람은 칭찬해 주고, 잘못한 사람은 야단쳐서 고쳐 주려고 오셨습니까? 예수님께서는 우리의 잘못과 허물을 시비하시려고 오신 것이 아니었습니다. 섬기려 오셨고, 자신을 속죄 제물로 내놓으시려고 오셨습니다. 그리고 말 없이 십자가 위에서 돌아가셨습니다. 이사야 말씀과 같이, 그가 죄

없이 곤욕을 당하여 괴로울 때도 그의 입을 열지 않고 죽으셨습니다.

그 주님께서 우리에게 요구하시는 것이 무엇입니까? "자기 십자가를 지고 나를 따르라"입니다. 내가 빛을 봤노라고, 그래서 어둠에 감춰져 있던 더럽고 잘못된 것을 발견했다고 떠들지 말고, 네가 져야 할 십자가가 있다면 "네가 지고 죽으라"입니다. 우리는 많은 모순 속에서 살고 있습니다. 평화를 유지하기 원한다면서 핵폭탄을 가지고 있어야 합니다. "서로 사랑하자" 말하면서도 "그런데 너는 왜 사랑하지 않느냐?"라면서 상대를 향해 불평합니다. 시끄러운 교실에서 반장이 일어서서 "조용히 합시다" 하고 외치면, "네가 제일 시끄러워" 이런 말을 듣습니다.

그래서 세상에는 옳고 그름의 기준이 없습니다. 왜 없습니까? 모든 사람이 그 옳고 그름의 기준을 자기 자신에게 두고 있기 때문에 그렇습니다. 예수님께서 오실 수밖에 없었던 이유, 십자가의 참혹한 죽임을 당하실 수밖에 없었던 이유가 바로 이것입니다. 모든 인간이 믿고 따를 만한 기준이라고 할 수 있는 하나님의 말씀을, 하나님께서 친히 손으로 써 주셨어도 그 기준을 자기 손에 쥐고 남을 찌르고 죽이는 쪽으로 사용했지, 자신을 죽이는 쪽으로 사용하지 않습니다.

결국 예수님께서 본문 13~30절까지 이르는 긴 내용을 사람들에게 가르쳐 주셨어도, 유대들은 예수님의 그 말씀을 이해하지 못하고 엉뚱한 대답만 합니다. 만약 우리 시대에 예수님께서 오셔서, 우리가 직접 예수님의 말씀을 들을 수 있다면 얼마나 좋을까요? 생각만 해도 성경 말씀에 대한 지식과 이해가 막 커지고, 믿음이 대단하게 자랄 것 같지 않습니까? 그런데 예수님의 말씀을 직접 듣고도, 유대인들은 이해하지 못했습니다. 결국 예수님께서는, "내가 가는 곳과 너희가 가는 곳이 다르다, 왜냐하면 내가 온 곳과 너희가 온 곳이 다르기 때문이다. 너희는 세상에 속했고 나는 세상에 속하지 않았다" 이런 말씀을 주시는 것입니다.

요한복음 8:21-24, "다시 이르시되 내가 가리니 너희가 나를 찾다가 너희 죄 가운데서 죽겠고 내가 가는 곳에는 너희가 오지 못하리라 22. 유대인들이 이르되 그가 말하기를 내가 가는 곳에는 너희가 오지 못하리라 하니 그가 자결하려는가 23. 예수께서 이르시되 너희는 아래에서 났고 나는 위에서 났으며 너희는 이 세상에 속하였고 나는 이 세상에 속하지 아니하였느니라 24. 그러므로 내가 너희에게 말하기를 너희가 너희 죄 가운데서 죽으리라 하였노라 너희가 만일 내가 그인 줄 믿지 아니하면 너희 죄 가운데서 죽으리라"

21절과 24절에서 **"너희 죄 가운데서 죽으리라"**라고 말씀하셨습니다. 이 말씀은, 저들이 살면서 지은 죄가 너무나 많기 때문에 그 결과 죽게 된다는 말씀이 아닙니다. 23절 말씀처럼, 근본 뿌리가 죄에 속해 있기 때문에, 아무리 노력을 해도 죄의 열매밖에는 만들어 내지 못한다는 말씀입니다. 전에도 말씀드렸던 것처럼, 어떤 나무든지 열심히 가꾸고 돌보면 좋은 열매가 잘 맺어지는 것입니까? 사실은 그 나무가 좋은 나무라야 좋은 열매가 맺어지는 것 아닙니까?

그래서 좋은 열매는, 나무 종자에 의해 결정되는 것입니다. 대걸레 자루 하나 심어 놓고 거기에다가 거름 많이 주고, 비료 많이 주고, 물도 자주 주면서 관리해 주면, 그 대걸레 자루에서 사과가 열리고 포도가 열리겠습니까? 인간의 노력이 아무리 지극정성이라도 그건 안 되는 일입니다.

요즘 건강에 좋다는 '노니 열매'와 관련된 상품이 시중에 많이 있더라고요. 하와이에는 노니나무가 많습니다. 언젠가 노니 열매 냄새를 맡아 보았는데 참 고약했습니다. 몸에는 좋다는데 냄새는 참기 힘들었습니다. 그러면 냄새가 심한 노니 나무 옆에다가 품종이 좋은 망고나무를 심어 놓고 똑같이 물 주고, 똑같이 관리해 주면 노니에서 망고 냄새가 나겠습니까? 그렇게 될 가능성이 있습니까, 없습니까? 없습니다.

요한복음 8:23, "예수께서 이르시되 너희는 아래에서 났고 나는 위에서 났으며 너희는 이 세상에 속하였고 나는 이 세상에 속하지 아니하였느니라"

예수님께서 '내게로 오라, 빛으로 나오라, 나를 따르라'고 말씀하신 것은, 어떤 나무든지 관리만 잘해 주면 저절로 좋은 나무가 된다는 말입니까, 나무 자체가 바뀌어야 한다는 말입니까? 소속이 바뀌지 않으면 답이 없고, 종자가 바뀌지 않으면 답이 없습니다. 그래서 구원 받은 사람을 가리켜서 거듭났다고 말하는 것입니다.

자유주의신학처럼 사람들에게 헛된 희망을 품게 하고, 인간의 잠재된 가능성을 말하는 것은 기독교 신앙이 아닙니다. 우리는 나무 자체가 틀린 것 정도가 아니라, 아예 죽은 나무 막대기와 같습니다. 죽은 나무에서 뭘 기대할 수 있겠습니까? 하지만 하나님께서 살려 주시니, 아론이 짚고 다녔던 마른 나무 지팡이에서 싹이 나고 꽃이 피고, 열매도 맺히지 않습니까? 그게 바로 복음이고, 그게 바로 예수 그리스도입니다.

우리는 예수님을 믿어야 하고, 예수께 나와야 합니다. 빛으로 나와야 합니다. 그리고 예수님께서 사신 것처럼 살아야 합니다. 빛을 손에 들고 어두운 곳을 비춰 주면서, 저기를 치우고 저건 고치라고 지적질하며 사는 것이 아닙니다. 예수님처럼 그 어둠, 그 죄악, 그 썩어 냄새나는 것을 위해서 내가 희생하고 손해 보는 것입니다. 우리가 그렇게 땅에 떨어져 썩어 버린 씨앗처럼 되면, 그곳에서 새 생명이 탄생하게 될 것입니다. 옳은 것을 옳게 만들기 위해서 다른 사람을 향해 지적하는 것이 아니라, 내가 먼저 죽는 십자가의 도를 따라가는 저와 여러분, 우리 하와이한빛장로교회가 되길 축원합니다.

요한복음 8:31~32

진리가 너희를 자유롭게 하리라

"31. 그러므로 예수께서 자기를 믿은 유대인들에게 이르시되 너희가 내 말에 거하면 참으로 내 제자가 되고 32. 진리를 알지니 진리가 너희를 자유롭게 하리라"

요한복음 8장은 서기관과 바리새인들이 현장에서 간음하다가 붙잡힌 여인을 예수님께로 끌고 와서, 그 여인이 범한 죄에 대한 처벌을 묻는 것으로 시작합니다. 예수님께서는 **"너희 중에 죄 없는 자가 먼저 돌로 치라"**(요 8:7)라는 말씀으로, 현행범으로 붙잡혀 온 여인뿐만 아니라, 율법을 가지고 그 여인을 심판하기 위해 그 자리에 모였던 사람들 역시 똑같은 죄인이었음을 드러내셨습니다.

이 사건을 통해서 우리가 가져야 하는 교훈은 무엇일까요? 사실 인간이 가진 거의 대부분의 기준은 상대적인 기준입니다. "적어도 나는 저런 끔찍한 죄는 짓지 않는다, 나는 착하고 정직하게 살려고 애쓰는 사람이다." 아마도 현장에서 간음하다가 붙잡힌 여인을, 율법에 따라 돌로 치기 위해서 그 자리에 몰려왔던 수많은 사람들이 다 그런 생각을 가지고 왔을 것입니다. 나는 저 여인과 같은 추잡한 죄는 짓지 않았다는 것입니다.

하지만 예수님은 단지 그 여인이 범했던 그 한 가지 범죄의 사건만을 가지고 말씀하시는 것이 아니라, 인간이 가진 근본적인 죄의 본성을 지적하심으로써 자기 스스로 양심의 가책을 느껴서 돌아가게 했습니다. 다른 사람과 비교해서 상대적으로 가졌던 도덕성과 우월감을, '죄'라고 하는 근본적인 실체를 드러냄으로 깨 버리신 것입니다. 인간의 상태는 무엇입니까? 어둠에 속한 '죄' 속에서 살고 있다가 '빛'이신 그리스도께서 오셨을 때, 이제는 '빛'을 보았으니 '빛' 가운데로 나오는 것이 아니라 오히려 '빛'을 피해 도망갔고, 결국은 '빛'을 꺼 버렸습니다. 사람들은 '빛'을 좋아하지 않습니다. '빛'보다는 '어둠'을 더 사랑합니다. 그래서 오늘 본문은 그 이유에 대해, "출생이 다르기 때문"이라고 말씀합니다.

요한복음 8:38, "나는 내 아버지에게서 본 것을 말하고 너희는 너희 아비에게서 들은 것을 행하느니라"

예수님께서 "나는 내 아버지에게서 본 것을 말한다"라고 했을 때, 그 아버지는 성부 하나님입니다. 그러면 "너희는 너희 아비에게서 들은 것을 행한다"라고 했을 때, 그들의 아버지는 누구일까요?

요한복음 8:44, "너희는 너희 아비 마귀에게서 났으니 너희 아비의 욕심대로 너희도 행하고자 하느니라 그는 처음부터 살인한 자요 진리가 그 속에 없으므로 진리에 서지 못하고 거짓을 말할 때마다 제 것으로 말하나니 이는 그가 거짓말쟁이요 거짓의 아비가 되었음이라"

보시는 것처럼, "너희 아비는 마귀"라고 말씀합니다. 씨가 마귀라면 그 열매는 당연히 마귀의 열매겠죠. 여러 번 말씀드리지만, 기독교는 인간에게서 어떤 가능성을 발견해 내고 희망을 찾는 종교가 아닙니다. 인간은 처음부터 아비인 마귀에게서 났고, 인간이 할 수 있는 것은 '죄'를 생산해 내는 것밖에 없습니다. 이처럼 인간에게는 어떤 가능성도 없기 때문에 '구세주'가 필요하고, '그리스도'가 필요한 것입니다.

지난주에도 예배 후에 집에 돌아와서, 집사람과 함께 2차 부흥회를 했습니다. 집사람이 인간에게 아무런 희망이 없고 인간 스스로 아무것도 할 수 없다면 "나를 따르라, 생명의 빛으로 나오라"라는 말씀은 도대체 뭐냐? 어차피 아무것도 할 수 없다면서 어떻게 나오라고 하느냐고 물었습니다. 한국말은 동사가 뒤에 나오기 때문에 끝까지 들어 봐야 그게 무슨 말인지 알 수 있습니다. 그리고 언제나 결론은 마지막에 나오기 때문에 오늘 설교까지 들어 봐야 또 이해가 되는 부분이 있습니다. 결론은 다음 주에 말씀드립니다.

예수님께서 유대인들에게 "너희는 너희 아비 마귀에게서 났다"라고 말씀하셨습니다. 당연히 마귀에게서 난 아들은, 아주 좋은 것을 매우 훌륭하게 만들어 내도 '죄'밖에 만들어 낼 수 없습니다. 그런 인간의 상태에 대해서 예수님께서는 "너희는 죄의 종"이라고 하셨습니다.

요한복음 8:34, "예수께서 대답하시되 진실로 진실로 너희에게 이르노니 죄를 범하는 자마다 죄의 종이라"

지금이야 과거와 같은 신분제도가 있는 사회는 아니지만, 어쨌든 부모가 종이면 그 자식도 종입니다. 종의 자식은 똑똑해도 종이고, 건강해도 종이고, 뭘 해도 종입니다. 그리고 종이라는 신분은 마음씨 좋은 주인이 자유롭게 놓아주든지, 아니면 능력 있는 누군가가 나타나서 현재 주인에게 값을 지급하고, 새로운 주인이 생기기 전에는 자기 스스로 주인에게 매인 종의 신분을 벗어날 수가 없습니다.

요한복음 8:31-32, "그러므로 예수께서 자기를 믿은 유대인들에게 이르시되 너희가 내 말에 거하면 참으로 내 제자가 되고 32. 진리를 알지니 진리가 너희를 자유롭게 하리라"

예수님께서 아비인 마귀에게서 난, '죄'의 종인 사람들을 향해서 **"진리가 너희를 자유롭게 하리라"**라고 말씀합니다. 앞서도 말씀드린 것처럼, 종은 스스로의 힘으로는 자유롭게 될 수 있는 방법이 없습니다. 죄로부터 탈출해야 하고, 거기서 구출되는 오직 한 가지 방법은 진리이신 예수님께서 자유를 주시는 방법뿐입니다. 그런데 예수님의 이 말씀을 들은 유대인들은 당황스러움을 넘어, 황당하다는 반응을 보였습니다.

요한복음 8:33, "그들이 대답하되 우리가 아브라함의 자손이라 남의 종이 된 적이 없거늘 어찌하여 우리가 자유롭게 되리라 하느냐"

유대인들이 보인 이 같은 반응은 너무나 당연한 현상입니다. 아담과 하와 이후로 태어난 모든 인간들은 스스로를 주인이라고 생각하지, 다른 누군가의 종이라고 생각하지 않습니다. 왜냐하면 인간이 선악과를 따 먹은 이유가 자기가 주인이 되고 싶어 따 먹은 것이기 때문입니다. 창세기 1장에 보시면, 하나님께서 당신의 모양과 형상으로 만든 사람에게, 하나님의 모든 권한을 다 위임해 주셨습니다.

창세기 1:28, "하나님이 그들에게 복을 주시며 하나님이 그들에게 이르시되 생육하고 번성하여 땅에 충만하라, 땅을 정복하라, 바다의 물고기와 하늘의 새와 땅에 움직이는 모든 생물을 다스리라 하시니라"

인간도 하나님께서 만드신 다른 천지 만물들과 똑같은 피조물이었지만, 그러나 하나님께서 인간에게 당신의 권한을 위임해 주시고, 모든 것을 자유롭게 결정할 수 있는 자유의지를 주셨습니다. 그 자유의지는 아담이 각종 들짐승과 공중의 각종 새들의 이름을 지어 주는 것으로도 확인되었습니다.

창세기 2:19, "여호와 하나님이 흙으로 각종 들짐승과 공중의 각종 새를 지으시고 아담이 무엇이라고 부르나 보시려고 그것들을 그에게로 이끌어 가시니 아담이 각 생물을 부르는 것이 곧 그 이름이 되었더라"

하지만 인간이 가진 이러한 자유의지와 권한은 모두, 하나님께로부터 위임받은 것들입니다. 권한을 위임받았다는 것은, 그 권한을 주신 이의 뜻을 생각해야 하고, 그분의 뜻을 따라야 한다는 전제 조건을 충족시켜야 하는 의무가 있는 것입니다. 그 조건은 무엇이었을까요?

창세기 2:16-17, "여호와 하나님이 그 사람에게 명하여 이르시되 동산 각종 나무의 열매는 네가 임의로 먹되 17. 선악을 알게 하는 나무의 열매는 먹지 말라 네가 먹는 날에는 반드시 죽으리라 하시니라"

선악을 알게 하는 나무의 열매를 먹지 않는 것입니다. 오직 한 가지 금령만 지키면 되는 것이었습니다. 하지만 뱀을 이용한 사탄이 무엇을 가지고 와서 여자를 미혹하고 있는지 자세히 보시기 바랍니다.

창세기 3:1-5, "그런데 뱀은 여호와 하나님이 지으신 들짐승 중에 가장 간교하니라 뱀이 여자에게 물어 이르되 하나님이 참으로 너희에게 동산 모든 나무의 열매를 먹지 말라 하시더냐 2. 여자가 뱀에게 말하되 동산 나무의 열매를 우리가 먹을 수 있으나 3. 동산 중앙에 있는 나무의 열매는 하나님의 말씀에 너희는 먹지도 말고 만지지도 말라 너희가 죽을까 하노라 하셨느니라 4. 뱀이 여자에게 이르되 너희가 결코 죽지 아니하리라 5. 너희가 그것을 먹는 날에는 너희 눈이 밝아져 하나님과 같이 되어 선악을 알 줄 하나님이 아심이니라"

뱀이 인간에게 무엇을 가지고 찾아왔습니까? '선악과만 먹으면 네 마음대로 할 수 있다'는 자유를 가지고 왔습니다. **"너희가 그것을 먹는 날에는 너희 눈이 밝아져 하나님과 같이"** 된다는 것이었습니다. 선악과를 먹기 전의 인간은, 하나님께서 주신 말씀을 기억해야 했고, 그분의 뜻을 따라야만 했습니다. 하지만 뱀은 선악과를 먹으면 너는 하나님과 같이 될 것이고, 그때부터는 네 마음대로 해도 되는 자유를 얻게 된다고 미혹했습니다. 그 결과 어떻게 되었습니까? 아담과 하와는 자유를 얻기 위해서 선악과를 따 먹었습니다. 그러면 인간이 그렇게 선악과를 따 먹은 뒤에 자유를 얻었습니까? 오히려 영원토록 죄의 종이 되었습니다.

오늘 본문 33절에 유대인들이 예수님께 했던 말이 무엇입니까? **"우리가 아브라함의 자손이라 남의 종이 된 적이 없"**다는 것이었습니다. 하지만 성경은 무엇을 말합니까? "너희가 잘 모르는가 본데, 그 아브라함도 죄의 종이었다"라는 것입니다. 무슨 말씀인지 이해가 되십니까? 아브라함이 죄의 종이면, 그의 후손은 자유인입니까, 종입니까? 종입니다.

성경은 최초의 인간이었던 아담과 하와 때부터 죄의 종이었다고 말씀하고 있습니다. 그리고 죄의 종으로 태어난 인간은 무엇을 해도 종일 수밖에 없습니다. 종이 주인보다 똑똑하면 주인이 될 수 있습니까? 똑똑하든지, 건강하든지, 재능이 많든지 종은 종입니다. 종이 마음이 착하면 주인이 될 수 있습니까? 남을 잘 도와주고 너그러운 마음을 가지면 주인이 됩니까?

사람들이 기독교에 대해서 오해하는 것이 이런 것입니다. "교회에 다니는 사람도 착하지 않더라, 어떤 사람은 진짜 열심히 교회에 다니던데, 세상에 그 인간보다 나쁜 사람이 없을 만큼 진짜 못됐더라." 그래서 "그런 인간이 다니는 교회라면 나는 안 가겠다. 저런 못된 짓을 하는 나쁜 인간이 가는 천국이라면, 나는 교회에 다니지 않더라도 착한 사람들이 가는 지옥을 선택하겠다" 그럽니다. 이런 말 들어 보셨지요? 그래서 교회마다 관심사가 뭐냐 하면, "어떻게 하면 사람들에게 착하다는 소리를 들을까?"입니다. 물론 착한 것이 좋은 것이기는 합니다만, 그것이 무엇을 위해서 착한 것이냐가 더 중요합니다.

제가 예전에 다니던 교회에 어떤 집사님이 계셨습니다. 이분은 정말 착한 분이셨습니다. 직장에서나 가정에서 성실하시고, 교회에서도 많은 봉사를 하시면서 성도로 살아가는 삶에 있어서 좋은 본을 보여 주셨던 분이었습니다. 그런데 그분의 유일한 단점도, 너무 착한 것이었습니다. 누가 무슨 부탁을 해도 거절하지 못하고 다 들어줬습니다. 좋은 직장을 다니셨는데 직장 동료에게 보증을 서 주셨다가, 오랫동안 본인 월급을 차압당하고 결국 회사를 그만두게 되었습니다. 보통 그쯤 되면 보증을 다시는 안 서실 것 같은데 그 후로도 여러 번 보증을 섰습니다. 그것 때문에 자기 집도 팔아서 남의 집 빚잔치를 해 주고, 자신은 반지하 월세로 들어가서 사셨습니다. 그 집사님이 30대 중반에 우리 교회에 오셨을 때는 가장 성공한 사람이었는데, 자신이 보증을 서서 진 빚이 자녀들에게도 넘어가게 되는 것을 안 뒤에야 정신을 차리셨습니다. 그때가 50대 중반의 나이였습니다. 다른 사람의 부탁을 거절하지 못하는 그분의 착한 성품이, 가족들에게 지울 수 없는 큰 고통이 되는 것을 봤습니다. 착한 것이 좋은 것이지만, 그러나 가장으로서 자신이 지켜야 하는 가정보다 자기가 더 착해선 안 됩니다.

교회가 착한 일을 하고, 세상으로부터 착하다는 소리를 들어야 하는 것은 당연합니다. 하지만 교회는 착하다는 말을 듣는 것보다 더 중요한, 교회가 반드시 지켜야 할 당연한 가치가 있고, 선이 있습니다. 그게 무엇일까요? 성경을 통해 가르쳐 주신 하나님의 뜻을 따르는 것이고, 지키는 것입니다. 착하다는 소리를 들었는데, 그 착한 것이 하나님의 뜻을 어기고 거스르는 것이라면 선을 넘어간 것입니다. 그건 실패입니다.

왜 교회는 하나님의 뜻을 따라야 하고 성경의 가르침을 지켜야만 하는 것입니까? 우리의 소속이 하나님의 백성이고 하나님의 자녀이기 때문입니다. 그래서 우리가 알아야 하는 것이 **"진리가 너희를 자유롭게 하리라"**에서 '자유'에 대한 개념입니다.

'자유'라는 말이 참 좋은 것이죠. 그 말 자체가 우리가 뭐든지 해도 될 것 같은 해방감을 주지 않습니까? 그런데 '자유'라는 개념에는 '무엇으로부터 자유한다'는 해방의 개념만 있는 것이 아닙니다. "이제는 획득한 그 자유를 가지고 무엇을 할까?" 고민하고, 자유를 얻은 뒤에 따라오는 궁극적인 목표가 반드시 있어야만 합니다. 왜냐하면 목적이 없는 자유는 방종이 되고, 방탕이 되는 경우가 훨씬 많기 때문입니다.

학창 시절에 가끔 선생님이 아프시다거나, 급한 용무가 있어서 수업을 할 수 없을 때는, 다른 과목 선생님이 들어오셔서 칠판에 '자율학습'이라 쓰시고는 알아서 공부하라고 자유를 주셨습니다. 정말 고마운 어떤 선생님은 그렇게 자율학습 시간을 주시고 밖으로 나가시는데, 고약한 어떤 선생님은 그냥 맨 앞의 선생님 교탁 자리에 앉으셨습니다. 그러면 학생들은 불만이죠. 그게 무슨 자유냐는 것입니다. 선생님이 나가야 자유지, 안 나가면 자유가 아니라는 것입니다. 그러면 선생님이 나가시면, 학생들이 원했던 '자율학습'이 될까요? 그중 몇은 공부를 했지만, 아이들 대부분은 떠들고, 장난치고, 잠자고, 가지고 온 만화책을 보곤 했습니다. 심지어 당구장에 가는 친구들도 있었습니다.

그런데 학생들에게 더 큰 자유는 언제 생길까요? 대학에 들어가면 생깁니다. "하여간 대학교에 들어갈 때까지만 죽었다 생각하고 공부해라! 대학만 들어가면 네 마음대로 해도 돼." 이게 한국 부모님들이 입시를 앞둔 자녀들에게 줄 수 있는 최고의 당근입니다. 그래서 그 자녀들이 대학에 들어가면 처음 누리는 자유를 가지고 뭘 할까요? 술 마시죠. 대학교 오리엔테이션이나, MT 같은 데 가서 떡이 되도록 술을 마십니다. 그런데 그렇게 MT 가서 술을 마시다가 죽는 사고도 종종 생깁니다. 자유가 참 좋은 것인데, 그 자유를 가지고 무엇을 할까? 무엇을 해야 하나? 고민하지 않고, 생각하지 않은 자유는, 처음 누리게 된 그 자유를 가지고 자기 몸의 한계도 모른 채 술 마시면서 즐기다가 죽는 것입니다. 무슨 말씀인지 이해가 되십니까?

오늘 본문에 예수님께서 **"진리를 알지니 진리가 너희를 자유롭게 하리라"**라고 말씀하셨습니다. 그런데 성경에서 확인한 것처럼, 뱀이 예수님보다 훨씬 먼저 인간을 찾아와서 선악과를 먹으면 너희가 자유롭게 된다고 말했습니다. 인간의 상태는 어떤 상태입니까? 선악과를 따 먹고 죄의 종이 된 상태입니다. 종의 신분으로 살게 된 것이 너무 오래돼서 인식하지 못하고 있는 것뿐이지, 모든 인간은 다 죄의 종입니다. 그리고 죄의 종인 인간을 풀어 줄 수 있는 존재는 오직 하나님 한 분밖에 없습니다.

하지만 종 된 신분을 풀어 주기 위해서는 반드시 그 값을 지불해야만 합니다. 그 값이 무엇입니까? 예수 그리스도입니다. 결국 하나님은 자신의 아들을 십자가에서 죽여서 값을 지불하신 것입니다. 그래서 진리이신 예수님께서 이제 내가 너희를 자유롭게 해 주겠다, 너희에게 자유를 주겠다고 말씀하시는 것입니다. 그런데 그 자유는 어떤 사람들이 받을 수 있습니까? 예수님을 믿는 사람들입니다.

> 요한복음 8:30-32, "이 말씀을 하시매 많은 사람이 믿더라 31. 그러므로 예수께서 자기를 믿은 유대인들에게 이르시되 너희가 내 말에 거하면 참으로 내 제자가 되고 32. 진리를 알지니 진리가 너희를 자유롭게 하리라"

우리는 어떤 사람들입니까? 주님께서 주신 자유를 받은 사람들입니다. 그런데 앞서도 살펴봤던 것처럼, 묶여 있고 매였던 것에서부터 해방되고 자유롭게 되었으면, 이제 자유를 가진 자로서 무엇을 어떻게 해야 하는지에 대한 생각이 있고 고민이 있어야만 합니다. 이러한 생각과 고민이 없이 단지 자유를 얻은 그 자체만을 기뻐하고 즐거워하다 보면, 좋게 받은 자유를 가지고 엉뚱한 곳에 사용하는 잘못을 범하게 됩니다.

오늘 본문에서 예수님께서 유대인들에게 설명하시는 것도 그런 내용입니다. 구약의 율법, 구약의 제사를 비롯한 의식과 절기들은 모두, 그리스도이신 예수님을 설명하는 상징들입니다. 유대인들이 율법과 안식일과 절기들과 하나님께 드리는 제사 의식을 가진 것은, 그렇지 않은 이방인들과 비교할 수 없는 큰 복을 받은 것입니다. 아무 것도 없는 상태보다는, 그림자가 됐든 상징이 됐든 구세주로 오신 예수님에 대해서 뭔가 유추할 만한 무엇인가를 가지고 있는 것이 훨씬 낫습니다. 하지만 그것들은 상징들이고, 그림자들이지 그게 실체는 아닙니다. 실체는 무엇입니까? 예수님입니다. 그런데 유대인들은 자기들이 상징과 그림자를 가지고 있는 그것이 전부라고 생각했습니다. 그리고 그걸 가지고 예수님을 죽이는 쪽으로 사용했습니다.

요한복음 8:37, "나도 너희가 아브라함의 자손인 줄 아노라 그러나 내 말이 너희 안에 있을 곳이 없으므로 나를 죽이려 하는도다"
요한복음 8:40, "지금 하나님께 들은 진리를 너희에게 말한 사람인 나를 죽이려 하는도다 아브라함은 이렇게 하지 아니하였느니라"

무슨 말씀인지 아시겠습니까? 그들은 아브라함의 후손이었고, 실체이신 예수님을 알 수 있는 확실한 상징인 율법을 손에 들고 있었습니다. 그런데 그 율법을 손에 든 유대인들이 하려고 하는 일이 무엇입니까? 오히려 예수님을 죽이려는 일입니다. 가장 좋은 것을 손에 들고서, 가장 나쁜 것을 하려고 하는 것입니다. 예수님께서 하시는 말씀도 그런 것입니다. "너희 아비는 마귀이다. 너희는 가장 좋은 것을 손에 쥐어 줘도, 그것을 가지고 죄짓는 일, 하나님을 대적하는 일을 하지 하나님께서 기뻐하실 일을 하지 않는다." 유대인들의 대답은 뭐죠? "무슨 소리냐? 우리는 아브라함의 후손이다. 우리는 율법을 가졌고, 그걸 지켰다." 예수님의 대답은 무엇이지요? "그래서 너희가 가졌다는 율법으로 너희들은 날 죽이려고 하지 않느냐?"

신앙생활을 하면서 가장 어려울 때가 언제냐 하면, 내가 옳을 때입니다. 순수함과 열정이 있을 때입니다. 뜨거움이 넘치다 못해 마구 폭발할 때입니다. 아름답죠. 얼마나 좋습니까? 모든 성도들이 그런 마음을 가지고 신앙생활하면서 교회 봉사를 하면, 그 교회는 언제나 좋은 결과들만 있을 것 같습니다. 하지만 교회 생활을 조금 오래 해 보신 분들이라면, 교회가 그런 곳이 아니더라는 것을 다 압니다. 왜 그렇습니까? 사탄은 성도들의 가장 좋은 신앙의 뜨거운 열심과, 옳은 일을 하고 싶은 순수함과 사심이 없는 마음조차도, 시기와 분쟁과 당짓는 것을 만들어 내기 때문입니다.

처음부터 이기적인 사람, 언제나 자기 욕심만 챙기는 사람, 잘난 척하는 곳에는 나타나지만 힘들고 궂은일을 해야 하는 곳에는 코빼기도 안 보이는 사람은, 주변 사람들이 아예 생각에서부터 제쳐 둡니다. 그러려니 하는 거죠. 그런데 무슨 일을 하든지 매사 헌신적이고, 다른 사람에 대한 배려심과 이타심이 많은 사람, 상대에 대한 공감 능력이 있어서 마음을 이해해 줄 뿐 아니라, 어떤 일을 진행할 때 추진력까지 있는 사람이라면 모두가 좋아할 것입니다. 그런데 그런 사람이 한 사람이 아니라 두 사람이라면 문제가 달라집니다. 한 사람, 한 사람은 좋은 사람인 것이 분명한데, 그 두 사람이 서로 의견이 맞지 않으면, 아주 어려운 수학 문제보다 더 풀기 어려운 일이 생기기 때문입니다.

빌립보교회에도 이런 일이 있었습니다. 빌립보교회는 사도행전 16장에 자주색 옷감을 장사하는 사람이었던 루디아라는 여인의 집에서 시작된 교회입니다. 그리고 그 교회에는 루디아 외에도 바울과 함께 복음에 힘쓰던 유오디아와 순두게라는 두 여인이 있었습니다. 하지만 이 두 여인은 서로 마음이 맞지 않았고, 그로 인해서 빌립보교회 안에 분쟁이 있었습니다. 결국 바울은 그 여인들에게 주 안에서 같은 마음을 품으라고 권면했습니다.

빌립보서 4:2, "내가 유오디아를 권하고 순두게를 권하노니 주 안에서 같은 마음을 품으라"

빌립보서는 기쁨의 서신이라는 별명이 붙을 만큼, 성경 전체의 주제가 사랑과 기쁨에 관한 내용입니다. 그런데 그런 상황에도 유오디아와 순두게라는 영향력 있는 두 사람 사이에 분쟁이 있던 교회이기도 합니다.

성경이 우리에게 말씀하는 것이 무엇입니까? 우리는 가장 좋은 것을 손에 쥐고도, 그것을 가지고서 좋은 것을 만들어 낼 수 있는 그런 존재가 아니라는 것입니다. 지금 말씀드리는 것은, 우리의 인격이 성숙하지 못하고, 우리의 믿음이 아직 어려서 그런 좋은 것들을 만들어 내지 못한다는 것이 아니라, 인간의 근본적인 뿌리가 원래 어떤 좋은 것도 만들어 낼 수 없다는 것입니다.

나쁜 열매를 맺는 나무라면, 그 나무에 최고급 거름과 비료를 주고 최고의 정성으로 관리를 해 줘도, 그 나무에서 얻을 수 있는 열매는 나쁠 수밖에 없습니다. 유대인들이 그들의 자랑으로 삼고 있었던, 아브라함의 후손이라는 것과 율법을 어떻게 사용했습니까? 예수님을 죽이는 데 사용했습니다. 그게 우리의 실력이고, 우리의 본질입니다. 우리는 좋은 것을 가지고도 좋게 사용할 줄 모르고, 옳은 것을 받고서도 옳게 쓸 줄 모릅니다.

현장에서 간음하다가 붙잡힌 여인을 예수님께 끌고 왔던 사람들처럼, 하나님께서 주신 율법을 들고서 자기가 옳다는 것을 증명하기 위해서, 남을 죽이려는 데 사용하는 것 외에는 쓸 줄을 모르는 사람들이 바로 우리들입니다. 하지만 '진리'는 그런 것이 아닙니다. 그리스도께서 피 흘려 죽으심으로 우리에게 주신 '자유'는 그런 것이 아닙니다.

로마서 6:11-14, "이와 같이 너희도 너희 자신을 죄에 대하여는 죽은 자요 그리스도 예수 안에서 하나님께 대하여는 살아 있는 자로 여길지어다 12. 그러므로 너희는 죄가 너희 죽을 몸을 지배하지 못하게 하여 몸의 사욕에 순종하지 말고 13. 또한 너희 지체를 불의의 무기로 죄에게 내주지 말고 오직 너희 자신을 죽은 자 가운데서 다시 살아난 자 같이 하나님께 드리며 너희 지체를 의의 무기로 하나님께 드리라 14. 죄가 너희를 주장하지 못하리니 이는 너희가 법 아래에 있지 아니하고 은혜 아래에 있음이라"

성경이 우리에게 말씀해 주시는 것은, 전에 우리는 죄의 종이었고 하나님 앞에서 죽은 자였습니다. 하지만 지금 우리는 죄에 대하여는 죽은 자요, 그리스도 예수 안에서 하나님에 대하여 살아 있는 자가 됐습니다. 예수님께서 단번에 죽으심으로 우리가 전에 있던 죄의 자리에서 새로운 자리로 옮겨 주셨고, 죄의 종이었던 우리의 신분을 하나님 안에서 자유를 얻은 자로 만들어 주셨습니다. 그리고 이제 우리가 죄와 사망에서부터 풀려나 자유한 자가 되었으니, 이제 다시는 예전에 지었던 죄의 자리로 돌아가지 말라고 말씀하고 있습니다.

"죄의 자리, 죄의 무기"라고 말씀드리니까, 우리가 윤리와 도덕의 개념으로 알고 있는 죄나 사회의 실정법을 어긴 죄라고 생각하는 것은, 성경을 알지 못하는 사람들이 갖는 생각입니다. 계속 반복해서 말씀드리지만, 구원받지 못한 사람, 거듭나지 못한 사람, 아직 죄의 종에 매여 있는 사람, 그 나무뿌리가 죄와 함께 그 아비 마귀에게 속해 있는 사람들은, 그들이 무엇을 하든지 모두 다 죄입니다.

그래서 "교회 안 다니는 사람들 중에도 착한 사람 많더라, 그들도 좋은 일 많이 하더라!" 이런 말은 구원과 상관없는 멸망받을 사람들의 이야기입니다. 그들이 아무리 착한 일을 많이 해도, 그 모든 착한 일들은 하나님께서 주시는 구원과 상관없는 일입니다. 그러니 예수님을 믿지 않고, 그 소속이 하나님의 백성으로 옮겨지지 않았다면 그들이 착한 일을 했든지, 죄짓는 일을 했든지 하나님의 심판을 받게 된다는 결과는 바뀌지 않습니다.

우리의 지체를 죄가 아닌 의의 무기로 하나님께 드릴 수 있는 사람은, 오직 구원받은 성도들밖에 없습니다. 그리고 우리는 예수 그리스도의 은혜로 더 이상 죄의 종이 아닌 자유를 얻은 자가 되었습니다. 오직 구원받은 우리들만이 하나님께서 우리에게 주신 자유의지를 가지고, 이제는 하나님께서 기뻐하시는 의로운 일, 선한 열매를 만들어 낼 수 있는 자격을 갖게 되었습니다. 그럼 진리이신 그리스도로 인해 자유를 얻었으니, 이제 무엇을 하시겠습니까?

마태복음 12:43-45, "더러운 귀신이 사람에게서 나갔을 때에 물 없는 곳으로 다니며 쉬기를 구하되 쉴 곳을 얻지 못하고 44. 이에 이르되 내가 나온 내 집으로 돌아가리라 하고 와 보니 그 집이 비고 청소되고 수리되었거늘 45. 이에 가서 저보다 더 악한 귀신 일곱을 데리고 들어가서 거하니 그 사람의 나중 형편이 전보다 더욱 심하게 되느니라 이 악한 세대가 또한 이렇게 되리라"

더러운 귀신이 떠나가고 그리스도의 보혈로 깨끗하게 청소되고 수리되었으니, 이제는 우리의 지체를 의의 무기로 하나님께 드려서, 다시는 죄가 들어오지 못하도록 은혜 가운데 살아야 합니다. 우리의 지체를 하나님께 드린다는 말은, 주인이 바뀌었다는 것이고 기준이 바뀌었다는 것입니다. 예전에는 모든 판단의 기준이 '나'였다면, 이제는 판단의 기준이 하나님이고, 하나님의 말씀인 성경이 우리의 기준이라는 것입니다.

착한 것, 친절한 것, 좋은 일을 하는 것, 모두를 위해서 유익해 보이는 것을 하는 것이 중요한 것이 아니라 지금 나, 또는 우리가 하려고 하는 일이 성경 말씀에서 허락하시는 것인지, 하나님께서 기뻐하실 일인지를 봐야 합니다. 판단의 기준을 '나'에게 두고 있는 것은, 예전에 죄의 종이었을 때의 습관을 버리지 못하는 것입니다. 우리가 지금까지 여러 번 반복해서 확인했었죠? 인간은 좋은 것을 손에 들고도 좋은 결과를 만들어 내지 못합니다. 그럴 능력이 없습니다. 그게 가능했다면 예수님이 우리 대신 죽으셔야 할 이유가 없습니다.

요한복음 8:32, "진리를 알지니 진리가 너희를 자유롭게 하리라"

진리이신 그리스도께서 우리에게 주신 자유를 가지고 무엇을 하시겠습니까? 서기관과 바리새인들, 유대인들처럼 자기를 증명하고 드러내는 것으로 사용하시겠습니까? 그것은 죄의 종이었을 때 하던 습관입니다. 이제 우리는 하나님께 속한 사람이 되었으니, 기준을 하나님께 두시고 성경을 통해 우리에게 말씀해 주신 하나님께서 기뻐하시는 일을 순종하는 저와 여러분, 우리 하와이한빛장로교회가 되길 축원합니다.

요한복음 8:47

하나님께 속한 자

"47. 하나님께 속한 자는 하나님의 말씀을 듣나니 너희가 듣지 아니함은 하나님께 속하지 아니하였음이로다"

지난 시간에 우리는 성경이 말하는 '자유'의 개념에 대해서 배웠습니다. '자유'란 "구속하고 있는 어떤 것에서부터의 해방"의 개념과 함께, "그렇게 획득한 자유를 가지고 무엇을 할 것인가? 어떻게 사용할 것인가?"에 대한 목적과 방향에 대한 정의가 함께 있어야 함을 말씀드렸습니다.

최초의 인간이었던 아담과 하와는, 하나님께서 그들을 위해 만들어 주신 에덴동산에서 무한한 자유를 누릴 수 있는 권한을 받았지만, 그들은 그 자유를 가지고 하나님을 거역하는 쪽으로 사용했습니다. 경건한 의인이었던 노아와 그의 가족들은, 홍수심판 이후에 살아남은 유일한 사람들이었습니다. 하나님께서는 노아와 그의 아들들에게, 아담과 하와에게 주셨던 약속과 동일한 약속을 주셨습니다.

창세기 9:1-3, "하나님이 노아와 그 아들들에게 복을 주시며 그들에게 이르시되 생육하고 번성하여 땅에 충만하라 2. 땅의 모든 짐승과 공중의 모든 새와 땅에 기는 모든 것과 바다의 모든 물고기가 너희를 두려워하며 너희를 무서워하리니 이것들은 너희의 손에 붙였음이니라 3. 모든 산 동물은 너희의 먹을 것이 될지라 채소 같이 내가 이것을 다 너희에게 주노라"

하지만 노아의 후손들은 하나님께로부터 받은 이러한 은혜와 자유를 가지고, 자기들의 이름을 높이고 하나님께서 다시 홍수심판을 하셔도 거뜬히 피할 수 있도록 바벨탑을 쌓는 것으로 향했습니다. 예를 들면, 잘못을 범한 아들에게 회초리를 든 아빠가 울고 있는 아들을 가엽게 여기고서 갖고 싶은 것이 있느냐고 물었더니, 그 아들이 하는 말이 아이언맨이 입는 합금으로 된 갑옷을 사 달라고 하는 것입니다. 그래서 그게 왜 필요한지 물었더니, 그러면 아빠가 아무리 때려도 아프지 않을 것이라고 대답하는 거죠. 해서는 안 될 일을 한 것에 대해서 반성하고 다시는 그런 잘못을 반복하지 않으면서 아빠와의 약속을 지키겠다고 하는 것이 아니라, 아빠한테 회초리를 맞더라도 다시는 아픈 걱정 없이 자기가 하고 싶은 것을 계속하겠다는 것입니다. 아빠는 아들이 원하는 아이언맨 갑옷을 사 줄까요?

노아의 후손들이 바벨탑을 쌓은 것이 그런 의미입니다. 심판의 원인이 되었던 죄를 회개하고, 하나님의 말씀대로 살겠다고 결심하며 노력하기보다는, 하나님이 홍수로 심판하려고 하더라도 자기들 스스로 심판을 이겨 보겠다는 것이었습니다. 결국 하나님께서는 그때까지 하나였던 언어와 말을 흩어 버리는 것으로 그들의 반역을 벌하셨습니다.

창세기 11:6-8, "여호와께서 이르시되 이 무리가 한 족속이요 언어도 하나이므로 이같이 시작하였으니 이 후로는 그 하고자 하는 일을 막을 수 없으리로다 7. 자, 우리가 내려가서 거기서 그들의 언어를 혼잡하게 하여 그들이 서로 알아듣지 못하게 하자 하시고 8. 여호와께서 거기서 그들을 온 지면에 흩으셨으므로 그들이 그 도시를 건설하기를 그쳤더라"

그러면 이런 일들이 노아 때까지만 있었겠습니까? 우리가 반복해서 살펴보고 있지만, 이스라엘 백성들은 세대가 바뀌고 사람이 바뀌어도 동일한 잘못과 죄를 계속 범했습니다. 심지어는 하나님께서 아들 예수님을 보내 주셨어도, 그 아들마저 십자가에 못 박아 죽이고도 당당했을 만큼, 통제되지 않은 저들의 자유는 죄짓는 것으로 향했습니다.

오늘 본문은 요한복음 8장 전체의 결론과도 같은 말씀입니다.

요한복음 8:47, "하나님께 속한 자는 하나님의 말씀을 듣나니 너희가 듣지 아니함은 하나님께 속하지 아니하였음이로다"

그런데 지금 이 말씀은, 지난번에 우리가 살펴봤던 32절 말씀과 반대되는 말씀처럼 보입니다.

요한복음 8:32, "진리를 알지니 진리가 너희를 자유롭게 하리라"

32절에서는 진리가 너희에게 자유를 준다고 해 놓고, 뒤에서는 하나님께 속하지 않았기 때문에 하나님의 말씀을 듣지 않는 거라고 말합니다. 누구에게 속했다는 것은 그 누군가에게 붙들려 있다는 말이고, 결국 그것은 자유가 없는 말 아닙니까? 이렇게 서로 반대되는 개념을 동시에 말했을 때, 사람들은 그 둘 사이에서 가야 할 길을 잃게 됩니다.

그래서 오늘 살펴볼 것이 자유의 세 번째 개념입니다. 자유의 첫째 개념은 묶여 있던 어떤 것으로부터의 해방, 풀려남이었습니다. 둘째 개념은 해방이 된 그 자유를 가지고 어디로 가야 하는지 목적과 방향이 따라야 합니다. 그리고 셋째 개념은 자유의 최종 목적지가 어디냐 하는 것입니다. 참자유는 어디에 있습니까? 하나님 안에 있습니다.

> 베드로전서 2:16, "너희는 자유가 있으나 그 자유로 악을 가리는 데 쓰지 말고, 오직 하나님의 종과 같이 하라"

이건 무슨 말일까요? 자유가 있었는데, 그 자유를 함부로 쓰지 말고 하나님의 종이 되라고 말씀합니다. 자유를 가진 사람에게 다시 종이 되라고 하는 것은 유익입니까? 손해입니까? 이건 누가 봐도 손해처럼 보이는 말씀입니다. 지금이야 시대도 바뀌고 생각들도 많이 변했지만, 옛날 어른들이 하시던 말씀 중에 이런 것이 있었습니다. "겉보리 서 말만 있어도 처가살이는 안 한다." 보리가 잘 여물면 껍질과 알맹이가 잘 벗겨지는데, 그런 보리를 쌀보리라고 말합니다. 그에 비해 겉보리는 다 여물어도 껍질과 알맹이가 벗겨지지 않은 것으로, 보통 돼지 사료로 사용합니다. 저 속담은 남자가 아무리 먹을 것이 없어도 돼지 사료로 쓰는 겉보리 50킬로 정도만 있으면, 남자의 자존심을 포기하고 처가댁에 손을 벌리는 일은 하지 않는다는 말입니다.

이미 자유를 가지고 있었는데, 다시 하나님의 종이 되라고 하니 이걸 어떻게 받아들이겠습니까? 그런데 하나님께서 이렇게 말씀하시는 데는, 반드시 그렇게 해야만 하는 이유가 있기 때문입니다. 이미 우리가 몇 주 동안 살펴봤던 것처럼, 인간이라는 존재는 자유를 가지고 있을 때 그것을 들고서 스스로 선을 찾고 옳은 것을 하는 존재가 아닙니다. 기회만 주어지면 일탈을 꿈꾸죠.

인간은 왜 이런 일을 반복할까요? 그것이 자신을 위하는 것이라 생각하기 때문입니다. 때론 답답하고 얽매인 것처럼 느껴지는 일상의 규칙적인 생활에서 벗어나서, 한 번쯤 내가 하고 싶은 것을 마음껏 하는 것이 자기 자신에게 주는 일종의 선물이라고 여기는 분위기가 상식처럼 받아들여지고 있습니다. 물론 자유를 좋게 사용하는 사람들은 취미 활동이나 여행이나 운동과 같은 것으로 푸는 사람도 있습니다.

하지만 지금 말씀드리는 것은, 우리의 여가 시간이나 휴가를 건전하고 좋게 사용하는지, 먹고 마시고 취하는 것으로 사용하는지에 대한 잘잘못을 따지려는 것이 아니라, 보다 근본적인 이야기를 하는 것입니다. 우리가 일상에서 자신의 뜻과 의지를 따라서 여가 생활을 하고 휴가를 가는 것처럼, 우리의 신앙도 그렇게 자기가 원하는 대로 선택할 수 있다고 생각하는 풍토가 너무나 넓게 자리 잡고 있습니다.

하나님은 처음부터 인간의 고려 대상이 아니어서, 자신의 생각과 계획 속에 있을 수도 있고, 없을 수도 있는 것입니다. 그러니 자기가 신앙적인 삶을 선택할 수도 있지만, 그 반대의 삶을 선택한다고 해도 거리낄 것이 없습니다. 결국 성경이 말씀하는 인간의 근본적인 죄는 무엇입니까? 하나님의 말씀을 듣지 않는 것입니다. 그리고 그들이 하나님의 말씀을 듣지 않는 이유는, 그들이 하나님께 속하지 않았기 때문입니다.

여기에 다시 또 등장하는 단어가 '속해 있다'는 말입니다. 나무가 다르다, 소속이 다르다, 씨앗과 뿌리가 다르고, 근본이 다르다, 이런 표현이 다 같은 말입니다. 근본이 다르면 그 위에 무엇이 심기고, 무엇을 열심히 아주 잘 세우더라도 결과는 다를 수밖에 없습니다. 그러면 이처럼 성경은 인간에게 아무런 희망이 없고 인간 스스로 아무것도 할 수 없다고 해 놓고서, 예수께서 "나를 따르라, 생명의 빛으로 나오라"라고 말씀하시는 것은 도대체 어떻게 이해해야 할까요? 그에 대해서 성경은 이렇게 말합니다.

로마서 4:6-8, "일한 것이 없이 하나님께 의로 여기심을 받는 사람의 복에 대하여 다윗이 말한 바 7. 불법이 사함을 받고 죄가 가리어짐을 받는 사람들은 복이 있고 8. 주께서 그 죄를 인정하지 아니하실 사람은 복이 있도다 함과 같으니라"

우리가 한 것이 아무것도 없지만, 하나님께서 우리를 의롭다고 여겨 주셨습니다. 또한 우리가 지은 모든 죄와 불법이 용서함을 받고 가리어짐을 받은 그런 복을 우리가 받았습니다. 여기 **"주께서 그 죄를 인정하지 아니하실 사람"**이라는 말은 법정 용어입니다. 법정에서 판사가 그 죄를 인정하지 않으면, 그 사람은 무죄로 석방됩니다. 그래서 우리의 신분이 더 이상 죄인이 아닌, 자유인이 되었습니다. 그리고 이 모든 것이 하나님의 은혜로 주어진 것입니다. 이러한 복을 받은 우리들에게 **"그러므로 우리가 믿음으로 의롭다 하심을 받았으니 우리 주 예수 그리스도로 말미암아 하나님과 화평을 누리자"**(롬 5:1)라고 말씀하십니다. 이 말씀의 뜻이 무엇입니까? 우리의 소속과 신분이 하나님께로 바뀌었으니 이제는 하나님과 함께 누리면 된다는 것입니다.

죄인인 인간이 하나님으로부터 의롭다 하심을 얻게 되는 것은 행위가 아니라 믿음으로 말미암는데, 그 믿음도 하나님께서 주신 선물이므로, 구원받고 의롭다 하심을 얻는 것이 모두 하나님의 은혜인 것입니다. 그러니 예수님께서 "나를 따르라, 생명의 빛으로 나오라"라고 하신 말씀은, 너희가 나를 따라야 구원을 받고, 생명의 빛으로 나와야 구원을 받는다는 말씀이 아니라, 구원을 받았으니 그렇게 살라는 말씀입니다.

우리는 '어둠' 또는 '빛', 이 둘 중 하나에 속해서 살고 있습니다. 여기에 중간 지대는 없습니다. 사람들이 자꾸 혼동하는 것이, 마치 태평양 바다에 어느 나라의 영토에도 속하지 않은 중립지대인 공해가 있는 것처럼, 인간도 중립지대인 어떤 곳에서 살다가 기독교를 택해서 교회에 왔다고 생각하는 것입니다.

아닙니다. 중립지대란 없습니다. 공중권세를 붙잡은 사탄이 붙잡고 있어서 하나님의 심판이 예비되어 있는 어둠에 속한 세상이 있고, 예수 그리스도를 통해 하나님께서 준비해 놓으신 '빛'에 속한 세상이 있습니다. 비록 우리가 잠시 나그네로 머무는 동안은 '어둠인 세상'에서 살고 있는 것처럼 보이지만, 우리의 시민권이 '빛에 속한 천국'에 있기 때문에 우리는 이 땅을 떠날 때 우리의 소속을 따라 천국으로 갑니다. 그래서 우리에게 '빛으로 나오라', '그리스도를 따르라'고 말씀하시는 것은, 우리의 신분을 따라 살라는 말씀인 것입니다.

요한복음 8:38, "나는 내 아버지에게서 본 것을 말하고"
요한복음 8:42, "나는 스스로 온 것이 아니요 아버지께서 나를 보내신 것이니라"
요한복음 8:47, "하나님께 속한 자는 하나님의 말씀을 듣나니"

예수님은 하나님께 속한 자, 하나님께로부터 보내심을 받은 자가 어떻게 이 땅을 살아가는지, 자신의 삶을 통해 우리들에게 정확하게 보여 주셨습니다. 예수님은 하나님의 뜻에 자신의 목숨을 내려놓기까지 하시며 순종하셨습니다. 세상의 어떤 종이 주인이 명령한다고 자신의 목숨을 내려놓겠습니까? 하지만 그렇게 할 수 있다면 그 사람은 진실로 주인의 사람일 것입니다. 오늘 예수님께서 저와 여러분에게 말씀하시는 것도 바로 이런 것입니다.

마태복음 16:24, "이에 예수께서 제자들에게 이르시되 누구든지 나를 따라오려거든 자기를 부인하고 자기 십자가를 지고 나를 따를 것이니라"

"자기를 부인하라, 자기 십자가를 지고 나를 따르라." 이 말씀에 순종할 수 있는 사람은 누구일까요? 앞서 말씀드렸던 것처럼, 우리는 어둠인 세상에 속해 있든지, 빛인 천국에 속해 있든지 둘 중 하나입니다. 또한 네가 너의 주인이 되어 원하는 것을 하며 살라고 부추기는 마귀의 뜻을 따르든지, 하나님을 주인으로 모시고 예수 그리스도의 도를 따르는 사람이 되든지 둘 중 하나를 따르면서 살게 됩니다. 본문 47절 말씀처럼, 하나님께 속한 자는 하나님의 말씀을 들으며 살겠지요. 하지만 하나님께 속하지 않은 사람은 마치 예수님을 죽이려고 했던 유대인들이, 예수님께서 어떤 말로 설명해도 듣지 않았던 것처럼 어떤 말로 설명을 해도 듣지 않을 것입니다. 그래서 이 말씀이 너무나 중요합니다.

요한복음 8:31, "그러므로 예수께서 자기를 믿은 유대인들에게 이르시되 너희가 내 말에 거하면 참으로 내 제자가 되고 32. 진리를 알지니 진리가 너희를 자유롭게 하리라"

참자유가 어디에 있습니까? 진리이신 그리스도 안에 있습니다. 우리를 구원해 주신 하나님께 있습니다. 그리고 참자유를 얻은 우리들에게 빌립보서 2장 5절에서 **"너희 안에 이 마음을 품으라 곧 그리스도 예수의 마음이니"**라고 말씀하십니다. 그리스도의 마음은 어떤 마음입니까? 자기를 비워 종의 형체를 가지셨고, 자기를 낮추시고 죽기까지 복종하신 것입니다.

빌립보서 2:7-8, "오히려 자기를 비워 종의 형체를 가지사 사람들과 같

이 되셨고 8. 사람의 모양으로 나타나사 자기를 낮추시고 죽기까지 복
종하셨으니 곧 십자가에 죽으심이라"

우리를 구원하신 예수께서 스스로 종의 형체를 가지셨고, 스스로
를 낮추셔서 하나님의 말씀과 뜻에 죽기까지 복종하신 것, 그것이 바
로 예수님께서 우리에게 보여 주신 참자유 안에 거하는 삶입니다. 하
나님의 뜻에 죽기까지 복종하신 예수님의 이와 같은 삶의 자세는, 아
담과 하와가 하나님처럼 되기 위해서 선악과를 따 먹고 타락했던 죄의
시작과 정확하게 반대되는 모습입니다. 죄의 시작은 무엇입니까? 자
신을 높이는 것입니다. 하나님의 뜻보다 자기를 위에 두는 것입니다.

죄 용서를 받고 구원받은 사람, 그 소속이 하나님께 속한 사람의
특징은 무엇입니까? 하나님의 말씀과 그분의 뜻에 자기를 내려놓는
사람, 죽기까지 순종하는 사람입니다. 그리고 그와 같은 삶을 살아가
는 사람은, 그리스도 예수 안에서 참자유를 누리게 될 것입니다. 하
나님께서 아담과 하와에게 만들어 주셨던 에덴동산, 노아에게 주셨
던 홍수심판 이후의 세상, 이스라엘 백성들에게 주셨던 젖과 꿀이 흐
르는 가나안 땅, 그 모든 것들은 당신의 백성들에게 주셨던 선물이었
습니다. 그리고 인간이 그 땅에서 자유를 누리며 살아갈 수 있는 단
하나의 원리는, 하나님의 말씀을 잘 듣고 지켜 순종하는 것입니다.

신명기 28:1-2, "네가 네 하나님 여호와의 말씀을 삼가 듣고 내가 오늘
네게 명령하는 그의 모든 명령을 지켜 행하면 네 하나님 여호와께서 너
를 세계 모든 민족 위에 뛰어나게 하실 것이라 2. 네가 네 하나님 여호

와의 말씀을 청종하면 이 모든 복이 네게 임하며 네게 이르리니"

저와 여러분은 그리스도께서 주신 자유를 이미 받은 사람들입니다. 이 자유를 가지고 무엇을 해야 하며, 어디로 가야 합니까? 하나님께서 성경을 통해 실패한 인간들의 샘플을 너무 많이 보여 주셨습니다. 어떤 제품을 가지고 용도대로 사용하는 사람은 지혜로운 사람입니까, 답답한 사람입니까? 예를 들어 여러분이 가지고 계신 스마트폰으로 음악을 듣고, 사진을 찍는 것은 용도대로 쓰는 것입니다. 하지만 꽃 한 송이를 심어 보겠다고 스마트폰을 가지고 땅을 파는 사람은 어리석은 사람입니다. 밥주걱을 가지고 밥을 푸는 사람은 용도대로 쓰는 사람입니다. 하지만 주걱으로 국을 푸는 사람은 어리석은 사람입니다.

하나님의 말씀을 듣고 순종하는 사람은 용도대로 사는 사람입니다. 하지만 말씀을 듣고도 순종하지 않다가 실패한 사람들의 모든 사례를 보고도 순종하지 않는 사람은 어리석은 사람입니다. 참자유는 그리스도 예수를 통해 주신 하나님 안에 있습니다. 저와 여러분, 우리 하와이한빛장로교회가 하나님께 속한 자들로서 참된 복과 자유를 누리게 되길 원합니다.